●収録内容一覧

■2025年度中学受験用

昭和女子大学附属昭和中学校

6年間スーパー過去問

入試問題と解説・解答の収録内容

2024年度　Ａ日程午前	算数・社会・理科・国語	実物解答用紙DL
2023年度　Ａ日程午前	算数・社会・理科・国語	実物解答用紙DL
2022年度　Ａ日程	算数・社会・理科・国語	実物解答用紙DL
2021年度　Ａ日程	算数・社会・理科・国語	
2020年度　Ａ日程	算数・社会・理科・国語	
2019年度　Ａ日程	算数・社会・理科・国語	

※2022年度Ａ日程のＳＡコースの理科(50点分)は掲載しておりません。

～本書ご利用上の注意～　以下の点について，あらかじめご了承ください。

★別冊解答用紙は巻末にございます。実物解答用紙は，弊社サイトの各校商品情報ページより，一部または全部をダウンロードできます。

★編集の都合上，学校実施のすべての試験を掲載していない場合がございます。

★当問題集のバックナンバーは，弊社には在庫がございません（ネット書店などに一部在庫あり）。

合格を勝ち取るための

『スーパー過去問』の使い方

本書に掲載されている過去問をご覧になって，「難しそう」と感じたかもしれません。でも，多くの受験生が同じように感じているはずです。なぜなら，中学入試で出題される問題は，小学校で習う内容よりも高度なものが多く，たくさんの知識や解き方のコツを身につけることも必要だからです。ですから，初めて本書に取り組むさいには，点数を気にしすぎないようにしましょう。本番でしっかり点数を取れることが大事なのです。

過去問で重要なのは「まちがえること」です。自分の弱点を知るために，過去問に取り組むのです。当然，まちがえた問題をそのままにしておいては意味がありません。

本書には，長年にわたって中学入試にたずさわっているスタッフによるていねいな解説がついています。まちがえた問題はしっかりと解説を読み，できるようになるまで何度も解き直しをしてください。理解できていないと感じた分野については，参考書や資料集などを活用し，改めて整理しておきましょう。

このページも参考にしてみましょう！

◆どの年度から解こうかな　「入試問題と解説・解答の収録内容一覧」

本書のはじめには収録内容が掲載されていますので，収録年度や収録されている入試回などを確認できます。

※著作権上の都合によって掲載できない問題が収録されている場合は，最新年度の問題の前に，ピンク色の紙を差しこんでご案内しています。

◆学校の情報を知ろう‼「学校紹介ページ」

このページのあとに，各学校の基本情報などを掲載しています。問題を解くのに疲れたら息ぬきに読んで，志望校合格への気持ちを新たにし，再び過去問に挑戦してみるのもよいでしょう。なお，最新の情報につきましては，学校のホームページなどでご確認ください。

◆入試に向けてどんな対策をしよう？「出題傾向＆対策」

「学校紹介ページ」に続いて，「出題傾向＆対策」ページがあります。過去にどのような分野の問題が出題され，どのように対策すればよいかをアドバイスしていますので，参考にしてください。

◇別冊「入試問題解答用紙編」

本書の巻末には，ぬき取って使える別冊の解答用紙が収録してあります。解答用紙が非公表の場合などを除き，（注）が記載されたページの指定倍率にしたがって拡大コピーをとれば，実際の入試問題とほぼ同じ解答欄の大きさで，何度でも過去問に取り組むことができます。このように，入試本番に近い条件で練習できるのも，本書の強みです。また，データが公表されている学校は別冊の１ページ目に過去の「入試結果表」を掲載しています。合格に必要な得点の目安として活用してください。

本書がみなさんの志望校合格の助けとなることを，心より願っています。

株式会社　声の教育社　編集部

昭和女子大学附属昭和中学校

所在地	〒154-8533 東京都世田谷区太子堂1-7-57
電　話	03-3411-5115
ホームページ	https://jhs.swu.ac.jp/
交通案内	東急田園都市線「三軒茶屋駅」より徒歩7分 各線渋谷駅からバス「昭和女子大」下車

くわしい情報は
ホームページへ

トピックス

★2025年度入試より，スーパーサイエンスコースはSB・SCの募集となります。
★AA・AP・B・Cは本科コース，GA・GBはグローバル留学コースの募集になります。

創立年 大正9年　女子校　高校募集なし

応募状況

年度	募集数	応募数	受験数	合格数	倍率
2024	AA 40名	132名	128名	45名	2.8倍
	GA 10名	35名	35名	10名	3.5倍
	AP 30名	148名	142名	35名	4.1倍
	SA 10名	65名	64名	31名	2.1倍
	B 30名	176名	137名	41名	3.3倍
	GB 10名	61名	49名	15名	3.3倍
	SB 10名	41名	34名	23名	1.5倍
	C 20名	175名	148名	30名	4.9倍

※本科の合格数にスライド合格者を含む。

2025年度入試情報

・試験日：
　AA・GA…２月１日午前
　AP…２月１日午後
　B・GB・SB…２月２日午前
　C・SC…２月４日午後
・試験科目：
　AA・B・GA・GB…
　　２科(国算)／４科(国算社理)／３科(国算英)
　AP・C・SC…２科(国算)
　SB…３科(国算理)

学校説明会等日程（※予定）

【帰国生対象説明会】
７月26日　14：00～
11月２日　10：30～
【生徒主催学校説明会】
７月28日　10：00～
【夏休み特別企画　理科体験授業】
８月２日・３日　15：00～
【体験授業・体験クラブ】
９月15日　10：00～
【ナイト説明会(オンライン)】
10月９日　18：00～
【学校説明会・入試問題対策授業】
12月８日　10：00～
【学校説明会(オンライン)】
１月11日　10：30～
＊すべて予約制です。

2024年春の主な他大学合格実績

＜国立大学・大学校＞
東北大，東京農工大，防衛医科大
＜私立大学＞
慶應義塾大，早稲田大，上智大，国際基督教大，東京理科大，明治大，青山学院大，立教大，中央大，法政大，学習院大，順天堂大，昭和大，日本医科大，東京女子医科大
＊基準を満たし，学校長の推薦があれば，併設大学の内定を得たまま他大学を受験することが可能です。

編集部注―本書の内容は2024年6月現在のものであり，変更されている場合があります。正式な情報は，学校のホームページ等で必ずご確認ください。

算数 出題傾向＆対策

◆基本データ（2024年度Ａ日程午前）

試験時間／満点	50分／100点
問題構成	・大問数…６題 計算・応用小問１題（８問） ／応用問題５題 ・小問数…20問
解答形式	すべての問題で，解答に加えて，途中の考え方や式も記入する。必要な単位などはあらかじめ印刷されている。
実際の問題用紙	Ｂ４サイズ
実際の解答用紙	Ｂ４サイズ

◆出題傾向と内容

▶過去３年の出題率トップ３
１位：四則計算・逆算17％　２位：角度・面積・長さ13％　３位：体積・表面積６％
▶今年の出題率トップ３
１位：角度・面積・長さ18％　２位：計算のくふう，場合の数12％

計算問題は，毎年かならず出題されており，なかには複雑なものも見られます。

応用小問では，整数の性質（約数と倍数）や割合と比（食塩水の濃度，売買損益）など，数量分野からの出題がめだちます。

応用問題は，図形分野がメインとなっており，なかでも，面積・体積を求める問題はかならず出るといってよいでしょう。解くのにくふうが必要な場合もありますが，特に難問というわけではありません。このほかに，場合の数，速さとグラフ，数列などが出題されています。

◆対策～合格点を取るには？～

計算力は算数の基本的な力です。標準的な計算問題集を１冊用意して，毎日欠かさずに練習することが大切です。

図形では，長さ，角度，面積の求め方に加え，面積の比，体積などの考え方や解き方もふくめてはば広く身につける必要があります。問題集などを使って十分な演習を行ってください。

数量分野では，割合と比，場合の数や規則性に注目しましょう。基本的な問題を数多くこなし，解法を確実に自分のものにしてください。

特殊算については，参考書などで基本を学習し，ひと通りの解き方を覚えておきましょう。

分野 ＼ 年度		2024	2023	2022	2021	2020	2019
計算	四則計算・逆算	○	●	●	◎	◎	◎
	計算のくふう	◎			○	○	○
	単位の計算						
和と差	和差算・分配算						
	消去算						
	つるかめ算	○				○	
	平均とのべ					○	
	過不足算・差集め算	○					
	集まり		○				
	年齢算	○					
割合と比	割合と比		○	○			○
	正比例と反比例				○		
	還元算・相当算				○		
	比の性質		○			○	
	倍数算			○			
	売買損益		○				○
	濃度	○				○	
	仕事算						
	ニュートン算						
速さ	速さ	◎	○	○	◎	○	
	旅人算				○		
	通過算						
	流水算						
	時計算						
	速さと比			○			
図形	角度・面積・長さ	●	○	◎	●	○	◎
	辺の比と面積の比・相似	○			○	○	○
	体積・表面積	○	○	○	○	◎	◎
	水の深さと体積						
	展開図						
	構成・分割		○				
	図形・点の移動				○		
表とグラフ		○		○	○	○	
数の性質	約数と倍数				○		
	N進数						
	約束記号・文字式						○
	整数・小数・分数の性質		○	◎			
規則性	植木算						
	周期算						
	数列		○		○	○	
	方陣算						
	図形と規則						○
場合の数		◎	○	○		○	○
調べ・推理・条件の整理				○	○	○	◎
その他							

※ ○印はその分野の問題が１題，◎印は２題，●印は３題以上出題されたことをしめします。

社会　出題傾向＆対策

◆基本データ（2024年度Ａ日程午前）

試験時間／満点	理科と合わせて50分／50点
問題構成	・大問数…２題 ・小問数…13問
解答形式	記号選択と用語の記入が大半をしめているが，短文記述も複数見られる。
実際の問題用紙	Ｂ４サイズ
実際の解答用紙	Ｂ４サイズ

◆出題傾向と内容

●地理…地図や表を読み取りながら答える問題が出題されます。日本の国土，各地域の気候，地形や自然，農林水産業，都道府県の特ちょう，工業地帯・地域など，はば広い範囲が取り上げられています。日本と各国との貿易など，世界の国々と日本の関係についての設問も見られるので注意が必要です。

●歴史…文化や産業など，あるテーマについての文章を読んで問題に答える形式で問われます。おもな歴史上の人物やことがらについて，特定の時代に集中せずに出題されています。分野もはば広く，政治史だけでなく，文化史や外交史などからもひんぱんに出されます。

●政治…日本国憲法，三権（国会･内閣･裁判所）のしくみを中心に出題されます。税金や社会保障制度などの経済分野からも出されることがあるので注意が必要です。また，国際連合や環境問題なども多く出題されます。時事的なことがらについても，かならず問われるといってよいでしょう。

分野 ＼ 年度			2024	2023	2022	2021	2020	2019
日本の地理		地図の見方						
		国土・自然・気候	○	○	★	○	○	○
		資源						
		農林水産業			○	○	○	
		工業	○	○	○	○	○	○
		交通・通信・貿易				○		
		人口・生活・文化	○			○	○	★
		各地方の特色				○		
		地理総合				★	★	
世界の地理			○	○		○		
日本の歴史	時代	原始～古代	○	○	○	○	○	○
		中世～近世	○	○	○	○	○	○
		近代～現代	○	○	○	○	○	○
	テーマ	政治・法律史						
		産業・経済史						
		文化・宗教史						
		外交・戦争史						
		歴史総合			★	★	★	★
世界の歴史								
政治		憲法		○			○	○
		国会・内閣・裁判所	○		★	○	○	○
		地方自治				○		
		経済						
		生活と福祉	○			○		○
		国際関係・国際政治		○		○		○
		政治総合				★	★	★
環境問題					★	○		★
時事問題				○	★	★	★	★
世界遺産								
複数分野総合			★	★		★	★	

※　原始～古代…平安時代以前，中世～近世…鎌倉時代～江戸時代，近代～現代…明治時代以降

※　★印は大問の中心となる分野をしめします。

◆対策～合格点を取るには？～

基礎的な内容を中心に問われているので，まずは基本事項をしっかりと身につけましょう。また，設問事項が広範囲にわたっているため，不得意分野をつくらないことが大切です。

地理分野では，白地図作業帳を利用して都道府県ごとに地形や気候をまとめ，さらに産業のようすの学習へと広げましょう。

歴史分野では，教科書や参考書を読むだけではなく，自分で年表を作って覚えると，学習効果が上がります。それぞれの分野ごとに記入らんを作り，重要なことがらを書きこんでいくのです。本校の歴史の問題には，さまざまな時代や分野が取り上げられるので，この作業がおおいに威力を発揮するはずです。

政治分野では，日本国憲法の基本的な内容，特に政治のしくみが憲法でどのように定められているかを中心に勉強してください。また，経済分野や国際関係についてもふれておきましょう。なお，時事問題をからめたものも見られますので，新聞やテレビ番組などで最近のニュースを確認し，それにかかわる単元もふくめてノートにまとめておきましょう。

理科　出題傾向＆対策

◆基本データ（2024年度A日程午前）

試験時間／満点	社会と合わせて50分／50点
問　題　構　成	・大問数…４題 ・小問数…26問
解　答　形　式	記号選択と適語の記入のほかに計算問題，グラフの完成，記述問題もある。
実際の問題用紙	Ｂ４サイズ
実際の解答用紙	Ｂ４サイズ

◆出題傾向と内容

全体を見わたすと，各分野から多くの問題が出題されていて，理科の基礎知識をはば広くためす内容となっています。また，近年では小問集合題が出されることがあります。出題形式もひとくふうされており，会話文などとからめて，さまざまな内容を問うものになっています。

●生命…動物・植物からの出題が多く見られます。植物のつくり，植物の光合成と蒸散作用，動物，ヒトのからだのしくみとはたらきなどが取り上げられています。

●物質…気体の性質，金属の性質，水溶液の性質，物質のすがた，ものの溶け方，リトマス試験紙の色の変化，実験器具などが取り上げられています。

●エネルギー…ものの温まり方，浮力，ばねののびと力，物体の運動，ものの温まり方などから出されています。

●地球…川のはたらき，火山・地震，地層，星や太陽の動き，月の満ち欠け，天気，高気圧と低気圧などが見られます。

分野＼年度		2024	2023	2022	2021	2020	2019
生命	植物	○		○	★	○	
	動物	★			○	★	★
	人体	○	★	★			
	生物と環境	○				○	○
	季節と生物					○	
	生命総合						
物質	物質のすがた					○	
	気体の性質				★		
	水溶液の性質	★					★
	ものの溶け方	○	○			○	
	金属の性質					○	
	ものの燃え方		○	★			
	物質総合		★			★	
エネルギー	てこ・滑車・輪軸	○			○		
	ばねののび方	○	○		○		★
	ふりこ・物体の運動	○	★				
	浮力と密度・圧力			★	○		○
	光の進み方						
	ものの温まり方					★	
	音の伝わり方						
	電気回路						
	磁石・電磁石						
	エネルギー総合	★	○		★		
地球	地球・月・太陽系	○	○				★
	星と星座				★		
	風・雲と天候	○					
	気温・地温・湿度					★	
	流水のはたらき・地層と岩石	○	○	★			
	火山・地震					○	
	地球総合						
実験器具		○			○	○	
観察							
環境問題						○	
時事問題		○		○			○
複数分野総合		★	★	★	★	★	★

※　★印は大問の中心となる分野をしめします。

◆対策～合格点を取るには？～

出題範囲が各分野にわたっていること，設問の内容が基礎的なものにある程度限られていることから，基礎的な知識をはば広く身につけ，そのうえで問題集で演習をくり返しながら実力アップをめざすのが，合格への近道です。

「生命」は，身につけなければならない基本知識の多い分野です。植物のつくりと成長，動物やヒトのからだのしくみなどを中心に，ノートにまとめながら知識を深めましょう。

「物質」では，気体や水溶液などの性質に重点をおいて学習してください。表やグラフをもとに計算させる問題にも積極的に取り組むように心がけましょう。

「エネルギー」では，計算問題として出されやすいばねののび方や力のつり合いに注目しましょう。また，電池のはたらきや乾電池のつなぎ方，磁力のはたらき，光の進み方なども出題が予想される単元です。

「地球」では，太陽・月・地球の動き，天気と気温・湿度の変化，火山・地震，地層のでき方などが重要なポイントです。

国語 出題傾向＆対策

◆基本データ（2024年度Ａ日程午前）

試験時間／満点	50分／100点
問題構成	・大問数…３題 文章読解題２題／知識問題１題 ・小問数…18問
解答形式	記号選択と適語・適文の書きぬき，本文中のことばを使ってまとめる記述問題，100字程度の自由記述などがある。
実際の問題用紙	Ｂ４サイズ
実際の解答用紙	Ｂ４サイズ

◆出題傾向と内容

▶近年の出典情報（著者名）
説明文：森さやか　池田晶子　宮田　穣
小　説：村上雅郁　濱野京子　中村　航
随　筆：小手鞠るい　さくらももこ

●説明文…内容理解に重点がおかれ，指示語や言いかえの問題，本文の要約などで構成されています。

●文学的文章…場面を追って登場人物や筆者の心情を問うものが多く出題されています。また，文学的文章の内容に関連した作文が出されています。

●知識問題…漢字の書き取りや読み，部首，筆順，語句の意味，ことわざや慣用句，熟語，敬語の使い方など，非常にはば広く出題されています。

◆対策～合格点を取るには？～

読解問題の対策としては，多くの文章に接して，読解力を十分につけておくことです。そのさい，登場人物の性格や気持ち，背景などを通してえがかれる，作者が伝えたいことがら（主題）をくみ取りながら読み進めるとよいでしょう。

表現力を養うためには，読書の後に，要旨や感想を50～100字程度でまとめてみるのが効果的です。書き終えたら，主述の対応は問題ないか，漢字や接続語は正しく使えているかなどを確認し，先生や親に読んでもらいましょう。

知識問題については，慣用句やことわざ，ことばのきまりなどを分野ごとに，短期間に集中して覚えるのが効果的です。ただし，漢字については，毎日少しずつ練習することが大切です。

分野		年度	2024	2023	2022	2021	2020	2019
読解	文章の種類	説明文・論説文	★	★	★	★	★	★
		小説・物語・伝記	★	★			★	★
		随筆・紀行・日記			★	★		
		会話・戯曲						
		詩						
		短歌・俳句						
	内容の分類	主題・要旨		○	○			
		内容理解	○	○	○	○	○	○
		文脈・段落構成						
		指示語・接続語				○		○
		その他	○	○		○	○	○
知識	漢字	漢字の読み	○	○	○	○	○	○
		漢字の書き取り	○	○	○	○	○	○
		部首・画数・筆順						
	語句	語句の意味					○	
		かなづかい						
		熟語		○	○	○		○
		慣用句・ことわざ	○	○	○		○	
	文法	文の組み立て						
		品詞・用法						
		敬語						
	形式・技法							
	文学作品の知識							
	その他					○		○
	知識総合		★	★	★	★	★	★
表現	作文		○	○	○	○	○	○
	短文記述							
	その他							
放送問題								

※　★印は大問の中心となる分野をしめします。

カコを追いかけ
ミライをつかめ
「今の説明、もう一回」を何度でも
web過去問
ストリーミング配信による入試問題の解説動画
もっと古いカコモンないの？
カコ過去問
「さらにカコの」過去問をHPに掲載（DL）
声の教育社
詳しくはこちらから

2025年度 中学受験用

昭和女子大学附属昭和中学校

6年間スーパー過去問

をご購入の皆様へ

お詫び

本書、昭和女子大学附属昭和中学校の入試問題につきまして、誠に申し訳ございませんが、以下の問題は著作権上の都合により掲載することができません。設問と解説、解答は掲載してございますので、ご必要とされる方は原典をご参照くださいますよう、お願い申し上げます。

記

2023年度　〈A日程午前試験〉国語　一　の問題文

以上

株式会社　声の教育社　編集部

2024年度 昭和女子大学附属昭和中学校

【算　数】〈Ａ日程午前試験〉（50分）〈満点：100点〉

※途中の式や考え方も消さずに解答用紙に残しておきましょう。

※円周率を使う場合は、3.14で計算しましょう。

1 次の□にあてはまる数を求めなさい。

(1) $7\frac{1}{2} \div \left\{\left(1.73 \times 11 + 0.27 \times 11\right) \times 3 - 6\right\} = \square$

(2) $2024 \times 6.48 + 2024 \times 1.54 + 2024 \times 2.74 - 2024 \times 0.76 = \square$

(3) $3 \div \left\{1\frac{1}{2} - \left(1.6 - 0.6 \times \square\right) \times 0.625\right\} = 4$

(4) 縮尺 $\frac{1}{35000}$ の地図で 20 cm の距離《きょり》を時速 10 km の自転車で走ると□分かかります。

(5) 6% の食塩水 200 g と□% の食塩水 300 g と水 100 g を混ぜると、7% の食塩水ができます。

(6) 父は 38 歳《さい》、子どもは 6 歳です。父の年齢《れい》と子どもの年齢の比が 7：3 になるのは□年後です。

(7) 子どもたちにみかんを 1 人 4 個ずつ配ると 52 個あまり、1 人 5 個ずつ配ると 18 個足りなくなります。このとき、みかんの個数は全部で□個あります。

(8) $\boxed{1}$ $\boxed{2}$ $\boxed{3}$ $\boxed{4}$ の 4 枚のカードを並べかえて 4 桁《けた》の数字を作るとき、2200 以上になるのは□個あります。

2 Ａさんは９時ちょうどに自宅から２km 離《はな》れた図書館に徒歩で向かいました。途《と》中でＡさんは忘れ物に気づき、母に連絡《らく》をした後、自宅に引き返しました。
母は連絡を受けた後すぐにＡさんの所へ自転車で向かい合流しました。合流した後、Ａさんは再び図書館に向かい、母は自宅に戻《もど》りました。下のグラフはＡさんと母の自宅からの距離とそのときの時刻を表したもので、細い線はＡさんの様子を、太い線は母の様子を表したものです。Ａさんと母の移動する速さが一定であるとき、次の問いに答えなさい。

(1) Ａさんの歩く速さは分速何 m ですか。
(2) 母の自転車で移動する速さは分速何 m ですか。
(3) Ａさんが図書館に到着した時刻は何時何分ですか。

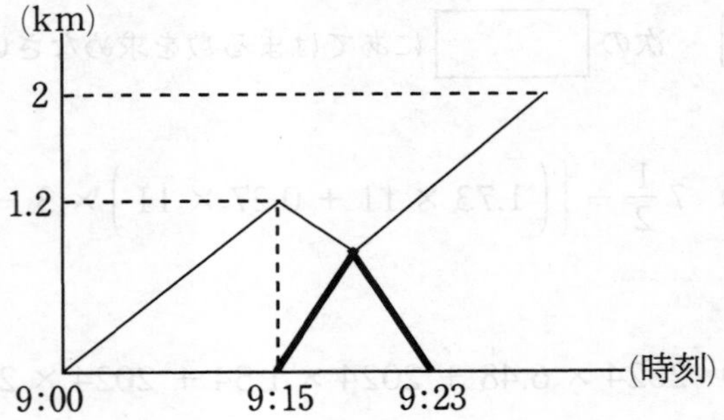

3 ［図１］は半径６cm の円と、その円の円周を８等分した点Ａ、Ｂ、Ｃ、Ｄ、Ｅ、Ｆ、Ｇ、Ｈです。次の問いに答えなさい。

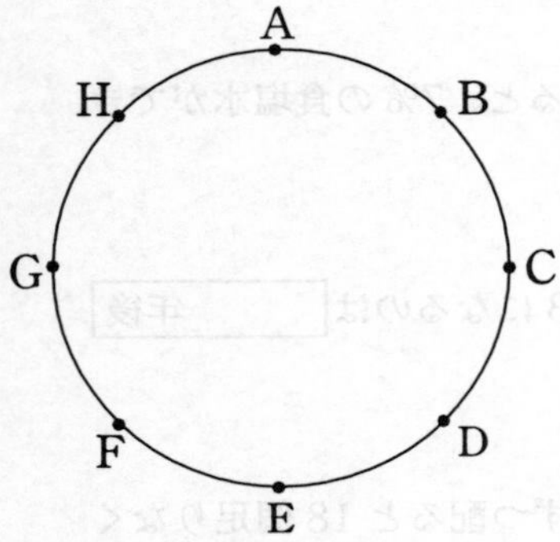

［図１］

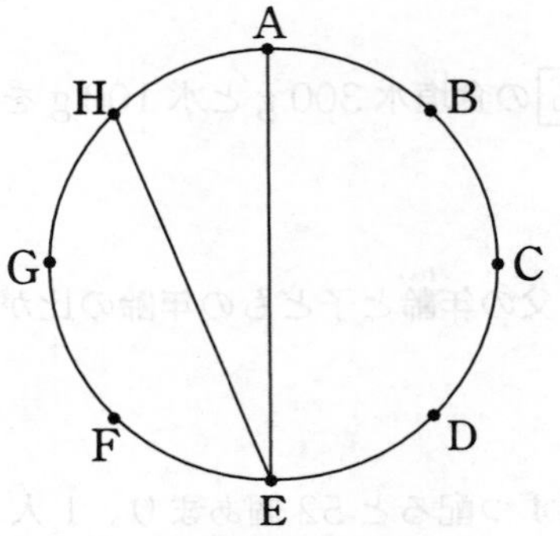

［図２］

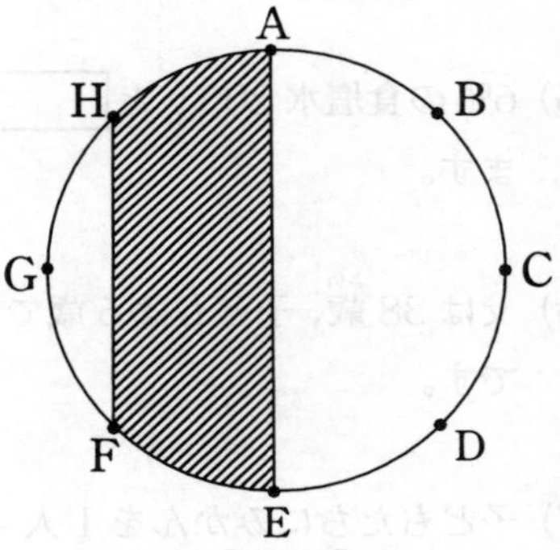

［図３］

(1) ［図１］において、点Ｂと点Ｄ、点Ｄと点Ｆ、点Ｆと点Ｈ、点Ｈと点Ｂをそれぞれ直線で結んだときにできる四角形 BDFH の面積は何 cm^2 ですか。
(2) ［図２］は［図１］において、点Ａと点Ｅ、点Ｅと点Ｈをそれぞれ直線で結んだものです。このとき、角 AEH の大きさは何度ですか。
(3) ［図３］は［図１］において、点Ａと点Ｅ、点Ｆと点Ｈをそれぞれ直線で結んだものです。斜《しゃ》線部分の面積は何 cm^2 ですか。

4 ［図1］は1辺の長さが20 cmの立方体の形をした水そうで、水が15 cmの高さまで入っています。［図1］の水そうに入っている水を、別の容器にその容器がいっぱいになるまで移すことを考えます。［図2］は底面の円の半径が10 cm、高さが10 cmの円柱、［図3］は底面が正方形、高さが12 cmの四角すいの形をした空の容器です。次の問いに答えなさい。
ただし、四角すいの体積は（底面積）×（高さ）÷3で求められます。

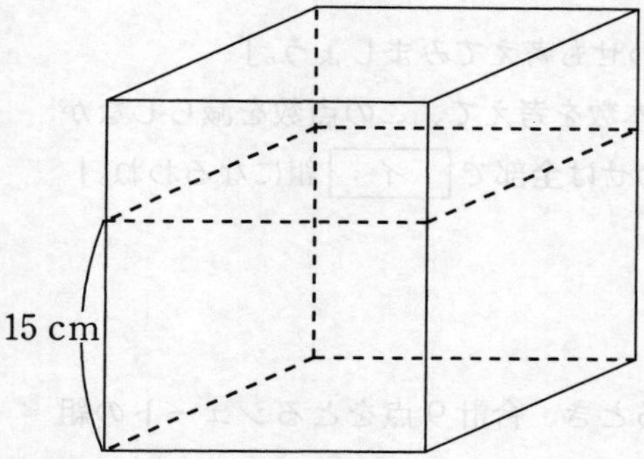

［図1］

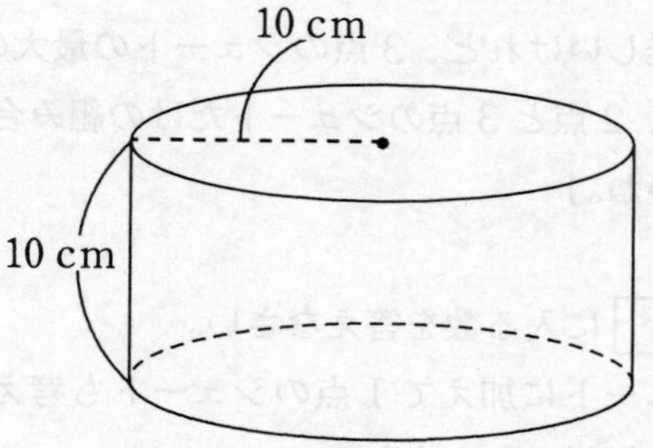

［図2］

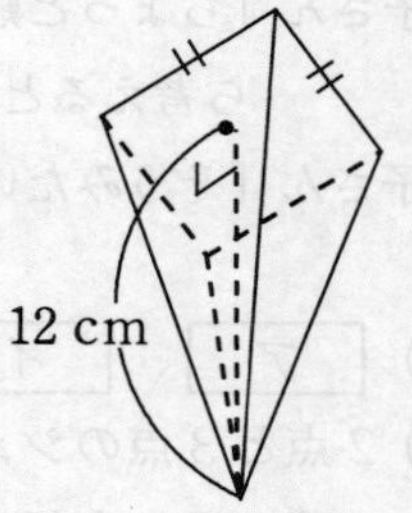

［図3］

(1) ［図1］の水そうの中に入っている水の量は何cm^3ですか。

(2) ［図1］の水そうから［図2］の容器に水を移すことを考えます。そのとき、［図1］の水そうに残る水の高さは何cmですか。

(3) ［図1］の水そうから［図3］の容器に水を移すことを考えます。そのとき、［図1］の水そうに残る水の高さは11 cmです。四角すいの底面の正方形の一辺の長さは何cmですか。

5 ある学年では、生徒の美術の作品に1、2、3、4、5の5段階で成績をつけています。
全員の成績の平均が3であるとき、3の成績をとった人が一番多いと必ずいえますか。
理由も合わせて答えなさい。

6 昭子さんと花子さんの会話文を読み、あとの問いに答えなさい。

昭子さん「この前、テレビでバスケットボールの試合の放送があったわね。」
花子さん「バスケットボールは1回のシュートが決まると、基本的には2点か3点が入るらしいわよ。」
昭子さん「そうなのね。では、合計6点を入れるには、2点と3点のシュートだけの組み合わせは全部で［ア］組あるわね。」
花子さん「そうね。では、今回の試合の得点86点の組み合わせも考えてみましょう。」
昭子さん「ちょっと難しいけれど、3点のシュートの最大の本数を考えて、この点数を減らしながら考えると、2点と3点のシュートだけの組み合わせは全部で［イ］組になるわね。」
花子さん「そうみたいね。」

(1) ［ア］、［イ］に入る数を答えなさい。
(2) 2点と3点のシュートに加えて1点のシュートも考えるとき、合計9点をとるシュートの組み合わせは全部で何組ありますか。

【社　会】〈Ａ日程午前試験〉（理科と合わせて50分）〈満点：50点〉

〔注意〕漢字で書けるところは漢字で書いてください。

1　次の会話文を読んで、あとの問いに答えなさい。

昭子さん：「2022年に生まれた日本人の子どもの数が80万人を割ったというニュースを聞いたわ。」

お姉さん：「そうね。①日本の人口も全体として減っていて、2021年の人口は１年前と比べると、80万人減ったそうね。」

昭子さん：「そうなんだ。80万人ってどれくらいの数なのかな。」

お姉さん：「都道府県で言えば、（　②　）全体の人口と同じくらいね。東京都でいえば昭和中学校のある世田谷区の人口を少し下回るくらいね。」

昭子さん：「そんなに多いのね。このままだと③日本の人口が１億人を割ってしまう日がくるかもしれないわね。」

お姉さん：「日本の人口は④これまではずっと増加してきたけれど、十数年前から減少が始まっているのよ。」

昭子さん：「そもそもなんで人口は減っているのかな。」

お姉さん：「それは（　　⑤　　）などの理由があると言われているわ。」

昭子さん：「人が減ると住みやすくなるとも思うけど、人口が減ると何か困ることがあるのかな。」

お姉さん：「人口が減ると、（　　⑥　　）が心配ね。だけど一番の問題は働き手の人口が減ってしまうことだと思うわ。」

昭子さん：「どういうことなのかな。」

お姉さん：「たとえば運送業などで人手不足が問題になっているわ。長距離《ちょうきょり》トラックの運転手は労働時間が長すぎるという問題も抱《かか》えているの。最近よく聞くようになった『（　⑦　）方改革』のひとつとして労働時間を短くしようとすると、その分、人を雇《やと》わなければならないのだけど、肝心《かんじん》の働き手が減少していて確保できないの。」

昭子さん：「人が必要なら⑧外国から人を呼んでくるのはどうかしら。日本にやってくる外国人が増えているって、ニュースで言っていたわ。」

お姉さん：「そういう方法もあるわね。働き手不足の解消法としては、いろいろなものが自動化されていることもあげられるわね。スーパーやコンビニでも無人のレジが増えているし、⑨自動車業界で開発が進んでいる自動運転の技術が実用化されると、それがトラック運転手の代わりになるかもしれないわね。」

昭子さん：「本当に⑩技術の進歩はめざましいわね。このような技術開発がもっと進んでいけば人口減少による労働力不足も改善されそうね。」

問１　文中の下線部①に関連して、次の（１）・（２）に答えなさい。

（１）　人口の一番多い都道府県は東京都ですが、二番目に多い都道府県を、次のア～エの中から１つ選び、記号で答えなさい。

ア．神奈川県　　イ．愛知県　　ウ．北海道　　エ．大阪府

（2） 人口密度が一番高い都道府県は東京都ですが、二番目に高い都道府県を、次のア～エの中から１つ選び、記号で答えなさい。

ア．沖縄県　　イ．千葉県　　ウ．埼玉県　　エ．大阪府

問２　文中の空らん（　②　）には、南北が海に面している県が入ります。その県を、次のア～エの中から１つ選び、記号で答えなさい。

ア．青森県　　イ．兵庫県　　ウ．佐賀県　　エ．千葉県

問３　文中の下線部③に関連して、1990 年、2000 年、2010 年、2023 年の人口１億人以上の国を示した次の表を見て、あとの（1）～（3）に答えなさい。

表

（人口の単位は百万人）

	1990 年		2000 年		2010 年		2023 年	
1	中国	1,153.7	中国	1,264.1	中国	1,348.2	インド	1,428.6
2	インド	870.5	インド	1,059.6	インド	1,240.6	中国	1,425.7
3	A	248.1	A	282.4	A	311.2	A	340.0
4	インドネシア	182.2	インドネシア	214.1	インドネシア	244.0	インドネシア	277.5
5	ブラジル	150.7	ブラジル	175.9	ブラジル	196.4	パキスタン	240.5
6	ロシア	148.0	パキスタン	154.4	パキスタン	194.5	ナイジェリア	223.8
7	日本	123.7	ロシア	146.8	ナイジェリア	161.0	ブラジル	216.4
8	パキスタン	115.4	バングラデシュ	129.2	バングラデシュ	148.4	バングラデシュ	173.0
9	バングラデシュ	107.1	日本	126.8	ロシア	143.2	ロシア	144.4
10			ナイジェリア	122.9	日本	128.1	メキシコ	128.5
11					メキシコ	112.5	エチオピア	126.5
12							日本	123.3
13							フィリピン	117.3
14							エジプト	112.7
15							コンゴ民主共和国	102.3

出典：1990 年～2010 年は「グローバルノート」，2023 年は『世界人口白書 2023』の推計値

（1） 表の読み取りとして正しくないものを、次のア～エの中から１つ選び、記号で答えなさい。

ア．１億人以上の国の数が調査年ごとに増えている。

イ．1990 年に示された国のうち、2023 年に人口が 1990 年の２倍以上になっている国は、パキスタンのみである。

ウ．2023 年に初めて登場した国のうち、一番多いのはアフリカの国々である。

エ．2010 年から 2023 年に人口が減少している国は３か国である。

（2） 表中のＡにあてはまる国名を答えなさい。

（3） 表中のＡをのぞいた 2023 年の国の中で、アジア・ヨーロッパ以外の国は何か国ありますか。

問４　文中の下線部④に関連して、日本の人口の推移を示した次のグラフ１を見て、あとの（1）～（5）に答えなさい。

グラフ１

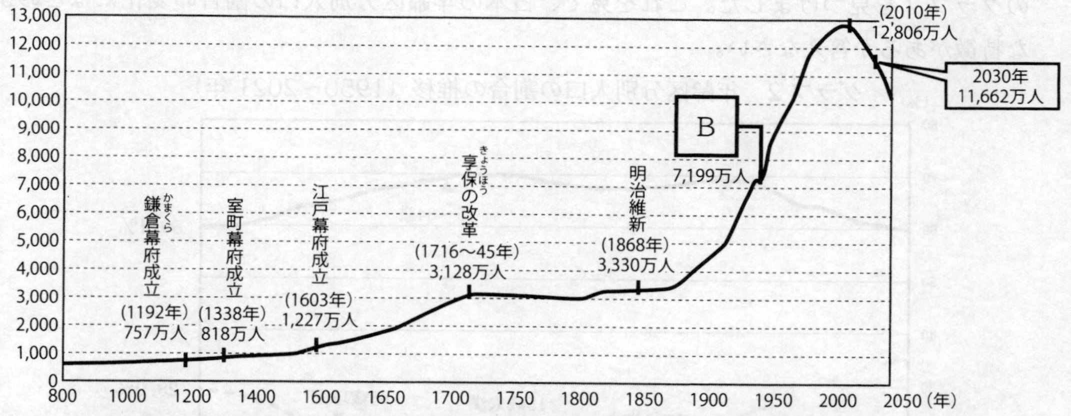

資料）2010年以前は総務省「国勢調査」、同「平成22年国勢調査人口等基本集計」、国土庁「日本列島における人口分布の長期時系列分析」（1974年）、2015年以降は国立社会保障・人口問題研究所「日本の将来推計人口（2012年1月推計）」より国土交通省作成

出典：総務省「我《わ》が国における総人口の長期的推移」

（1）　日本の人口が800万人を超《こ》えてから3000万人に達するまでの日本の状況として正しくないものを、次のア～エの中から１つ選び、記号で答えなさい。

ア．関ケ原の合戦後に徳川家康が将軍になった。

イ．足利義政《よしまさ》が東山に銀閣《ぎんかく》を建立した。

ウ．武家諸法度《ぶけしょはっと》で参勤交代の制度が定められた。

エ．藤原道長が摂政《せっしょう》となり、政治の実権をにぎった。

（2）　江戸時代の後半には人口が停滞《ていたい》し、若干《じゃっかん》の減少がみられる時期もあります。この背景を考える際の方法としてふさわしくないものを、次のア～エの中から１つ選び、記号で答えなさい。

ア．自然災害も影響《えいきょう》していると思い、発生した自然災害と死者数を調べる。

イ．地域によっても差があると思い、外国人が来航した場所を調べる。

ウ．病気が広がったことが関係していると考え、いくつかの藩《はん》の人口の変化を調べる。

エ．農業生産と関係があると思い、米やサツマイモなどの生産量の変化を調べる。

（3）　人口は明治維新《いしん》以降に急上昇していますが、この理由としてふさわしくないものを、次のア～エの中から１つ選び、記号で答えなさい。

ア．工業化が進展し、経済が発展したから。

イ．肉食など食生活が変わったことで栄養面が改善したから。

ウ．満州やハワイ、ブラジルからの移民が増加したから。

エ．医療《いりょう》が発達し、乳児死亡率が減少したから。

（4）グラフ１の記号Ｂのところで一時的に人口が減少している理由を答えなさい。

（5） 日本の人口について調べていた昭子さんは、日本の年齢《ねんれい》区分別人口の割合の推移を示した次のグラフ２を見つけました。これを見て、日本の年齢区分別人口の割合の変化にはどのような特徴《とくちょう》があるか答えなさい。

グラフ２　年齢区分別人口の割合の推移（1950～2021年）

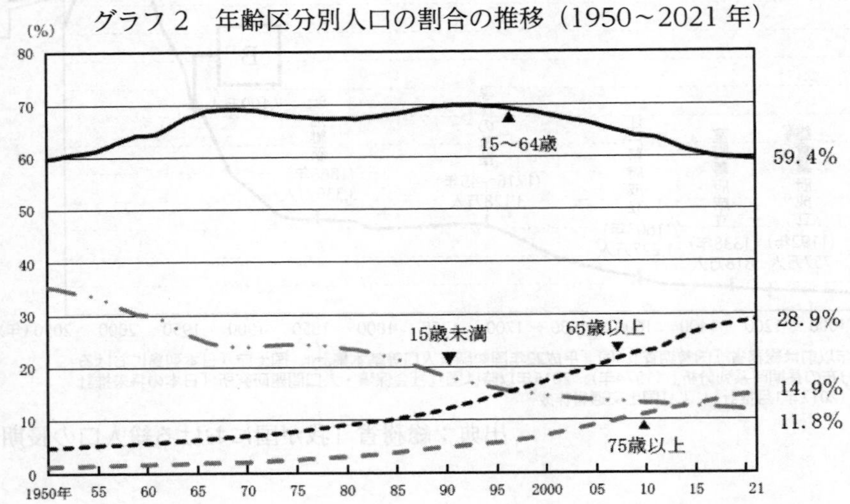

出典：総務省統計局ホームページから（人口推計　2021年10月１日現在）

問５　文中の空らん（　⑤　）・（　⑥　）に入る文の組み合わせとして正しくないものを、次のア～エの中から１つ選び、記号で答えなさい。

ア．⑤子どもを育てるだけの経済的な余裕がない　　⑥伝統が継承《けいしょう》されにくくなること

イ．⑤海外に出ていく日本人が多くなっている　　⑥給与が下がってしまうこと

ウ．⑤育児が大変で子どもを産まなくなっている　　⑥社会の活力が失われること

エ．⑤女性の社会進出で結婚《けっこん》年齢が遅《おそ》くなっている　　⑥国内で物を買う人が減ること

問６　文中の空らん（　⑦　）に入る言葉を、本文中から抜き出して答えなさい。

問７　文中の下線部⑧に関連して、これまでの日本の歴史における外国人について、次の（1）・（2）に答えなさい。

（1） 4～7世紀ごろ朝鮮半島や中国からやってきた人々のことを何と呼ぶか答えなさい。

（2） 奈良時代に仏教のきまりを伝えるために中国からやってきた僧《そう》を、次のア～エの中から１人選び、記号で答えなさい。

ア．行基　　イ．雪舟《せっしゅう》　　ウ．鑑真《がんじん》　　エ．空海

問８　文中の下線部⑨に関連して、次のア～ウは、2020年度の食料品、化学工業、輸送用機械（自動車など）の生産上位５位までの都道府県を示したものです。このうち輸送用機械（自動車など）を示すものを１つ選び、記号で答えなさい。

ア

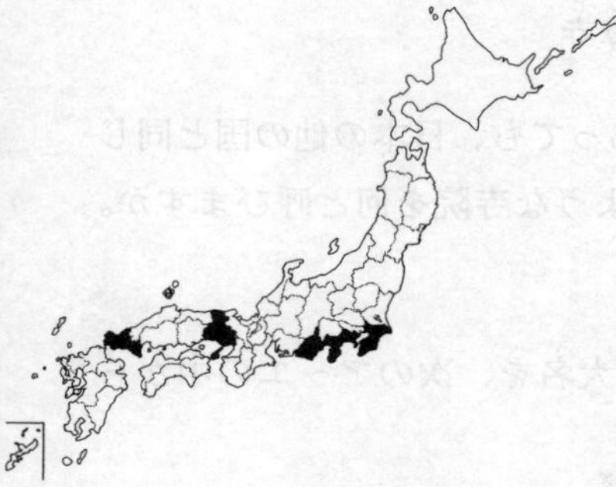

イ

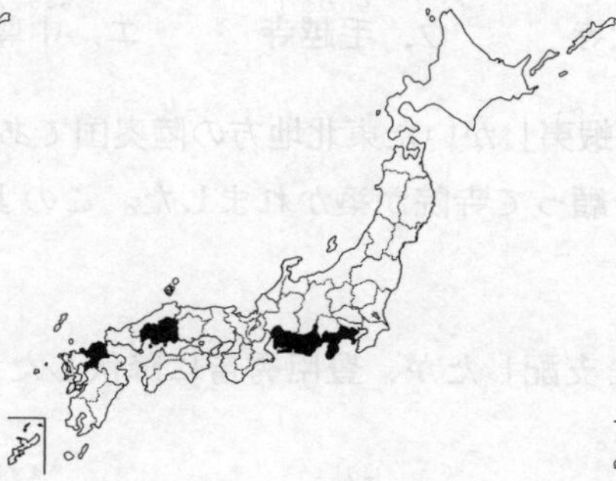

ウ

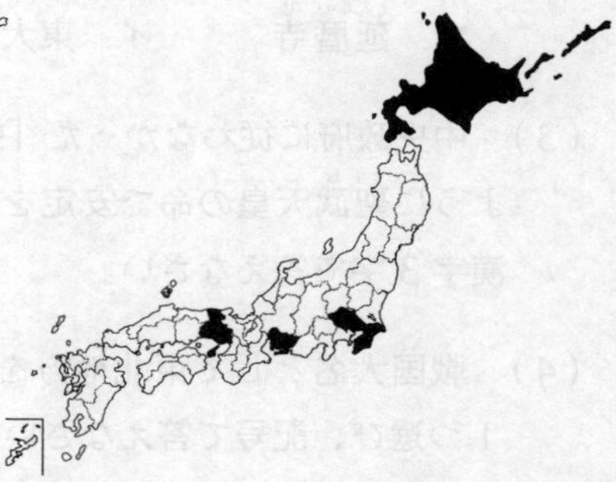

問９　文中の下線部⑩に関連して、高度経済成長期に技術革新《かくしん》が進む一方で、エネルギー源についても大きな変化が見られました。どのような変化か具体的に説明しなさい。

問10　人口の減少をおさえるために、出産や子育てのしやすい環境をつくることが求められています。その具体的な方法としてどのようなものがあるか、考えられるものを１つあげなさい。

2　次の各問いに答えなさい。

問１　次の（１）～（４）の内容にあてはまる語句を答えなさい。あてはまる答えが２つある場合には、どちらか１つを答えなさい。

（１）　日本で一番流域面積が広い河川の河口にある都道府県

（２）　下流が淀川《よどがわ》に通じる河川が流れ出る大きな湖がある都道府県

（３）　九州で一番広い平野を流れ、下流には水田地帯が広がる川

（４）　主に高知県を流れ、「日本最後の清流《せいりゅう》」と呼ばれる川

問2　東北地方の歴史に関連して、次の（1）～（6）に答えなさい。

（1）　縄文《じょうもん》時代のイメージを変えるような大規模な建物の跡《あと》や、人々が長期間にわたって定住していたことがわかる跡が見つかった青森県の遺跡《いせき》を何というか答えなさい。

（2）　平安時代の後期、奥州《おうしゅう》の平泉に建てられた、金色堂《こんじきどう》をもつ寺院名を、次のア～エの中から1つ選び、記号で答えなさい。

ア．延暦寺《えんりゃくじ》　　イ．東大寺　　ウ．毛越寺《もうつうじ》　　エ．中尊寺《ちゅうそんじ》

（3）　中央政府に従わなかった「蝦夷《えみし》」がいた東北地方の陸奥《むつ》国であっても、日本の他の国と同じように聖武《しょうむ》天皇の命で安定を願って寺院が築かれました。このような寺院を何と呼びますか。漢字3字で答えなさい。

（4）　戦国大名として東北地方を支配したが、豊臣秀吉に降伏《こうふく》した大名を、次のア～エの中から1つ選び、記号で答えなさい。

ア．島津氏　　イ．伊達《だて》氏　　ウ．北条《ほうじょう》氏　　エ．上杉《うえすぎ》氏

（5）　青森県にある八甲田山《はっこうださん》で、陸軍が寒さの厳しい満州でのロシア軍との戦争に備えて、雪中を行軍する訓練《くんれん》を行い、多くの犠牲者《ぎせいしゃ》を出しました。この訓練が行われた年を、次のア～エの中から1つ選び、記号で答えなさい。

ア．1603年　イ．1853年　ウ．1902年　エ．1947年

（6）　太平洋戦争中、東北地方の寺院などに小学生が避難したことを何というか、次のア～エの中から1つ選び、記号で答えなさい。

ア．疎開《そかい》　　イ．学徒出陣《がくとしゅつじん》　　ウ．配給制　　エ．勤労動員

問3　次の文の空らん（　①　）～（　③　）にあてはまる語句を答えなさい。なお、同じ番号には同じ語句が入ります。

・内閣は国会で多数を占《し》めた政党によって組織されます。内閣に参加する政党を（　①　）といい、内閣総理大臣は、（　①　）のなかでも1番多数を占めている政党の党首がなることが多く、国会によって（　②　）されることが日本国憲法で定められています。

・本来、大人の役割である家事や家族の世話などを日常的に行っている子どものことを、ヤング（　③　）といいます。

【理　科】〈Ａ日程午前試験〉（社会と合わせて50分）〈満点：50点〉

〔注意〕漢字で書けるところは漢字で書いてください。

1　次の各問いに答えなさい。

問１　種子には養分として、脂質（油）やタンパク質ともう１つ多く含《ふく》んでいるものがあります。それは何ですか。

問２　最も明るい所でのヒトの目の様子を表した図はどれですか。次のア～エの中から１つ選び、記号で答えなさい。

ア.　イ.　ウ.　エ.

問３　堆積《たいせき》岩のうち、火山灰が押《お》し固まった岩石のことを何といいますか。

問４　北半球において高気圧の風の吹《ふ》き方はどれですか。次のア～エの中から１つ選び、記号で答えなさい。

ア.　イ.　ウ.　エ.

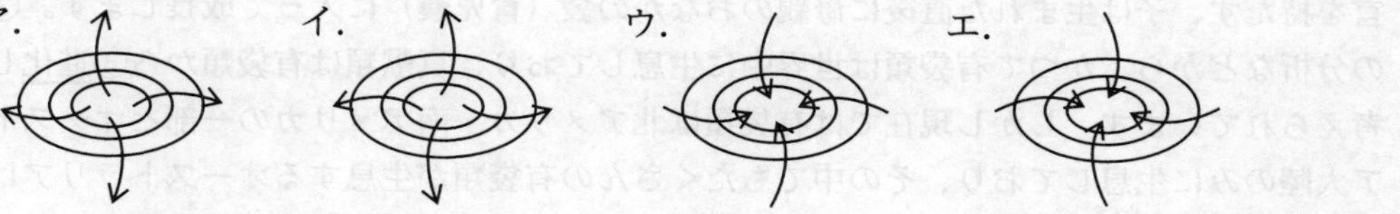

問５　月食のときの太陽、月、地球の並び順として正しいものを次のア～ウの中から１つ選び、記号で答えなさい。

ア．太陽－地球－月　　イ．太陽－月－地球　　ウ．月－太陽－地球

問６　気体を発生させたとき、右図のような方法では集めることができない気体を次のア～エの中から１つ選び、記号で答えなさい。

ア．ちっ素　　イ．酸素　　ウ．水素　　エ．アンモニア

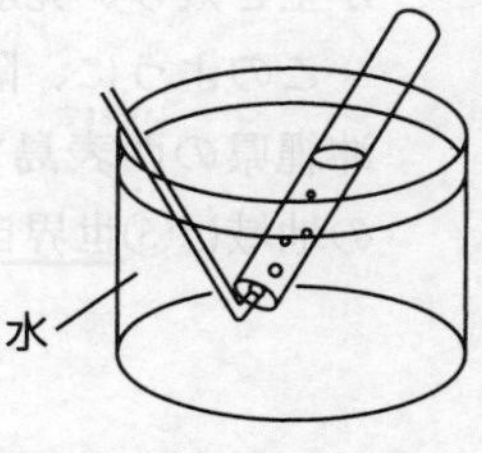

問７　25 gの食塩に100 gの水を加え、完全にとかしました。この食塩水の濃《のう》度は何％ですか。

問８　電気を光に変えるものとして白熱電球やけい光灯があります。これらにかわって現在よく使われている、白熱電球に比べて熱の発生が少なく、少ない電力で光る半導体を何といいますか。

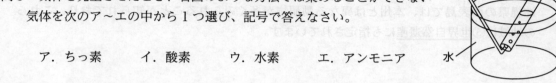

問９　ふりこが１往復する時間を長くするにはどうしたらよいですか。次のア～エの中から１つ選び、記号で答えなさい。

ア．ふりこにつるしているおもりの重さを重くする。
イ．ふりこにつるしているおもりの重さを軽くする。
ウ．ふりこの糸の長さを長くする。
エ．ふりこの糸の長さを短くする。

問10　2023年２月28日にJAXA（宇宙航空研究開発機構）が14年ぶりに実施した宇宙飛行士の選抜試験で24年ぶりに女性が宇宙飛行士に選ばれました。今回宇宙飛行士に選ばれた女性を次のア～エの中から１人選び、記号で答えなさい。

ア．向井 千秋　　イ．米田 あゆ　　ウ．山崎《やまざき》 直子　　エ．諏訪《すわ》 理《まこと》

2

　ユーラシア大陸などに住む①哺乳類《ほにゅうるい》は真獣類《しんじゅうるい》と呼ばれています。一方、オーストラリア大陸には、真獣類とは異なる特徴《ちょう》を持った、有袋類《ゆうたいるい》と呼ばれる哺乳類が生息しています。有袋類の例としては、カンガルーやウォンバットが挙げられます。有袋類は胎盤《たいばん》と呼ばれる器官を持たず、子は生まれた直後に母親のおなかの袋（育児嚢《いくじのう》）に入って成長します。②化石の分析などから、かつて有袋類は世界中に生息しており、真獣類は有袋類から③進化したと考えられています。しかし現在では有袋類は北アメリカ・南アメリカの一部とオーストラリア大陸のみに生息しており、その中でもたくさんの有袋類が生息するオーストラリアは、動物学的に極めて珍《めずら》しい場所です。なぜオーストラリアでは現在でも多くの有袋類がみられるのでしょうか。

　④多くの生物は、常に競争をしており、競争に負けたものは生き残ることができません。有袋類は真獣類との競争に敗れ、多くの場所で絶滅《めつ》しました。ただ、オーストラリアは他の大陸から分かれるのが早く、長い間真獣類が生息していなかったため競争が起きず、有袋類が生き残り、発展していったと考えられています。

　このように、隔《へだ》てられた場所では独特の動植物が多くみられます。日本でも小笠原《おがさわら》諸島や沖縄県の西表《いりおもて》島では、本州とは異なる動植物が多くみられることが知られており、これらの地域は⑤世界自然遺産にも指定されています。

問１　下線部①について、哺乳類に共通してみられる特徴として正しくないものはどれですか。次のア～エの中から１つ選び、記号で答えなさい。

ア．体温を一定に保つことができる。　　イ．子に乳を与えて育てる。
ウ．エラ呼吸をする。　　エ．４つの部屋からなる心臓を持つ。

問2　下線部②について、地層が堆《たい》積したときの環《かん》境を推定するのに役立つ化石を何といいますか。次のア～エの中から1つ選び、記号で答えなさい。

ア．化学化石　　イ．示準化石　　ウ．示相化石　　エ．生痕《こん》化石

問3　下線部③について、モンシロチョウの幼虫がサナギを経て成虫になる過程は変態と呼び、進化とは呼びません。変態と進化ではどのような点が違いますか。説明しなさい。

問4　下線部④について、競争に負けないように、からだの構造や生活の仕方に様々な特徴を持つ生物も多くいます。具体的にはどのような特徴がありますか、１つ例を挙げてどのように有利か説明しなさい。

問5　下線部⑤について、小笠原諸島と西表島以外の場所で、日本の世界自然遺産に指定されている場所を１つ答えなさい。

3　塩酸、アンモニア水、石灰水、食塩水、さとう水、水酸化ナトリウム水溶《よう》液、炭酸水の７種類の水溶液があります。

問1　７種類の水溶液をある条件で分類すると次のように３つのグループに分けることができます。グループAは、どのような性質をもつ水溶液のグループですか。

【グループA】	【グループB】	【グループC】
塩酸	アンモニア水	食塩水
炭酸水	石灰水	さとう水
	水酸化ナトリウム水溶液	

問2　蒸留水は、問１のA～Cのどのグループに入りますか。

問3　マグネシウムリボンをグループAの水溶液に入れると、無色の気体が発生します。この気体は何ですか。最も適当なものを次のア～オの中から１つ選び、記号で答えなさい。

ア．酸素　　イ．水素　　ウ．ちっ素　　エ．アンモニア　　オ．塩素

問4　次に、７種類の水溶液を問１とは別の観点から分類し、グループDとグループEに分けました。グループDに分類されているのは、どのような水溶液ですか。

【グループD】	【グループE】
塩酸	石灰水
アンモニア水	食塩水
炭酸水	さとう水
	水酸化ナトリウム水溶液

問５　７種類の水溶液のいずれかが入った容器が７つあります。どの容器に何が入っているかはわかりません。食塩水が入った容器を見つけるにはどのような実験操作をしたらよいですか。ただし、２種類以上の実験操作を組み合わせて答えても構いません。

問６　塩酸10 cm³をビーカーに取り、BTB溶液を２滴《てき》加え、水酸化ナトリウム水溶液を加えていくと、水酸化ナトリウム水溶液を20 cm³加えたところで、緑色になりました。

次に、先ほど使ったものと同じ濃《のう》度の塩酸10 cm³に、水を10 cm³加えてうすめた水溶液をつくりました。このうすめた塩酸のうち10 cm³をビーカーに入れ、BTB溶液を加えました。これに先ほど使ったものと同じ濃度の水酸化ナトリウム水溶液を加えていくと、何cm³入れたところで緑色になりますか。次のア～オの中から１つ選び、記号で答えなさい。

ア．5 cm³　　イ．10 cm³　　ウ．15 cm³　　エ．20 cm³　　オ．40 cm³

4　図のように支点を中心に自由に回転できるようにした長さ50 cmの棒にばねとおもりを取り付けた装置があります。支点は棒の左端《はし》から10 cmの位置にあり、ばねは支点の右側5 cmの位置に取り付けられています。100 gのおもりを支点の右側につるすとき、ばねを引き上げて棒を水平にするとおもりをつるす位置によってばねの長さが変わりました。表はその結果をまとめたものです。

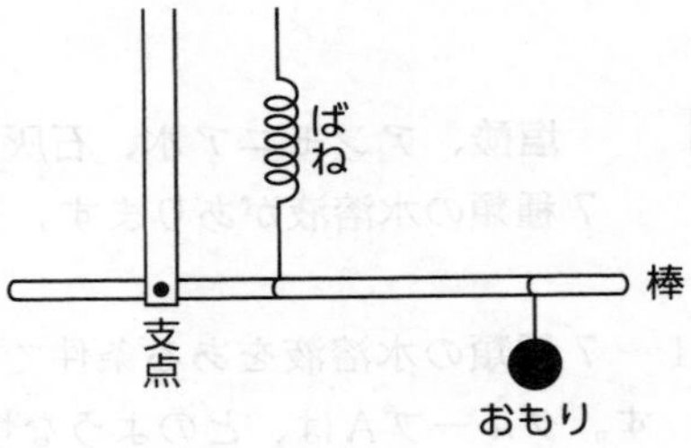

図．実験の様子

表．支点からおもりまでの長さとばねの長さの関係

支点からおもりまでの長さ（cm）	2.5	5.0	7.5	10	15	20
ばねの長さ（cm）	4.6	5.3	5.9	6.6	7.8	9.1

問１　支点からおもりまでの長さを横軸《じく》に、ばねの長さを縦軸にとってグラフをかきなさい。

問２　100 gのおもりを支点の位置につけるとばねの長さは何cmになりますか。

問３　おもりを外すとばねの長さは何cmになりますか。

問４　50 gのおもりを支点の右側30 cmの位置につるすと、ばねの長さは何cmになりますか。

問５　100 gのおもりを支点の左側5.0 cmの位置につるすと、ばねの長さは何cmになりますか。ただし、このときばねは自然の状態よりも少しのびていたとします。

問三　次の①〜④の（　　　）にあてはまる言葉を答え、慣用句を完成させなさい。また、それぞれの慣用句の意味としてふさわしいものをあとのア〜オの中から一つずつ選び、記号で答えなさい。

①　寄らば（　　）のかげで、グローバル企《き》業に入社する。

②　テスト勉強の計画は、（　　）にかいた餅《もち》になった。

③　ささいないざこざもきちんと解決しないと、（　　）の穴から堤《つつみ》もくずれるよ。

④　みんなに選ばれたのだから、あとは野となれ（　　）となれでは困るよ。

ア　少しの油断から、思いがけない大事が起こる。

イ　あとはどうなってもかまわないということ。

ウ　力がある人にたよるほうがいいということ。

エ　なにごともほどほどにするのがよいということ。

オ　実際には役に立たないということ。

三　次の問いに答えなさい。

問一　次の①～⑥の意味をもつ言葉をあとの［　　］の中から選び、それぞれ漢字に直して答えなさい。

① いろいろな原こうや写真などをまとめて本や新聞などを作ること。
② 同じ節の歌を少しずつ遅《おく》らせて追いかけるようにして歌う歌い方。
③ 人のために自分の持っているものをさし出すこと。
④ 山などのいただきにのぼること。
⑤ 注意することや守らなければならないことを知らせるための目印。
⑥ その人の人生のおおまかな経験。

テイキョウ　ヒョウシキ　リンショウ　ヘンシュウ　リャクレキ　トウチョウ

問二　次の①～⑥の――線部の漢字について、読み方の異なるものを一つ選び、その熟語の読みをひらがなで答えなさい。

① 割安　安静　安物　目安
② 図画　計画　画策　区画
③ 人里　千里　海里　郷里
④ 骨身　骨肉　鉄骨　反骨
⑤ 作家　家庭　家来　家族
⑥ 競争　競技　競演　競馬

問三　――線部③「こんなおいしいのに。むかつく」とありますが、これは祇園寺先輩のどのような心情を表した言葉ですか。ふさわしいものを次のア～エの中から一つ選び、記号で答えなさい。

ア　自分らしく生きたいのに、結局何かしらの「らしさ」にとらわれて思うように行動できない自分に腹を立てている。

イ　タルトタタンの味によって過去の「女の子らしさ」を押し付けられた経験を思い出し、怒《いか》りを感じている。

ウ　自ら禁じていたタルトタタンを食べることで、周囲の期待に応える理想の自分を演じていたことに気づき後悔《かい》している。

エ　他人に都合のいい自分を「自分らしさ」だと勘違《かんちが》いしていたことを指摘《てき》されて、口惜《お》しく感じている。

問四　――線部④「だけど、今日はただただ、かなしい」とありますが、それはなぜですか。その理由としてふさわしいものを次のア～エの中から一つ選び、記号で答えなさい。

ア　タルトタタンはおいしいはずなのに、祇園寺先輩の苦しみと結びついていて素《す》直に喜ぶことができないから。

イ　タルトタタンを祇園寺先輩に喜んで食べてほしかったのに、ぼくの過去を思い出させてしまい先輩を傷つけたから。

ウ　タルトタタンを焼くことに祇園寺先輩は興味を持っていたのに、自分が焼いてしまったことを後悔したから。

エ　タルトタタンを祇園寺先輩もおいしいと言って食べてくれたが、それが本心ではないことが分かってしまったから。

問五　――線部⑤「ぼくが歩いている道の険しさを知らない」とありますが、「ぼく」が歩いている道の険しさとしてふさわしくないものを次のア～エの中から一つ選び、記号で答えなさい。

ア　趣味がケーキを焼くことだから、スイーツ男子と呼ばれること。

イ　女子に頭をなでられても、何も言い返すことができないこと。

ウ　名前が虎であるにもかかわらずハムスターみたいと言われること。

エ　外見だけで判断されないために笑わないようにしていること。

問六　――線部⑥「だけど、返信はなかなか来なかった」とありますが、これは祇園寺先輩のどのような様子を表していますか。ふさわしいものを次のア～エの中から一つ選び、記号で答えなさい。

ア　過去を乗り越えたものの、まだ自ら進んで行動に移すことができずにいる様子。

イ　自分を見つめなおすことができたものの、まだ気持ちの整理がつかない様子。

ウ　「ぼく」を親友として受けいれたものの、まだ気軽には踏《ふ》み込めずにいる様子。

エ　悩みを仲間に打ち明けることができたものの、結論が受け入れられずにいる様子。

問七　――線部⑦「精いっぱいの声でさけんだ」とありますが、どのような思いがこめられていると考えられますか。具体的に説明しなさい。

問八　あなたが考えるあなた「らしさ」とは、どのようなものですか。また、それが学校生活でいかされた経験を具体的に百字以内で書きなさい。

――ばかみたい。こんなにおいしいのに。むかつく。

「虎ちゃん、かわいい顔が台なしですよ～？」

「ほんとほんと！　ほら、いつもみたいに笑って！」

ぼくはふり返って、さわいでいる女子たちをにらみつける。

それから、大きく息を吸いこみ、⑦精いっぱいの声でさけんだ。

今までずっと押さえこんできた思いが、明確な言葉となって夕日の下に響く。

女子たちの表情が固まるのを見ながら、ぼくは思った。

強くなりたい。ゆれないように。

自分が自分であるために、闘《たたか》えるように。

（村上　雅郁《まさふみ》　著「きみの話を聞かせてくれよ」）

問一　――線部①「神聖なものにふれた」とありますが、それはどういうことですか。次のア～エの中から一つ選び、記号で答えなさい。

ア　祇園寺先輩の悩みが死んだほうがましと思うくらい深刻な状態であることを知ったこと。

イ　祇園寺先輩のこだわりを知り、自分も本来の姿で生きていこうと決意できたこと。

ウ　祇園寺先輩の女らしさに対する悩《なや》みが自分と似ていて、自分の真の姿に気づいたこと。

エ　祇園寺先輩の本当の悩みを聞いて日ごろ人には見せない人の心の奥《おく》を見たということ。

問二　――線部②「ぼくはおずおずとうなずいた」とありますが、このときの「ぼく」の気持ちを説明しなさい。

祇園寺先輩からのメッセージ。
　ぼくはしばらく考えて、ちいさくうなずいた。フリック入力で、画面に文字をつむぐ。
「先輩。また、タルトタタンを焼きに行ってもいいですか？」
「ぼくは、もっと先輩と話がしたいです」
　既《き》読はすぐについた。⑥だけど、返信はなかなか来なかった。

「あれ、虎じゃん。どこ行ってたの？」
　その声に顔をあげると、クラスメイトの女子たちがこっちを見ていた。
　部活帰りだろうか。数人、かけよってきて、勝手に頭をなでてくる。
「家、こっちのほうじゃないよね？　お出かけ？　いいなあ」
「……秘密」
　ぼくはかわいた声で答える。すると女子のひとりが言った。
「あれ？　なんか、あまいにおいがする。もしかしてケーキ焼いた？」
　ぼくは無視する。女子たちがキャッキャと言いあう。
「においますねえ」
「どこで焼いたんだろ。よそのおうち？」
「よそのおうちって、だれのおうちよ」
「そりゃあ……あれですよ、彼女、とか」
　黄色い笑《え》い声。はじけるような笑顔。
　無邪《じゃ》気にはしゃいでいる、自覚のない加害者の群れ……。
　ぼくは歯を食いしばった。
　背中を向けて、その場を立ち去る。一刻も早く。
「あれ、待ってよ虎。なに？　おこっちゃった？」
　頭の中がぐらぐらする。胸のおくでなにかが燃えている。ちりちりとのどをこがす、不愉《ゆ》快な熱。口の中に残っているタルトタタンの味。断りもなく頭をなでてくる手の感触。どこからかこだまする、今にも泣きそうな祇園寺先輩の声。

「……おいしい」

先輩はつぶやいた。そうして、泣きそうな声で続けた。

「ばかみたい。③こんなおいしいのに。むかつく」

そのまま、祇園寺先輩はうつむいて、なにかを考えこんでいた。ぼくはやっぱり、なにも言えなかった。だまってタルトタタンを食べた。リンゴとカラメルの香り。

あまずっぱい味が口いっぱいに広がって、④だけど、今日はただただ、かなしい。

帰り道。

黒野先輩と別れたあと、学校の近くを歩きながら、ぼくは龍《りゅう》一郎《ろう》のことを考えた。

サッカー部のキャプテン。文武両道の優等生。あの人はいつもぼくに言う。

「人がなんて言おうと関係ない。自分の道を行けよ」

でも、龍一郎はきっと、⑤ぼくが歩いている道の険しさを知らない。

ぼくの歩幅《はば》を、体力を、道に落ちているちいさな石のひとつひとつが、はだしの足をきずつける感触《しょく》を……それは、おたがいにそうなのかもしれないけれど、少なくともぼくは、だれかに「人がなんて言おうと関係ない」なんて、言えない。

人になにかを言われることは、つらい。

自分の道を歩いているだけで、その道に勝手な名前をつけられるのは、歩き方に文句をつけられるのは、どんなに好意的でも笑われるのは、ほんとうにつらい。

祇園寺先輩の思いつめた表情。ウサギ王子の抱《かか》えた秘密。

――女の子みたいって、女の子らしいって、そう言われるの、ほんとにこわい。

そうだ。

ぼくらは自分のままでいたいだけ。そうあるように、ありたいだけ。

それを、関係のないだれかに、勝手なこと、言われたくなかった。

ポケットでスマホがふるえる。ぼくはそれを取りだして、ラインアプリを開いた。

「今日はありがとう。いろいろぐちを言ってしまってごめん」

らしさ。

男の子らしさ。女の子らしさ。自分らしさ。

ボーイッシュ女子。スイーツ男子。

虎は虎だから。羽紗は羽紗だから。

轟《とどろき》くん、かわいいし。ケーキ焼く男子とか、アリよりのアリっしょ。今はいろんな趣味《しゅ》があっていいと思う。羽紗を見てると勇気が出る。自由でいていいんだって思える。なあんだ、やっぱり女の子なんだ……。

いろんな言葉が、声が、ぼくの内側で響《ひび》いては消える。

黒野先輩が言った。

「『ボーイッシュな女子らしさ』にとらわれてないか？」

②ぼくはおずおずとうなずいた。祇園寺先輩はちいさく笑った。

「そうだね。わかってるんだ。本末転倒《とう》だってことは。私はけっきょく、べつのらしさにとらわれていて、ぜんぜん自由なんかじゃない。でも……」

紅茶の入ったマグを両手で包むように持って、先輩は続ける。

「無理なの。私、女の子みたいって、女の子らしいって、そう言われるの、ほんとにこわい。そんなの、その人の偏見だってのも、わかってる。だけど、だめなんだよ。そう言ってくる人たちは、私のことを『無理して男子ぶってる女の子』っていうふうに見る。そういうありふれた話に落とし込もうとする。それが、ほんとうにいやなんだ」

黒野先輩は言った。

「人は、枠《わく》組みから外れたやつがいるのがこわいんだよ。だから、自分がわからないものに出会うと、おかしいって言って攻撃《こうげき》したり、わかりやすいでたらめに押しこんで、わかった気になったり、する」

くっくと笑う先輩。ぼくはなにも言えなかった。

焼きあがったタルトタタンをすこし冷まして、ケーキ型から外す。

ぼくたちはそれを切り分け、一切れずつお皿に取った。黒野先輩がいそいそと、あめ色のリンゴを頬《ほお》張って笑う。

「ふぐふぐ。すばらしいね」

祇園寺先輩は、おごそかな表情でタルトタタンを口に運んだ。

ひと口。もうひと口。

しずしずと味わうようにそれをかんで、こくんとのみこむ。

「そうだな。あんまり、今の王子は自由には見えないよな」
そのとおりだった。
今まで作りあげてきたイメージを守ろうとするあまり、ケーキを食べることすら、自分にゆるせずにいる。少なくとも、それを他人に知られたくないと思っている。
「そうだね。こんなのはもう、呪《のろ》いみたいなもの」
祇園寺先輩はしみじみとうなずいて言う。
それからちいさく笑った。なつかしむように、だけどかなしそうに。
「六年生のころ、友だちになった女の子がいたの。世間一般《ぱん》に言われている意味で、つまりはそれも偏《へん》見だけど、女の子らしい女の子だった。フリフリしたかわいい服を着て、絵を描《か》くことと、お菓《か》子作りが好きで。その子が私にタルトタタンの味を教えてくれた」
そう言って、祇園寺先輩は、ぎゅっと眉《み》間にしわをよせる。
「その子の家で、その子が作ってくれたタルトタタンを食べたとき。こんなにおいしいものがあるのかって、そう思った。だから、そう伝えた。そしたら、あの子、ほっとしたように笑って、言ったんだ」
——私さ、羽紗ちゃんのこと、ちょっとこわいって思っていたけど、気のせいだった。
——なあんだ。やっぱり羽紗ちゃんも女の子なんだ。
「その声はひどく弾《はず》んでいて。だけど私はぶんなぐられたようなショックを受けた」
ぼくは黒野先輩の顔をちらりとうかがった。とくに感想はないようだ。もしかすると、すでに知っている話なのかもしれない。祇園寺先輩は続けた。
「それから、私はその子と距離を置いた。ううん、その子だけじゃない。あまいものや、女の子らしいとされるものからも、ますます距離を置くようになった」
私は「らしさ」にとらわれたくなかったんだ——そう、先輩は言った。
自由でありたかった。そんな自分のことが好きだった。
「……だから、やっぱり女の子じゃんとか、女の子らしいところもあるんだねとか、言われたくなかった。そういう目で見られるくらいなら、死んだほうがまし」
思いつめた顔で、先輩は言った。
ぼくは、いつになくしずかな、なにか、①神聖なものにふれたような気持ちになった。
心はしんとしていて、だけど、そこのほうではふつふつとなにかが燃えている。

二　次の文章を読んで、あとの問いに答えなさい。（字数に制限のある問いは句読点や記号なども一字に数えます）

祇園寺《ぎおんじ》先輩《ぱい》は紅茶をいれてくれた。

それから、ケーキが焼けるまで、ぽつぽつとぼくらは話をした。

なんでもないような話。どうでもいい、くだらない話。

だけど、時間とともに、それは大切な話に変わっていく。

「私さ、むかしから、男勝りって言われてたんだ」

祇園寺先輩はそんなことを言った。

「男子相手にけんかもしたし、スポーツも得意だったし。ほら、見た目もこんなだし。名前はウサギなのに、ライオンみたいって、みんなに言われてた」

ぼくはうなずいた。

「ぼくは虎《とら》なのにハムスターみたいだって言われます」

「まじでよけいなお世話だな」

うんざりしたようにそう言って、黒野先輩が紅茶をすする。

ぼくは、気になっていたことをたずねた。

「あの……だけど、先輩はどうして、そこまで自分のイメージにこだわるんですか？」

祇園寺先輩はしばらくだまっていた。黒野先輩もなにも言わない。

聞いちゃまずかったかなと、心配になってきたころ、ようやく祇園寺先輩は口を開いた。

「私はさ、うれしかったんだよ。小三で剣《けん》道をはじめて。どんどん強くなって。ボーイッシュだとか、かっこいいとか、そういうふうに言われるのが」

紅茶をひと口飲んで、先輩は続けた。

「誇《ほこ》らしくてならなかった。べつに女子らしくなくていいんだって、いや、こういう女子もいるんだって、私が生きていることで、証明できている気がした。羽紗《うさ》を見てると勇気が出るって、自由でいていいんだって思えるって、そんなふうに言ってくれる子もいた」

大切な思い出をなぞるように、そう言う祇園寺先輩。

「だけど……」と、ぼくは言いよどんだ。

先輩はだまってぼくの言葉を待っている。だけど、なんだろう。言っていいのかな。失礼かもしれない。迷っていると、黒野先輩が笑った。

問五　――線部⑤『「デッドゾーン」を縮小させる』について、次の問いに答えなさい。
(1)「デッドゾーン」とはどのようなものですか。六十字以内で説明しなさい。
(2)「デッドゾーン」が「縮小」することによって何が起こると考えられるか、説明しなさい。

問六　――線部⑥「エアコンのリモコンをピッと押すだけで気温変化に対応する現代の生活に、複雑な気持ちを抱くのである」とありますが、どうして「複雑な気持ち」を抱くのですか。その理由としてふさわしいものを次のア～エの中から一つ選び、記号で答えなさい。
ア　自分が作ったわけでもないのに複雑な機械であるエアコンによって簡単に気温変化に対応している現代人の生活は自らの力で環境に適応しているとは言えないから。
イ　現代の生活に欠かせなくなっているエアコンを捨て、エアコンのない時代の気温調整の方法を現代においても実践《せん》することで環境の変化をおさえていくべきだから。
ウ　エアコンのおかげで人間は簡単に生命の危機を回避《ひ》できているが、エアコンを使用することは地球温暖化の促《そく》進につながってしまうという悪影響があるから。
エ　渡り鳥などの生物は環境の変化に合わせて生態や身体的特徴《ちょう》を変えているが、人間は自らを変化させずに周囲の環境すべてを変化させて対応しているから。

問七　次のア～オについて、筆者のあげた「異変」として正しいものには○、誤っているものには×で答えなさい。
ア　渡り鳥の春の飛来時期が少しずつ早まっていること。
イ　太平洋におけるハリケーンの量産傾向が収まらないこと。
ウ　北極圏で異常高温による山火事が発生していること。
エ　北極圏の白夜の期間が徐《じょ》々に長くなっていること。
オ　デスバレーで交通事故による死者が増加していること。

問一　――線部①『「夏の北極」から「夏の南極」に移動する』とありますが、キョクアジサシがこのような行動をとる理由としてふさわしいものを次のア～オの中からすべて選び、記号で答えなさい。

ア　温暖化により海氷が溶け、北極では餌が取れなくなりつつあるから。
イ　「冬の北極」と「冬の南極」は一日中暗く、餌が捕えにくいから。
ウ　餌が豊富な暖かい地域に移動して越冬することで寿命を維《い》持しているから。
エ　気温に合わせて「夏の南極」に移動する方がエネルギー効率がいいから。
オ　「夏の北極」と「夏の南極」では餌をめぐって他の生物と争う必要がないから。

問二　――線部②「オーバーヒートする地球」とありますが、北極圏の気温上昇が著《いちじる》しい理由を六十字以内で説明しなさい。

問三　――線部③「地球温暖化の進行を映し出す鏡」とは、どのようなことですか。それを説明した次の文章の（　　）にあてはまる言葉を本文中からぬき出しなさい。

> バタガイカ・クレーターは、太陽光が地表に到達することで永久凍土が溶けてしまい、（Ⅰ　　）が起きることによってあいた穴である。それは、（Ⅱ　　）という人の行いが原因で生まれたものであるとも言える。この「（Ⅲ　　）」とも呼ばれる不気味な穴の永久凍土に貯蔵されている温室効果ガスは、今もクレーターの広がりとともに放出が続いており、クレーターの（Ⅳ　　）は温暖化の進行度を示すものとして「鏡」に例えることができる。

問四　――線部④「とんでもない記録を塗り替える可能性すら秘めている」とはどのようなことですか。ふさわしいものを次のア～エの中から一つ選び、記号で答えなさい。

ア　砂嵐によってさらに気温が上昇することが分かり、過去最高気温である五六・七℃という記録もさらに上昇する可能性があるということ。
イ　気温上昇の速度が加速しすぎるあまり正確な観測が難しくなっており、最高気温として記録されている五四・四℃も信ぴょう性が失われているということ。
ウ　一九一三年に観測した最高気温の正確性が疑問視されているため、「今夏」に計測された気温が最高気温になる可能性があるということ。
エ　砂嵐により本来の気温よりも観測された気温が高くなってしまっており、二〇〇三年の世界一の体感気温がさらに上昇する可能性があるということ。

も早いペースでハリケーンが発生し、その傾向は八月になっても変わらなかった。では何個発生しているのだろうか。

ハリケーンにはアルファベット順に一つ一つ人の名前が付けられ、それぞれが今年何号なのかが一目で分かるようになっているが、八月下旬《じゅん》時点で発生している最新のものはＭで始まるマルコ、つまり一三号である。通常の平均発生日より二カ月以上も早く発生した、観測史上もっとも早い一三号となった。大西洋のハリケーンの量産傾向は今後も収まる気配がなく、専門家も「ハイパーアクティブな年」と興奮気味に警告するほどである。

いったい大西洋で何が起きているというのだろう。それは、海水の異常高温である。全体的に平年よりも二℃以上も高く、アメリカ北東沖にいたっては五℃以上も高い状態で、ハリケーンのエネルギー源である高温多湿な環境となっている。ハリケーンが多くなれば、陸上での災害のリスクが高まる一方、海の状態も変化させることが分かっている。それは⑤「デッドゾーン」を縮小させることである。

デッドゾーンとは、人間活動が原因でもたらされた、海や湖の無酸素水域のことである。雨が降って、陸上の肥料や下水の養分が川を伝って海に流れると、そこに藻類が繁殖《はんしょく》するのだが、それらが死んで分解された時に酸素が消費され、低酸素の海域ができ、多くの海洋生物が窒《ちっ》息死する。世界のデッドゾーンの面積は一九五〇年頃から四倍にも膨《ふく》れ上がり、数百万平方キロも広がっているという。このため三億五〇〇〇万人にも上る世界の漁業関係者に影響が出るといわれているのである。ところが、今年七月に発生したハリケーン・ハナにより、荒《あら》波が立ったことで、海水がうまいこと上下にかき混ぜられ、デッドゾーンが縮小するという予想外の事態が発生した。その面積は、ここ三四年間で三番目の小ささになったという。

目覚ましく変わりゆく地球で、生き残る生物も必死であろう。世界を行き来する渡り鳥などはその影響をもろに受けやすい。ある調査では、渡り鳥が体温調整をしやすいように体のサイズを小さくし、エネルギー効率を上げるために翼《つばさ》を長く変化させているほか、気温変化に対応するように春の飛来時期を一〇年ごとに二日ずつ前倒《だお》ししているという。これほどの変化を強《し》いる原因が人間活動にあるのなら、⑥エアコンのリモコンをピッと押《お》すだけで気温変化に対応する現代の生活に、複雑な気持ちを抱くのである。

（森　さやか　著「いま、この惑《わく》星で起きていること　気象予報士の眼《め》に映る世界」）

人が増えるだけでなく、永久凍《とう》土や海氷が溶《と》けやすくなる。ところが白い氷は太陽光の反射率が高く、熱がほとんど吸収されないため、北極圏は猛《もう》暑にはならない。しかし気温が上昇する今日では、氷が溶け、地表や海水が顔を出すため太陽の反射率が減り、逆に熱を吸収するようになった。その結果、北極では他の場所に比べ倍の速さで気温が上昇しており、ついに二〇二〇年六月にはシベリアで三八℃と、北極圏史上最高気温が観測されてしまった。また、山火事が拡大し、ギリシャの国土面積に匹《ひっ》敵する広さの森林が焼《しょう》失している。

それだけではない。「死国への門」と称《しょう》される、いわくつきの穴も急速に拡大しているという。いったいどんな穴だろうか。

それはシベリア東部に位置する「バタガイカ・クレーター」である。広大な森林のど真ん中に、オタマジャクシのような形をした直径一キロ、深さ九〇メートルほどの茶色い穴があいている。この不気味な穴は、一九六〇年代の森林伐《ばっ》採を機に突《とっ》然あいたという。なぜか。太陽光が地表に到《とう》達したため永久凍土が溶け、地盤沈《ばんちん》下が起きたからである。陥没《かんぼつ》穴はその後も広がり続け、五年ほど前までは年間一〇メートル弱のペースで外側に拡大してきたと報告されていた。ところが直近の調査では、毎年一四メートルのペースに加速していることが明らかになったようである。永久凍土にはメタンガスなどが貯蔵されているので、穴の拡大は、何千年もの間、氷の下に閉じ込《こ》められていた温室効果ガスを大気中に放出し、地球気温をさらに上昇させることになる。バタガイカ・クレーターは、③地球温暖化の進行を映し出す鏡ともいえるかもしれない。

望むと望まざるとにかかわらず「世界一暑い場所」の称号を競《きそ》い合っているように見えるのが、アメリカと中東である。現在、公式世界ナンバーワンの座に君臨するのが、カリフォルニア州デスバレーで、ここでは一九一三年に五六・七℃というとてつもない気温が観測されている。一方、非公式ながら、湿《しつ》度を加味した体感温度の世界一は、二〇〇三年、サウジアラビアのダーランで記録された八一℃である。

今夏は、この暑さのデッドヒートがさらに白熱化している。七月にはイラクのバスラで気温が五二・二℃、首都バグダッドでは五一・八℃に達し、同市の観測史上最高気温を記録した。一方のデスバレーは、翌月に五四・四℃を記録、これは八月の世界最高気温記録となったほか、④とんでもない記録を塗り替える可能性すら秘めている。というのも、前述の世界最高気温五六・七℃という記録は、砂嵐《あらし》により実際よりも二℃以上気温が高かった可能性があることから、その正確性が疑問視されているからである。もし今後記録が無効になれば、今年の五四・四℃が世界一の高温となるかもしれない。

ところで、死の谷を意味するその名前は、一八〇〇年代に多くの探検家が命を落としたことに由来するが、今日でも観光客が死亡するケースが珍《めずら》しくない。しかし意外といってはなんだが、この地における死亡事故の最大要因は熱中症《しょう》ではなく、車の自損事故なのである。砂と岩の代わり映《ば》えのない光景が延々と続くため、スピードの出しすぎやシートベルトの不着用があとを絶たない。灼《しゃく》熱地獄《ごく》の中でも、最大の敵は心の緩《ゆる》みということなのだろう。

二〇二〇年七月は、太平洋西部で台風が一つも発生しないという前代未聞《もん》の事態が起きた。インド洋が高温となり上昇気流が盛《さか》んになった一方で、日本の南の海域は下降流が勝《まさ》り台風ができにくかったことが一因と見られている。反対に大西洋では、観測史上もっと

2024年度

昭和女子大学附属昭和中学校

【国語】〈A日程午前試験〉(五〇分)〈満点：一〇〇点〉

〔注意〕文字のとめ、はね、はらいなどに注意して、ていねいに書いてください。

一　次の文章を読んで、あとの問いに答えなさい。(字数に制限のある問いは句読点や記号なども一字に数えます)

秋は渡《わた》り鳥の季節である。その代表格のコハクチョウは、毎年シベリアから日本に飛来し越《えっ》冬する。その移動距離《きょり》は、二週間で四〇〇〇キロ近くにもなるというから驚《おどろ》きである。しかし、このコハクチョウをはるかに上回る、世界一行動派の鳥がいるのをご存じだろうか。その鳥とは、キョクアジサシである。体重一〇〇グラムくらいの小さなカモメのような外見を持ちながら、一年の間に北極と南極を往復し、八万キロも移動するという。

びっくりするのはこれからである。これほど体を酷《こく》使しているにもかかわらず、平均寿命《じゅみょう》は三〇年を超《こ》える。つまり一生涯《がい》では二四〇万キロ飛行することになり、これはなんと月と地球の三往復に相当する。いったい何を食べればこんなに元気でいられるのだろう。答えは意外である。それはプランクトンのオキアミや小魚で、それらが豊富に存在し、外敵と争うことなく、一日中明るく餌《えさ》が捕《と》えやすい①「夏の北極」から「夏の南極」に移動するという。

ところがその活力の源であるオキアミが、温暖化の影響《えいきょう》で減少傾向《けいこう》にあるという。というのも、オキアミは餌である藻《そう》類が豊富な海氷の下に生息するが、海水温の上昇《しょう》にともなって住処《すみか》を奪《うば》われているからである。当然のことながら、それを餌とするキョクアジサシも減少する運命にある。

世界一ガッツのある動物も、急激な環《かん》境変化についていくことが難しい。残念ながら二〇二〇年一月から七月までの地球全体の気温は観測史上二番目に高くなり、八月に入っても高温記録が続々と塗《ぬ》り替《か》えられている。静岡県浜《はま》松市でも国内最高気温タイの四一・一℃が観測され、二〇二〇年は史上もっとも暑い年になる可能性すら出ている。②オーバーヒートする地球でいま起きている、いくつかの異変について紹介《しょうかい》したい。

北極圏《けん》に転勤した同僚《りょう》に、黒夜と白《びゃく》夜はどちらがつらいか尋《たず》ねたことがある。彼《かの》女曰《いわ》く、黒夜ならいつでも寝《ね》られるが、白夜だと明るすぎて一日中眠《ねむ》れない、だから断然白夜がきつい、らしい。

白夜はどれだけ続くかというと、例えば北極圏の南限では夏至《げ》の頃《ころ》の数週間、北極点では半年に及《およ》ぶ。そうなると寝不足で不機嫌《げん》な

2024年度

昭和女子大学附属昭和中学校 ▶解説と解答

算 数 ＜Ａ日程午前試験＞（50分）＜満点：100点＞

解 答

1 (1) $\frac{1}{8}$ (2) 20240 (3) $\frac{2}{3}$ (4) 42分 (5) 10% (6) 18年後 (7) 332個 (8) 16個 2 (1) 分速80m (2) 分速220m (3) 9時33分 3 (1) $72cm^2$ (2) 22.5度 (3) $46.26cm^2$ 4 (1) $6000cm^3$ (2) 7.15cm (3) 20cm 5 いえない／**理由**…(例) 解説を参照のこと。 6 (1) ア 2 イ 15 (2) 12組

解 説

1 計算のくふう，逆算，縮尺，速さ，濃度《のうど》，年齢《ねんれい》算，過不足算，場合の数

(1) $A \times C + B \times C = (A+B) \times C$となることを利用すると，$7\frac{1}{2} \div \{(1.73 \times 11 + 0.27 \times 11) \times 3 - 6\} = \frac{15}{2} \div \{(1.73+0.27) \times 11 \times 3 - 6\} = \frac{15}{2} \div (2 \times 33 - 6) = \frac{15}{2} \div (66-6) = \frac{15}{2} \div 60 = \frac{15}{2} \times \frac{1}{60} = \frac{1}{8}$

(2) $A \times B + A \times C = A \times (B+C)$となることを利用すると，$2024 \times 6.48 + 2024 \times 1.54 + 2024 \times 2.74 - 2024 \times 0.76 = 2024 \times (6.48+1.54+2.74-0.76) = 2024 \times (8.02+2.74-0.76) = 2024 \times (10.76-0.76) = 2024 \times 10 = 20240$

(3) $3 \div \left\{1\frac{1}{2} - (1.6 - 0.6 \times \square) \times 0.625\right\} = 4$より，$1\frac{1}{2} - (1.6 - 0.6 \times \square) \times 0.625 = 3 \div 4 = \frac{3}{4}$，$(1.6 - 0.6 \times \square) \times 0.625 = 1\frac{1}{2} - \frac{3}{4} = \frac{3}{2} - \frac{3}{4} = \frac{6}{4} - \frac{3}{4} = \frac{3}{4}$，$1.6 - 0.6 \times \square = \frac{3}{4} \div 0.625 = \frac{3}{4} \div \frac{5}{8} = \frac{3}{4} \times \frac{8}{5} = \frac{6}{5} = 1.2$，$0.6 \times \square = 1.6 - 1.2 = 0.4$ よって，$\square = 0.4 \div 0.6 = \frac{2}{5} \div \frac{3}{5} = \frac{2}{5} \times \frac{5}{3} = \frac{2}{3}$

(4) 縮尺$\frac{1}{35000}$の地図で1cmの実際の距離《きょり》は，$1 \times 35000 = 35000$(cm)＝350(m)＝0.35(km)だから，20cmの実際の距離は，$0.35 \times 20 = 7$(km)となる。この距離を時速10kmの自転車で走るのにかかる時間は，$7 \div 10 = 0.7$(時間)，$60 \times 0.7 = 42$(分)になる。

(5) (食塩の重さ)＝(食塩水の重さ)×(濃度)より，6％の食塩水200ｇに含《ふく》まれる食塩の重さは，$200 \times 0.06 = 12$(ｇ)である。また，2つの食塩水と水を混ぜてできる7％の食塩水，$200+300+100 = 600$(ｇ)に含まれる食塩の重さは，$600 \times 0.07 = 42$(ｇ)である。よって，混ぜた食塩水300ｇに含まれる食塩の重さは，$42-12=30$(ｇ)なので，この食塩水の濃度は，$30 \div 300 \times 100 = 10$(％)と求められる。

(6) 父と子どもの年齢の比が7：3になるのが□年後とすると，右の図のように表せる。また，父と子どもの年齢の差は，$38-6=32$(歳《さい》)のままで，これは，⑦－③＝④にあたるから，①にあたる年齢は，$32 \div 4 = 8$(歳)である。よって，$8 \times 3 - 6 = 18$(年後)と求められる。

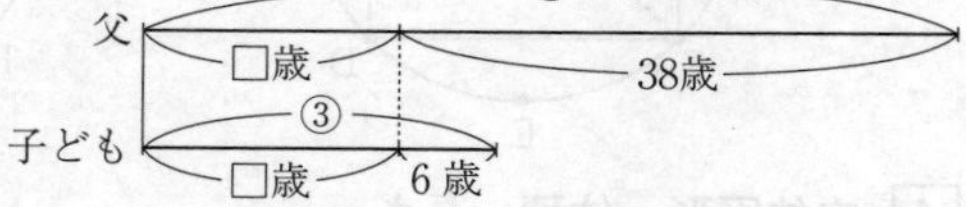

(7) 1人に4個ずつ配るとみかんは52個あまり，さらに，1人に，$5-4=1$(個)ずつ配ると18個足りなくなるので，子どもたちにみかんを1個ずつ配るのに，$52+18=70$(個)必要になる。よって，

子どもたちの人数は，70÷１＝70(人)とわかるから，みかんの個数は全部で，４×70＋52＝332(個)となる。

(8)　千の位の数が１の４桁《けた》の数字を作るとき，百の位の数は，４－１＝３(通り)，十の位の数は，３－１＝２(通り)，一の位の数は，２－１＝１(通り)の並べ方があるので，３×２×１＝６(個)できる。千の位の数が２のとき，百の位の数を１とすると，十の位の数は，４－２＝２(通り)，一の位の数は，２－１＝１(通り)だから，２×１＝２(個)できる。また，４枚のカードを並びかえてできる４桁の数字は全部で，４×３×２×１＝24(個)あるから，2200以上の数字は，24－(６＋２)＝16(個)できる。

2　グラフ―速さ

(1)　問題文中のグラフより，Ａさんは，９時15分－９時＝15分で，1.2km＝1200mを歩く。よって，Ａさんの歩く速さは分速，1200÷15＝80(m)である。

(2)　グラフより，母が自宅を出てからＡさんと合流するまでにかかる時間は，(23－15)÷２＝４(分)で，この間にＡさんは，80×４＝320(m)歩いている。よって，母は４分で，1200－320＝880(m)進むから，母の自転車で移動する速さは分速，880÷４＝220(m)とわかる。

(3)　Ａさんは母と合流した，９時15分＋４分＝９時19分から，２×1000－880＝1120(m)先の図書館まで歩くのに，1120÷80＝14(分)かかる。よって，Ａさんが図書館に到着《とうちゃく》した時刻は，９時19分＋14分＝９時33分となる。

3　平面図形―面積，角度

(1)　下の図①で，四角形BDFHは正方形となり，正方形の対角線の長さは円の直径に等しく，６×２＝12(cm)である。よって，四角形BDFHの面積は，12×12÷２＝72(cm^2)になる。

(2)　下の図②で，角AOHの大きさは，360÷８＝45(度)である。また，三角形OEHは二等辺三角形で，角AEHと角OHEの大きさは等しい。すると，角HOEの大きさは，180－45＝135(度)なので，角AEHの大きさは，(180－135)÷２＝22.5(度)とわかる。

(3)　下の図③で，三角形OFHの面積は，(1)より，四角形BDFHを４等分した大きさだから，72÷４＝18(cm^2)である。また，おうぎ形AOH，FOEの面積は，円を８等分にした面積と等しいので，その合計は，$6\times6\times3.14\times\left(\frac{1}{8}\times2\right)=9\times3.14=28.26$($cm^2$)とわかる。よって，斜線《しゃせん》部分の面積は，18＋28.26＝46.26(cm^2)と求められる。

図①

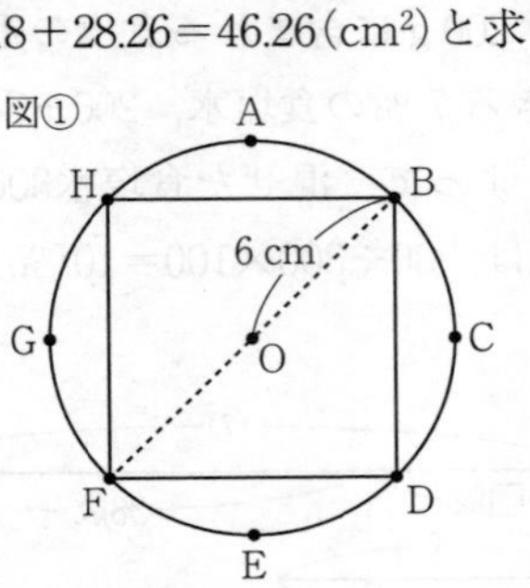

図②

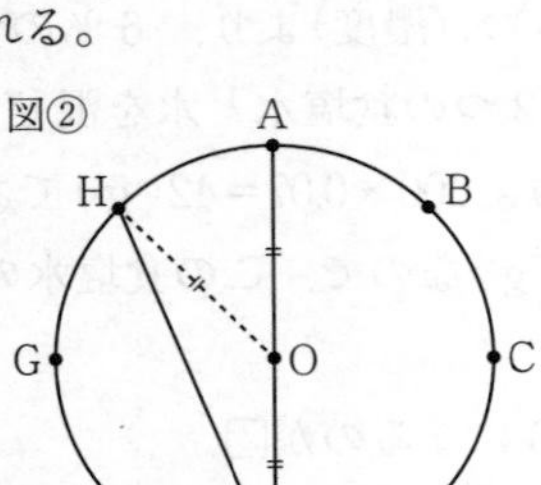

図③

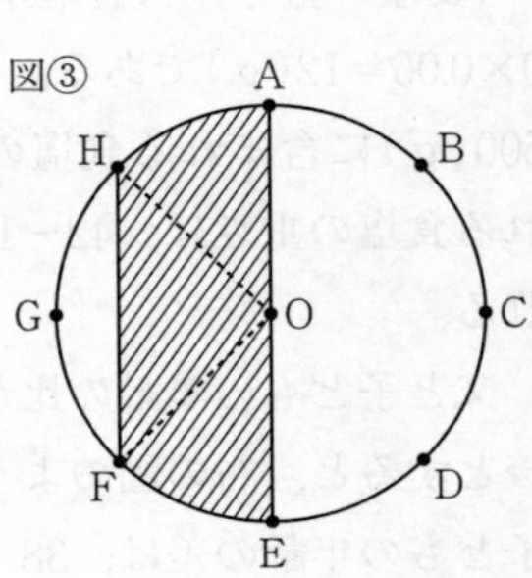

4　立体図形―体積，長さ

(1)　立方体の水そうの中に入っている水の体積は，20×20×15＝6000(cm^3)である。

(2)　円柱の水そうに移す水の体積は，10×10×3.14×10＝3140(cm^3)だから，立方体の水そうに残る水の体積は，6000－3140＝2860(cm^3)になる。よって，立方体の水そうの水の高さは，2860÷

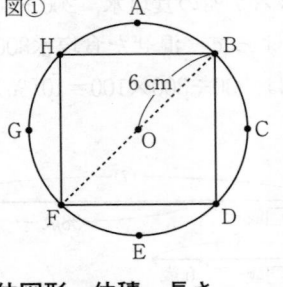

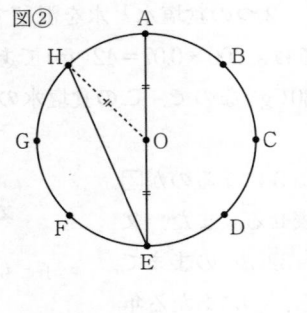

$(20\times20)=7.15$(cm)と求められる。

(3) 四角すいの水そうに移す水の体積は，$20\times20\times(15-11)=1600$(cm^3)である。四角すいの底面の正方形の一辺の長さを□cmとすると，$□\times□\times12\div3=1600$(cm^3)と表せるので，$□\times□=1600\times3\div12=400=20\times20$より，正方形の一辺の長さは20cmとわかる。

5 推理

仮に，全員の成績が２または４(もしくは，１または５)で，それぞれの人数が同じであるときも，全員の成績の平均は３となる。よって，３の成績をとった人が一番多いとはいえない。

6 つるかめ算，場合の数

(1) 合計６点のとき，$2+2+2=6$(点)と，$3+3=6$(点)の２(…ア)組ある。また，86点のとき，$86\div3=28$余り２より，右の図１のようになるから，組み合わせは全部で15(…イ)組となる。

図１

−２ −２

３点	28	26	24	22	20	18	16	14	12	10	8	6	4	2	0
２点	1	4	7	10	13	16	19	22	25	28	31	34	37	40	43

＋３ ＋３

(2) １点，２点，３点を組み合わせて合計９点になるような組み合わせは，右の図２の12組が考えられる。

図２

３点	3	2	2	1	1	1	1	0	0	0	0	0
２点	0	1	0	3	2	1	0	4	3	2	1	0
１点	0	1	3	0	2	4	6	1	3	5	7	9

社会 ＜Ａ日程午前試験＞(理科と合わせて50分)＜満点：50点＞

解答

1 **問１** (1) ア　(2) エ　**問２** ウ　**問３** (1) エ　(2) アメリカ合衆国　(3) ６　**問４** (1) エ　(2) イ　(3) ウ　(4) (例) 太平洋戦争で多くの人が戦死し，国内でも空襲などで多くの人が犠牲になったから。　(5) (例) 15歳未満の人口割合が減少しており，高齢者の割合が増加している。　**問５** イ　**問６** 働き　**問７** (1) 渡来人　(2) ウ　**問８** イ　**問９** (例) エネルギーの中心が石炭から石油に変化した。　**問10** (例) 保育所，保育士を増やし待機児童ゼロを目指す。(医療費の公費負担を高校生まで拡大する。)

2 **問１** (1) 千葉県(茨城県)　(2) 滋賀県　(3) 筑後川　(4) 四万十川　**問２** (1) 三内丸山遺跡　(2) エ　(3) 国分寺　(4) イ　(5) ウ　(6) ア　**問３** ① 与党　② 指名　③ ケアラー

解説

1 人口を題材にした総合問題

問１ (1) 都道府県の人口は，東京都，神奈川県，大阪府，愛知県，埼玉県の順に多く，三大都市圏《けん》を中心に分布する。なお，北海道の人口は全国第８位である(2022年)。　(2) 人口密度は，(人口)÷(面積)で求めることができる。そのため，人口が多く，面積が小さい都道府県が当てはまるので，人口が第３位で，都道府県の中で香川県に次いで面積が小さいエの大阪府となる。なお，都道府県の人口密度は，東京都，大阪府，神奈川県，埼玉県，愛知県，千葉県の順に高く，沖縄県は全国第８位である(2022年)。

問２　「80万人」という表記から人口が少ない都道府県と判断できる。そのため，三大都市圏にふくまれるイの兵庫県，エの千葉県は当てはまらない。また，設問中の「南北が海に面している県」から，南側が海に面していないアの青森県も当てはまらないため，ウの佐賀県となる。

問３　(1)　表の2010年と2023年を比べると，人口が減少しているのは日本だけである。　(2)　1990年以降，第３位を維持《いじ》している国はアメリカ合衆国である。　(3)　2023年に示されたＡを除いた国の中で，アジア・ヨーロッパ州以外に属するのは，アフリカ州のナイジェリア・エチオピア・エジプト・コンゴ民主共和国，南アメリカ州のブラジル，北アメリカ州のメキシコの６か国である。

問４　(1)　グラフ１より，日本の人口が800万人を超《こ》えたのは1338年の室町幕府成立のころであり，3000万人に達したのは1716年から始まった享保《きょうほう》の改革のころだとわかる。また，アは1603年(徳川家康の征夷《せいい》大将軍就任)，イは1489年(銀閣の建立《こんりゅう》)，ウは1635年(参勤交代の制度化)，エは1016年(藤原道長の摂政《せっしょう》就任)の出来事である。　(2)　グラフ１より，1700年代前半から1800年ごろにかけて人口が減少しており，その原因として，自然災害や飢饉《ききん》，病気の蔓延《まんえん》などが考えられる。また，江戸時代には出島や対馬《つしま》(長崎県)などで交易が行われ，1792年にはラクスマンが根室(北海道)に来航するなど，外国人との関わりがあったが，外国人と関係する人が限られていたため，背景を考える方法としてはふさわしくない。　(3)　明治維新以降の人口増加の要因は，軽工業の発展に始まる経済成長，それに伴《ともな》う食生活の変化や医療《いりょう》の発展などである。なお，明治時代にはハワイやブラジルなど，昭和時代には満州(中国東北部)への移民が行われた。　(4)　グラフ１に示されているＢは1900～50年の間にあり，このときの人口減少の主な要因としては第二次世界大戦が考えられる。国内外で多くの犠牲《ぎせい》者が出たことなどにより人口減少が起きた。　(5)　グラフ２より，15歳《さい》未満の年少人口の減少や，65歳以上の高齢《こうれい》者人口の増加，また15～64歳の生産年齢人口が1990年代前半ごろから減少していることがわかる。

問５　一般に，人口の減少は，死亡数が出生数を上回ることによって起こる。日本では2000年代に死亡数が出生数を上回り，人口減少が始まった。出生数が減っている要因として，経済的理由による子育てへの不安などから子どもを産まない選択《せんたく》をする人が増えたことや，女性の社会進出などによる結婚年齢の上昇《じょうしょう》などが指摘《してき》されている。人口減少と給与《きゅうよ》が下がることは直接は関係しない。

問６　長距離《きょり》トラックの運転手などの労働時間の短縮などを目的とした働き方改革が，2024年４月に施行《しこう》されたトラックドライバーの時間外労働の規制により本格化した。輸送能力が低下することなどのいわゆる「物流の2024年問題」が起こるとされている。

問７　(1)　４～７世紀ごろの古墳時代に朝鮮半島や中国から日本にやってきた人々のことを渡来《とらい》人といい，大陸の進んだ制度や文化などを伝えた。　(2)　奈良時代に仏教の僧《そう》が守るきまりである戒律《かいりつ》を日本に伝えた人物はウの鑑真である。なお，アの行基は奈良時代に東大寺の大仏造営などに尽力《じんりょく》した人物，イの雪舟は室町時代に水墨《すいぼく》画を大成した人物，エの空海は平安時代に真言宗を開いた人物である。

問８　自動車などの輸送用機械の生産がさかんな愛知県や静岡県，神奈川県，広島県がふくまれるイが輸送用機械(自動車など)の生産上位５位までの都道府県を示したものである。なお，アは化学工業，ウは食料品を示している。

問９　高度経済成長期にあたる1960年代には，エネルギー源の中心が石炭から石油へと変化した。

この出来事は，エネルギー革命と呼ばれる。

問10　出産や子育てがしやすい社会環境《かんきょう》を形成するために必要なこととして，出産費用や学費，医療費などの公的機関による支援《しえん》，待機児童ゼロの実現のための保育所の整備や保育士の確保などが考えられる。

2　日本の地形，東北地方の歴史，内閣などについての問題

問１　(1)　日本で最も流域面積が広い河川は関東平野を北西から南東に流れる利根川である。利根川の河口の北部には茨城県，南部には千葉県がある。　(2)　大阪府に河口がある淀《よど》川の水源は滋賀県にある琵琶湖である。なお，淀川は京都府では宇治川，滋賀県では瀬田川と呼ばれる。　(3)　九州地方で最も広い平野(筑紫《つくし》平野)を流れる河川は筑後《ちくご》川である。　(4)　高知県を流れる「日本最後の清流」と呼ばれる河川は四万十川である。

問２　(1)　青森県にある縄文時代の遺跡《いせき》は三内丸山遺跡である。　(2)　平安時代に奥州《おうしゅう》藤原氏によって平泉に建てられ，阿弥陀《あみだ》堂である金色堂を持つ寺院はエの中尊寺である。なお，アの滋賀県にある延暦寺は平安時代，イの奈良県にある東大寺は奈良時代に建立された。ウの岩手県平泉町にある毛越《もうつう》寺は平安時代に創建されたが，金色堂はない。　(3)　聖武天皇の命により日本各地に建立された寺院は，国分寺や国分尼《に》寺である。　(4)　豊臣秀吉に降伏《こうふく》した東北地方を支配していた大名はイの伊達氏である。なお，アの島津氏は薩摩《さつま》(鹿児島県)，ウの北条氏は小田原(神奈川県)，エの上杉氏は越後《えちご》(新潟県)を根拠《こんきょ》地とした大名である。　(5)　設問中の「ロシア軍との戦争」から日露戦争(1904～05年)と考えられ，それに備えての「訓練」なので，ウの1902年が正しい。
(6)　太平洋戦争中に小学生が東北地方などへ避難《ひなん》したことを疎開《そかい》(学童疎開)という。なお，イの学徒出陣《しゅつじん》は兵力不足を補うために学生を徴兵《ちょうへい》したこと，ウの配給制は国が生活必需《ひつじゅ》品を統制するために行われた制度，エの勤労動員は労働力不足を補うために生徒や学生が軍需工場などで働かされたことを指す。

問３　①　内閣に参加する政党を与党という。一方で，内閣に参加しない政党を野党という。　②　内閣総理大臣は国会による指名を受け，天皇が任命する。　③　本来，大人が主体となる家事や育児，家族の世話などを日常的に行っている子どものことをヤングケアラーといい，学校生活に支障が出たり，子どもの心身に負担がかかったりするなどの問題が指摘《してき》されている。

理科　＜Ａ日程午前試験＞（社会と合わせて50分）＜満点：50点＞

解答

1　**問１**　でんぷん　**問２**　イ　**問３**　ぎょうかい岩　**問４**　ア　**問５**　ア　**問６**　エ　**問７**　20％　**問８**　LED(発光ダイオード)　**問９**　ウ　**問10**　イ　2　**問１**　ウ　**問２**　ウ　**問３**　(例)　変態はある動物が１世代の間に異なる形に変化することを指すのに対し，進化は世代を経るなかで形が変化することを指す点。　**問４**　(例)　ホタテガイは固いからをもっており，食べられそうになるとからを閉じて身を守ることができる。　**問５**　(例)　屋久島　3　**問１**　酸性(の性質)　**問２**　Ｃ　**問３**　イ　**問４**　(例)　気体がとけている水溶液　**問５**　(例)　水溶液にBTB溶液を加えたときに緑色を示した水溶液を選

び，蒸発皿に少量とって加熱したさい，白い固体が残るものが食塩水である。　**問６**　イ

4　**問１**　解説の図を参照のこと。　**問２**　4 cm　**問３**　4 cm　**問４**　7.8cm　**問５**　2.7cm

解説

1　小問集合

問１　インゲンマメの種子や米つぶ(イネの種子)にヨウ素液をたらすと，青むらさき色に変化する。このことからもわかるように，植物の種子には養分としてでんぷんを多く含《ふく》んでいるものがある。

問２　ヒトの目は，周囲の明るさに応じて眼球の色がついている部分の真ん中にあるどうこうの大きさが変化する。明るいところでは，どうこうに入る光の量を少なくするため，イのようにどうこうの大きさが小さくなる。反対に，暗いところでは，どうこうに入る光の量を多くするため，アのようにどうこうの大きさが大きくなる。

問３　火山の噴火《ふんか》で噴出された火山灰などが降り積もり，押《お》し固まってできた岩石をぎょうかい岩という。

問４　高気圧は周囲に比べて気圧の高いところであり，高気圧の中心部分には上空からの下降気流が発生し，地表では中心付近から周囲に向かって風が吹《ふ》き出す。北半球では，地球の自転の影響《えいきょう》により中心から風が時計回りにうずを巻くように吹き出すので，アが選べる。

問５　月食は，光っている月が地球のかげの中を通過することで，月が欠けて見える現象である。地球のかげは太陽と反対側にできるので，太陽—地球—月の順に一直線上に並んだときに起こる。

問６　図のような気体の集め方を水上置換《ちかん》法といい，水にとけにくい気体を，水とおきかえて集める方法である。アンモニアのような水に非常によくとける気体は，水にとけてしまうため集めることができない。

問７　食塩水の濃度《のうど》(％)は，(食塩の重さ)÷(食塩水の重さ)×100で求められる。ここでは，食塩の重さが25ｇ，食塩水の重さが，25＋100＝125(ｇ)なので，濃度は，25÷125×100＝20(％)となる。

問８　近年は，白熱電球やけい光灯にかわって，LED(発光ダイオード)の電球が使われるようになってきた。LEDの電球は消費する電力が少なくてすみ，しかも長持ちするという特徴《とくちょう》がある。

問９　ふりこが１往復する時間は，ふりこの長さだけによって決まり，おもりの重さやふれはばには関係しない。また，ふりこの長さが長くなるほど，ふりこが１往復する時間も長くなる。

問10　2023年，日本の宇宙航空研究開発機構(JAXA)は，新たな宇宙飛行士候補者として，男性の諏訪理《すわまこと》さんと，女性の米田《よねだ》あゆさんを選出した。なお，向井千秋さんは1994年と1998年に，山崎直子さんは2010年に，それぞれアメリカのスペースシャトルに搭乗《とうじょう》した女性宇宙飛行士である。

2　動物の進化や環境《かんきょう》についての問題

問１　多くの陸上にすむ哺乳《ほにゅう》類は，肺に空気を吸いこんで呼吸をしている。海にすむクジラやイルカも肺で呼吸をしており，ときおり海面上にからだを出して空気を吸っている。エラで呼吸するのは魚類などである。

問２　地層が堆積《たいせき》したときの環境を推定するのに役立つ化石を示相化石という。たとえば，サンゴの化石からは，それを含む地層が暖かい地域の浅くてきれいな海で堆積してできたと推定することができる。なお，地層が堆積したときの年代を知る手がかりとなる化石は示準化石という。

問３　変態は，生物が１世代の間，つまり卵から成体になるまでに，時期により異なる形に変化することを指すのに対し，進化は，生物が何世代と経ていく間に，しだいに異なる形に変化することを指す。

問４　生き残るために役立っているからだの特徴を考えてのべるとよい。たとえば解答のほかに，ハナアブは天敵におそわれにくいようにハチに似た模様をしている，セイヨウタンポポは春から秋までの長い期間にわたって花をさかせることで多くの種子をつくって広げる，カメレオンは周囲の環境に合わせてからだの色を変えることができる，なども有利な点である。

問５　2023年現在，日本で世界自然遺産に登録されているのは，「屋久《やく》島(鹿児島県)」「白神《しらかみ》山地(青森県・秋田県)」「知床《しれとこ》(北海道)」「小笠原諸島《おがさわらしょとう》(東京都)」「奄美《あまみ》大島，徳之《とくの》島，沖縄島北部及《およ》び西表《いりおもて》島(鹿児島県・沖縄県)」の５件である。

3　**水溶液《すいようえき》の性質と分類についての問題**

問１　グループＡの塩酸と炭酸水は酸性の水溶液，グループＢのアンモニア水と石灰水と水酸化ナトリウム水溶液はアルカリ性の水溶液，グループＣの食塩水とさとう水は中性の水溶液である。

問２　蒸留水は中性なので，グループＣに入る。

問３　マグネシウムリボンを塩酸のような強い酸性の水溶液に入れると，水素のあわをさかんに発生させながらとける。

問４　塩酸には気体の塩化水素，アンモニア水には気体のアンモニア，炭酸水には気体の二酸化炭素がとけている。つまり，グループＤは気体のとけた水溶液である。なお，グループＥは固体のとけた水溶液となっている。

問５　たとえば，まずBTB溶液やリトマス紙を使って中性の水溶液を選び出し，そうすると食塩水とさとう水が選べるから，これらを蒸発皿に少量とって加熱する。白い固体が残った方が食塩水，黒いこげたようなものが残った方がさとう水となる。または，はじめに蒸発皿に少量とって加熱して白い固体が残ったものを選び出し，それらから中性の水溶液をさがすという方法もある。

問６　BTB溶液が緑色を示す(完全に中和して中性になる)のは，もとの濃度の塩酸と水酸化ナトリウム水溶液を，10：20＝１：２の体積比で混ぜたときである。よって，もとの濃度の塩酸$10cm^3$に水を$10cm^3$加えてうすめた水溶液から$10cm^3$を取り出したとき，このうすめた水溶液$10cm^3$に含まれている，もとの濃度の塩酸は，$10\times\frac{10}{20}=5(cm^3)$だから，水酸化ナトリウム水溶液を，$5\times\frac{2}{1}=10(cm^3)$入れたところで緑色になる。

4　**ばねとてこのつりあいについての問題**

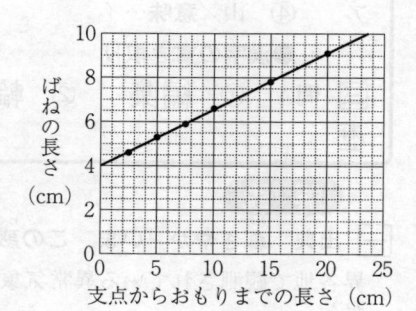

問１　表の値にしたがってグラフ上に点を打ち，これらの点を通るように直線を引くと，右の図のようになる。

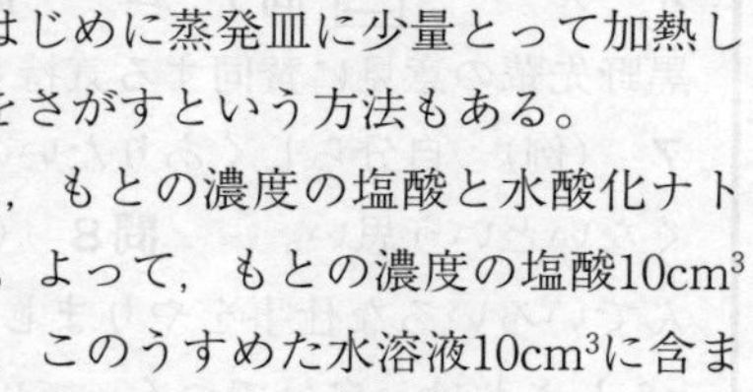

問２　100ｇのおもりを支点の位置につけたとき，支点からおもりまでの長さは０cmである。問１のグラフより，支点からおもりまでの長さが０cmのときのばねの長さを読み取ると４cmとわかる。

問３　100ｇのおもりを支点の位置につけたとき，おもりの重さはすべて支点にかかり，おもりの重さによる支点について棒を回転させるはたらきは生じない。つまり，ばねを引き下げようとする力(ばねにかかる力)は

０ｇのときにばねの長さが４cmとなっている。よって，おもりを外したときも，ばねにかかる力が０ｇとなるので，ばねの長さは４cmである。

問４　50ｇのおもりを支点の右側30cmの位置につるしたとき，支点について棒を時計回りに回転させるはたらきは，50×30＝1500となる。ここで，100ｇのおもりをつるして支点について棒を時計回りに回転させるはたらきを1500にするには，おもりを支点の右側，1500÷100＝15(cm)の位置につるせばよい。表より，おもりを支点の右側15cmの位置につるすと，ばねの長さは7.8cmなので，50ｇのおもりを支点の右側30cmの位置につるしたときのばねの長さは7.8cmとわかる。

問５　100ｇのおもりを支点の右側５cmの位置につるした場合，表より，ばねの長さは5.3cmなので，ばねは，5.3－４＝1.3(cm)のびる。よって，100ｇのおもりを支点の左側５cmの位置につるした場合には，ばねは逆に1.3cm縮まるので，ばねの長さは，４－1.3＝2.7(cm)になる。

国語　＜Ａ日程午前試験＞（50分）＜満点：100点＞

解答

一　**問１**　イ，オ　**問２**　（例）　氷が溶け地表や海水が顔を出すため太陽の反射率が減り，熱を吸収しやすくなることで，他の場所の倍の速さで気温上昇が進むから。　**問３**　Ⅰ　地盤沈下　Ⅱ　森林伐採　Ⅲ　死国への門　Ⅳ　（例）　拡大　**問４**　ウ　**問５**　(1)　（例）　陸上の肥料や下水の養分が海に流れることで繁殖した藻類が死んで，それらが分解された時に酸素が消費されてできる低酸素の海域。　(2)　（例）　水中の酸素が増えて，海洋生物が窒息死しないですむようになること。　**問６**　ウ　**問７**　ア　○　イ　×　ウ　○　エ　×　オ　×　二　**問１**　エ　**問２**　（例）　祇園寺先輩に対して失礼かもしれないと思いつつ，黒野先輩の意見に賛同する気持ち。　**問３**　ア　**問４**　ア　**問５**　エ　**問６**　イ　**問７**　（例）　自分らしくありたいのに，関係のない人たちに勝手なことを言われて決めつけられたくないという思い。　**問８**　（例）　私は消極的だと思われていましたが，運動会の時，自ら進んでいろいろな仕事をやりました。そうしたら，自分に対するみんなの見方が変わりました。「らしさ」は，自分でつくっていくものだということがわかりました。　三　**問１**　下記を参照のこと。　**問２**　①　あんせい　②　ずが　③　ひとざと　④　ほねみ　⑤　けらい　⑥　けいば　**問３**　①　大樹／**意味**…ウ　②　絵／**意味**…オ　③　あり／**意味**…ア　④　山／**意味**…イ

●漢字の書き取り

三　**問１**　①　編集　②　輪唱　③　提供　④　登頂　⑤　標識　⑥　略歴

解説

一　**出典：森《もり》さやか『いま，この惑星《わくせい》で起きていること　気象予報士の眼《め》に映る世界』**。筆者は，世界各地で観測されている異常気象や地球のさまざまな異変が，自然界や人間のくらしにおよぼす影《えい》響《きょう》について，気象予報士の立場から説明している。

問１　ぼう線部①をふくむ一文にあるように，キョクアジサシは，餌《えさ》とする「オキアミや小魚」が

「豊富に存在し，外敵と争うことなく，一日中明るく餌が捕《とら》えやすい」ため，「夏の北極」と「夏の南極」を往復する。つまり，その反対の時期にあたる，冬の北極や冬の南極は，一日中暗く，餌を確保しにくいと考えられる。よって，イとオが正しい。ウは，「暖かい地域」というところが合わない。本文中では，気温については書かれていない。アとエの内容も本文にないのでふさわしくない。

問２　ぼう線部②の二つ後の段落に，北極圏《けん》の白夜《びゃくや》と近年の気温上昇《じょうしょう》の原因について書かれている。北極圏では，数週間から半年にわたって「白夜」が続き，太陽光で「永久凍土《とうど》や海氷が溶《と》けやすくなる」が，「白い氷は太陽光の反射率」が高いため，これまでは猛暑《もうしょ》になることはなかった。しかし，「気温が上昇する今日」では，「氷が溶け，地表や海水が顔を出す」ようになり，太陽の反射率が減って，「熱を吸収する」ようになってしまった。その結果，北極では「他の場所に比べ倍の速さで気温が上昇して」いる，と筆者が述べているので，これらの内容をまとめて書くとよい。

問３　Ⅰ～Ⅳ　筆者が「地球温暖化の進行を映し出す鏡」と言っているのは，シベリア東部の「バタガイカ・クレーター」で，この「死国への門」とも呼ばれるクレーター(穴《あな》)ができた理由は，ぼう線部③をふくむ段落に書かれている。筆者は，人間が1960年代に「森林伐採《ばっさい》」をしたことによって，問２でみたように，太陽光が地表に到達《とうたつ》してシベリアの永久凍土が溶け，「地盤沈下《じばんちんか》」が起きたために，森林の真ん中に穴が突然《とつぜん》あいたと述べている。また，直近の調査で，穴が毎年「拡大」していることがわかったとあり，筆者によれば，この穴から永久凍土に貯蔵されている温室効果ガスが大気中に放出されており，穴が大きくなると地球の気温が上昇することになるので，「バタガイカ・クレーター」が「地球温暖化の進行を映し出す鏡」に例えられていると考えられる。Ⅳは「広がり」でもよい。

問４　ぼう線部④の前の段落で説明されているように，「世界一暑い場所」の公式記録を持っているのはカリフォルニア州デスバレーで，1913年に記録された「五六・七℃」が史上最高気温だが，これは砂嵐《すなあらし》の影響で実際の気温よりも「二℃以上」も高かった可能性があるとわかった。つまり，「今夏」八月にデスバレーで観測された「五四・四℃が世界一の高温」の記録となるかもしれない，ということなので，ウが選べる。

問５　⑴　ぼう線部⑤の直後に，「デッドゾーン」とは，「陸上の肥料や下水の養分」が川から海に流れることで繁殖《はんしょく》した「藻類《そうるい》」が，「死んで分解された時に酸素が消費」されたことによってできた「低酸素の海域」のことだと書かれている。　⑵　筆者は，ぼう線部⑤の次の段落で，「デッドゾーン」ができると「多くの海洋生物が窒息《ちっそく》死する」と述べている。逆に，「低酸素の海域」である「デッドゾーン」が縮小する，つまり，水中の酸素の量が増えれば，海に住む生物の「窒息死」を減らすことができると考えられる。

問６　筆者は，地球温暖化の原因が「人間活動にある」と考えているので，人間の生活を快適にするエアコンの使用が，地球環境《かんきょう》に悪影響をおよぼす可能性を指摘《してき》したいのだと想像できる。

問７　ア～オ　第六段落に，2020年６月にはシベリアで「北極圏史上最高気温が観測」され，その影響で「山火事が拡大し，ギリシャの国土面積に匹敵《ひってき》する広さの森林が焼失《しょうしつ》」したとあるので，ウの内容は正しい。また，本文全体で述べられてきたように，地球環境は「目覚ましく変わ」り続けている。そうした地球で生き残るため，渡《わた》り鳥は「気温変化に対応するように春の飛来時期を一〇年ごとに二日ずつ前倒《だお》ししている」という調査結果があることが，最後の段落に書かれているので，アも正しい。ぼう線部⑤をふくむ段落の一～二つ前の段落で筆者は，2020年に「大西洋では，観測史上もっとも早いペースでハリケーンが発生」しているが，「太平洋西部」では「台風が一つも発生」しなかったと述べたうえで，「大西洋のハリケーンの量産傾向《けいこう》は今後も収まる気配がな」いと説明している。よって，イは正しくない。白夜の期間に変化があるとは本文に書かれていないので，エは誤り。オは，デスバレーにおける「死亡事故の最大要因」が「車の自損事故」だとは書かれているが，交通事故による死者が増加しているとはされていないので，本文の内容に合わない。

□二 **出典：村上雅郁《むらかみまさふみ》「タルトタタンの作り方」（『きみの話を聞かせてくれよ』所収）**。お菓子《かし》作りが好きで，周囲から「スイーツ男子」としてクラスのマスコット的なあつかいをされることに疑問を感じていた「ぼく」（虎之助《とらのすけ》）は，ボーイッシュで人気がある祇園寺先輩《ぎおんじせんぱい》から「女の子らしい」と言われることに恐怖《きょうふ》を感じると打ち明けられ，それぞれの「らしさ」について改めて考えている。

問１　日ごろの「男勝《まさ》り」で強そうなイメージとは違《ちが》い，ふだんは見せることのない自分の苦しい思いを「死んだほうがまし」などと「思いつめた顔」で語る祇園寺先輩の本心にふれ，「ぼく」は，おごそかで尊いものを垣間《かいま》見たような気持ちになったので，エが選べる。

問２　「おずおずと」は，相手をおそれてためらいながら行動するさま。黒野先輩の「『ボーイッシュな女子らしさ』にとらわれてないか？」という発言に，「ぼく」も同感ではあったが，文章の序《じょ》盤《ばん》で「言っていいのかな。失礼かもしれない」と迷って，目の前の祇園寺先輩に思っていることをはっきりと言えなかったのと同じように，すぐにうなずくことができなかったと想像できる。

問３　祇園寺先輩は，六年生のころ，友だちになった女の子から，タルトタタンのおいしさを率直に伝えた後にかけられた言葉でショックを受けた経験があり，「あまいものや，女の子らしいとされるもの」から距離《きょり》を置くようになった。祇園寺先輩は，いくら男の子っぽいふるまいをしていても「女の子らしい」ところがあって当然だ，と思われることに違和感《いわかん》を抱《いだ》く一方で，「女の子らしさ」にとらわれたくないと言いながら結局は「べつのらしさ」にとらわれ，自分らしく生きられないことに，もどかしさと腹立たしさを感じていると考えられる。よって，アが合う。

問４　お菓子作りが趣味《しゅみ》の「ぼく」は，「らしさ」にとらわれて自分らしく行動できない祇園寺先輩の苦しさや悲しさを理解できたが，先輩になにも言うことができなかった。そのため，ふだんならそのおいしさを楽しんで味わえるタルトタタンも，今日ばかりは素直に味わうことができなかったので，アがふさわしい。

問５　「ぼく」は，「虎」という強そうな名前なのに「ハムスターみたい」と言われることや，「ケーキ焼く男子」という特別な目で見られること，さらには女子に「勝手に頭をなで」られてもなにも言い返せないでいることなどに苦しさを感じているので，ア～ウは「ぼくが歩いている道の険しさ」にあてはまる。ぼう線部⑦の直前で，女子から「いつもみたいに笑って！」とからかわれたことから，ふだん「ぼく」は，人から勝手に評価されることがいやでしかたがないのに，だれに対しても笑顔を見せてしまっているのだと考えられるので，エはふさわしくない。

問６　祇園寺先輩の「今日はありがとう」というメッセージからは，「ぼく」に苦しさを打ち明けたことで，自分の気持ちを見つめ直すことができたという感謝の気持ちが読み取れる。しかし，「また，タルトタタンを焼きに行ってもいいですか？」「もっと先輩と話がしたいです」という「ぼく」のメッセージに「既読《きどく》」はついたものの，すぐに返信が来なかったことからは，祇園寺先輩がまだ今の自分を乗り越《こ》えられず，これから自分がどのように生きていくかということについて答えが出ていないようすがうかがえる。よって，イが合う。

問７　学校からの帰り道に，「ぼく」は，「女の子らしいって，そう言われるの，ほんとにこわい」という祇園寺先輩の言葉を思い返して「そうだ」と共感している。祇園寺先輩や自分は「自分のままでいたいだけ」なのに，「関係のないだれかに，勝手なこと」を言われたくない，決めつけられたくないという「ずっと押《お》さえこんできた思い」を，「ぼく」は大きな声で訴《うった》えたのである。

問８　自分の考える「らしさ」がどのようなものであるかを整理してから，それが学校生活において生かされた具体的な経験を思い出してわかりやすくまとめる。“〇〇らしさ”ということにとらわれて自分を出せなかった経験や，「らしさ」という考えにとらわれて他の人を評価してしまった経験など，いろいろな視点から考えることができる。

三　漢字の読みと書き取り，慣用句の完成

問１　①「編集」は，一定の方針のもと，いろいろな資料を集めて，書物や新聞などの形にまとめること。　②「輪唱」は，同じ旋律《せんりつ》の歌を複数のグループが一定の間隔《かんかく》でずらして，追いかけるようにして歌う合唱。　③「提供」は，金品や技能などを相手の役に立つように差し出すこと。　④「登頂」は，山の頂上に登ること。　⑤「標識」は，人々にさまざまな情報を知らせるための目印。　⑥「略歴」は，その人の学歴や職歴などの経歴のうち，重要な部分をまとめたもの。

問２　①「割安」は「わりやす」，「安静」は「あんせい」，「安物」は「やすもの」，「目安」は「めやす」と読む。　②「図画」は「ずが」，「計画」は「けいかく」，「画策」は「かくさく」，「区画」は「くかく」と読む。　③「人里」は「ひとざと」，「千里」は「せんり」，「海里」は「かいり」，「郷里」は「きょうり」と読む。　④「骨身」は「ほねみ」，「骨肉」は「こつにく」，「鉄骨」は「てっこつ」，「反骨」は「はんこつ」と読む。　⑤「作家」は「さっか」，「家庭」は「かてい」，「家来」は「けらい」，「家族」は「かぞく」と読む。　⑥「競争」は「きょうそう」，「競技」は「きょうぎ」，「競演」は「きょうえん」，「競馬」は「けいば」と読む。

問３　①「寄らば大樹のかげ」は，“頼るならば権力や勢力のある人のほうがよい”という意味のたとえ。　②「絵にかいた餅《もち》」は，実現する可能性がなく，何の役にも立たないもののたとえ。③「ありの穴から堤《つつみ》もくずれる」は，“小さな不注意や油断から大事が起こる”という意味の慣用句。　④「あとは野となれ山となれ」は，“目先のことが解決できれば後のことはどうなってもかまわない”という意味。

Dr.福井の

入試に勝つ！ 脳とからだのウルトラ科学

寝る直前の30分が勝負！

みんなは，寝る前の30分間をどうやって過ごしているかな？　おそらく，その日の勉強が終わって，くつろいでいることだろう。たとえばテレビを見たりゲームをしたり――。ところが，脳の働きから見ると，それは効率的な勉強方法ではないんだ！

実は，キミたちが眠っている間に，脳は強力な接着剤を使って海馬《かいば》（脳の，知識をためる倉庫みたいな部分）に知識をくっつけているんだ。忘れないようにするためにね。もちろん，昼間に覚えたことも少しくっつけるが，やはり夜――それも“寝る前”に覚えたことを海馬にたくさんくっつける。寝ている間は外からの情報が入ってこないので，それだけ覚えたことが定着しやすい。

もうわかるね。寝る前の30分間は，とにかく勉強しまくること！　そうすれば，効率よく覚えられて，知識量がグーンと増えるってわけ。

では，その30分間に何を勉強すべきか？　気をつけたいのは，初めて取り組む問題はダメだし，予習もダメ。そんなことをしても，たった30分間ではたいした量は覚えられない。

寝る前の30分間は，とにかく「復習」だ。ベストなのは，少し忘れかかったところを復習すること。たとえば，前日の勉強でなかなか解けなかった問題や，１週間前に勉強したところとかね。一度勉強したところだから，短い時間で多くのことをスムーズに覚えられる。そして，30分間の勉強が終わったら，さっさとふとんに入ろう！

ちなみに，寝る前に覚えると忘れにくいことを初めて発表したのは，アメリカのジェンキンスとダレンバッハという２人の学者だ。

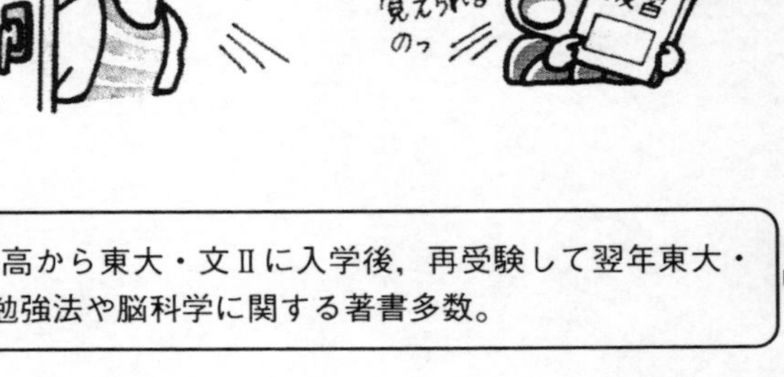
寝る前に予習した？
こっちの方がよく覚えられるのっ
復習

Dr.福井（福井《ふくい》一成《かずしげ》）…医学博士。開成中・高から東大・文Ⅱに入学後，再受験して翌年東大・理Ⅲに合格。同大医学部卒。さまざまな勉強法や脳科学に関する著書多数。

2023年度 昭和女子大学附属昭和中学校

【算　数】〈Ａ日程午前試験〉（50分）〈満点：100点〉

※途中の式や考え方も消さずに解答用紙に残しておきましょう。
※円周率を使う場合は、3.14で計算しましょう。

1 次の □ にあてはまる数を求めなさい。

(1) $2\frac{1}{3}-\left\{0.6\div\left(4.55-\frac{1}{20}\right)+\frac{1}{3}\right\}=\square$

(2) $0.5\times3+0.25\times10+0.125\times12+0.625\times4=\square$

(3) $\left(1+\frac{1}{2}+\square+\frac{1}{7}+\frac{1}{14}+\frac{1}{28}\right)\times28-28=28$

(4) トンネルＡがトンネルＢより60m長いとき、［時速　　km］で走っている車がトンネルＡを通過する時間は、トンネルＢを通過する時間より３秒長いです。

(5) 店Ａは定価［　　円］のマスクを20%引きで売り、店Ｂは定価600円のマスクを25%引きで売ると、売値は店Ａの方が店Ｂより50円安くなります。

(6) 1から100までの整数のうち、３でも５でも割り切れない数は［　　個］あります。

(7) 花子さんは5000円、和男さんは1200円の貯金があります。２人とも来月から１ヶ月に200円ずつ貯金していくと、花子さんの貯金額が和男さんの貯金額のちょうど２倍になるのは、［　　ヶ月後］です。

(8) ２＋４＋６のように、連続する３つの偶《ぐう》数の和を考えます。この和が216のとき、３つの偶数の中で一番小さい数は □ です。

2 下の図は四角形を直線２本を使って４分割した図形です。この図形に色を塗《ぬ》ります。隣《とな》り合う場所には同じ色を塗ってはならないとき、次の問いに答えなさい。

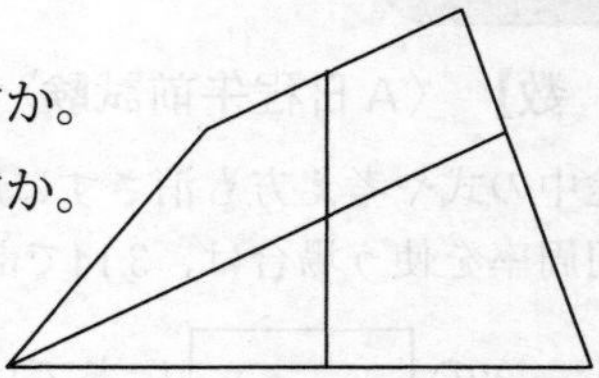

（1）赤、青の２色を使って塗る方法は全部で何通りありますか。

（2）赤、青、黄の３色すべてを使って塗る方法は全部で何通りありますか。

（3）赤、青、黄の３色から色を選んで塗る方法は全部で何通りありますか。
ただし、使わない色があってもよいものとします。

3 対角線の長さが6cmと10cmのひし形【図1】があります。
次の問いに答えなさい。

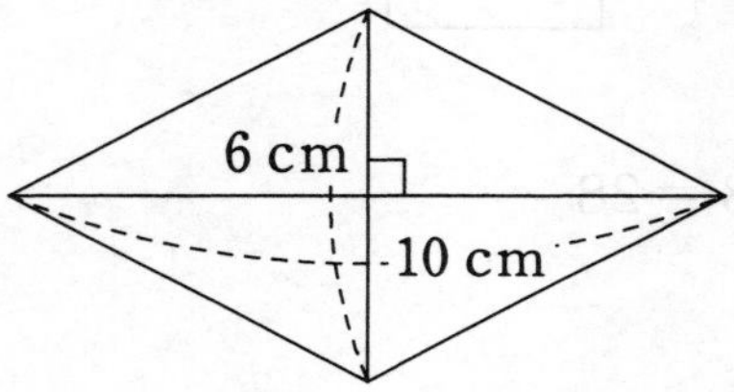

【図1】

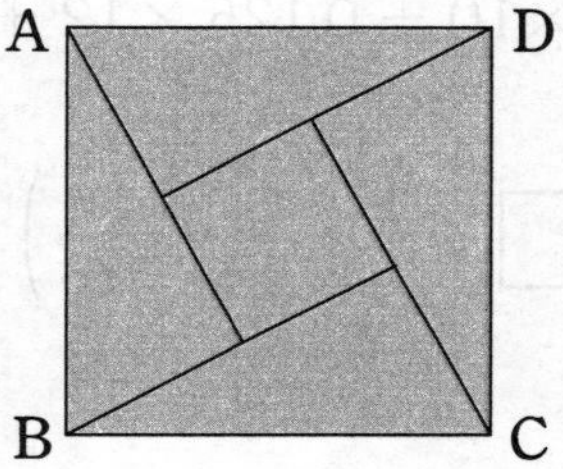

【図2】

（1）【図1】のひし形の面積を求めなさい。

（2）【図1】のひし形を対角線で切って、４つの直角三角形を作りました。この４つの直角三角形を使って【図2】のような正方形ABCDを作ったとき、正方形ABCD（色の塗られている部分）の面積を求めなさい。

（3）（2）で作った正方形ABCDの対角線の長さと同じ長さの直径をもつ円の面積を求めなさい。

4　次の図において、直線ABを軸《じく》に１回転させたときにできる立体の体積を求めなさい。
ただし、円すいの体積は（底面積）×（高さ）÷３で求められます。

（1）

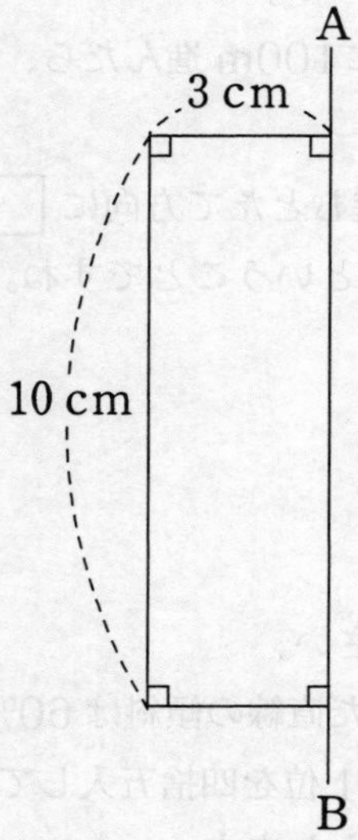

（2）

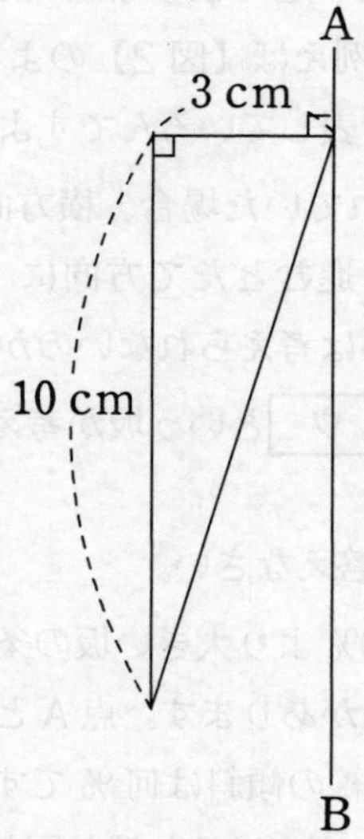

（3）

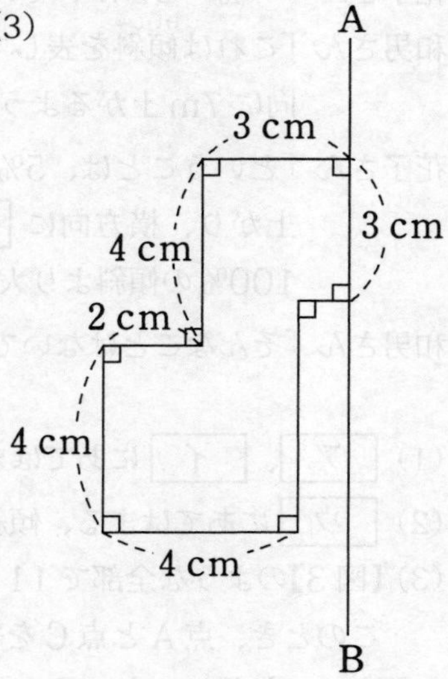

5　半径の長さと中心の位置が分からない、円の形をした紙が１枚あります。この円の中心の位置を調べる方法を説明しなさい。

6 花子さんと和男さんの会話文を読み、次の問いに答えなさい。

和男さん「この前、家族でドライブに行ったときに、【図1】のような道路標識がありました。」

花子さん「『7%』と書かれているけれど、どのような意味があるのかしら？」

和男さん「これは傾斜《けいしゃ》を表していて、例えば【図2】のように横方向に100m進んだら、たて方向に7m上がるような坂道を表しているんですよ。」

花子さん「ということは、5%と書かれていた場合、横方向に80m進むとたて方向に［ア］m上がり、横方向に［イ］m進むとたて方向に12m上がるということですね。では、100%の傾斜より大きい傾斜は考えられないのかしら。」

和男さん「そんなことはないですよ。［ウ］という坂が考えられます。」

(1) ［ア］、［イ］にあてはまる数を答えなさい。

(2) ［ウ］にあてはまる、傾斜が100%より大きい坂の条件を答えなさい。

(3)【図3】のような全部で11段の階段があります。点Aと点Bを結んだ直線の傾斜は60%です。このとき、点Aと点Cを結んだ直線の傾斜は何%ですか。小数第1位を四捨五入して答えなさい。ただし、すべての段の横幅《はば》と高さはそれぞれ同じであるものとします。

【図1】

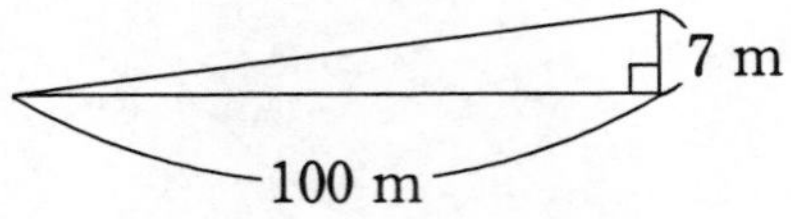

【図2】

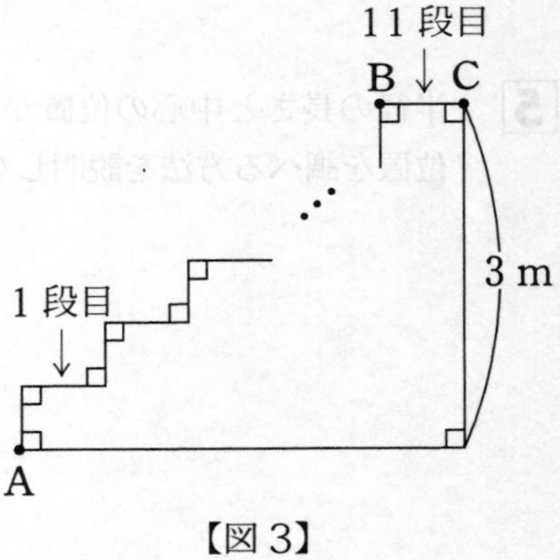

【図3】

【社　会】〈Ａ日程午前試験〉（理科と合わせて50分）〈満点：50点〉

〔注意〕漢字で書けるところは漢字で書いてください。

1　次の文章を読んで、あとの問いに答えなさい。

近年、自助・共助・公助という言葉を耳にすることが多くなってきました。これは災害対策として使われることが多いのですが、共助、すなわち助け合いは、普段から社会の中で見られました。そして、助け合いにはしばしばお金が必要となります。そのようなとき、人々はどのようにしてお金を調達してきたのでしょうか。

日本の農村では、村人が少しずつお金を出し合って貯《た》めておき、必要に応じてお金を受け取れるしくみもありました。江戸時代には①伊勢神宮へのお参りが流行しましたが、費用も日数もかかるので、行きたい人全員が行けるわけではありませんでした。そこで、事前にお金を出し合って貯めておき、貯まったら村の代表者にお金を渡し、自分たちを代表して行ってもらうようにしていました。

これは顔見知りの人々の間でのことでしたが、もっと多くの人々がかかわるものとして、寺院などの改修工事があります。奈良時代に②東大寺が建立されるとき、僧の行《ぎょう》基《き》は全国を旅し、建立への協力を説いて周りました。また、③平安時代末期に、僧の重源は源平の争乱で焼失した東大寺と大仏の修復・再建の費用を集めるため、全国各地を周って人々から寄付を募《つの》りました。こうして、鎌倉時代の初めには大仏殿の再建を実現させたと言われています。

世界に目を向ければ、「自由の女神」像もその例としてあげられます。この像は、アメリカ合衆国の建国100周年を記念して④フランスから贈《おく》られたものですが、これをつくるときに、両国の市民がお金を出し合いました。アメリカ合衆国では、この像を載《の》せる台座のお金を得るため、新聞広告も活用されました。

最近では、インターネットが新聞の代わりを果たしています。日本でインターネットを利用した資金集めが広まったのは、2011年におきた（　⑤　）の復興支援を目的とした寄付が始まりと言われています。2022年には、⑥奈良県の法隆寺で、（　⑦　）の影響により参拝者が減少したことから、維持管理が十分にできないとして、インターネットを利用し、募金を呼びかけました。すると、たった１日で目標金額の2000万円以上が集まったそうです。

このように、（　⑧　）の人が、一人ひとりは（　⑨　）のお金を、他の人々や組織のために提供・協力することを、現在ではクラウドファンディングと言います。これは、英語のクラウド（群衆）とファンディング（資金集め）を組み合わせた造語です。

皆さんと同じ小学生がクラウドファンディングを利用した例もあります。⑩山梨県甲府市の動物園では、限られた予算で運営しているため、動物の健康管理に必要なレントゲンなどの医療《いりょう》機《き》器《き》を購入できませんでした。それを知った地元の小学生たちが、レントゲンを動物園に届けようと、クラウドファンディングを始め、寄付してくれた人には動物の写真や園内の無料ガイドツアーなどの特典をつけることで、目標金額を達成したそうです。近年話題となっている、支援したい地方自治体に納税する「ふるさと⑪納税」も、広く取ればクラウドファンディングの例と言えるでしょう。

このようなクラウドファンディングが私たちに教えてくれるのは、「小さな力でも、熱意と思いが集まれば大きなことができる」ということではないでしょうか。さらにこれが、自分だけではなく多くの人々の幸せにつながっていくのです。⑫世界の誰《だれ》かのために、あなたにもできることを探してみてください。

問１　文中の下線部①について、江戸時代には、江戸から伊勢神宮に行くときに、江戸の防衛と通行人・商品の管理をする大きな関所が２カ所ありました。それは箱根の関と新居の関ですが、そこに設けられた地形的な理由を、次の地図を参考に説明しなさい。

○ 新居関所

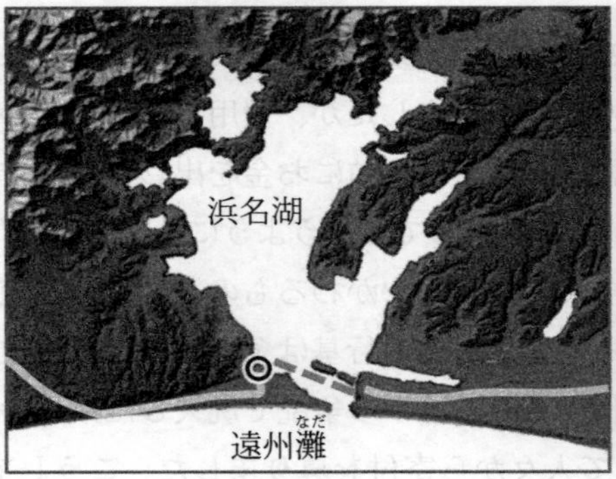

○ 箱根関所

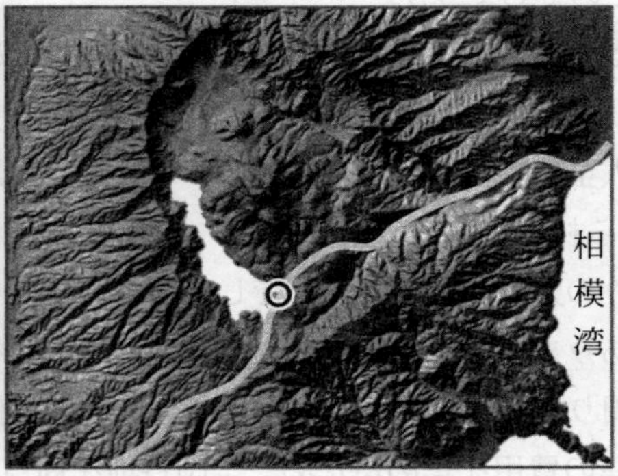

（地理院地図から加工）

問２　文中の下線部②について、次の（１）・（２）に答えなさい。

（１）この寺は、誰の指示で建立されましたか。

（２）この寺は、どのような思いをもとに建立されましたか。次のア～エの中から１つ選び、記号で答えなさい。

ア．仏教によって、国全体が平和になるようにという思い。

イ．中国が攻めてこないようにという思い。

ウ．大化の改新で亡くなった人々の霊《れい》をなぐさめるという思い。

エ．天皇に跡継《あとつ》ぎが産まれたのをお祝いするという思い。

問３　文中の下線部③について、次の文の空らん（　A　）・（　B　）にあてはまる言葉を答えなさい。

・この時代半《なか》ばの文化の形成には、894年の（　A　）の廃止《はいし》が影響している。

・この時代に、（　B　）が『源氏物語』を書いた。

問４　文中の下線部④について、次の（１）～（３）に答えなさい。

（１）フランスの位置を、次の地図中のア～エの中から１つ選び、記号で答えなさい。

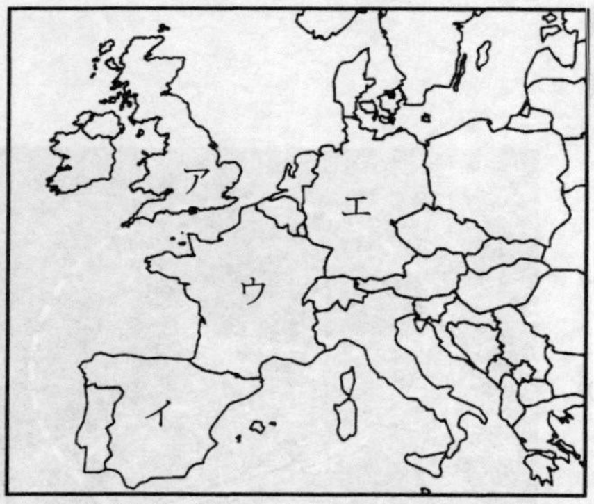

（２）フランスからアメリカに品物を輸送するときに通る、ヨーロッパ大陸とアメリカ大陸の間に広がる海の名前を答えなさい。

（３）フランスとアメリカ合衆国には共通点が少なくありませんが、両国の共通点とは言えないものを、次のア～エの中から１つ選び、記号で答えなさい。

ア．民主主義の国である。　　　イ．江戸時代に、日本と修好通商条約を結んだ。
ウ．国旗に星が描かれている。　エ．国民が大統領を選ぶ。

問５　文中の空らん（　⑤　）にあてはまる言葉を、漢字６字で答えなさい。

問６　次のグラフには、金沢・熊本・奈良・函館の雨温図が示されています。下線部⑥のものを次のア～エの中から１つ選び、記号で答えなさい。

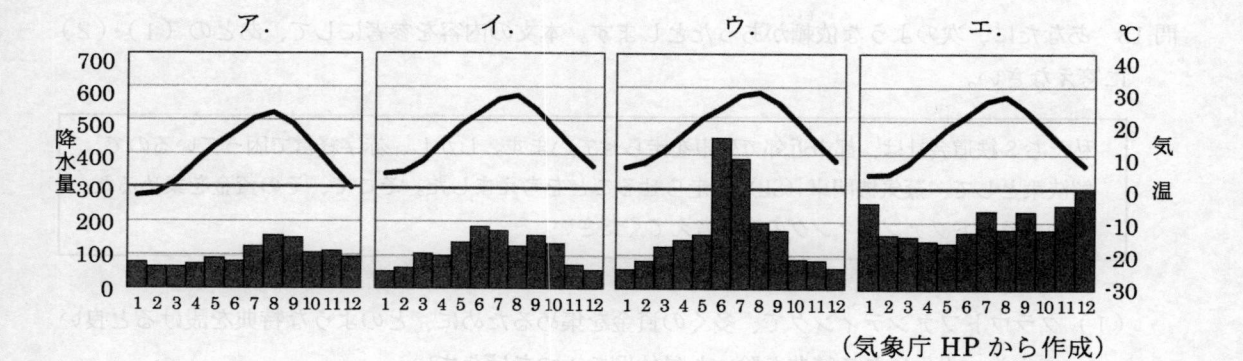

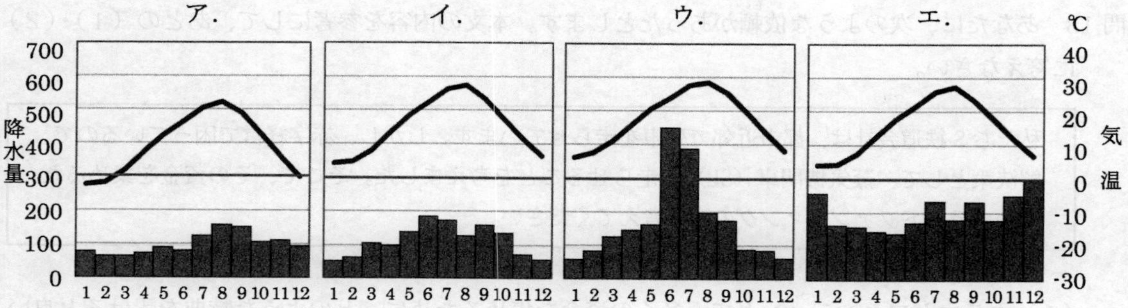

（気象庁 HP から作成）

問７　文中の空らん（　⑦　）にあてはまる言葉を答えなさい。

問8　文中の空らん（　⑧　）・（　⑨　）にあてはまる言葉の組み合わせとして正しいものを、次のア〜エの中から1つ選び、記号で答えなさい。

ア．⑧わずか　⑨少額　　イ．⑧わずか　⑨多額
ウ．⑧多く　　⑨少額　　エ．⑧多く　　⑨多額

問9　文中の下線部⑩に見られる、右の写真の点線内の地形について、次の（1）・（2）に答えなさい。

（1）この地形の名前を答えなさい。

（2）この地形では、果樹栽培が広く行われていますが、その理由を答えなさい。

問10　文中の下線部⑪は、日本国憲法が定めた国民の義務のひとつです。これ以外の国民の義務を1つ答えなさい。

問11　文中の下線部⑫について、1945年に設立された国際的な平和機関を漢字4字で答えなさい。

問12　本文の内容と合わない文を、次のア〜エの中から1つ選び、記号で答えなさい。

ア．平安時代から鎌倉時代にかけて、寄付を募《つの》って東大寺の大仏殿を再建した。
イ．江戸時代には、村でお金を出し合って代表者が伊勢神宮にお参りをすることもあった。
ウ．クラウドファンディングは年齢《ねんれい》に関係なく行うことができる。
エ．ふるさと納税は自分の住む地方自治体以外に納めることはできない。

問13　あなたに、次のような依頼《いらい》があったとします。本文の内容を参考にして、あとの（1）・（2）に答えなさい。

私たちS鉄道会社は、都市近郊で列車を走らせています。しかし、赤字経営で困っているので、解決策として、蒸気機関車（SL）を走らせることを考えました。そこで、その資金を集めるためのクラウドファンディングの案を考えてください。

（1）クラウドファンディングで、多くの資金を集めるために、どのような特典を設けると良いですか。本文にある特典を除いた具体例を1つあげなさい。

（2）資金が集まったとして、この計画を実現するうえで考えられる問題点を具体的に1つあげなさい。

2 次の各問いに答えなさい。

問１　次の表のＡ～Ｉは、日本の工業地帯・工業地域の製造品出荷額等の構成です。この表と説明を見て、あとの（1）・（2）に答えなさい。

（単位は％）

	金属	機械	化学	食料品	繊維《せんい》	その他
A	9.4	47.0	18.7	11.6	0.4	12.9
B	9.5	68.6	6.6	4.7	0.7	9.9
C	20.9	37.9	15.9	11.1	1.3	12.9
D	17.0	45.6	6.0	16.6	0.6	14.2
E	11.9	44.4	10.3	15.8	0.6	17.0
F	18.1	35.1	22.3	7.8	2.1	14.6
G	7.7	51.3	11.2	13.7	0.7	15.4
H	16.9	39.7	13.1	9.7	4.0	16.6
I	21.3	12.7	40.1	16.1	0.2	9.6

『日本国勢図会 2022/23』から作成

【説明】

・金属工業の生産割合が高い上位２か所は阪神工業地帯と京葉工業地域で、一番低いのは東海工業地域である。

・機械工業の生産割合が高い上位２か所は中京工業地帯と東海工業地域で、一番低いのは京葉工業地域である。

・食料品工業の生産割合が高い上位２か所は北九州工業地域と京葉工業地域で、一番低いのは中京工業地帯 である。

・繊維工業の生産割合が高いのは北陸工業地域で、他の地域は低い。

・表には、これまでの説明にあげたもの以外に、関東内陸工業地域、瀬戸内工業地域、京浜工業地帯が載《の》っている。

（1）次の文の空らんにあてはまる工業地域を、あとのア～オの中から１つずつ選び、それぞれ記号で答えなさい。

「化学工業の生産割合が一番高いのは（　①　）工業地域、二番目に高いのは（　②　）工業地域で、一番低いのは（　③　）工業地域である。

ア．北陸　　イ．北九州　　ウ．京葉　　エ．瀬戸内　　オ．東海

（2）京浜工業地帯はどれですか。表のＡ～Ｉの中から１つ選び、記号で答えなさい。

問２　日本の歴史に登場する大きな争いについて、次の（１）～（４）に答えなさい。

（１）平清盛が源頼朝の父を破り、貴族にかわって政治を行うきっかけとなった争いを、次のア～エの中から１つ選び、記号で答えなさい。

　ア．壬申《じんしん》の乱　　イ．応仁の乱　　ウ．平治《へいじ》の乱　　エ．壇《だん》ノ浦《うら》の戦い

（２）桶狭間《おけはざま》で今川軍を破り、長篠《ながしの》で武田軍を破って天下統一をめざした人物を答えなさい。

（３）江戸時代の終わりに、薩摩藩《さつまはん》と同盟を結んで幕府を破り、天皇中心の政府をつくった藩を答えなさい。

（４）日本が韓国を植民地とした時期を、次のア～エの中から１つ選び、記号で答えなさい。

　ア．日清戦争～日露戦争　　イ．日露戦争～第一次世界大戦
　ウ．第一次世界大戦～第二次世界大戦　　エ．第二次世界大戦～朝鮮戦争

問３　次の文の空らんに共通してあてはまる言葉を答えなさい。

2022年８月１日～26日にかけて、（　　）軍縮、（　　）不拡散、原子力の平和利用について話し合う「（　　）不拡散条約」（ＮＰＴ）の再検討会議が開かれたが、ロシアの反対で合意には至りませんでした。

【理　科】〈A日程午前試験〉（社会と合わせて50分）〈満点：50点〉

〔注意〕漢字で書けるところは漢字で書いてください。

1　次の各問いに答えなさい。

問1　花のおしべの先たんには花粉が入った袋《ふくろ》があります。この袋を何といいますか。

問2　消化の過程でできた有害なアンモニアは、体内のどこで分解されますか。次のア～エの中から1つ選び、記号で答えなさい。

ア．心臓　　イ．肺　　ウ．じん臓　　エ．かん臓

問3　太陽の南中高度が一年で最も高くなる日を何といいますか。

問4　日食が起こるときの月はどれですか。次のア～エの中から1つ選び、記号で答えなさい。

ア．新月　　イ．上弦の月　　ウ．満月　　エ．下弦の月

問5　右の図は、河川によって運ばれた土砂が積み重なった様子を示しています。図の太線で囲われた場所Aの地層の重なりを表した図として正しいものを次のア～カの中から1つ選び、記号で答えなさい。

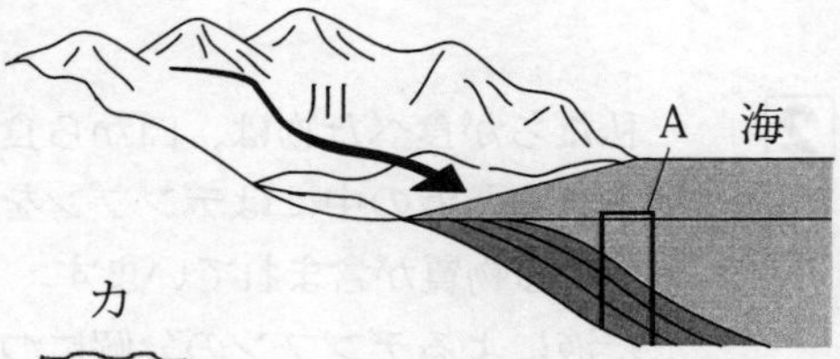

図　河川によって運ばれる土砂

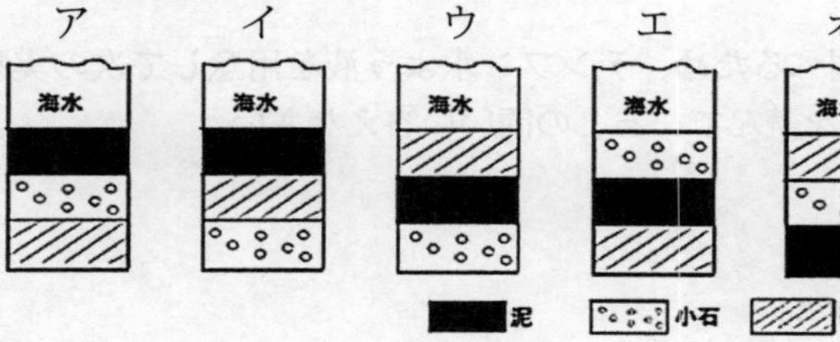

問6　下の図はビンの中でロウソクを燃やした様子です。ロウソクが最も長い時間燃えるのはどれですか。次のア～エの中から1つ選び、記号で答えなさい。

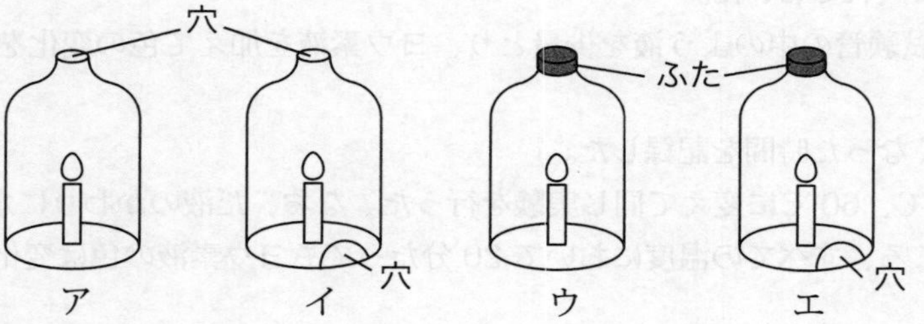

問7　5％の食塩水が80 gあります。この食塩水に含まれる食塩は何 gですか。

問８　音の速さと光の速さはどちらが速いですか。ただし、同じ場合は同じと答えること。

問９　長さが 10 cm のばねに、100 g のおもりをつなげたところ、ばねは 2 cm のびました。125 g のおもりをつなげたときのばね全体の長さは何 cm ですか。

問 10　次のグラフは、東京都の発表をもとに作成したある月の１日から 30 日までの東京都の新型コロナウイルス感染症《しょう》新規陽性者数を表したものです。この月の１日は何曜日ですか。

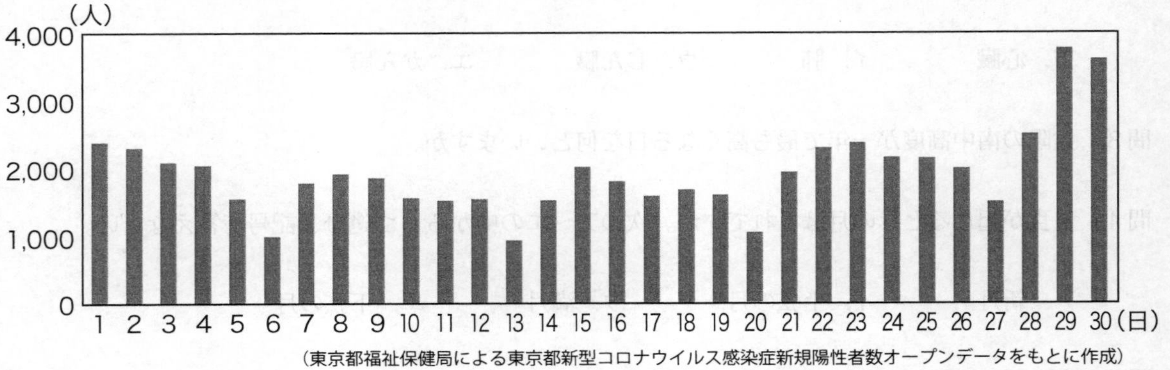

（東京都福祉保健局による東京都新型コロナウイルス感染症新規陽性者数オープンデータをもとに作成）

2　私たちが食べた物は、口から食道、胃、小腸と順番に送られ、小さく分解されます。口で出されるだ液の中にはデンプンを分解する物質が、胃で出される胃液の中にはタンパク質を分解する物質が含まれています。

だ液によるデンプンの分解について調べるため、デンプン水よう液を用意して次の実験１と実験２を行いました。実験１と実験２を読んで、あとの問いに答えなさい。

【実験１】

①　だ液をビーカーにとり、水で５倍にうすめた。

②　1％のデンプン水よう液 4 cm^3 を試験管に入れ、30 ℃の水そうに入れて温めた。

③　①でうすめただ液 1 cm^3 を別の試験管に入れ、30 ℃の水そうに入れて温めた。

④　②のデンプン水よう液に③のうすめただ液を入れ、だ液のデンプン分解反応を開始した。反応中は 30 ℃の水そうに入れておいた。

⑤　反応開始から１分おきに試験管の中のよう液を少量とり、ヨウ素液を加えて色の変化を確認した。

⑥　ヨウ素液の色が変化しなくなった時間を記録した。

⑦　温度を 20℃、40 ℃、50 ℃、60 ℃に変えて同じ実験を行った。なお、だ液のかわりに水をまぜて同じ実験を行ったところ、すべての温度において 20 分たってもヨウ素液の色は変化した。

【実験2】

① だ液をビーカーにとり、水で5倍にうすめた。

② デンプン水よう液を酸性にするために、1%のデンプン水よう液4 cm^3 と0.1%の塩酸1 cm^3 を試験管に入れ、40 ℃の水そうに入れて温めた。このデンプン水よう液を少量とってBTBよう液を入れ、色の変化から酸性であることを確かめた。

③ この後は実験1の③～⑥と同じ手順で、温度を40 ℃にして行った。

下の表は実験1で、ヨウ素液の色が変化しなくなった時間をまとめたものです。

表　実験1の結果

温度	20℃	30℃	40℃	50℃	60℃
ヨウ素液が変化しなくなった時間	10分	5分	2分	3分	20分たっても色が変化した

実験2では、20分たってもヨウ素液の色は変化しました。

問1　ヨウ素液はデンプンがあると色が変わります。デンプンがあると何色になりますか。

問2　「ヨウ素液の色が変化しなくなった時間」とは、どのような時間ですか。次の文の空らんにあてはまる語句を答えなさい。

すべてのデンプンが（　A　）によって分解されて（　B　）に変わった時間

問3　実験1の結果から分かることを、次のア～キの中から3つ選び、記号で答えなさい。

ア．だ液のはたらきやすさは温度の影響《えいきょう》を受ける。

イ．だ液のはたらきやすさは温度の影響を受けない。

ウ．だ液は温度が低い方がはたらきやすい。

エ．だ液は温度が高い方がはたらきやすい。

オ．だ液はヒトの体温に近い方がはたらきやすい。

カ．20℃ではだ液ははたらきを失っている可能性が高い。

キ．60℃ではだ液ははたらきを失っている可能性が高い。

問4　実験2の結果から、だ液の性質についてどのようなことが分かりますか、説明しなさい。

問5　次のア～エの食べ物のうち、おもにデンプンでできているものと、タンパク質でできているものをそれぞれ1つずつ選び、記号で答えなさい。

ア．ごはん（白米）　　イ．バター　　ウ．鶏のささみ　　エ．キャベツ

3　水よう液の入ったA～Fのビーカーがあります。この水よう液はアンモニア水、塩酸、砂糖《とう》水、食塩水、水酸化ナトリウム水よう液、炭酸水のいずれかです。A～Fのビーカーにそれぞれどの水よう液が入っているのかを調べるために、次の実験1～実験4を行いました。これらの実験について、あとの問いに答えなさい。

【実験1】
ガラス棒で、赤色リトマス試験紙、青色リトマス試験紙にそれぞれA～Fの水よう液をつけると、BとFは赤色リトマス試験紙が青色に変化し、AとCは青色リトマス試験紙が赤色に変化し、その他は色が変わらなかった。

【実験2】
それぞれの水よう液を試験管に取り、BTBよう液を1滴《てき》加えると、AとCは黄色、BとFは青色、DとEは緑色を示した。

【実験3】
それぞれの水よう液を少量蒸発皿に取り加熱すると、BとDは白い固体が残り、Eは黒い固体が残り、その他は何も残らなかった。

【実験4】
それぞれの水よう液を試験管に取り石灰水を加えると、Cのみ白くにごった。

問1　実験1～実験4のうち、実験を行わなくても他の実験結果からその実験の結果を予想することができる実験があります。その実験を1つ選び、なぜその実験を行わなくても判断できるのか、説明しなさい。

問2　①塩酸、②水酸化ナトリウム水よう液が入っているビーカーをそれぞれ選び、A～Fの記号で答えなさい。

塩酸に炭酸カルシウムを加えるとある気体が発生します。あるのう度の塩酸を正確に10 cm^3 はかり、さまざまな重さの炭酸カルシウムを加えて、発生する気体の体積を調べました。その結果が下の表です。

表　使った炭酸カルシウムの重さと発生した気体の体積の関係

炭酸カルシウムの重さ (g)	0.4	0.8	1.2	1.6	2.0	2.4	2.8	3.2
発生した気体の体積 (cm^3)	90	180	270	360	405	405	405	405

問3　このとき発生する気体は、ビーカーCを加熱したときに出てくる気体と同じです。この気体は何か、次のア～オの中から1つ選び、記号で答えなさい。

ア．酸素　　イ．アンモニア　　ウ．二酸化炭素　　エ．水素　　オ．ちっ素

加えた炭酸カルシウムの重さを横じくに、発生した気体の体積を縦じくにとって、表の値をもとにグラフをかくと右のようになりました。上の表とグラフを参考にして、次の問いに答えなさい。

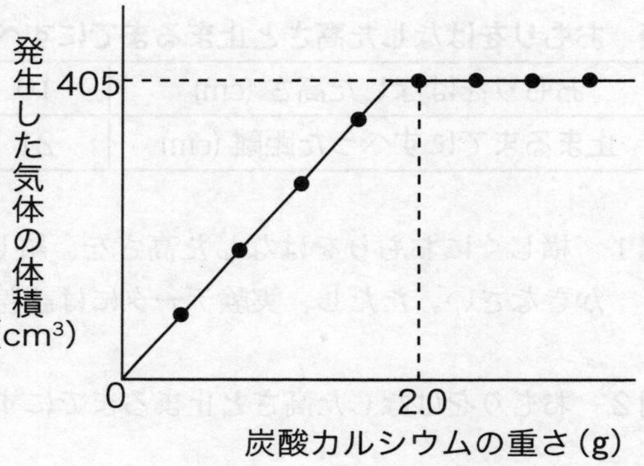

問4　この塩酸10 cm^3 と反応することができる炭酸カルシウムは最大何gですか。

問5　石灰石の主成分はこの炭酸カルシウムですが、不純物も混ざっています。1.6 gの石灰石をこの塩酸10 cm^3 に入れると、気体が315 cm^3 発生しました。この石灰石に含まれている炭酸カルシウムは全体の何％ですか。ただし、この石灰石に含まれる炭酸カルシウム以外のものは塩酸と反応しないものとします。

4 物体にかかるまさつのはたらきを調べるため、机Aの上に図のように斜《しゃ》面を設置し、おもりをすべらせる実験を行いました。次の表は、おもりをそっとはなした高さと、斜面の下の地点Pからおもりが止まるまでにすべった距離《きょり》の関係を調べたものです。

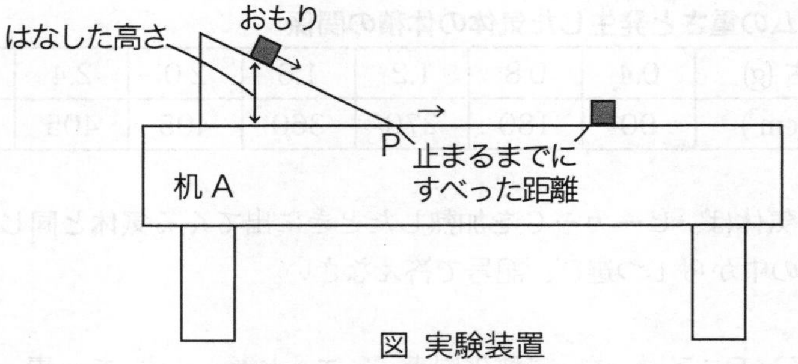

図 実験装置

表 おもりをはなした高さと止まるまでにすべった距離の関係

おもりをはなした高さ (cm)	10	20	25	40	50	55
止まるまでにすべった距離 (cm)	21	29	43	74	78	97

問1 横じくにおもりをはなした高さを、縦じくに止まるまでにすべった距離をとって、グラフをかきなさい。ただし、実験データには誤差《ごさ》があることを考えに入れて、グラフを作成すること。

問2 おもりをはなした高さと止まるまでにすべった距離の間にある関係を何といいますか。

問3 50 cmの高さからおもりをはなして、止まるまでにすべった距離を調べる実験を何回も行うと、おもりが止まるまでにすべった距離の平均は何cmになると考えられますか。

問4 80 cmの高さからおもりをはなしてすべらせると、おもりが止まるまでに何cmすべると考えられますか。答えは小数点第1位を四捨五入して、1の位まで答えなさい。

違う机Bを用いて同じ実験をしました。40 cmの高さから同じおもりをはなして何回かすべらせると、おもりが止まるまでに平均して34 cmすべりました。

問5 机の表面がよりなめらかなのはA、Bどちらでしょうか。記号で答えなさい。

問6 机Bで、80 cmの高さからおもりをはなしてすべらせると、おもりが止まるまでに何cmすべると考えられますか。

問三　次の①～⑤の四字熟語と同じ意味になるように、□の中の熟語を組み合わせて四字熟語を作りなさい。

①　一長一短
②　無我夢中
③　三者三様
④　独立独歩
⑤　四方八方

一利	一心	東西	十色	一国	南北	一城	十人	不乱	一害

問四　次の①～⑤の意味に合う慣用句をア～クの中から選び、それぞれ記号で答えなさい。

①　あることをしたいという気持ちをこらえることができないさま。
②　たとえ貧しくても弱音をはかないこと。
③　いいわけやいいがかり。
④　どんな困難があってもやりとげるという強い決意のたとえ。
⑤　さからう。手向かう。

ア　矢の催促《そく》
イ　雨が降ろうが、やりが降ろうが
ウ　弓を引く
エ　やりだまにあげる
オ　武士は食わねど高楊枝《ようじ》
カ　矢も盾《たて》もたまらない
キ　矛を向ける
ク　盾に取る

三 次の問いに答えなさい。

問一 次の①~⑧の——線部のカタカナを漢字で書きなさい。(送りがなが必要なものはひらがなで書くこと)

① 雑音がマジル。
② キカイ式時計を買ってもらう。
③ 戦いにヤブレル。
④ お茶がサメル。
⑤ 例をアゲル。
⑥ 太陽の光がサス。
⑦ 外国の船が横浜にキコウする。
⑧ マンションがタツ。

問二 次の①~⑧の——線部の漢字について、読み方が異なるものを一つ選び、その熟語の読みをひらがなで答えなさい。

① 野火 視野 野営 在野
② 上告 海上 北上 上座
③ 無事 無害 無用 無茶
④ 悪人 善悪 悪者 悪行
⑤ 行動 行政 運行 続行
⑥ 名声 美声 鼻声 音声
⑦ 光明 明白 英明 文明
⑧ 頭領 頭角 街頭 頭脳

問五　――線部⑤「秋のイベントについての提案」とありますが、実施にあたり、輝は先生たちがどのような点を指摘《てき》すると考え、それについてどのように対応しようとしていますか。本文中の語句を用いて五十字以内で説明しなさい。

問六　――線部⑥「それ以上追及されなかったことにほっとした」とありますが、その理由としてふさわしいものを次のア～エの中から一つ選び、記号で答えなさい。

ア　いつも輝のことを見下したような態度で扱う麗華に、自分が全校生徒を思って、はじめから熱心に考えて計画した黒板アートのコンクールについて、細かいことを言われたくなかったから。

イ　陰の協力者について追及され、変わり者の貴理の助言を得ながら企画書を作成したことが知れると、輝と一番親しいのは自分だと思っている麗華の好意が消えてしまうと危《あや》ぶんだから。

ウ　黒板アートのコンクールを提案しておきながら、企画書は輝一人で作成したものではなく、貴理に手伝ってもらったことに後ろめたさがあり、麗華を前に格好がつかないと思ったから。

エ　輝がめずらしく自分から生徒たちのために考えた企画に、変わり者の貴理が陰の協力者として関わっていると知れば麗華がどのように思うか不安があったから。

問七　――線部⑦「貴理に親しみを感じている」とありますが、輝がこのように思うきっかけとしてふさわしくないものを次のア～エの中から一つ選び、記号で答えなさい。

ア　輝に否定的な幼馴染みの麗華と対照的で、輝を全面的に受け入れ、常に優しく接してくれること。

イ　ｚｏｏｍをとおして、学校では見ることのなかったマスクのない貴理の笑顔を見たこと。

ウ　輝一人では到《とう》底完成させられないと思っていた企画書作成の依頼《いらい》を引き受けてくれたこと。

エ　同年代が知らない絵師の名でさらりとシャレを言うようなユーモアのある一面を知ったこと。

問八　あなたは自分の性格をどのようなものだと考えていますか。これまでの体験をもとに答えなさい。また、中学生になって新しい自分になるために、どのようなことをしようと考えていますか。百字以内で答えなさい。

問一　━━線部①「指弾するような口調」とありますが、どのような口調ですか。ふさわしいものを次のア～エの中から一つ選び、記号で答えなさい。

ア　絵のことはわからないので、黒板アートに参加したくない生徒の代表として文句を言っているような口調。

イ　生徒会主催でやるということは、麗華自身が実行していくことになるため、企画に不備がないか確かめるような厳しい口調。

ウ　黒板アート企画を提案しそうもないキャラクターの輝に自分でも思いつかない提案をされ、先を越《こ》されたことを悔《く》いるような口調。

エ　普《ふ》段は誰かのために企画の提案などしない輝が、思いつきで提案してきた企画をこばむような口調。

問二　━━線部②「余韻ってものがないんだな、オンラインは」とありますが、輝はオンラインをどのように感じていますか。ふさわしいものを次のア～エの中から一つ選び、記号で答えなさい。

ア　相手に一方的に通信を切られ、突《とつ》然コミュニケーションが途《と》絶えてしまう、味気ない通信手段だと感じている。

イ　コロナ禍で行事がなくなるなかで、せっかくいい案を提示したのに、お互いの感動が共有できないものだと感じている。

ウ　対面して会っていれば、麗華の上からな感じに対する不満をぶつけることができたのにと残念に感じている。

エ　企画の内容について一緒に考えたかったが、うまく内容を説明できない通信手段で苛《いら》立ちを感じている。

問三　━━線部③「麗華とＬＩＮＥのビデオ通話をしたときは何も感じなかった」とありますが、その理由を説明しなさい。

問四　━━線部④「呪われちゃいました？」とありますが、どのようなことですか。ふさわしいものを次のア～エの中から一つ選び、記号で答えなさい。

ア　一年生のために何かしたいと黒板アートのコンクールを提案した輝が、麗華に無理難題を突《つ》きつけられ、解決に向けて四苦八苦すること。

イ　貴理の思い描《えが》いていた校内企画について、望んだとおりに輝が実現に向けて動き出し、生徒会の麗華へ提案を始めること。

ウ　誰かのために働きかける性格ではない輝が、上手くいくかどうかもわからない黒板アートのコンクールを思いつき、実現に向けて動き出すこと。

エ　誰にも描けないようなセンスを秘《ひ》めた、作者不明の昇降口の絵に輝が引きつけられ、その正体をつきとめることへのめり込《こ》んでいくこと。

ることはできそうもない。だがしかしそれにしても、なんというか渋《しぶ》すぎる。中学生女子が、仏像のクリアファイルとは。どういう趣《しゅ》味なんだろう。

輝は、昼休みにそれをそのまま麗華に渡した。

「何このクリアファイル。渋すぎ」

麗華は、紙だけ引き抜《ぬ》いてクリアファイルを輝にもどした。それから、さっと眺めて、

「これ、輝が作ったの？」

「いや。陰《かげ》の協力者がいる」

「だろうね。わかった。⑥生徒会で検討する」

麗華はあっさり言った。それ以上追及《きゅう》されなかったことにほっとした輝だった。

クリアファイルを貴理に返すと、

「よいお顔でしょう？　この仏さま」

と、どことなく対象への愛をにじませて言った。

「どこで買ったの？　そんな渋いの」

「トウハクです」

「トウハクって……上野の博物館？」

「そうです。長谷《はせ》川等伯《はく》とか、連想しました？」

貴理は、さらりと何百年も前の絵師の名を口にした。まがりなりにも美術部の輝は知っていたが、その名を聞いたこともない生徒もいるはずだ。おとなしい優等生？　いやいや、そうとう変わったヤツ、かもしれない。

もしも、麗華から協力者がだれかと聞かれたら、輝はどう答えただろうか。貴理の名前を口にしたら、どう思われただろう。仮定の問いに意味はないが、そのとき、輝は気がついた。そうとう変わったヤツらしいと思いながらも、案外自分は、⑦貴理に親しみを感じているようだ。

（濱《はま》野　京子　著　「マスクと黒板」）

「昼休みから始めてＨＲ《ホームルーム》の時間を二回分当てることにするとかすれば、午後をまるまる使えるんじゃないでしょうか。そこは生徒会の交渉《しょう》力に期待ですね」

「なるほど」

「じゃあ、少し考えておきます。では、また明日」

そう言うと、貴理は輝の応答も待たずにｚｏｏｍを終わらせた。ＬＩＮＥでの麗華とのビデオ通話といい、どうやら一方的に切られる宿命にあるようだ。ｚｏｏｍもやっぱり余韻がなかった。

⑤**秋のイベントについての提案**

コロナ禍《か》以降、さまざまな行事が中止になっています。四月、五月と休校で授業ができなかった影響《えいきょう》もあり、日程的に厳しい状況《きょう》とはいえ、イベントが中止になっているのは限られた中学生活にとっては残念なことです。三年生は、修学旅行も中止になりました。文化祭も中止が決まっており、合唱コンクールもできません。そこで、少しでも中学生活のよき思い出を作るために、「黒板アートコンクール」の開催を提案します。

提案理由：大がかりな準備が不要で費用もあまりかからず、片付けも簡単であること。
方法：クラス対抗《こう》とし、一クラス五人以上でチームを作る（全員参加も可）。
日程：九月最終週の平日。時間割りを変更《こう》し、平日の午後を当てる。
**　制限時間は二時間。**
**　その様子をｚｏｏｍで公開する。**
**　↓保護者も自宅などで視聴《ちょう》可。期間限定で後日配信あり。**
※検討事項《こう》：授業時間を使うことになるので、参加しない生徒をどうするか。

机の中に、クリアファイルが入っていた。取り出すと、中に一枚のＡ４の紙。すっきりとしたレイアウトで印字された「秋のイベントについての提案」。すなわち、企画書だった。

輝は、ちらっと横に座《すわ》る貴理を見る。何も言わない。だから輝も何も言わなかった。簡潔な説明だが、輝にはこんなふうにまとめ

貴理は、ああ、というふうにうなずいてからまた笑顔になる。考えてみれば、こんなふうに自然に笑う笑顔も、学校では見たことがなかった。

「④呪われちゃいました？」

「まあ、そうかな。おれ、生徒会やってる葉麗華と、幼馴染《なじ》みっていうか、保育園が一緒《しょ》だったんだけど、昨日、ちょっとあいつに話した」

「話したって？」

「黒板アートのコンクールとか、できないかなって。生徒会提案で」

「それで？」

「企画書出せって」

「なるほど。でも、それをどうしてわたしに？」

「藤枝さんなら、そういうの、うまく書けるかなって。つまり、他力本願で」

「でも、なんで黒板アートなんですか？」

「準備にあんまり時間をかけずに、手軽にできる。後片付けも簡単だし」

「絵はだれが描くんですか？　一人でもいいんですか？」

「それだと、クラス参加、って感じにならないし。クラス代表って感じにするには、最低でも五人ぐらいは、いたほうがいいんじゃないかな」

　そう言いながらも、たとえばうちのクラスに持ちかけて、五人集まるだろうか、と首をひねる。絵実は、貴理を通じて頼《たの》めるような気がする。でも絵実と輝では二人。貴理は、絵は描かない。いや、字を書いてもらえばいいか、などとぼんやり考えていると、また貴理が聞いた。

「上限は？」

「……全員ってのも、ありかな。無理だろうけど」

「全員参加も可能、ってことですね。たしかに、現実にはむずかしいでしょうけど。時間は？」

「どう思う？」

「教室の黒板はけっこう大きいので、二時間ぐらいはほしいかもしれませんね」

　なんで貴理にわかるんだ、とは聞かなかった。

「放課後からだと、きついかな」

「なるほどね。けど、だれが参加するの？　何人で描くの？　クラス全員で？　絵なんて描きたくないって子だっているよ」
①指弾《だん》するような口調。スマホ画面の麗華は、キャラそのままに、上からな感じをくずさない。
「それは……」
「ちゃんとした企《き》画書出してくれたら、議題に上げてあげてもいいよ。輝にやれるならね」
それだけ言うと、麗華は一方的に電話を切った。二つ映っていた顔がふっと消える。②余韻《いん》ってものがないんだな、オンラインは、と思った。
企画書なんて、自分には作れない。そんな輝が相談する相手は貴理しかいなかった。
翌朝、貴理に相談したいことがあると告げると、一時間目のあとにメモを渡《わた》された。そこには、貴理の携《けい》帯電話の番号が書いてあった。そして「午後八時以降可」という文字。
午後八時五分を回ったところで電話すると、
「ｚｏｏｍ《ズーム》にしましょう。わたしはパソコンのほうがいいんで。ＵＲＬ送ります」
と言われた。
「やったことねえ」
「大丈《じょう》夫ですよ。アプリをダウンロードしておいてくれれば、ＵＲＬをクリックするだけでＯＫです」
アプリのダウンロードが終わったタイミングで、ショートメールでＵＲＬが届いた。クリックすると、ほどなく画面に貴理が現れた。そして自分の顔も。
マスクをしていない貴理の顔をじっくり見たのは、初めてのような気がした。相手も同じようなことを思ったのか、笑いながら言った。
「立花さんも、さすがに家ではマスクしないんですね。マスクなしの顔、初めてちゃんと見た気がします」
③麗華とＬＩＮＥのビデオ通話をしたときは何も感じなかったが、あまりなじみのなかった貴理のパソコン画面に、自分の顔が大きく映っているのかと思うと、なんだか妙《みょう》な気もする。
「あのさ、呪いの言葉の件だけど」
「呪いの？　なんの話ですか？」
「藤《ふじ》枝さんが言ったんだよ。不吉だって」

二 次の文章を読んで、あとの問いに答えなさい。(字数に制限のある問いは句読点や記号なども一字に数えます)

「何かやれないのかな」

言ってしまったあとで、輝《てる》はうろたえた。——おれ、何言ってんだろ……。

「立花さん、それって呪《のろ》いの言葉ですよ、きっと」

「呪い？」

「不吉《きつ》ですねぇ」

たぶん、貴理は笑っている。

輝が、貴理に言われた言葉をなるほどと理解したのは、その日の夜だった。

たしかに不吉だ。ずっととらわれている。そんなの自分のキャラじゃない。絶対に違う。らしくない。だが、さんざん迷って、輝は麗華《れいか》のLINEにメッセージを送った。

《黒板アートのコンクールとか、やれないかな。生徒会主催《さい》で》

麗華からは、すぐにLINEのビデオ通話がかかってきた。小さなスマホに、麗華の顔が映っている。

「輝、どうしたの？ らしくないこと言って。雪降るよ」

「それはねえだろ。まだ九月だし。っていうか、麗華は、あの昇《しょう》降口の絵、どう思って見てた？」

「あたしは絵のことはわかんないよ。たしかなのは、あたしには描《か》けない」

「おれにも描けない」

「そうなの？」

「なんというか、センスってのがあるんだよな。校舎とか富士山とか笑顔《え》とか、めっちゃ月並みだろ、題材としては。たぶん、おれでもそこそこ描けるだろうけど、どっか陳腐《ちんぷ》になるっていうか、そんな気がする」

「そんなもんかねえ。で？ コンクールって？」

「一年が、けっこう励《はげ》まされたってしゃべってんの聞いたし。運動会もなかったし文化祭もないから、その代わり。でも、休校も長かったし、授業もたぶん遅《おく》れてるから、先生たちは行事とかやってらんねえかなって。黒板アートなら、それほど準備もかからないし、後片付けも要《い》らない。消しちまえばあとくされもない」

問五　――線部⑤「言葉を敬い、言葉を畏れた」とありますが、筆者は、現代ではこの認識がどのように変化していると述べていますか。その説明としてふさわしいものを次のア～エの中から一つ選び、記号で答えなさい。

ア　最新の研究では、人間以外の生物にも言語があることが発見され、特別扱いをする必要がないものと認識している。

イ　昔は言葉には霊力《れい》があり、重い存在だったが、現代では新しい言葉が次々に生まれるので、軽い存在になったと認識している。

ウ　言葉には魔力があり、話したことはすべて現実になってしまうので、大事にすべきものと認識している。

エ　神様であるところの畏るべき言葉の魔法を忘れ、言葉はコミュニケーションの道具のひとつと認識している。

問六　――線部⑥「言葉が人間によって話している」とありますが、このように言える理由としてふさわしいものを次のア～エの中から一つ選び、記号で答えなさい。

ア　言葉には「言霊」という霊力があり、動物と違って霊力がある人間はその霊の力によって話しているから。

イ　言葉がすべてのはじまりであり、その言葉を作った言葉としての神様に私たち人間も創られた存在であるから。

ウ　言葉がすべてのはじまりであり、人間以外の生物にも言葉は存在し、言葉によって生物が生み出されたから。

エ　言葉は宇宙のはじまりであるビッグバンと同時に生まれた偉大な存在であり、人間しかそれを理解できないから。

問七　――線部⑦「人生とは言葉そのものなのだ」とありますが、どういうことか五十字以内で説明しなさい。

問八　――線部⑧「本当の自分はどこにいるのかを、人はあちこちに探し求めることになる」とありますが、なぜそのようなことをするのか、筆者の考えを四十字以内で説明しなさい。

2023年度

昭和女子大学附属昭和中学校

【国　語】〈A日程午前試験〉（五〇分）〈満点：一〇〇点〉

〔注意〕文字のとめ、はね、はらいなどに注意して、ていねいに書いてください。

一　次の文章を読んで、あとの問いに答えなさい。（字数に制限のある問いは句読点や記号なども一字に数えます）

〔編集部注…課題文は著作権上の問題により掲載しておりません。作品の該当箇所につきましては次の書籍を参考にしてください〕

・池田晶子著『言葉を生きる　考えるってどういうこと？』（筑摩書房　二〇二二年六月発行）

九九ページ冒頭～一〇五ページ最終行

問一　――線部①「当たり前の不思議に気がついて、それを考えながら生きる」とありますが、その例としてふさわしいものを次のア～エの中から一つ選び、記号で答えなさい。

ア　自分が見ている色や形が、他の人にもまったく同じように見えているのかどうかを考える。

イ　今いる部屋の室温が自分には寒いと思うが、他の人はどのように思っているのかを考える。

ウ　となりから聞こえるギターの音がうるさいと感じる人と、感じない人がいるのはなぜかを考える。

エ　A食堂の料理の味が濃《こ》すぎると多くの人は言うが、自分はそう感じないのはなぜか考える。

問二　――線部②「この想像は成り立たない」とありますが、なぜですか。五十字以内で説明しなさい。

問三　――線部③「言葉の不思議とは、意味の不思議だ」とありますが、どういうことですか。最もくわしく説明した一文を本文中から探し、最初と最後の五字をぬき出しなさい。

問四　――線部④「現代の科学は、そんなふうにいうことが多い」とありますが、筆者は現代の科学に対して、どのような問題があると述べていますか。次の説明文の空欄《らん》にあてはまる言葉を本文中からぬき出しなさい。

> 現代の科学は、人間は「　Ⅰ（十七字）　」ものと考えているが、筆者は、言葉は「　Ⅱ（十三字）　」だと問題を提示している。

2023年度

昭和女子大学附属昭和中学校　▶解説と解答

算　数　＜Ａ日程午前試験＞（50分）＜満点：100点＞

解　答

1 (1) $1\frac{13}{15}$　(2) 8　(3) $\frac{1}{4}$　(4) 時速72km　(5) 500円　(6) 53個　(7) 13ヶ月後　(8) 70　2 (1) 2通り　(2) 12通り　(3) 18通り　3 (1) $30cm^2$　(2) $34cm^2$　(3) $53.38cm^2$　4 (1) $282.6cm^3$　(2) $188.4cm^3$　(3) $411.34cm^3$　5 (例) 解説を参照のこと。　6 (1) ア 4　イ 240　(2) (例) 解説を参照のこと。　(3) 55%

解　説

1 四則計算，逆算，速さ，売買損益，整数の性質，集まり，比の性質，数列

(1) $2\frac{1}{3}-\left\{0.6\div\left(4.55-\frac{1}{20}\right)+\frac{1}{3}\right\}=\frac{7}{3}-\left\{\frac{3}{5}\div\left(\frac{455}{100}-\frac{1}{20}\right)+\frac{1}{3}\right\}=\frac{7}{3}-\left\{\frac{3}{5}\div\left(\frac{91}{20}-\frac{1}{20}\right)+\frac{1}{3}\right\}=\frac{7}{3}-\left(\frac{3}{5}\div\frac{90}{20}+\frac{1}{3}\right)=\frac{7}{3}-\left(\frac{3}{5}\div\frac{9}{2}+\frac{1}{3}\right)=\frac{7}{3}-\left(\frac{3}{5}\times\frac{2}{9}+\frac{1}{3}\right)=\frac{7}{3}-\left(\frac{2}{15}+\frac{5}{15}\right)=\frac{7}{3}-\frac{7}{15}=\frac{35}{15}-\frac{7}{15}=\frac{28}{15}=1\frac{13}{15}$

(2) $0.5\times3+0.25\times10+0.125\times12+0.625\times4=\frac{1}{2}\times3+\frac{1}{4}\times10+\frac{1}{8}\times12+\frac{5}{8}\times4=\frac{3}{2}+\frac{5}{2}+\frac{3}{2}+\frac{5}{2}=\frac{16}{2}=8$

(3) $1+\frac{1}{2}+\frac{1}{7}+\frac{1}{14}+\frac{1}{28}=\frac{28}{28}+\frac{14}{28}+\frac{4}{28}+\frac{2}{28}+\frac{1}{28}=\frac{49}{28}=\frac{7}{4}$より，$\left(\square+\frac{7}{4}\right)\times28-28=28$，$\left(\square+\frac{7}{4}\right)\times28=28+28=56$，$\square+\frac{7}{4}=56\div28=2$　よって，$\square=2-\frac{7}{4}=\frac{8}{4}-\frac{7}{4}=\frac{1}{4}$

(4) この車が３秒間で走る長さが60mだから，この車の速さは秒速，60÷３＝20(m)とわかる。これは時速に直すと，20×60×60＝72000(m)，72000÷1000＝72(km)になる。

(5) 店Ｂの売値は，600×(１－0.25)＝450(円)なので，店Ａの売値は，450－50＝400(円)である。これが店Ａの定価の，１－0.2＝0.8(倍)にあたるから，(店Ａの定価)×0.8＝400(円)より，店Ａの定価は，400÷0.8＝500(円)と求められる。

(6) １から100までの整数について，100÷３＝33余り１，100÷５＝20より，３の倍数は33個，５の倍数は20個ある。また，３と５の最小公倍数は15なので，100÷15＝６余り10より，３と５の公倍数は６個ある。よって，右の図１のように表すことができるから，３または５の倍数の個数は，33＋20－６＝47(個)と求められる。したがって，３でも５でも割り切れない整数の個数は，100－47＝53(個)である。

図１

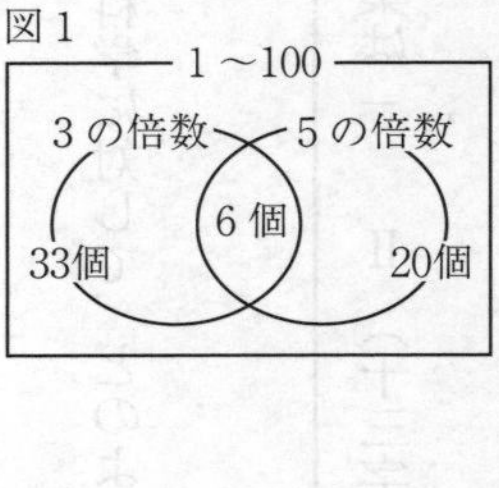

(7) ２人が貯金する金額を□円として図に表すと，右の図２のようになる。図２で，②－①＝①にあたる金額が，5000－1200＝3800(円)なので，□＝3800－1200＝2600(円)とわかる。つまり，図２のようになるのは

図２

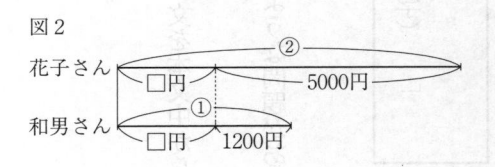

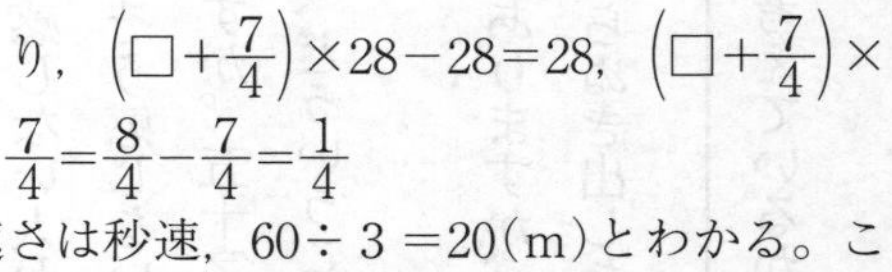

２人が2600円ずつ貯金したときだから，2600÷200＝13(ヶ月後)と求められる。

(8)　真ん中の偶数《ぐうすう》を□とすると，３つの偶数は，{□－２，□，□＋２}と表すことができる。よって，これらの和は，(□－２)＋□＋(□＋２)＝□＋□＋□＝□×３となる。これが216になるので，□×３＝216より，□＝216÷３＝72と求められる。したがって，一番小さい数は，72－２＝70である。

2 場合の数

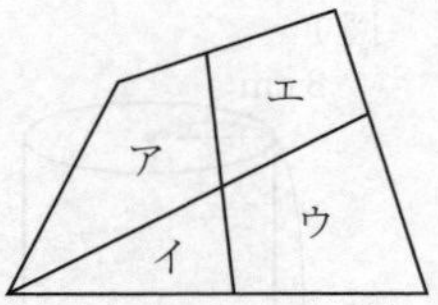

(1)　右の図を２色で塗《ぬ》り分けるから，アとウ，イとエにそれぞれ同じ色を塗ることになる。よって，ア(ウ)が赤でイ(エ)が青の場合と，ア(ウ)が青でイ(エ)が赤の場合の２通りある。

(2)　アとウ，または，イとエに同じ色を塗ることになる。アとウに同じ色を塗る場合，ア(ウ)に塗る色の選び方が３通り，イに塗る色の選び方が２通り，エに塗る色の選び方が１通りあるので，３×２×１＝６(通り)となる。イとエに同じ色を塗る場合も同様だから，全部で，６×２＝12(通り)と求められる。

(3)　３色を使う場合は(2)の12通りである。また，赤と青の２色を使う場合は(1)の２通りとなる。同様に，赤と黄の２色を使う場合も２通り，青と黄の２色を使う場合も２通りなので，全部で，12＋２×３＝18(通り)とわかる。

3 平面図形―面積

図①

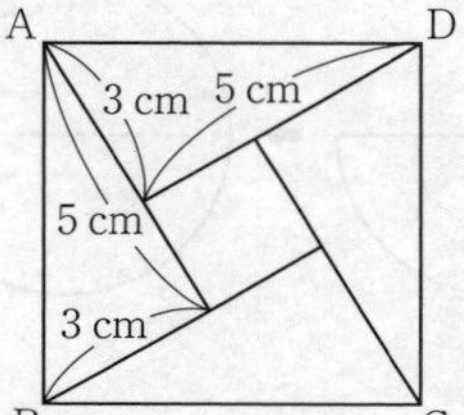

図②

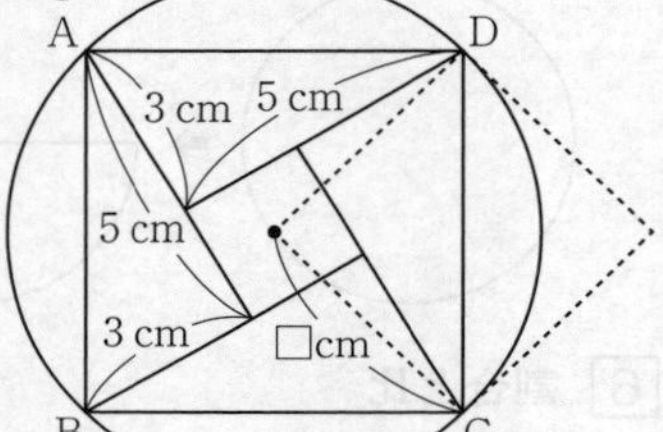

(1)　ひし形の面積は，(対角線)×(対角線)÷２で求めることができる。よって，対角線の長さが６cmと10cmのひし形の面積は，６×10÷２＝30(cm^2)となる。

(2)　対角線の半分の長さは，６÷２＝３(cm)と，10÷２＝５(cm)だから，右の図①のようになる。よって，中央の正方形の１辺の長さは，５－３＝２(cm)なので，この正方形の面積は，２×２＝４(cm^2)とわかる。これに(1)で求めたひし形の面積，つまり図①の直角三角形４つ分の面積を加えると，正方形ABCDの面積は，４＋30＝34(cm^2)と求められる。

(3)　右上の図②の円の面積を求めればよい。円の半径を□cmとすると，□cmを１辺とする正方形の面積は，正方形ABCDの面積の半分と等しくなる。よって，□×□＝34÷２＝17とわかるから，半径が□cmの円の面積は，□×□×3.14＝17×3.14＝53.38(cm^2)である。

4 立体図形―体積

(1)　下の図１のように，底面の円の半径が３cmで高さが10cmの円柱ができる。よって，体積は，３×３×3.14×10＝90×3.14＝282.6(cm^3)となる。

(2)　下の図２のように，図１の円柱から円すいをくり抜《ぬ》いた形の立体ができる。くり抜いた円すいの体積は，３×３×3.14×10÷３＝30×3.14(cm^3)だから，図２の立体の体積は，90×3.14－30×3.14＝(90－30)×3.14＝60×3.14＝188.4(cm^3)と求められる。

(3)　下の図３で，太線で囲んだ部分を１回転させてできる立体から，斜線《しゃせん》部分を１回転させてできる円柱をくり抜いた形の下の図４のような立体ができる。太線で囲んだ部分を１回転させてできる立体は，２つの円柱を重ねた形の立体で，下の円柱の底面の円の半径は，$2+3=5$(cm)なので，この立体の体積は，$3\times3\times3.14\times4+5\times5\times3.14\times4=(36+100)\times3.14=136\times3.14$(cm^3)と求められる。さらに，斜線部分を１回転させると，底面の円の半径が，$5-4=1$(cm)，高さが，$4+4-3=5$(cm)の円柱ができるから，体積は，$1\times1\times3.14\times5=5\times3.14$(cm^3)となる。よって，図４の立体の体積は，$136\times3.14-5\times3.14=(136-5)\times3.14=131\times3.14=411.34$(cm^3)である。

図１

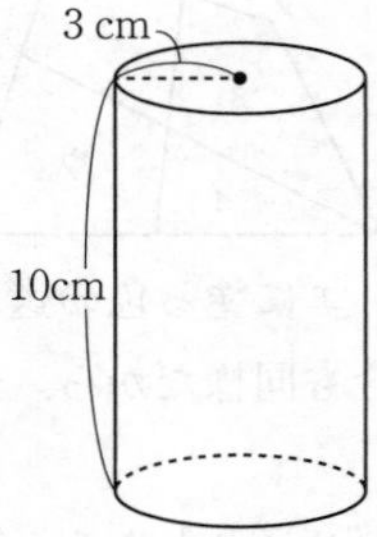

図２

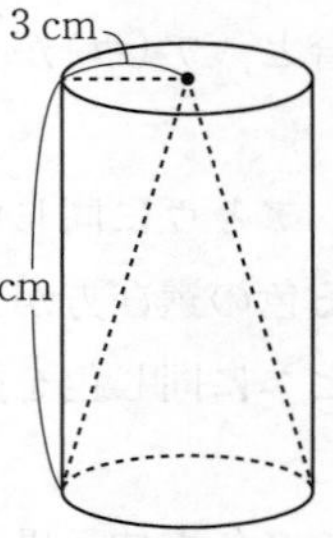

図３

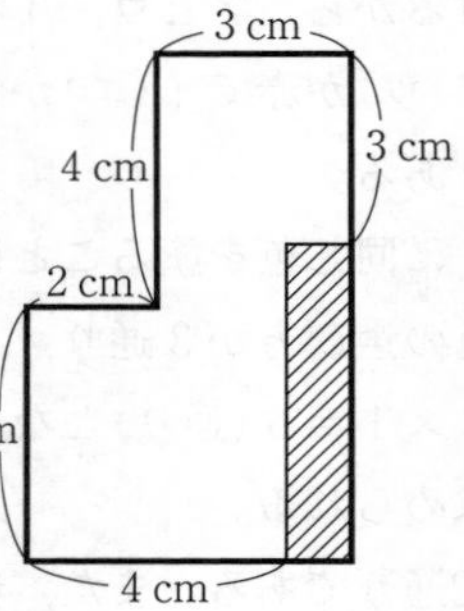

図４

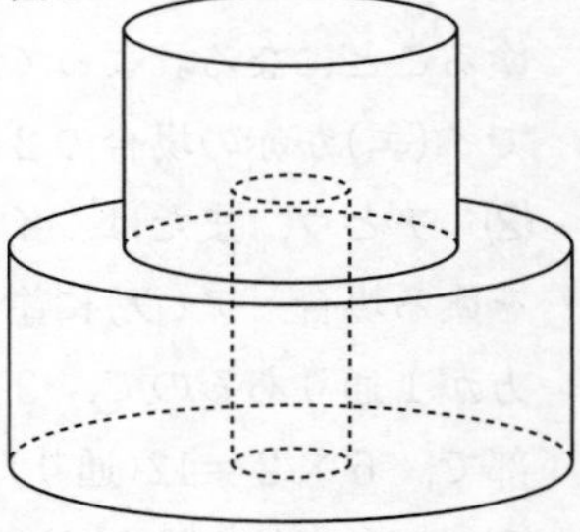

5 平面図形―構成

下の図のように，紙を半分に折ってから広げることを２回行う。このとき，どちらの折り目も円の直径になるから，２つの折り目が交わる点が円の中心とわかる。

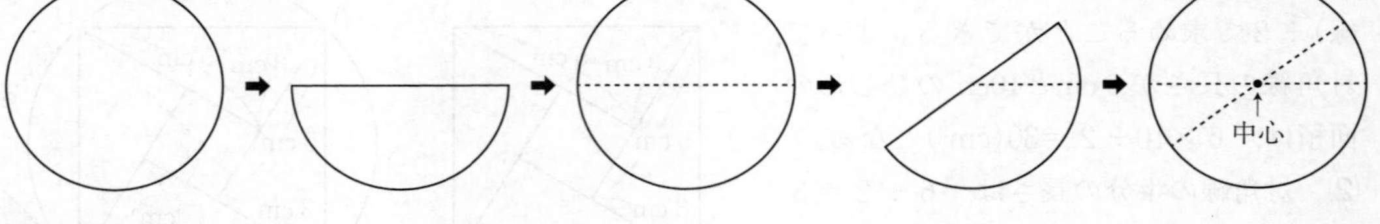

6 割合と比

(1) 80m進むと，その５％にあたる長さだけ上がるから，ア＝$80\times0.05=4$(m)とわかる。また，イ$\times0.05=12$(m)と表すことができるので，イ＝$12\div0.05=240$(m)と求められる。

(2) 右の図①のように，横方向に進む長さよりもたて方向に上がる長さの方が長い坂の場合，傾斜《けいしゃ》は100％よりも大きくなる。

(3) 右の図②で，(ADの長さ)$\times0.6=3$(m)と表すことができるから，ADの長さは，$3\div0.6=5$(m)とわかる。すると，AEの長さは，$5\times\frac{11}{10}=5.5$(m)になるので，ＡとＣを結んだ直線の傾斜は，$3\div5.5\times100=54.5\cdots$より，55％になる。

図①

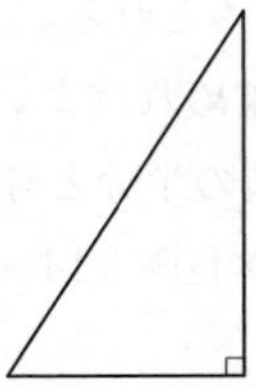

図②

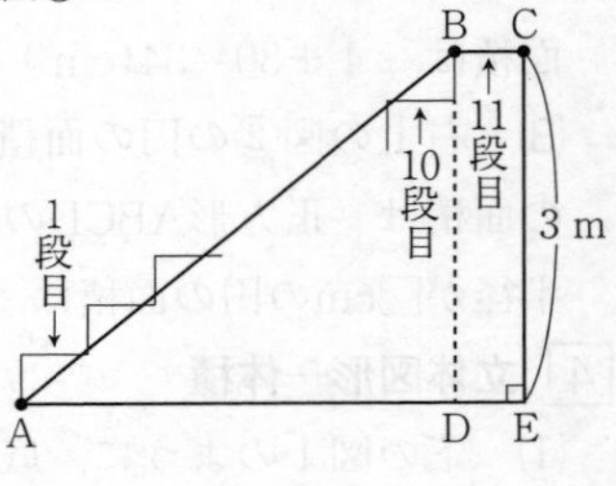

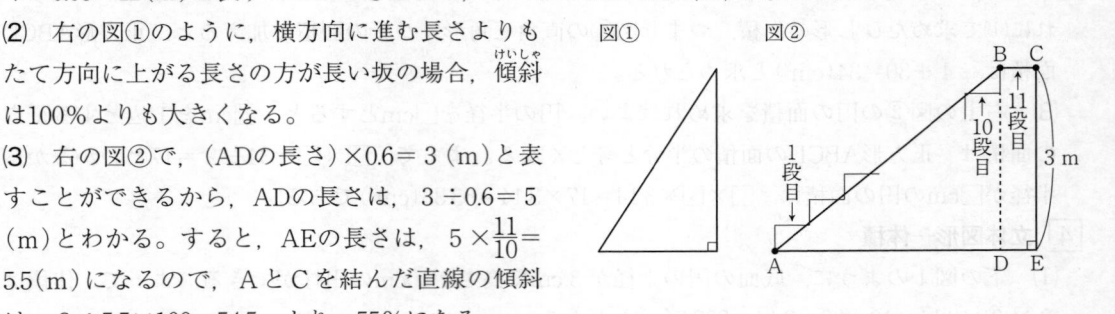

社会 ＜Ａ日程午前試験＞（理科と合わせて50分）＜満点：50点＞

解答

1 **問１** （例） 山や湖によって通行をさまたげられる交通の難所であり，ほかの経路をたどろうとしても近くに適当な道がなく，その場所を通らざるを得ないようなところだから。 **問２** (1) 聖武天皇 (2) ア **問３** Ａ 遣唐使 Ｂ 紫式部 **問４** (1) ウ (2) 大西洋 (3) ウ **問５** 東日本大震災 **問６** イ **問７** 新型コロナウイルス感染症 **問８** ウ **問９** (1) 扇状地 (2) （例） 水はけがよいので水田に向かず，雨が少なく日当たりが良いので果樹栽培を行っている。 **問10** 勤労の義務（普通教育を受けさせる義務） **問11** 国際連合 **問12** エ **問13** (1) （例） 無料乗車券を配る。（SLの一部に資金を出した人の名前をのせる。）（乗車時にお土産を配る。） (2) （例） 煙で洗濯物が外に干せない。（騒音で沿線住民が悩まされる。）（二酸化炭素の排出が増える。）

2 **問１** (1) ① ウ ② エ ③ イ (2) Ａ **問２** (1) ウ (2) 織田信長 (3) 長州藩 (4) イ **問３** 核

解説

1 **お金の調達を題材とした問題**

問１ 新居関所は浜名湖によって，箱根関所は山によって通行をさまたげられる交通の難所となっており，ほかの経路をたどろうとしても近くには適当な経路が見当たらないことから，そこを通らざるを得ない場所に関所が設けられていることがわかる。このような場所に関所を設置することで，通行する人の管理をしやすくする目的があったと考えられる。

問２ (1)，(2) 聖武天皇の時代には，貴族間の争いや疫病《えきびょう》の流行，飢饉《ききん》などの社会的不安があいついだため，天皇は仏教の力で国を安らかに治めようと考え，地方の国ごとに国分寺と国分尼《に》寺《じ》を建てさせ，都の平城京にはその大もととして東大寺と金堂の大仏をつくらせた。

問３ Ａ 菅原道真の進言によって894年に遣唐使が廃止《はいし》されると大陸の文化の影響《えいきょう》が弱まり，それまでの唐の文化を基礎《きそ》としながら，日本の風土に合った日本独特の文化が生まれた。この文化を国風文化という。 Ｂ 平安時代中期，一条天皇のきさきの彰子《しょうし》（藤原道長の娘）に仕えた紫式部は，この時代に発明されたかな文字を使って長編小説『源氏物語』を著した。

問４ (1) フランスはEU（欧州《おうしゅう》連合）で最も面積が大きい国で，北でドーバー海峡《かいきょう》をはさんでイギリスと向き合い，東でベルギー・ルクセンブルク・ドイツ・スイス・イタリアと，南でスペインなどと接しており，南で地中海に，西で大西洋に面している。なお，アはイギリス，イはスペイン，エはドイツを示している。 (2) ヨーロッパがあるユーラシア大陸やアフリカ大陸，南北アメリカ大陸の間に広がる海は，大西洋である。 (3) アメリカ合衆国の国旗には星が描《えが》かれているが，フランスの国旗はトリコロールとよばれる青・白・赤の三色旗である。なお，江戸時代末期の1858年に日本がアメリカ合衆国やフランスなどとの間で結んだ修好通商条約を安政の五か国条約という。

問５ 問題文中の空欄《くうらん》⑤の前後に「2011年」，「復興支援《しえん》」とあることから，⑤には東日本大震災があてはまると考えられる。東日本大震災では，2011年３月11日，宮城県牡鹿《おしか》半島の東約130kmの海底を震源とするマグニチュード9.0の大地震が発生し，その揺《ゆ》れにともなう巨大津波が東日本の太平洋側を襲《おそ》い，震災関連死をふくめた死者・行方不明者は２万人以上という壊滅《かいめつ》的な被害《ひがい》をもたらした。

問６　奈良は内陸に位置していることから比較《ひかく》的降水量が少なく，近畿地方にあり冬でも月平均気温がマイナスになることはないので，イの雨温図と判断できる。なお，アは函館，ウは熊本，エは金沢の雨温図である。

問７　2022年に法隆寺で参拝者が減少していた理由は，2020年から日本において新型コロナウイルス感染症《かんせんしょう》が拡大したことにより人々の移動が制限されたために，参拝者が減ったからだと考えられる。

問８　文章の最終段落に，クラウドファンディングは「小さな力でも，熱意と思いが集まれば大きなことができる」ことを教えてくれる，とあるので，一人ひとりの寄付額は少額でも，多くの人から寄付をもらうことで目標を達成しようとする取り組みだとわかる。

問９　⑴，⑵　山地を流れてきた川が急に平地へ出るところでは，土砂を運ぶ流水のはたらきが弱まり，上流から運ばれてきた粒《つぶ》の大きい土砂が扇形《おうぎがた》に積もることが多い。このような傾斜《けいしゃ》のある地形を扇状《せんじょう》地といい，土砂の粒があらく水がしみこみやすいため水利にめぐまれないことから，水田には向かないが，果樹栽培などには適している。山梨県は内陸に位置しており雨が少なく，扇状地は傾斜であることから日当たりが良いため，ぶどうやももなどの果樹栽培がさかんである。

問10　日本国憲法が定める国民の義務には，保護する子女に普通教育を受けさせる義務(第26条)，勤労の義務(第27条)，納税の義務(第30条)がある。

問11　1945年に原加盟国51か国で発足した国際的な平和機関は国際連合で，本部はアメリカ合衆国のニューヨークに置かれている。

問12　文章の第７段落に，ふるさと納税は「支援したい地方自治体に納税する」ものであると書かれていることから，支援したい地方自治体に納めることができると考えられる。

問13　⑴　蒸気機関車(SL)を走らせるための資金を集めるためには，SLが好きな人やSLに興味のある人に寄付してもらえるような特典を用意することが大切であるため，SLの一部に資金を出した人の名前をのせるなどの方法が考えられる。また，そうした特典を用意することで，寄付した人が実際にSLに乗りに来てくれるといった効果も見こめる。　⑵　都市近郊《きんこう》でSLを実際に走らせるうえで考えられる問題点としては，SLが出す煙《けむり》によって沿線の住民が洗濯《せんたく》物を外に干せない時間ができることや，SLの騒音《そうおん》で沿線住民が悩《なや》まされること，SLを撮影《さつえい》しようと人が集まることで混乱が起きる可能性があること，SLを動かすことで二酸化炭素の排出《はいしゅつ》が増えることなどが考えられる。

2　日本の工業・戦乱の歴史・国際政治についての問題

問１　⑴　①～③【説明】の内容をまとめると，金属工業の生産割合が最も低いＧが東海工業地域，機械工業の生産割合が最も低いＩが京葉工業地域，食料品工業の生産割合が最も低いＢが中京工業地帯，繊維《せんい》工業の生産割合が最も高いＨが北陸工業地域であることがわかる。金属工業の生産割合が高い上位２か所であるＣとＩは阪神工業地帯と京葉工業地域のいずれかであることから，Ｃが阪神工業地帯とわかる。食料品工業の生産割合が高い上位２か所であるＤとＩは北九州工業地域と京葉工業地域のいずれかであることから，Ｄが北九州工業地域とわかる。残るＡ，Ｅ，Ｆは関東内陸工業地域，瀬戸内工業地域，京浜工業地帯のいずれかである。以上をもとに，化学工業の生産割合が一番高いのはＩ(京葉工業地域)，二番目に高いＦは関東内陸工業地域，瀬戸内工業地域，京浜工業地帯のいずれかであるが，このなかで化学工業がさかんなのは瀬戸内工業地域だとわかる。そして，化学工業の割合が一番低いのはＤ（北九州工業地域）となる。　(2)　(1)の解説より，京浜工業地帯はＡかＥのいずれかであることから，京浜工業地帯と関東内陸工業地域を比べると，臨海部に位置する京浜工業地帯のほうが化学工業の割合が高いと考えられるので，Ａが京浜工業地帯となる。

問２　(1)　平清盛が源頼朝の父である源義朝を破り，貴族にかわって政治を行うきっかけとなったのは，1159年の平治の乱である。なお，アの壬申《じんしん》の乱は672年，イの応仁の乱は1467年，エの壇《だん》ノ浦《うら》の戦いは1185年に起こった。　(2)　1560年に桶狭間《おけはざま》の戦いで今川軍を破り，1575年の長篠《ながしの》の戦いで武田軍を破って天下統一をめざしたのは，織田信長である。　(3)　江戸時代末期，薩摩藩（鹿児島県）は薩英戦争（1863年），長州藩（山口県）は四国艦隊下関砲撃事件（1864年）を起こして外国との戦いにやぶれ，攘夷《じょうい》（外国勢力を追い払《はら》うこと）は不可能と判断した。その後，坂本龍馬のなかだちで薩摩藩と長州藩は薩長同盟（1866年）を結び，江戸幕府を倒《たお》して天皇中心の政府をつくろうとする倒幕《とうばく》運動の中心となっていった。　(4)　日本が韓国を植民地としたのは1910年のことである。日清戦争は1894～95年，日露戦争は1904～05年，第一次世界大戦は1914～18年，第二次世界大戦は1939～45年，朝鮮戦争は1950年～53年なので，日露戦争と第一次世界大戦の間であるイが，日本が韓国を植民地とした時期となる。

問３　核不拡散条約（NPT，核拡散防止条約）は1968年に採択された条約で，アメリカ合衆国，ロシア，イギリス，フランス，中国の５か国を「核兵器国」と定め，「核兵器国」以外への核兵器の拡散を防止し，締約《ていやく》国が誠実に核軍縮交渉《こうしょう》を行う義務を規定している。2022年にも核軍縮に向けた検討《けんとう》会議が開かれたが，話し合いを取りまとめる最終文書案はロシアの反対で合意に至《いた》らなかった。

理科　＜Ａ日程午前試験＞（社会と合わせて50分）＜満点：50点＞

解答

1　**問１**　やく　**問２**　エ　**問３**　夏至　**問４**　ア　**問５**　イ　**問６**　イ　**問７**　４ｇ　**問８**　光　**問９**　12.5cm　**問10**　水曜日　**2**　**問１**　青紫色　**問２**　**Ａ**　だ液　**Ｂ**　糖　**問３**　ア，オ，キ　**問４**　（例）　だ液は酸性でははたらかない。　**問５**　**デンプン…ア**　**タンパク質…ウ**　**3**　**問１**　実験１（実験２）／**理由**…（例）　酸性・中性・アルカリ性の水溶液の性質は実験２（実験１）でも調べることができるから。　**問２**　①　Ａ　②　Ｂ　**問３**　ウ　**問４**　1.8ｇ　**問５**　87.5％　**4**　**問１**　解説の図を参照のこと。　**問２**　（正）比例　**問３**　85cm　**問４**　136cm　**問５**　Ａ　**問６**　68cm

解説

1　**小問集合**

問１　花のおしべの先たんにある袋《ふくろ》はやくといい，花粉が入っている。

問２　消化の過程でできた有害なアンモニアは，かん臓で害の少ないにょう素などに分解されたあと，じん臓でこしとられてにょうとなり，体外に排出《はいしゅつ》される。

問３　６月22日ごろの夏至の日は，太陽の南中高度が最も高くなり，昼の長さが１年で最も長くなる。

問４　太陽，月，地球の順に一直線上にならぶ新月のときには，日食が起こることがある。

問５　小石(れき)・砂・泥《どろ》はつぶの大きさで分類され，直径が２mm以上のものを小石，0.06mm～２mmのものを砂，0.06mm以下のものを泥という。川の流れによって運ばれてきた土砂のうち，つぶが大きく重い小石がはじめにたい積し，つぶが小さく軽い泥が最後にたい積する。よって，海底には下から，小石，砂，泥の順にたい積する。

問６　イのように，ビンの上下に穴があいていると，右の図の矢印の向きに空気が移動し，ロウソクのほのおに新しい空気がつねに流れこむので，ロウソクが長い時間燃え続ける。

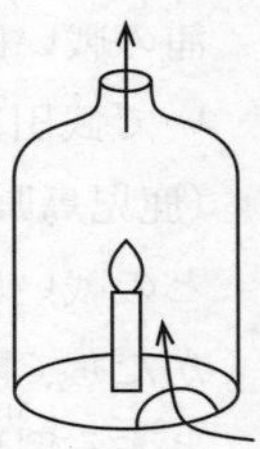

問７　(食塩の重さ)＝(食塩水全体の重さ)×(こさ)より，５％の食塩水80ｇには，80×0.05＝４(ｇ)の食塩が含《ふく》まれていると分かる。

問８　音の速さは秒速約340ｍであるのに対し，光の速さは秒速約30万kmである。

問９　ばねに100ｇのおもりをつなげると２cmのびたので，ばねに125ｇのおもりをつなげると，$2\times\frac{125}{100}=2.5$(cm)のびる。よって，このときのばね全体の長さは，10＋2.5＝12.5(cm)となる。

問10　医療《いりょう》機関や検査機関は日曜日が休みのところが多く，持ちこまれる検体数が少ないため，月曜日に確認される新型コロナウイルス感染症《かんせんしょう》の新規陽性者数は少なくなる傾向《けいこう》がある。よって，グラフより，６日，13日，20日，27日が月曜日だと考えられるので，１日は水曜日と分かる。

2　消化についての問題

問１　ヨウ素液にデンプンをつけると，青紫《むらさき》色に変化する。

問２　デンプンはだ液に含まれる消化こう素のはたらきで，糖(麦芽糖)に変わる。そのため，すべてのデンプンがだ液によって分解されて糖に変わると，ヨウ素液の色が変化しなくなる。

問３　実験１の結果の表より，ヨウ素液が変化しなくなった時間(デンプンがなくなった時間)は，温度が40℃のときに最も短くなるので，だ液はヒトの体温に近い40℃のときに最もよくはたらくことが分かる。また，温度が60℃のときには，20分たってもヨウ素液の色が変化した(デンプンが残っていた)ので，だ液は60℃にするとはたらきを失っていて，デンプンを分解できないと考えられる。

問４　実験２より，デンプン水よう液にだ液と塩酸を入れて酸性にすると，温度を40℃にしてもヨウ素液の色が変化したことから，デンプンが残っていたことが分かる。この結果から，だ液は酸性でははたらかないと考えられる。

問５　ごはん(白米)にはデンプン，鶏《とり》のささみにはタンパク質が多く含まれている。なお，バターには脂肪《しぼう》が多く含まれている。キャベツはその大半が水分で，ほかに食物せんいやビタミンなどが含まれている。

3　水よう液の判別，気体の発生についての問題

問１　実験１，実験２はどちらも，それぞれの水よう液が酸性，中性，アルカリ性のどれであるかを調べているので，どちらか一方の実験だけで結果は分かる。

問２　Ｂはアルカリ性の水よう液で，加熱すると白い固体が残るので水酸化ナトリウム水よう液，

Ｄは中性の水よう液で，加熱すると白い固体が残るので食塩水，Ｅは中性の水よう液で，加熱するとこげて黒い固体が残るので砂糖水，Ｆはアルカリ性の水よう液で，加熱しても何も残らないので，水に気体のアンモニアがとけたアンモニア水となる。また，Ｃに石灰水を加えると白くにごったことから，Ｃは二酸化炭素がとけた炭酸水と分かる。よって，残りのＡは酸性の水よう液で，水に気体の塩化水素がとけた塩酸である。

問３　塩酸に炭酸カルシウムを加えると二酸化炭素が発生する。なお，炭酸水を加熱したときも，炭酸水にとけていた二酸化炭素が出てくる。

問４　表より，塩酸に加える炭酸カルシウムを増やしていっても，発生した気体の体積は405cm^{3}より増えなくなっている。炭酸カルシウム0.4ｇが塩酸と反応すると90cm^{3}の気体が発生するので，405cm^{3}の気体が発生したときに反応した炭酸カルシウムは，$0.4\times\frac{405}{90}=1.8$(ｇ)と分かる。つまり，塩酸10cm^{3}と炭酸カルシウム1.8ｇが過不足なく反応し，405cm^{3}の気体が発生する。

問５　炭酸カルシウム0.4ｇが塩酸と反応すると90cm^{3}の気体が発生するので，315cm^{3}の気体が発生したときに反応した炭酸カルシウムの重さは，$0.4\times\frac{315}{90}=1.4$(ｇ)となる。よって，石灰石に含まれる炭酸カルシウムの割合は，$\frac{1.4}{1.6}\times100=87.5$(％)と求められる。

４　斜面《しゃめん》をすべるおもりについての問題

問１　実際の実験では，誤差があるため，必ずしも理論通りの結果にはならない。その場合は，実験の結果からおおよその形をかく。たとえば，表の結果をグラフに表す場合，おもりをはなした高さが増加すると，止まるまでにすべった距離《きょり》も増加してるので，グラフはおおよそ直線になると考えて，右の図のように，それぞれの点の真ん中を通るような直線を引けばよい。

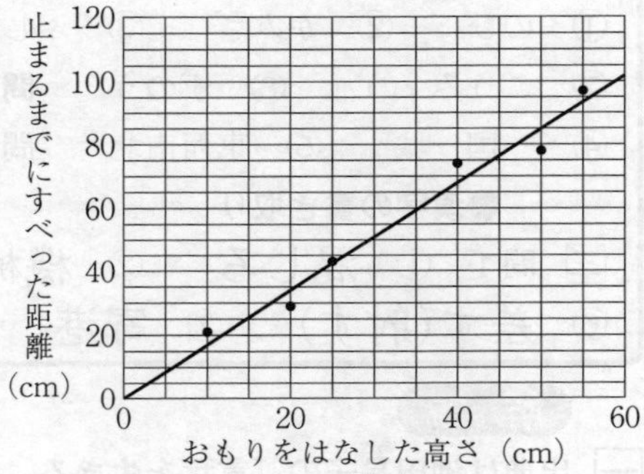

問２　右の図から，おもりをはなした高さと止まるまでにすべった距離は比例していることがわかる。

問３　実験を何回も行って平均をとると，右上の図の直線の結果に近づくと考えられる。よって，おもりをはなした高さが50cmのとき，止まるまでにすべった距離は85cmになると読み取れる。

問４　問３より，おもりを50cmの高さからはなしたとき，止まるまでにすべった距離は85cmなので，おもりを80cmの高さからはなしてすべらせると，止まるまでにすべった距離は，$85\times\frac{80}{50}=136$(cm)になると考えられる。

問５　おもりを40cmの高さからはなしたとき，止まるまでにすべった距離をくらべると，机Ａを用いたときは，$85\times\frac{40}{50}=68$(cm)で，机Ｂを用いたときは平均して34cmとなった。よって，同じ高さからおもりをはなしたとき，机Ａのほうが机Ｂよりもすべった距離が長いので，机Ａのほうがなめらかだと考えられる。

問６　机Ｂを用いて，おもりを40cmの高さからはなしたとき，止まるまでにすべった距離は平均して34cmなので，おもりを80cmの高さからはなすと，$34\times\frac{80}{40}=68$(cm)すべって止まると考えられる。

国　語　＜Ａ日程午前試験＞（50分）＜満点：100点＞

解　答

一　**問1**　ア　**問2**　（例）　言葉は自分以外にも通じることで言葉であるので，ひとりが物を名づけただけでは他の人間には通じないから。　**問3**　言葉の意味〜たものだ。　**問4**　Ⅰ　やがてはなんでもわかることができる　Ⅱ　人間には絶対にわからない謎　**問5**　エ　**問6**　イ　**問7**　（例）　言葉は創造する力があるため，使っている言葉によって自分の人生をどのようにでも創っていけるということ。　**問8**　（例）　本当の自分は本当の言葉を語る自分でしかないのに，その言葉を信じられていないから。　二　**問1**　イ　**問2**　ア　**問3**　（例）　麗華とは幼馴染みで，マスクをしていない表情をよく知っているので，ビデオ通話でも違和感を覚えなかったから。　**問4**　ウ　**問5**　（例）　先生たちが行事に費やす時間を指摘すると考え，輝は企画を準備や片付けが短時間で行えるものにしている。　**問6**　エ　**問7**　ア　**問8**　（例）　私は，自分のことを消極的だと思う。グループ学習のときも自分の意見をほとんど言えなかった。中学生になったら，自分の思いを伝えられるようになるため，委員会活動に参加して人と話す機会を増やしたいと思う。　三　**問1**　下記を参照のこと。　**問2**　①　のび　②　かみざ　③　ぶじ　④　わるもの　⑤　ぎょうせい　⑥　はなごえ　⑦　こうみょう　⑧　ずのう　**問3**　①　一利一害　②　一心不乱　③　十人十色　④　一国一城　⑤　東西南北　**問4**　①　カ　②　オ　③　ク　④　イ　⑤　ウ

●漢字の書き取り

三　**問1**　①　混じる　②　機械　③　敗れる　④　冷める　⑤　挙げる　⑥　差す(射す)　⑦　寄港　⑧　建つ

解　説

一　**出典は池田晶子《いけだあきこ》の『言葉を生きる　考えるってどういうこと？』による。**言葉にはどのような力があるのかといったことや，言葉と人生の関係などについて述べられている。

問1　イの「室温」，ウの「ギターの音」，エの「料理の味」などは，人によってどのように感じるかが異なるものである。これに対して，自分が見ている物の色や形は，誰《だれ》が見てもまったく同じに見えるのが当然だと思われている。筆者は，このように「当たり前」であると考えられるものの「不思議さ」に気づくことの大切さを説いているので，アが合う。

問2　言葉は，「自分以外の人にも通じること」で，初めて言葉となりうる。だから，ある「ひとりの人が，その物はこの名だ」と決めたのでは「他の人間には通じない」ことになる。よって，言葉が「わたしたちの祖先」によって作られたという想像は，成り立たないことになる。

問3　聖書によると，言葉の意味は「いつ，どこで，誰が決めた」のでもなく，初めに「神とともにあった」のだとされている。「言葉の不思議」，すなわち言葉の「意味の不思議」は，「言葉の意味」はわたしたち「人間が生まれるよりも前」，さらにいえば「地球や宇宙が生まれるよりも前から，どういうわけだか存在している」ということである。

問4　現代の科学では，人間の「知能をもってすれば，やがてはなんでもわかることができる」といわれるが，人間には「言葉はどのようにしてできたのか，言葉なんてものがどうしてあるのか」

についてはわからない。人間は，言葉を日々使ってはいるが，人間にとって，言葉は「絶対にわからない謎《なぞ》」なのである。

問５　昔の人は，「言葉とは万物《ばんぶつ》を創造する神様に似たもの」だと思っており，「魔法《まほう》」のような「言葉の力」を「畏《おそ》れ」ていた。しかし，現代人は「畏るべき言葉の魔法」を忘れてしまっており，言葉は人間自らが作り出した「コミュニケーションの道具のひとつ」だと考えている。

問６　現代人は，言葉を「コミュニケーションの道具のひとつ」だと考えているが，「ある物をある名で言うと決めた」のは，「言葉としての神様」である。そうであるなら，「神様であるところ」の言葉によって「創られたところの人間」が，「神様であるところ」の言葉を「道具」として使うことはできないことになる。

問７　「言葉には，万物を創造する力がある」ので，「人生なんてつまらない」と口にする人は「自分の人生をつまらないものにしている」ことになるのであり，「現実は厳しい」と言う人は自分で現実を厳しいものにしていることになる。このように，「自分の語る一言一句」によって，自分の「人格」や「人生」は，確実に創っていけるのである。

問８　続く部分にあるように，「本当の自分とは，本当の言葉を語る自分でしかない」のであり，さらに「本当の言葉においてこそ，人は自分と一致《いっち》する」のである。だから，「言葉を信じていない人」は，「本当の自分」がどこにいるかがわからなくなってしまうと考えられる。

三　**出典は濱野《はまの》 京子《きょうこ》の『マスクと黒板』による。**コロナ禍《か》でさまざまな行事が中止になっている中，輝《てる》は，黒板アートコンクールをやろうと思い立ち，生徒会の麗華《れいか》や，同じクラスの貴理に相談する。

問１　麗華の「議題に上げてあげてもいいよ」や「生徒会で検討する」などの発言から，麗華が生徒会に所属していることがわかる。麗華が，輝の提案に対して，「だれが参加するの？～クラス全員で？」などと，次々に厳しい口調で質問したのは，実際に「黒板アートのコンクール」を生徒会主催《しゅさい》でやるとなると，麗華がその運営にたずさわることになるからである。

問２　「余韻《よいん》」は，後に残る味わいや風情《ふぜい》のこと。麗華に一方的に電話を切られ，画面からいきなり顔が消えてしまったので，輝は「ビデオ通話」を，素気《そっけ》なくおもしろみのない通信手段だと思ったと考えられる。

問３　輝は「マスクをしていない貴理の顔をじっくり見た」ことがなかったので，画面に映る貴理の顔を「初めて」のように感じたが，「幼馴染《おさななじ》み」の麗華の表情は何度も見たことがあるので，マスクをしていない顔にも違和感《いわかん》を覚えなかった。

問４　「呪《のろ》われちゃいました？」という貴理の問いに，輝は「まあ，そうかな」と答え，「黒板アートのコンクール」の開催について，麗華に相談したことを話した。輝は，一つのことに「ずっととらわれている」ようなことは「自分のキャラじゃない」と思っていただけに，「黒板アートのコンクール」をやろうという気持ちを持ち続けている自分が，いつもとは違《ちが》うと自覚していると考えられる。

問５　「黒板アートのコンクール」は，修学旅行や文化祭などの学校の正規のイベントではないので，実現するにあたっての費用や時間，さらには段取りについて，先生から質問や指摘《してき》があると考えられる。それに対して，提案理由のところには，「大がかりな準備が不要で費用もあまりかからず，片付けも簡単であること」が記されている。

問６　麗華は，「黒板アートのコンクール」を提案した輝に「らしくないこと言って」などと疑問を感じており，さらに企画《きかく》書をだれが書いたかということにも関心を持った。輝は，貴理を「そうとう変わったヤツらしい」と思っているので，その企画書を貴理が書いたと麗華が知ったら，「どう思われただろう」と不安に思ったのである。

問7　オンラインで互《たが》いにマスクをしていない顔で会話し，貴理が「自然に笑う笑顔《えがお》」を見た輝は，自分では「こんなふうにまとめることはできそうもない」ような企画書を貴理が作成してくれたことに感謝した。また，輝は，長谷川等伯《とうはく》の名前をだじゃれに使うなどする貴理に，「おとなしい優等生」か，あるいは「そうとう変わったヤツ」かもしれないという興味を持った。ただし，貴理は，作成した企画書を輝の机の中に入れておいただけなので，「輝を全面的に受け入れ，常に優しく接して」いるとはいえない。よって，アが選べる。

問8　書く内容を三つに分けて整理して考える。一つ目は体験を通じて感じた自分の性格について，二つ目はその性格をふまえたうえで中学校ではどのような新しい自分になるか，三つめは新しい自分になるためにどのようなことをしようと考えているかである。

三　漢字の書き取りと読み，四字熟語の知識，慣用句の知識

問1　①　音読みは「コン」で，「混合」などの熟語がある。訓読みにはほかに「こ(む)」がある。　②「機械式時計」は，ぜんまいを動力として機能する時計のこと。　③　音読みは「ハイ」で，「敗北」などの熟語がある。　④　音読みは「レイ」で，「寒冷」などの熟語がある。訓読みにはほかに「つめ(たい)」「ひ(える)」がある。　⑤　音読みは「キョ」で，「挙手」などの熟語がある。　⑥「差」の音読みは「サ」で，「差別」などの熟語がある。「射」は，慣用的に「さ(す)」と読むこともある。　⑦　船が航海の途中《とちゅう》で港に寄ること。　⑧　音読みは「ケン」「コン」で，「建設」「建立」などの熟語がある。

問2　①「野火」は「のび」，「視野」は「しや」，「野営」は「やえい」，「在野」は「ざいや」と読む。　②「上告」は「じょうこく」，「海上」は「かいじょう」，「北上」は「ほくじょう」，「上座」は「かみざ」と読む。　③「無事」は「ぶじ」，「無害」は「むがい」，「無用」は「むよう」，「無茶」は「むちゃ」と読む。　④「悪人」は「あくにん」，「善悪」は「ぜんあく」，「悪者」は「わるもの」，「悪行」は「あくぎょう」と読む。　⑤「行動」は「こうどう」，「行政」は「ぎょうせい」，「運行」は「うんこう」，「続行」は「ぞっこう」と読む。　⑥「名声」は「めいせい」，「美声」は「びせい」，「鼻声」は「はなごえ」，「音声」は「おんせい」と読む。　⑦「光明」は「こうみょう」，「明白」は「めいはく」，「英明」は「えいめい」，「文明」は「ぶんめい」と読む。　⑧「頭領」は「とうりょう」，「頭角」は「とうかく」，「街頭」は「がいとう」，「頭脳」は「ずのう」と読む。

問3　①「一長一短」と「一利一害」は，良い点もある一方で悪い点もあること。　②「無我夢中」と「一心不乱」は，一つのことに熱中して他のことに心を奪《うば》われないこと。　③「三者三様」と「十人十色」は，考え方や好みは人それぞれに違うこと。　④「独立独歩」と「一国一城」は，他から干渉《かんしょう》や助けを受けずに独立していること。　⑤「四方八方」と「東西南北」は，周囲のすべての方向のこと。

問4　①「矢も盾《たて》もたまらない」は，実行したいという気持ちを抑《おさ》えられないようす。　②「武士は食わねど高楊枝《たかようじ》」は，たとえ貧しくても気位を高くもって弱音をはかないこと。　③「盾に取る」は，“あるものごとをいいわけやいいがかりの材料にする”という意味。　④「雨

が降ろうが，やりが降ろうが」は，どのような困難があっても最後までやり遂《と》げるという強い決意があるようす。　⑤「弓を引く」は，“背《そむ》いたり反抗《はんこう》したりする”という意味。

Dr.福井の 入試に勝つ！脳とからだのウルトラ科学

睡眠時間や休み時間も勉強!?

みんなは寝不足になっていないかな？　もしそうなら大変だ。睡眠時間が少ないと，体にも悪いし，脳にも悪い。なぜなら，眠っている間に，脳は海馬《かいば》という部分に記憶をくっつけているんだから。つまり，自分が眠っている間も頭は勉強しているわけだ。それに，成長ホルモン（体内に出される背をのばす薬みたいなもの）も眠っている間に出されている。昔から言われている「寝る子は育つ」は，医学的にも正しいことなんだ。

寝不足だと，勉強の成果も上がらないし，体も大きくなりにくく，いいことがない。だから，睡眠時間はちゃんと確保するように心がけよう。ただし，だからといって寝すぎるのもダメ。アメリカの学者タウブによると，10時間以上も眠ると，逆に能力や集中力がダウンしたという研究報告があるんだ。

睡眠時間と同じくらい大切なのが，休み時間だ。適度に休憩するのが勉強をはかどらせるコツといえる。何時間もぶっ続けで勉強するよりも，50分勉強して10分休むことをくり返すようにしたほうがよい。休み時間は，散歩や体操などをして体を動かそう。かたまった体をほぐして，つかれた脳を休ませるためだ。マンガを読んだりテレビを見たりするのは，頭を休めたことにならないから要注意！

頭の疲れに関連して，勉強の順序にもふれておこう。算数の応用問題や理科の計算問題，国語の読解問題などを勉強するときには，脳のおもに前頭葉という部分を使う。それに対して，国語の知識問題（漢字や語句など）や社会などの勉強では，おもに海馬《かいば》という部分を使う。したがって，それらを交互に勉強すると，１日中勉強しても疲れにくい。

Dr.福井（福井一成《ふくいかずしげ》）…医学博士。開成中・高から東大・文Ⅱに入学後，再受験して翌年東大・理Ⅲに合格。同大医学部卒。さまざまな勉強法や脳科学に関する著書多数。

2022年度　昭和女子大学附属昭和中学校

〔電　話〕　(03)　3411－5115
〔所在地〕　〒154－8533　東京都世田谷区太子堂１－７
〔交　通〕　東急田園都市線・世田谷線 ―「三軒茶屋駅」より徒歩５分

【算　数】〈Ａ日程試験〉（50分）〈満点：100点〉

※途中の式や考え方も消さずに解答用紙に残しておきましょう。
※円周率を使う場合は、3.14で計算しましょう。

1　次の［　　］にあてはまる数を求めなさい。

① $\left\{\left(0.75+\dfrac{1}{8}\right)\div\dfrac{7}{2}-0.125\right\}\div\dfrac{3}{4}=$［　　］

② $2\dfrac{2}{9}\times2\dfrac{1}{2}\times0.36-4\dfrac{1}{2}\times0.4-\dfrac{1}{2}\times0.4=$［　　］

③ $\dfrac{4}{5}\div\left\{0.48-\left(\boxed{}-2\right)\times\dfrac{1}{5}\right\}=2\dfrac{6}{7}$

④ ［　　］kmの道のりを時速60kmで進むと、時速40kmで進むよりも30分早く着きました。

⑤ ３つの同じ大きさのコップＡ、Ｂ、Ｃに、Ａには８割、Ｂには50%、Ｃには$\dfrac{1}{3}$の水が入っています。Ｂの水をすべてＣに入れると、Ａの水はＣの水の［　　］倍です。

⑥ 2022のように０と０以外の同じ３つの数字を使ってできる４桁《けた》の整数は［　　］個あります。

⑦ １辺が9mの正方形の土地と１辺が［　　］mの正三角形の土地の周囲には、両方とも同じ間隔《かく》で同じ本数の杭《くい》を打つことができます。

⑧ ２つの商品Ａ、Ｂの値段の比は３：２でしたが、Ａ、Ｂともに360円値上げすると値段の比は９：７になりました。値上げ前のＡの値段は［　　］円です。

2 下のグラフはAさんがある道のりを移動したときの速さと時間の関係を表したものです。□ km/ 時は、時速□ km と同じ意味であるとき、次の問いに答えなさい。

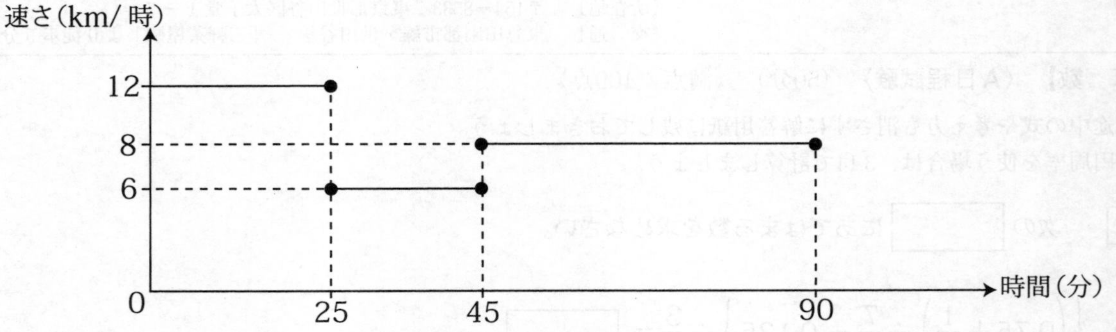

① スタートして 25 分後から 45 分後までの速さは時速何 km ですか。

② この移動の様子を表すグラフを縦軸《じく》に移動した道のり(km)、横軸に時間(分)としてかきなさい。

③ スタートしてから 90 分後までの移動の平均の速さは時速何 km ですか。

3 下の図の四角形 ABCD は縦 5cm、横 8cm の長方形です。次の問いに答えなさい。

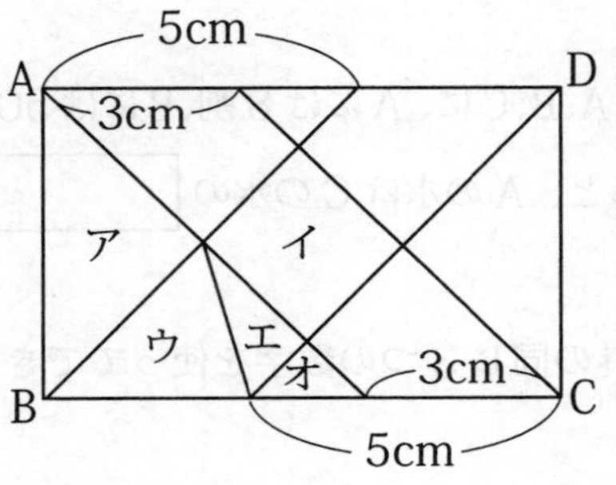

① イの面積を求めなさい。

② ウの面積を求めなさい。

③ ア：エ：オの面積の比を求めなさい。

4　下の【図１】の立体は粘《ねん》土で作られています。次の問いに答えなさい。

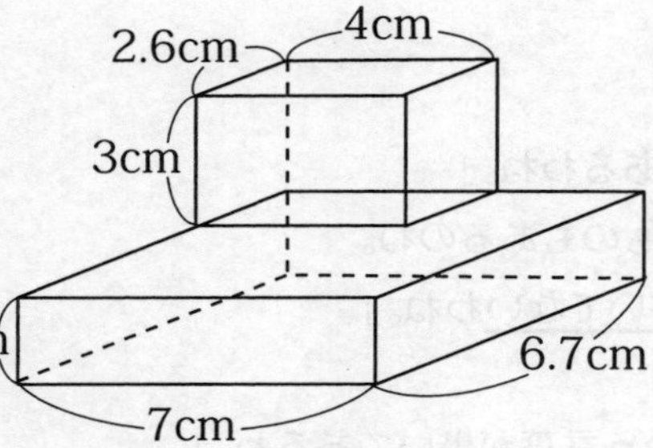

【図１】

⇒

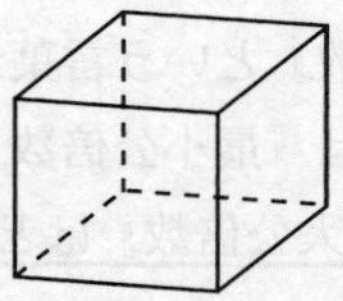
【図２】

⇒

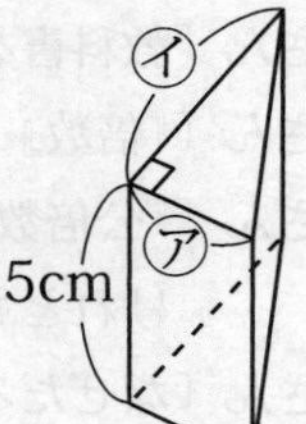

【図３】

①　【図１】の立体の体積を求めなさい。

②　【図１】の立体の粘土をすべて使って【図２】の立方体を作るとき、立方体の１辺の長さを求めなさい。

③　【図２】の立体の粘土をすべて使って【図３】のように、底面が直角三角形で高さが5cmである三角柱を作ります。このとき、直角をはさむ２辺の長さが整数である組み合わせは何通りありますか。ただし、㋐より㋑の長さの方が長いものとします。

5　A、B、C、D、Eの５人がテニスの試合をしました。ただし、試合の形式は１人が他のすべての人と対戦する総当たり戦とし、１日に１人１試合までとします。
試合は１日２試合ずつ、月曜日から金曜日の５日間行いました。以下の文を読み、金曜日に行われた試合の組をすべて答えなさい。

１．Aは月曜日にEと試合をして、木曜日にCと試合をした。
２．Dは火曜日に休んだ。
３．Bは火曜日か金曜日にEと試合をして、水曜日にCと試合をした。
４．EはDと試合をした次の日に休んだ。ただし、EとDが試合をしたのは金曜日ではない。
５．Cは４日連続で試合をした。

6 昭子さんと和子さん２人の会話文を読み、次の問いに答えなさい。

昭子さん「今日の算数は倍数と約数の授業ね。」

和子さん「教科書を読んでみよう。」

昭子さん「『倍数』と『公倍数』という言葉が書いてあるわね。」

和子さん「『公倍数』の中には『最小公倍数』というものもあるのね。

けれども、ア『最大公倍数』はどこにも書いてないわね。」

昭子さん「なぜだろう。」

和子さん「次のページには『約数』と『公約数』という言葉が書いてあるわ。」

昭子さん「そうね。『公約数』の中には『最大公約数』というものがあるみたい。

でも、イ『最小公約数』はどこにも書いてないわね。」

① 下線部アについて、『最大公倍数』はなぜ教科書に書いてなかったと考えられますか。あなたの考えを書きなさい。

② 下線部イについて、『最小公約数』はなぜ教科書に書いてなかったと考えられますか。あなたの考えを書きなさい。

③ 授業の終わりに先生が次の問題を宿題にしました。

【宿題】
最小公倍数が 120 で、最大公約数が 4 である２つの整数の組は何通りありますか。

この【宿題】の答えを求めなさい。

【社　会】〈Ａ日程試験〉（理科と合わせて50分）〈満点：50点〉

〔注意〕漢字で書けるところは漢字で書いてください。

1　次の写真とその説明をもとに、あとの問いに答えなさい。
（写真はいずれも地理院地図から転載《てんさい》　上方が北）

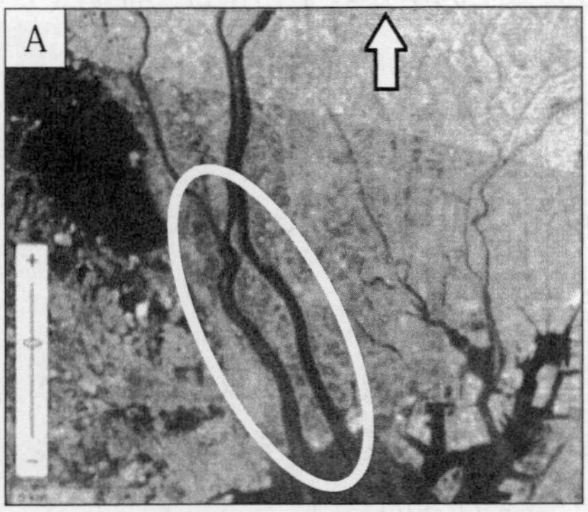

大きな川が何本も集まって海に流れている。

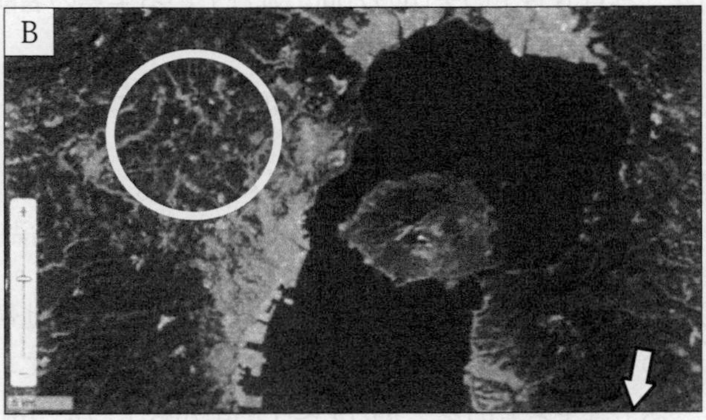

日本でもっとも多く噴火《ふんか》を繰《く》り返している火山がある。

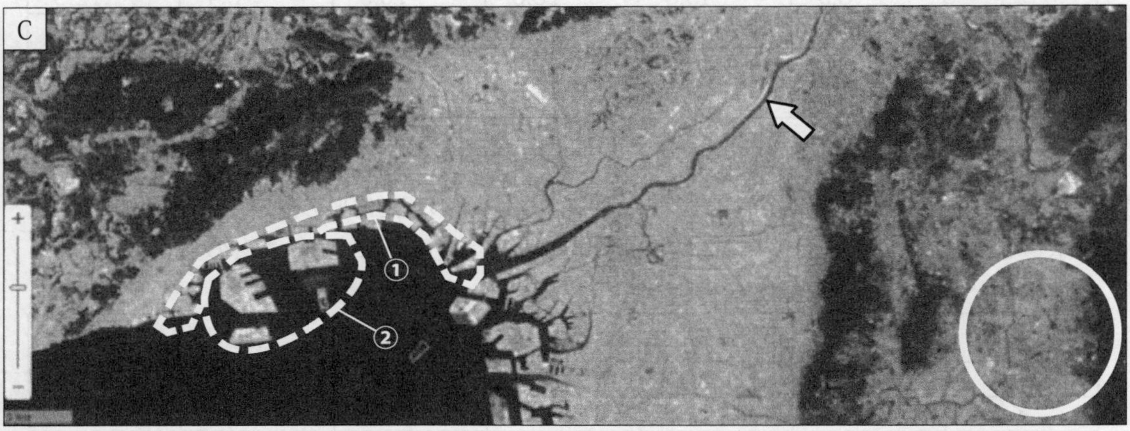

かつての都だったところや、日本の経済の中心として発展してきたところがある。

問１　写真Ａ～Ｃに写っているものを、次のア～オの中から１つずつ選び、記号で答えなさい。

ア．阿蘇《あそ》山　イ．木曽《きそ》川　ウ．桜島　エ．多摩《たま》川　オ．六甲《ろっこう》山地

問２　写真Ａ～Ｃの中の◯で囲んだ部分の説明として正しいものを、次のア～オの中から１つずつ選び、記号で答えなさい。

ア．洪水《こうずい》を警戒《けいかい》して、盛り土をして、その上に倉を建てている。

イ．道は南北・東西方向にまっすぐのびているところが多い。

ウ．雨が少ないので、隣《となり》の県にある大きな湖から水を引いている。

エ．台地のため水田は作れず、おもに畑作中心であった。

オ．水が冷たいので、池の中を循環《じゅんかん》させてから田に水を引いている。

問３　写真Ａ上方の矢印の方向約160キロ先にある都市を、次のア～エの中から１つ選び、記号で答えなさい。

ア．秋田　　イ．金沢　　ウ．新潟　　エ．松江

問４　写真Ｂ右下の矢印の方向に延びている半島の名前を、次のア～エの中から１つ選び、記号で答えなさい。

ア．大隅《おおすみ》半島　　イ．国東《くにさき》半島　　ウ．薩摩《さつま》半島　　エ．房総《ぼうそう》半島

問５　写真Ｃの矢印の川の上流にあるものを、次のア～エの中から１つ選び、記号で答えなさい。

ア．高野山　　イ．富士山　　ウ．諏訪《すわ》湖　　エ．琵琶《びわ》湖

問６　次の表のア～エは、京浜《けいひん》工業地帯、中京工業地帯、阪神《はんしん》工業地帯、北陸工業地域のいずれかの工業生産出荷《しゅっか》額等の割合（単位は％）を示しています。このうち、写真Ａと写真Ｃの地域にあてはまるものを、次のア～エの中から１つずつ選び、記号で答えなさい。

	金属	機械	化学	食料品	せんい	その他
ア	8.9	49.3	18.0	10.9	0.4	12.5
イ	9.6	69.1	6.4	4.6	0.7	9.6
ウ	16.8	40.8	12.8	9.4	4.1	16.1
エ	20.9	37.7	16.8	10.9	1.3	12.4

『日本国勢図会 2021/22』

問７　次の表のア～エは、写真Ａ～Ｃに写っているいずれかの都道府県の農業生産量（単位はｔ）を示しています。このうち、写真Ｂの都道府県の農業生産量を示しているものを、次のア～エの中から１つ選び、記号で答えなさい。

	米	小麦	じゃがいも	キャベツ	生乳	鶏卵《けいらん》
ア	134,300	29,800	—	268,600	158,074	104,732
イ	40,900	271	—	—	23,770	5,512
ウ	88,400	57	95,000	77,200	78,207	187,797
エ	129,800	23,100	2,330	11,400	54,121	99,440

『日本国勢図会 2021/22』

問８　写真Ｃの点線①・②の埋《う》め立て地は、造られた年代も用途《ようと》も異なります。その説明で正しいものを、次のア～エの中から１つ選び、記号で答えなさい。

ア．①が古く、おもに工業用地であったが、その後②が造られ、おもに商業施設《しせつ》・港湾《こうわん》施設になった。

イ．①が古く、干拓《かんたく》地でおもに水田に利用され、その後②が造られ、おもに工業用地になった。

ウ．②が古く、おもに商業施設・港湾施設であったが、その後①が造られ、おもに工業用地になった。

エ．②が古く、おもに工業用地であったが、その後①が造られ、おもに商業施設・港湾施設になった。

問９　写真Ｃの〇で囲んだ部分にはため池が多くみられます。地形的特徴から、その理由を説明しなさい。

2 次の会話文を読んで、あとの問いに答えなさい。

昭子さん：ニュースで取り上げられていたけれど、クオータ制とは何のことかしら。

お姉さん：男女平等を実現するために、議員や会社の役員などの一定数を女性に割り当てる制度のことよ。実際に日本では女性の国会議員が少ないので、クオータ制を導入しようという意見もあるの。内閣《ないかく》府の発表によれば、2020年1月時点の日本の女性国会議員の比率は、①衆議院《しゅうぎいん》が9.9％、参議院が22.9％で、191か国中で165位だそうよ。

昭子さん：あら残念ね。そういえば、日本の歴史に登場する女性も少ないわよね。弥生時代の卑弥呼《ひみこ》以外には誰《だれ》がいたかしら。

お姉さん：弥生時代よりも前の（　　②　　）時代は、文字の使用をほとんど確認《かくにん》できないので、歴史上に名前を残した女性を確認することはできないわね。でも、飛鳥時代の（　③　）天皇から、（　④　）時代の聖武天皇の娘が即位《そくい》したときまでに限れば、女性天皇は半分にものぼるのよ。その後の女性天皇が江戸時代の2代だけなのを考えると、すごいわよね。

昭子さん：それは驚《おどろ》いたわ。藤原京や平城京があったころの女性に対する考え方は、あとの時代と異なるのかもしれないわね。ところで、天皇以外で政治に登場した有名な女性はいたのかしら。

お姉さん：政治に大きな影響《えいきょう》を与えた女性といえば、源頼朝の妻の（　⑤　）や⑥足利義政の妻の日野富子が有名ね。数は少ないけれど、鎌倉時代には地頭になった女性もいたし、戦国時代には大名になった女性もいたの。また、⑦文化面で活躍《かつやく》したり、⑧女性の地位向上のために努力した女性もいたわ。

昭子さん：これからの時代、女性がいろいろな分野で活躍できるようになるといいわね。

お姉さん：そうね。男性・女性に限らず、同じ人間として平等な世の中をつくっていくことが大切よね。

問1　文中の下線部①が日本に初めて設置された年にもっとも近い出来事を、次のア～エの中から1つ選び、記号で答えなさい。

ア．日本国憲法の制定　イ．日清戦争の開始　ウ．ラジオ放送の開始　エ．ペリーの来航

問2　文中の空らん（　②　）に入る文として、もっともふさわしいものを、次のア～エの中から1つ選び、記号で答えなさい。

ア．女性が狩《か》りや石器づくりをしていた　イ．男性が木の実とりや土器づくりをしていた

ウ．稲作《いなさく》が日本中に広がった　エ．身分の上下や貧富《ひんぷ》の差はなかった

問3　文中の空らん（　③　）には、聖徳太子が摂政《せっしょう》を務めた女性天皇の名前が入ります。その名前を答えなさい。

問４　文中の空らん（　④　）にあてはまる語句を答えなさい。

問５　文中の空らん（　⑤　）に入る人物を答えなさい。

問６　文中の下線部⑥が将軍のとき、おもに京都を中心に起こった大きな争いを何というか答えなさい。

問７　文中の下線部⑦の女性のうち、明治時代に岩倉使節団に参加し、帰国後に学校を開いて女性の高等教育に力を注いだ人物を答えなさい。

問８　文中の下線部⑧について、「もともと、女性は太陽であったが、今は月である」となげき、女性の地位向上を目指す運動を進めた人物を、次のア～エの中から１人選び、記号で答えなさい。

ア．幸田文《あや》　　イ．平塚《ひらつか》らいてう　　ウ．与謝野晶子《よさのあきこ》　　エ．樋口一葉《ひぐちいちよう》

問９　日本で女性が初めて参政権を獲得《かくとく》した年を、次のア～エの中から１つ選び、記号で答えなさい。

ア．1937年　　イ．1941年　　ウ．1945年　　エ．1951年

問10　本文を参考に、女性の社会進出について述べた次の文のうち正しくないものを、次のア～エの中から１つ選び、記号で答えなさい。

ア．女性が王になることは弥生時代からすでに見られた。

イ．中世以降に天皇になった女性は２代だけである。

ウ．鎌倉時代に女性が土地を支配することはなかった。

エ．日本では、現在、社会に進出する女性を増やそうとする動きがみられる。

3　次の文中の空らん（　①　）・（　②　）に入る語句を、それぞれ答えなさい。

（１）2018年６月に可決した改正民法によって、2022年４月から成人の年齢《ねんれい》が（　①　）歳《さい》に引き下げられます。

（２）東京に政府機関が一極集中していることを改善するため、2022年度中に（　②　）庁が京都府に移転することになっています。

4　次の１～３の文を読んで、あとの問いに答えなさい。

1　三権分立とは国の権力を３つに分け、［あ］しくみのことです。たとえば、裁判官としてふさわしくないとの訴《うった》えがあった場合は、国会議員による裁判を受けます。これを（　①　）裁判といいます。

2　日本国憲法第６６条第２項には、「内閣総理大臣その他の（　②　）は文民でなければならない」と書かれています。文民とは［い］のことを指します。

3　裁判所の種類には③最高裁判所と下級裁判所があります。下級裁判所の１つである高等裁判所は、［う］裁判所です。

問１　文中の空らん［あ］～［う］にあてはまる文を次のア～エの中から１つずつ選び、記号で答えなさい。

［あ］　ア．互《たが》いに関わりを持たせて協力させる　　イ．互いの権力を監視《かんし》しあう
　　　ウ．互いに関わりを持たないようにする　　エ．互いの権力を交代で持ちあう

［い］　ア．選挙権を持つ人　　イ．学者などの知識人
　　　ウ．国会に議席を持つ人　　エ．軍人ではない人

［う］　ア．全国50か所におかれ、おもに第１審《しん》を行う
　　　イ．家庭内の問題や少年に関する事件の裁判を行う
　　　ウ．全国８か所におかれ、おもに第２審を行う
　　　エ．全国に１か所おかれ、法律が憲法に違反《いはん》していないかを最終的に判断する

問２　文中の空らん（　①　）・（　②　）にあてはまる語句を答えなさい。（　①　）はひらがなで、（　②　）は漢字４字で答えなさい。

問３　文中の下線部③の長官は裁判所が決めることができず、他の権力によって指名されています。この権力を示す言葉を、１～３の文中から探して答えなさい。

5　次の文章を読んで、あとの問いに答えなさい。

「地球環境《かんきょう》問題の例をあげてください。」と言われたら、「①地球温暖化」問題をあげる人が多いのではないでしょうか。国際連合が示している「②持続可能な開発目標」の中にも「気候変動に具体的な対策を」という目標が入っています。1995年からは世界の国々の代表が集まって「地球温暖化」の対策について話し合う「国連気候変動枠組《わくぐみ》条約締約国《ていやくこく》会議」が開かれています。

実は、地球の気候は、46億年の歴史のなかで大きく変動してきました。日本でも、縄文時代に温暖化が進み、その後も小規模《しょうきぼ》な寒冷化や温暖化がくり返されてきました。寒冷期にあたる江戸時代には、長雨や③夏の低温などの影響で農作物がつくれず、適切な対策がとられなかった地域では、飢《き》きんとなり、そのたびに百姓一揆《いっき》が起きたり、都市では④米を買いしめた商人の店がおそわれたりしました。

過去の気候変動とは異なり、現在進行している「地球温暖化」については、国連気候変動に関する政府間パネルの第６次報告で、「人間が地球の温暖化に影響を与えたことは疑う余地がない」と発表されました。人類が起こしたものであれば、⑤人類にはそれをくい止めることもできるはずです。

私たちの未来は、私たち一人ひとりがどのような生活をするかにかかっているのです。

問１　文中の下線部①によって生じる問題として、適切ではないものを次のア～オの中から１つ選び、記号で答えなさい。

ア．農作物の生産量の減少
イ．渇水《かっすい》や洪水が発生する危険の増加
ウ．熱中症《ねっちゅうしょう》の増加
エ．オゾン層の減少による皮ふがんの増大
オ．感染《かんせん》症が発生する地域の拡大

問２　文中の下線部②を英語の略称でどのように表記するか答えなさい。

問３　文中の下線部③のような問題を日本の東北地方で起こす原因とされている、北東風の名前を答えなさい。

問４　文中の下線部④のような出来事を何というか、５字で答えなさい。

問５　文中の下線部⑤について、地球温暖化を防ぐために、人類はCO_2を減らす努力を行っています。2020年７月１日から始まったレジ袋《ぶくろ》の有料化も、その１つです。なぜ、これがCO_2を減らすことにつながるかを、分かりやすく説明しなさい。

【理　科】〈A日程試験〉（社会と合わせて50分）〈満点：50点〉

〔注意〕漢字で書けるところは漢字で書いてください。

1　ヒトのからだは約37兆個という非常にたくさんの細胞《ぼう》でつくられています。このように、ヒトは数多くの細胞でからだが形成されており、このような動物を①多細胞生物といいます。それぞれの細胞は、情報の伝達や物質のやりとりを行いながら個体を維《い》持しています。例えば、細胞ごとの情報のやりとりは、②神経と、ホルモンと呼ばれる化学物質を用いて行われています。また、③細胞の生存に必須《す》の酸素は、血液を介《かい》して肺から各細胞へと運搬《ぱん》されています。④ヒトの心臓は心室や心房《ぼう》といった4つの部屋に分かれています。周期的な心室の活動は、下の4つの時期（ア）～（エ）にわけることができます。左心室《さしんしつ》とは、特に全身へ動脈血を送り出す部屋を指します。

（ア）心室の圧力が高まるが心室の出口の弁が閉じたままで、心室内の体積が変化しない時期。
（イ）心室の筋肉がさらに収縮して心室の圧力が高まり、弁が開いて心室の中から血液が送り出される時期。
（ウ）心室の筋肉がゆるみ、心室の圧力が低下する時期。
（エ）心房と心室の間の弁が開き、心房内の血液が心室内へと流れてくる時期。

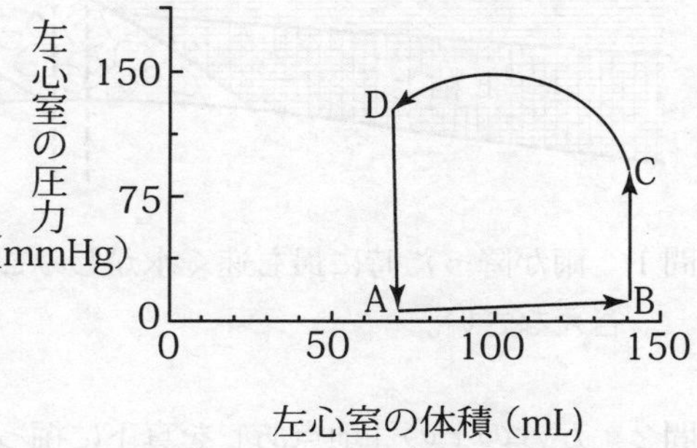

図．左心室の体積と圧力の関係

問1　下線部①について、次のア～オの中から、多細胞生物であるものをすべて選び、記号で答えなさい。

ア．ゾウリムシ　イ．ミドリムシ　ウ．アカムシ　エ．コガネムシ　オ．ワラジムシ

問2　下線部②について、筋肉から0.5 cm離《はな》れたA点を刺《し》激すると3.0ミリ秒後に筋肉が収縮し、筋肉から6.5 cm離れたB点を刺激すると6.0ミリ秒後に筋肉が収縮しました。この神経が刺激を伝える速さは毎秒何mか答えなさい。なお、筋肉が収縮するためには、神経が刺激を伝える時間と、神経の先端が筋肉に刺激を伝える時間と、刺激を受けた筋肉が収縮するのにかかる時間があります。また、1ミリ秒とは、1000分の1秒のことを表します。

問3　血液が循環《じゅんかん》して全身に酸素を運ぶ仕組みを「肺」、「心臓」の2語を用いて説明しなさい。

問4　図のC→Dで起こっている現象は、文章中の(ア)～(エ)のどの時期ですか、記号で答えなさい。

問5　図によると、1回の心臓の収縮によって左心室から放出される血液の量はいくらですか。

2　道を歩いていると、道路の横のがけが図のように地層になっていることに気が付きました。地層ＡとＥは主にきめの細かい粘《ねん》土でできていて、地層ＢとＦには砂が多く含《ふく》まれていました。また、地層ＣとＧは小さな石、Ｄには大きな石が多く含まれていました。Ｈは表面の土です。

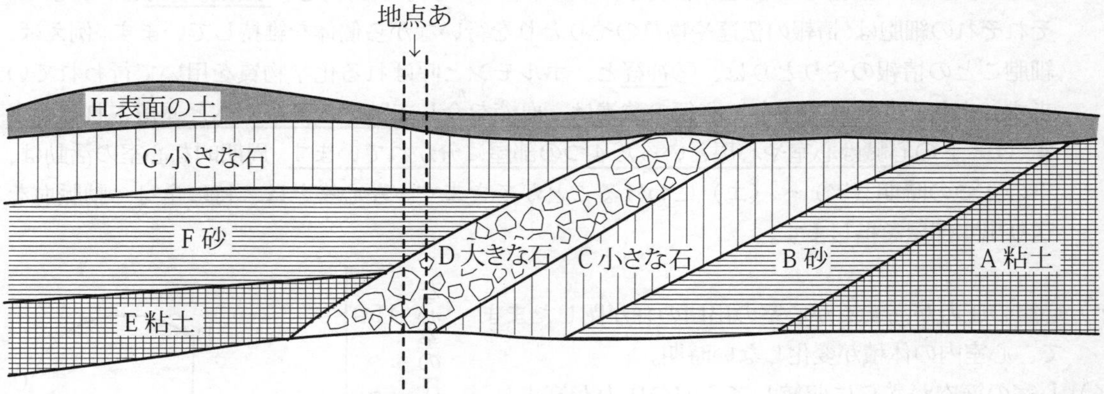

問１　雨が降った時に最も速く水がしみこむのは地層Ａ～Ｄのうちどれですか。１つ選び、記号で答えなさい。

問２　がけの上の「地点あ」を真下に掘《ほ》っていくとどうなりますか。最も適当なものを次のア～カの中から１つ選び、記号で答えなさい。

ア．表面の土を取り除くと、小さな石の層、砂の層、粘土の層が順番に出てきて、さらに掘り進めても、粘土の層が続く。
イ．表面の土を取り除くと、小さな石の層、砂の層、粘土の層が順番に出てきて、さらに掘り進めると再び砂の層が出てくる。
ウ．表面の土を取り除くと、小さな石の層、砂の層、粘土の層が順番に出てきて、さらに掘り進めると大きな石の層が出てくる。
エ．表面の土を取り除くと、小さな石の層、砂の層、大きな石の層が順番に出てきて、さらに掘り進めても、大きな石の層が続く。
オ．表面の土を取り除くと、小さな石の層、砂の層、大きな石の層が順番に出てきて、さらに掘り進めると再び小さな石の層が出てくる。
カ．表面の土を取り除くと、小さな石の層、砂の層、大きな石の層が順番に出てきて、さらに掘り進めると再び砂の層が出てくる。

問３　地層Ａ～Ｅをできた順番に並べたものとして最も適当なものを次のア～エの中から１つ選び、記号で答えなさい。

ア．Ａ→Ｂ→Ｃ→Ｄ→Ｅ
イ．Ｄ→Ｃ→Ｂ→Ａ→Ｅ
ウ．Ｅ→Ａ→Ｂ→Ｃ→Ｄ
エ．Ｅ→Ｄ→Ｃ→Ｂ→Ａ

問4　地層Bを調べると、貝がらの化石が見つかりました。このことから昔この場所はどのような環《かん》境であったと考えられますか。答えなさい。

問5　地層AとBの間をよく見てみると、図のように地層Bの砂が地層Aに入り込んでいる様子が観察されました。これは昔ここに住んでいた生き物が残した痕《あと》です。どんな生き物が残した痕か考えて書きなさい。

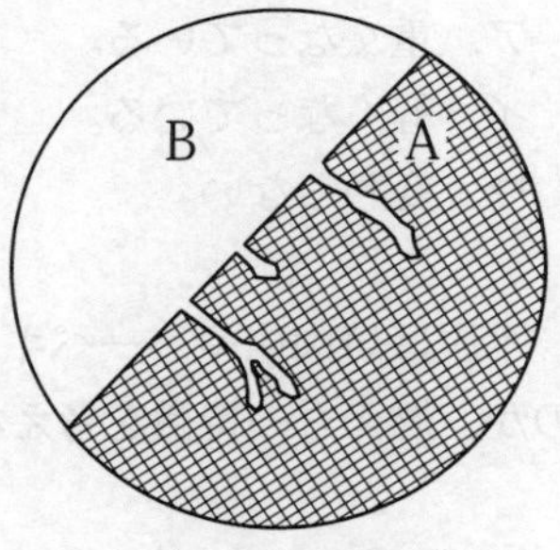

図．AとBの間の様子

3　木片を複数の方法で熱しました。次の文章を読んであとの問いに答えなさい。

はじめに、集気びんの中に火のついた木片を入れ、ふたをしました。しばらくすると、火は消えましたが、まだ木片は燃え尽《つ》きていませんでした。

問1　火が消えたのは、集気びん中の何という気体がなくなったからですか。なくなった気体の名前を答えなさい。

次に、図のように試験管に木片を入れ、ガラス管をつけたゴム栓《せん》をして熱する実験を計画しました。

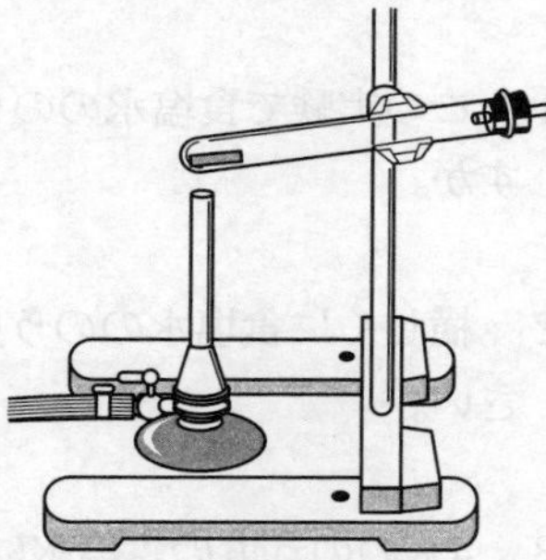
図．実験装置

問2　図のような装置の設置方法で加熱をするのは危険です。なぜこのままでは危険なのか理由を答えなさい。また、安全に実験をするためにどのようにしたらよいかも答えなさい。

安全な設置方法に直してから木片を加熱をすると、試験管の中にはこい茶色のどろどろした液体とうすい黄色の液体が生じました。黄色の液体は刺《し》激のあるにおいがありました。また、ゴム栓につけたガラス管の先からは気体が出てきました。

問3　安全な設置方法の装置で木片を加熱したとき、発生した気体に火を近づけるとどのようになりますか。最も適当なものを次のア～エの中から1つ選び、記号で答えなさい。

ア．炎《ほのお》を上げて燃える。　　イ．ポッと音を立てて燃える。
ウ．パチパチと火花が生じる。　　エ．すぐに火が消える。

問４　試験管には木炭が残りました。この木炭の重さは、加熱前と比べてどのように変化していると考えられますか。最も適当なものを次のア～ウの中から１つ選び、記号で答えなさい。

ア．重くなっている。
イ．軽くなっている。
ウ．変わらない。

問５　木炭は焼肉店やバーベキューで利用されています。なぜ木ではなく、木炭が利用されているのか、燃え方の特徴《ちょう》を考えながら説明しなさい。

4　3000 g の水が入った水そうに全体の長さが 25 cm の棒状のうきをうかべて、水面に出ているうきの長さを測りました。その後、水そうの水に食塩を加えていき、食塩水ののう度を変えながら水面に出ているうきの長さを測ると、表のような結果になりました。ただし、この問題ではうきが食塩や水そうに触《ふ》れたり、バランスをくずして倒《たお》れたりすることはないものとします。また、100 g の水に対して食塩は 36 g までとけるものとします。

表．食塩水ののう度と水面に出ているうきの長さ

食塩水ののう度 (%)	0	5	10	15	20
水面に出ているうきの長さ (cm)	2.5	3.1	3.8	4.4	5.0

問１　この実験で食塩水ののう度を 20 % から 25 % にするためには何 g の食塩を追加すればよいですか。

問２　横じくに食塩水ののう度を、縦じくに水面に出ているうきの長さをとって、グラフをかきなさい。

問３　4% ののう度の食塩水にこのうきをうかべると、水面に出ているうきの長さは何 cm になると考えられますか。

問４　12% ののう度の食塩水にこのうきをうかべると、しずんでいる部分の長さは何 cm になると考えられますか。

問５　このまま食塩を加えていき、水面に出ているうきの長さを 8 cm にすることはできるでしょうか。できる場合には 3000 g の水に加えた全部の食塩の重さを、できない場合にはその理由を答えなさい。ただし、解答のしかたについては次の点に注意すること。

解答時の注意点①　できる場合は「考え方」のらんには計算過程を、「答え」のらんには重さを記入すること。

解答時の注意点②　できない場合は「考え方」のらんには理由を、「答え」のらんには“できない”と記入すること。

5　昭和中学校１年生の昭子さんと和子さんが、総合的な学習の時間に課題研究の実験計画をたてています。

昭子：「私は豆苗《とうみょう》を水耕栽培《すいこうさいばい》するときに最も①よく育つ条件を調べる研究に取り組みたいと考えているわ。」
和子：「なぜ水耕栽培に興味をもったの？」
昭子：「母が豆苗を家で育てているのだけれども、どのように栽培したらよく育つのかを知りたくなったのよ。」
和子：「私も興味があるわ、どのような実験を行う予定なの？」
昭子：「②まず収穫《かく》した後の豆苗を用意し、それをいくつかのグループに分けて、そこにいろいろな温度にした水道水を与《あた》えて１週間後に何cm伸《の》びたかを調べる実験を考えているわ。きっと簡単に結果がでると思う。」
和子：「ちょっとまって。光の当たり方はどうするの？」
昭子：「光の当たり方？」
和子：「だって、(　③　)。」
昭子：「あら、ほんとね。それは考えなくてはいけないわね。」
和子：「ほかにも気にしなくてはいけない条件はあるかしら。」
昭子：「与える水の量も同じにしなくてはね。」
和子：「実験を考えるのって、大変ね……。」
昭子：「私にできるのかしら。自信がなくなってきてしまったわ。」
和子：「そんなこと言わないで、昭子さん。確かに研究に取り組むのは難しいけれど、水耕栽培の技術が確立できれば、きっといいことがあるわよ。」
昭子：「いいことって何？」
和子：「例えば、④津波を受けた地域でも野菜が栽培できるようになるじゃない！」
昭子：「そうね。研究の経験を積み重ねていけば⑤新たな発見につながるかもしれないわね。」

問１　下線部①に関連して、植物が生育する際に必要な条件を２つ挙げなさい。

問２　下線部②について、この実験の目的を簡単に説明しなさい。

問３　あなたが和子さんになったつもりで、空らん（　③　）を埋《う》めなさい。

問４　下線部④について、津波の被害が想定できる地域に住んでいる場合、どのような準備をしておく必要がありますか。例を１つ挙げなさい。

問５　下線部⑤について、2010年以降にノーベル賞を受賞した研究テーマを１つ挙げなさい。

③ 粉雪　初雪　除雪　雪国
④ 正直　直立　直接　安直
⑤ 真綿　綿花　綿雲　綿毛
⑥ 宿題　宿敵　宿命　宿賃
⑦ 草笛　汽笛　口笛　横笛
⑧ 区画　画数　絵画　計画

問三　次の①～⑥の三字熟語の構成を下のア～ウの中から選び、それぞれ記号で答えなさい。

① 青写真
② 衣食住
③ 自治体
④ 松竹梅
⑤ 新学期
⑥ 大使館

ア　一字＋熟語
イ　熟語＋一字
ウ　一字＋一字＋一字

問四　次の①～⑥の（　）にふさわしいものを下のア～クの中から一つ選び、それぞれ記号で答えなさい。

① 遊んでばかりいると（　　）見ることになりますよ。
② 子どもの成長を（　　）見ることにしよう。
③ ついに国境での小競《ぜ》り合いは（　　）見るに至った。
④ 犯人を（　　）見るのも無理はない。
⑤ 人の失敗を（　　）見る人は器《うつわ》が大きい人物だ。
⑥ 世の中を（　　）見る人とはつき合いにくい。

ア　足元を　　イ　大目に
ウ　白い目で　エ　血を
オ　長い目で　カ　泣きを
キ　ななめに　ク　日の目を

イ　豆梨の花が咲いていることへの歓喜《かん》と、命をつなげようとする生命力のしぶとさへの驚《おどろ》き。

ウ　今にも命が尽《つ》きようとする豆梨への同情と、生き物すべてが死ぬ運命にあることへの共感。

エ　枯れ木に花が咲いていることへの驚きと、命をつなげようとする健気さに対する感動。

問七　――線部⑦「都会の暮らしに疲れ果て」とありますが、木のどのような様子を表現しているのか、本文中から一文でぬき出し、最初の五字を答えなさい。

問八　物を言わない、自ら動くことのできないものにあなたが命を感じた経験を一つ挙げなさい。また、その経験からあなたはどのようなことを考えましたか。具体的に百字以内で書きなさい。

三　次の問いに答えなさい。

問一　次の①～⑧の意味をもつ言葉を下の□の中から選び、それぞれ漢字に直して答えなさい。

①　ふだんの生活に必要な、こまごました品物。

②　かたくちかい合った取り決め。

③　はかりごと。

④　決まりや、やり方をよいほうに直すこと。

⑤　物がこわれたり、傷ついたりすること。

⑥　物事の順序、正しいつながり。

⑦　布地や紙などを切りはなすこと。

⑧　わがままいっぱいにふるまう人。

カイカク	ケイトウ
サイダン	サクリャク
ザッカ	ハソン
ボウクン	メイヤク

問二　次の①～⑧の――線部の漢字について、読み方が異なるものを一つ選び、その熟語の読みをひらがなで答えなさい。

①　家路　遠路　道路　路上

②　印象　実印　調印　矢印

問一　――線部①「挙句の果てに『言葉では表現できないほど美しい』に行き着く」とありますが、ここに込められた筆者の気持ちとしてふさわしいものを次のア～エの中から一つ選び、記号で答えなさい。

ア　あの表現もこの表現もすばらしく、ほめ言葉が次々に浮《う》かぶ自分の住んでいる近所の紅葉を誇《ほこ》る気持ち。

イ　小説家であるにも関わらず、目の前に広がる紅葉の景色を表現するのに言葉さえ浮かばない自分に絶望する気持ち。

ウ　良い表現ができるに違いないが、目の前の紅葉を言い表す言葉が思い浮かばず考えることに挫《ざ》折する気持ち。

エ　あれこれと良い表現を考えに考えぬいても、当てはまるものが浮かばないような紅葉の美しさを称《しょう》賛する気持ち。

問二　――線部②「これらのメイプルが奏でる色の協奏曲を、常緑樹の緑が通底音となって支えている」とありますが、どのようなことか、ふさわしいものを次のア～エの中から一つ選び、記号で答えなさい。

ア　一つの山を七種類ものメイプルがそれぞれ違う色で紅葉して明るく彩《いろど》るなか、常緑樹のただ一つの緑色が山全体の輪郭《かく》を縁《ふち》取っている様子。

イ　変化のない常緑樹の緑色を土台として、紅葉したさまざまな種類のメイプルたちの、華やかな赤や明るいオレンジ色が照り映《は》えている様子。

ウ　言葉では表現できないほどさまざまな色合いのメイプルたちが、音楽のように次々に変化して紅葉するのとは対照的に、常緑樹は少しの変化も見せない様子。

エ　常緑樹が変化の少ない一音だけで暗い音を出しているなかで、山という五線譜《ふ》の上で何種類ものメイプルが一斉《せい》に色づき明るい音楽を奏でている様子。

問三　――線部③「それぞれの木は、それぞれ独自の紅葉時計を内包していて」とありますが、どのようなことを表現しているのか、五十字以内で説明しなさい。

問四　――線部④「木とはなんと偉大な存在なのだろう」とありますが、ここに込められている筆者の気持ちを五十字以内で説明しなさい。

問五　――線部⑤「this tree ではなくて me と書かれているところに、貼り付けた人の木への思いを感じた」とありますが、どのような「思い」と考えられるか、本文中から十七字でぬき出し、最初の五字を答えなさい。

問六　――線部⑥「あっ！」とありますが、ここに込められた筆者の気持ちとしてふさわしいものを次のア～エの中から一つ選び、記号で答えなさい。

ア　枯れ木なのに花を咲かせていることへの恐《おそ》ろしさと、森へ帰りたいとの必死の思いへの同情。

八月の暑い盛《さか》りに花を咲かせることなどない。

もしも夫がそばにいたら、

「なんだ、花が咲いているんだから、まだまだ大丈《じょう》夫なんじゃない？」

と、能天気に言いそうだなと思った。それに対して、私はこう返すだろう。

「違うのよ。あれはね、木がなんとかして生き残ろうとして必死になって、それで季節外れの花をつけているの。自分はもう死ぬ。だから、花を咲かせて実をつけて、その実を落とせば、生き残れるんじゃないかと考えているのよ。決死の花なのよ」

これは、うちの近くに住んでいる、りんご園の経営者から教わったことだった。

若くて元気なりんごの木がたくさん、豊かな実をつけるのではなくて、その逆。死にかけている老木の方が、美味《おい》しい実をたくさんつけるのだ、と。それは、木が生き残りをかけて必死で生《な》らせている、命の実なのである、と。

健《けな》気な豆梨に、私はそっと声をかけた。

「あしたから雨になりそうだから、もうちょっとの辛抱《しんぼう》だよ。がんばってね」

豆梨は黙《だま》って佇《たたず》んでいる。

⑦都会の暮らしに疲《つか》れ果て、森へ帰りたいのだろう。

「ほら、またそうやって木を擬《ぎ》人化してる！」

今にも夫の笑い声が聞こえてきそうだ。反論する気はない。

確かに木は木に過ぎない。言葉もしゃべれないし、感情も思考も、おそらく持っていないのだろう。しかし、命は持っている。その命によって、私たちは安らぎを受け取り、木陰《かげ》をつくってもらい、緑に癒され、元気にしてもらっている。防風林、防砂林などで、災害を防いでもらっていることもある。

木は私たちの同胞《ほう》であり、友人であり、仲間である、と考えることは、馬鹿《か》馬鹿しいことだろうか。

死にかけている一本の木を「かわいそうだ」と思うこと、木には私たちと同じように生命があると考えること、環《かん》境保護も自然保護もここから、擬人化から始まるのではないかと、私には思えてならないのだけれど。

（小手鞠《まり》るい 著 「紅葉時計」）

森が生き物たちのために、惜《お》しげもなく恵《めぐ》みを降らせているのだとわかる。

落とされた葉っぱは、地面にぶあつく降り積もり、冬のあいだ、木の根を守り、朽《く》ち果てたあとは土の栄養になる。

葉っぱにも木の実にも、いっさいの無駄《だ》がない。

寿命《じゅみょう》が訪《おとず》れたときには倒《たお》れ、時間をかけて土に還《かえ》る。土から生まれて土に還る。還るまでのあいだ、倒《とう》木の中で棲《せい》息する生物もいる。

一本の木の営みの中で、どれだけの小鳥や虫や蛙《かえる》が、動物たちが、その恩恵《おんけい》にあずかっていることか。そして、太古の昔から、人々は木で道具を作り、乗り物を作り、家を建て、暖を取り、果実を得、慰《なぐさ》めを癒《いや》しを得てきた。

④木とはなんと偉《い》大な存在なのだろう。

今年の夏、マンハッタンへ遊びに行っていたときのことだった。

ある大通りに立っている一本の街路樹に、こんな一文の記された貼《は》り紙がピンで留められていた。

Please water me, or die.

——私に水を下さい、さもなければ死にます。

誰が貼り付けたのだろう。役所か並木の管理局の人だろうか。それとも、木を愛する人?

おそらく後者だろう。⑤this tree ではなくて me と書かれているところに、貼り付けた人の木への思いを感じた。

葉っぱの形から察するに、豆梨のようだった。

大通りのすみっこで、車の排《はい》気ガス、都会の汚《よご》れた空気、騒《そう》音などに晒《さら》されながらも、すっくと立っている一本の木。与《あた》えられた土は少なく、水をやる人もいないのだろう。

第一、こんなところで、どうやって水をやればいいのか。水源もないのに。

かわいそうに、と思いながら、木を見上げてみると、上の方はほとんどが枯れ枝になっている。明らかに、死にそうになっている。

次の瞬《しゅん》間、

⑥「あっ！」

私は声を上げた。

枝の一部にはまだ葉っぱが茂《しげ》っていて、なんとそこに、白い花がひと群れ、咲《さ》いているではないか。

豆梨の開花時期は四月である。

今はまだ八月の終わりだ。

けれども、無数の木の中には、気の早い木がいて、毎年いちばんに赤くなる。まるで紅葉の先導役を果たしているかのように。

最初に色づくのは、華《はな》やかな赤と明るいオレンジ色のメイプル。そのあとを追いかけるようにして、多数派の黄色が加わる。若木や低木はピンクや薄紫《うすむらさき》に。

メイプル、すなわち楓《かえで》には、実にさまざまな種類がある。

シルバーメイプル、レッドメイプル、ブラックメイプル、シュガーメイプル、マウンテンメイプル、ノルウェイメイプル——日本の「いろはもみじ」は、ジャパニーズメイプル。

②これらのメイプルが奏《かな》でる色の協奏曲を、常緑樹の緑が通底音となって支えている。まさに色の饗宴《きょうえん》。ため息なしには見ることができない。秋口に雨が多く降ると、色合いはいっそう濃くなる。

これは私の想像に過ぎないけれど、③それぞれの木は、それぞれ独自の紅葉時計を内包していて、その時計に従って色づいたり、葉を散らせたり、芽吹《ぶ》いたりしているのではないかと思う。

紅葉時計とはすなわち、木の個性、木の人格なのである。

紅葉の季節、さらに目《め》を見張るのが、色づいた葉の散っていく姿。

日本人は桜の散り際《ぎわ》を愛でるが、私は（私も日本人だが）紅葉の散り際を愛でる。

風に誘《さそ》われ、風にさらわれ、風にもてあそばれて、はらはら散っていく赤、くるくる舞《ま》い落ちるオレンジ、雨のように降り注ぐ黄色や茶色の葉っぱたち。

見上げると、まさに空から森が降ってくるかのようだ。

葉っぱのほかにも、落ちてくるものがある。

どんぐりや、小枝や、木の皮や、枯《か》れて乾《かわ》いた木の花や、妖《よう》精の風船みたいな小さな木の実。プロペラみたいな形をした木の実。かんざしのような木の実。

木の実を集めるために、りすたちが走り回っている。黒くまは、大好きなヒッコリーの木に登ろうとする。野生のりんごの木は、鹿たちのために実を落とす。木の下で、鹿は落ちてくる実を待っている。私はランニング中に、野原に落ちているりんごを拾って齧《かじ》ってみる。野生のりんごの味は淡《あわ》くて甘《あま》い。優《やさ》しい甘さである。落ちているりんごにはたいてい、小鳥に突《つ》かれたあとがある。そこに蟻《あり》が群《むら》がっている。

二　次の文章を読んで、あとの問いに答えなさい。（字数に制限のある問いは句読点や記号なども一字に数えます）

　花火のような、パッチワークのような、山が燃えているような、恋する乙女《おとめ》の胸の内のような、めくるめく夢の世界を見ているような——と、あれこれ呻吟《しんぎん》した挙句の果てに①「言葉では表現できないほど美しい」に行き着く。

　小説家にとって「言葉では表現できない」は禁句だと思うし、逃《に》げの表現だとわかっている。わかってはいるものの、どんな言葉で表現しても到《とう》底かなわないのだから仕方がない。潔《いさぎよ》く、白旗を掲《かか》げよう。

　この紅葉を、言葉ではなくて、絵で表現すると、どうなるか。

　十九世紀の中ごろ、ロマン派の流れを汲《く》む風景画家の一派として、ハドソン・リバー派と呼ばれる、アメリカの画家たちのグループがあった。画家たちが好んで描《えが》いたのは、私の暮らしているキャッツキル山地やハドソン川周辺の風景だった。いずれもきわめて写実的に、つまり、現実の風景を忠実に再現する、という手法で描かれている。

　彼《かれ》らの発表した秋の風景画を目にした、ヨーロッパの美術批評家たちは、

「嘘《うそ》だろう。こんな色彩《さい》、自然界に存在するはずがない」

と、口々に嘲笑《ちょうしょう》を浴びせたという。

　つまり、画家たちが写実的に描いた紅葉は「嘘のように美しかった」ということだ。

　十月の初旬《じゅん》から始まる紅葉は例年、だいたい中旬くらいにピークを迎《むか》えて、下旬になると散り始める。この季節には、キャッツキルを離れて、どこへも行きたくない。

　毎日、朝から晩まで、山々を眺《なが》めていたい。

　晴れた日よりも、曇《くも》った日の方が発色がいい。色が深く、しっとり落ち着いて見える。雨に濡《ぬ》れている紅葉も美しい。

　暇さえあれば、散歩に出かけて紅葉を眺める。山に登って紅葉を眺める。紅葉狩《もみじが》りのドライブに出かける。寝《ね》ても覚めても紅葉三昧。まぶたが紅葉で染まりそうなほど、言葉では表現できないほど、美しい日々なのである。

　マウント・トバイアスの中腹に位置する我《わ》が家まで、うねうねとつづく山道を車で上ったり、下ったりしているさいちゅうに、毎年、同じ場所で、同じ木を指さして、私は叫《さけ》ぶ。ひとりで外出しているときには、ひとりごとをつぶやく。

「あ、見て見て、あの木。ほら、あの木、もう赤くなってる、端《はし》の方が」

イ　書かれる相手が特定の一人に限定される点は似ているが、本に相手との間にやり取りが生じる点は手紙と異なる。

ウ　読者の幅に広がりがある点は似ているが、本のそれぞれの読者に合わせた言葉が使われる点は手紙と異なる。

エ　読者との間にやり取りが重ねられていく点は似ているが、本の書かれる内容が一方的である点は手紙と異なる。

問四　――線部④「送り手の受け手への想像力が試されるメディア」とありますが、どのようなことか、説明しなさい。

問五　――線部⑤「手紙のやり取りを継続していけば」とありますが、このような関係をもつ行為《い》を何と言うか、本文中から漢字二字でぬき出しなさい。

問六　――線部⑥「テキスト・データ以外に組み込める情報が豊か」とありますが、この「情報」を具体的に示している一文を本文中からぬき出し、最初と最後の五字をそれぞれ答えなさい。

問七　――線部⑦「新聞に示される時間感覚のメリット」とありますが、これを挙げることによって筆者が述べようとしている「手紙のメディア特性」とは何か、本文中の言葉を用いて三十字以内で説明しなさい。

問八　――線部⑧「基本的な手紙のメディア特性」とありますが、それに関する説明として本文の内容にふさわしいものには○、ふさわしくないものには×を書きなさい。

ア　手紙は書き手がよく知った相手に向けて言葉を送るメディアなので、対象が誰であろうと砕けた表現を用いても書き手の真心が相手に伝わる。

イ　手紙の歴史は長く、平安時代にはすでに文字以外にもメッセージを込めて相手へ送る形式がとられており、このスタイルは現代にも通じている。

ウ　書き手がいかに相手の気持ちを考え手紙を書いたとしても、対象がそれを察しなければ真意は伝わらないため、お互いに想像力が必要とされる。

エ　手紙は便箋の枚数を極力少なくし、制限された文字数の中で要点を相手に伝えようと工夫することが礼儀《ぎ》であるため、情報量に限りがある。

オ　郵便制度が整い、手紙が投函《かん》した当日に相手へ届けられるようになったことから、手紙の時間感覚はデジタルメディアの速報性に等しい。

かさ、そして考える時間を生み出す余裕を、プラス面としてここでは指摘《てき》しておきます。

（宮田　穰《みのる》　著　「ネット時代の手紙学」）

問一　――線部①「手紙というメディア」とありますが、その説明としてふさわしいものを次のア～エの中から一つ選び、記号で答えなさい。

ア　書き手よりも目上の相手に、失礼がないよう敬意を示すための手段。

イ　書き手が決められた相手に、多種多様な情報を届けるための手段。

ウ　書き手が大衆に向けて、今日の政治経済の流れを伝達するための手段。

エ　書き手から社会の人々に向けて、私的な考えを公開するための手段。

問二　――線部②「各時代の社会に受け入れられてきた」とありますが、各時代における手紙と人々の関係の説明としてふさわしいものを次のア～エの中から一つ選び、記号で答えなさい。

ア　奈良時代以前には、世界各国から手紙の原型となるスタイルがもたらされ、平安時代以降には日本独自のスタイルが整うことで手紙は人々の日常に欠かせないものとなった。

イ　江戸時代までに、手紙は文面以外にも相手に応じてさまざまな情報を加えられるようになり、公的な場面ではなく日常的なやり取りの場面で多く利用されるようになった。

ウ　明治時代以降に、送料をはじめ郵便制度が整うことで、手紙は通信手段として人々の社会生活を支える基盤《ばん》となり、一般の人々に多く利用されるようになった。

エ　現代では送り手と相手との関係性や立場などといった、それぞれの属性に合ったスタイルの多様化によって、手紙はあらゆる人々にとって欠かせないものとなった。

問三　――線部③「本の原稿を書く場合とは『似て非なるもの』」とありますが、手紙と本の似ている点と異なる点の説明としてふさわしいものを次のア～エの中から一つ選び、記号で答えなさい。

ア　書き手の対象が読者に向けられている点は似ているが、本に読者と想定される幅の広がりがある点は手紙と異なる。

一方、情報の質から見たとき、文字量以外でもさまざまな手がかりを、手紙の中に組み込むことができます。たとえば、便箋や、筆記具、そして何よりも「手書き」による文字、さらに文字以外ではイラストが入る場合もあります。平安貴族が恋文《こいぶみ》をさまざまな折枝に結んで相手に届けたように、封筒《ふうとう》も含《ふく》め、手紙というスタイル全体で、相手に多様なメッセージを届けることができるのです。

また、⑤手紙のやり取りを継続していけば、前回までとの比較も可能となります。そのような継続的な関係になると、急に便箋の枚数が減ったり、簡単な事務用封筒に代わってしまったりした場合は、それだけでも相手との関係の変化を暗示させます。

つまり、手紙のメディア特性として、情報量は限られている一方で、手紙全体でさまざまなメッセージを込めることができます。

つまり、手紙全体としては、情報の質は多様で濃《こ》いメディアだといえます。別の言い方をすれば、⑥テキスト・データ以外に組み込める情報が豊かなのです。

ただ、そのような多様な情報が、相手にメッセージとしてどの程度しっかり届くかどうかは、相手次第《しだい》ともいえます。どんなに、皮肉を込めた手紙に設《しつら》えても、相手が鈍《どん》感であれば、ほとんど伝わらないこともよくあります。手紙は、そのような双《そう》方の感性と暗黙《もく》の理解の上に立って、やり取りが継続されていくメディアなのです。このあたりは、メディアとしての手紙の強みだといえますが、一方で手間暇《ひま》がかかることなど弱みにもつながります。

さらに、手紙というメディアの時間との関わりについて考えてみましょう。

手紙の時間感覚に近いメディアとしては、新聞がイメージできます。最新の情報が、早くて翌日以降になることや、文字を丁寧《ねい》に追いながらメッセージを読み取ることから、新聞の時間感覚が生み出されます。テレビやインターネットの速報性との違いと比較しながら、いかに新聞が時代に取り残されているか、といったコメントをよく耳にします。しかし、⑦新聞に示される時間感覚のメリットについては、あまりコメントされることはありません。たとえば、文字を丁寧に読み取ることは、情報を客観的かつ冷静に受け止める姿勢につながります。一日単位でしか最新情報が来ないことは、気になった記事についてゆっくりと一日考える余裕《ゆう》が生まれます。そして、受け手が重要だと認めた記事は、クリッピングされることで必要なときに再利用が可能となります。このような特性は、まさに手紙にも共通するメリットではないでしょうか。情報の迅《じん》速さや手軽さが、すべてに優先されるわけではありません。そこには、思考する時間との関連性を組み込むことで、迅速さや手軽さにはない良さが出てきます。それは、深く考える余裕や腹落ちするように理解する余裕を生み出します。このような見方をすれば、手紙のメディア特性として、新聞と同様に考える時間や余裕を生み出すことが挙げられます。

以上のように、⑧基本的な手紙のメディア特性を挙げておくとしたら、対象への想像力の必要性、表現の多様性による情報の質の豊

文通のように、ときに相手とのやり取りを重ねながら、手紙の内容が続き物のようにどんどん展開していくこともあります。

③一般的に本の原稿《こう》を書く場合とは「似て非なるもの」です。有名な作家の書簡集が、本にまとめられていることがよくあります。どちらも形態は似ていますが、小説であれ評論であれ、想定される読者の幅が広がり、手紙とは雲泥《でい》の差となります。手紙の場合は、相手に合わせて親しみのある砕《くだ》けた表現が使われたり、話し言葉で書かれたりすることが多く見られます。相手さえ受け止めてくれれば、それで十分なのです。逆に、相手を意識しない一般論ばかりの硬《かた》い内容の手紙だと、いくら読みやすく書かれていても、相手に真意がなかなか伝わりません。手紙の場合は、とにかく相手への想像力と、相手の思いに可能な限り応えていく工夫が求められるのです。

では今度は、ＳＮＳでの書き込《こ》みと比較《かく》してみると、どうでしょうか。ＳＮＳといってもLINEとTwitterでは、対象の幅が異なるでしょう。ただ、いずれの場合でも、誰《だれ》かにむけて書いているようでありながら、相手に対する意識は非常に曖昧《あいまい》です。不明確な相手に向けて、個人的な内容をつい書いてしまいがちです。しかし、相手も曖昧なまま、それを受け取ることが少なくありません。相手といってもさまざまですから、人によって多様な解釈《しゃく》が行われます。そして、そういったやりとりの中では、誤解が容易に生じやすくなります。

一方、本の場合は想定読者がかなり広がりますが、基本的に一方向のため、受け手の理解力に応じてメッセージが伝わります。受け手は、内容が十分理解できない場合でも、自らの理解力のなさを意識しがちです。仮にその内容が自分の価値観と異なり、受け入れがたい場合は「その本は自分には合わない」「十分理解できるところまで自分のレベルは至っていない」などと考えながら、相手からのメッセージを誤解することなく、その著者から離《はな》れていくことになります。

このように考えてみると、手紙の場合は特定の相手であり、やり取りを継続していく可能性のある相手であることが、メディア特性に大きく影響《えいきょう》しています。それは、④送り手の受け手への想像力が試されるメディアだと言い換《か》えることもできます。このことを理解しないと、つい自己満足な内容を、手紙では一方的に書いてしまうことになります。手紙の場合は、相手と対面しながら、会話する状況に近いでしょう。それを忘れてはいけません。

次は、情報の量や質について考えてみましょう。

手紙は、情報量から見ると決して多くはありません。内容にもよりますが、便箋《せん》三枚も書けば相手に思いが十分伝えられると考えがちです。枚数がそれ以上になった場合は、最後に「長文になり失礼しました」と、つい書いてしまうことがあります。また、送料もそのあたりから段階的に上がっていきます。

二〇二二年度 昭和女子大学附属昭和中学校

【国語】〈A日程試験〉(五〇分)〈満点：一〇〇点〉

〔注意〕文字のとめ、はね、はらいなどに注意して、ていねいに書いてください。

一 次の文章を読んで、あとの問いに答えなさい。(字数に制限のある問いは句読点や記号なども一字に数えます)

手紙は、奈良時代より前に、中国から手紙の原型となるスタイルがもたらされました。平安時代以降は日本流のスタイルが少しずつ整っていきました。そして、時代ごとの工夫《ふう》が加えられながら、日本独自の展開がなされていきました。そのような状況《きょう》は、江《え》戸時代まで継《けい》続され、書き手の社会的立場や階層により、書式や書き方の違《ちが》いが明確に分化されていきました。その結果、①手紙というメディアは、文面以外にもさまざまな情報や意味が加えられ、凝《ぎょう》縮された存在になっていきました。また、気軽な日常的なやり取りから、重要な意思を伝えるものまで、幅《はば》広く活用され工夫が凝《こ》らされるメディアとなっていきました。

このように、時代の流れに応じて、送り手の属性に合った手紙のスタイルの多様化が見られる一方で、手紙という存在の社会的な価値は一貫《かん》して変わりませんでした。それは、政治経済に限らず、日常生活全般《ぱん》にわたり、②各時代の社会に受け入れられてきたからだといえます。

明治時代以降になると、社会のインフラとして郵便制度が整えられました。そして、手紙の利用がさらに大衆化し、社会の隅々《すみずみ》にまで手紙の利用が広くいきわたっていくことになりました。

この節では、手紙の歴史的な考察が主目的ではありませんので、このあたりでとどめておきます。

次に、日本での手紙の長い歴史の中で培《つちか》われてきた、手紙ならではのメディア特性について考えていきましょう。

メディア特性を考える場合、いくつかの視点を設ける必要があります。

まず、対象が挙げられます。手紙の場合は、基本的に相手は特定の一人です。しかし、何度かやり取りすることも十分考えられます。つまり、相手を特定の読者として限定し、その相手を意識した内容やスタイルを考え、手紙を仕上げていくことになります。そして、

2022年度

昭和女子大学附属昭和中学校 ▶解説と解答

算　数　＜Ａ日程試験＞（50分）＜満点：100点＞

解　答

1 ①　$\frac{1}{6}$　②　0　③　3　④　60km　⑤　$\frac{24}{25}$倍　⑥　27個　⑦　12m　⑧　720円　**2** ①　時速６km　②　解説の図を参照のこと。　③　時速$8\frac{2}{3}$km　**3** ①　4.5cm^2　②　3.75cm^2　③　25：６：４　**4** ①　125cm^3　②　５cm　③　３通り　**5** ＢとＥ，ＡとＤ　**6** ①　（例）　最大公倍数はどこまでも大きい数になってしまうため。　②　（例）　最小公約数は，どの２つの整数においても必ず１になるため。　③　４通り

解　説

1 **四則計算，逆算，速さと比，割合と比，場合の数，長さ，倍数算**

①　$\left\{\left(0.75+\frac{1}{8}\right)\div\frac{7}{2}-0.125\right\}\div\frac{3}{4}=\left\{\left(\frac{3}{4}+\frac{1}{8}\right)\div\frac{7}{2}-\frac{1}{8}\right\}\div\frac{3}{4}=\left\{\left(\frac{6}{8}+\frac{1}{8}\right)\div\frac{7}{2}-\frac{1}{8}\right\}\div\frac{3}{4}=\left(\frac{7}{8}\times\frac{2}{7}-\frac{1}{8}\right)\div\frac{3}{4}=\left(\frac{1}{4}-\frac{1}{8}\right)\div\frac{3}{4}=\left(\frac{2}{8}-\frac{1}{8}\right)\div\frac{3}{4}=\frac{1}{8}\times\frac{4}{3}=\frac{1}{6}$

②　$2\frac{2}{9}\times2\frac{1}{2}\times0.36-4\frac{1}{2}\times0.4-\frac{1}{2}\times0.4=\frac{20}{9}\times\frac{5}{2}\times\frac{9}{25}-\frac{9}{2}\times\frac{2}{5}-\frac{1}{2}\times\frac{2}{5}=2-\frac{9}{5}-\frac{1}{5}=\frac{10}{5}-\frac{9}{5}-\frac{1}{5}=0$

③　$\frac{4}{5}\div\left\{0.48-(\square-2)\times\frac{1}{5}\right\}=2\frac{6}{7}$より，$0.48-(\square-2)\times\frac{1}{5}=\frac{4}{5}\div2\frac{6}{7}=\frac{4}{5}\div\frac{20}{7}=\frac{4}{5}\times\frac{7}{20}=\frac{7}{25}$，$(\square-2)\times\frac{1}{5}=0.48-\frac{7}{25}=\frac{12}{25}-\frac{7}{25}=\frac{5}{25}=\frac{1}{5}$，$\square-2=\frac{1}{5}\div\frac{1}{5}=1$　よって，$\square=1+2=3$

④　時速60kmと時速40kmの比は，60：40＝３：２だから，これらの速さで同じ道のりを進むときにかかる時間の比は，$\frac{1}{3}:\frac{1}{2}=2:3$となる。この差が30分なので，比の１にあたる時間は，30÷（３－２）＝30(分)だから，時速60kmで進むときにかかる時間は，30×２＝60(分)，60÷60＝１(時間)と求められる。よって，この道のりは，60×１＝60(km)である。

⑤　１つのコップに入る水の量を１とすると，Ａに入っている水の量は，１×0.8＝0.8，Ｂに入っている水の量は，１×0.5＝0.5，Ｃに入っている水の量は，$1\times\frac{1}{3}=\frac{1}{3}$となる。すると，Ｂの水をすべてＣに入れると，Ｃに入っている水の量は，$0.5+\frac{1}{3}=\frac{5}{6}$となる。よって，Ａの水はＣの水の，$0.8\div\frac{5}{6}=\frac{24}{25}$(倍)とわかる。

⑥　０以外の数字をAとすると，条件に合う数は$\{AAA0,\ AA0A,\ A0AA\}$の３種類ある。どの場合も，Aには１～９の９通りの数字を入れることができるから，このような数は全部で，９×３＝27(個)ある。

⑦　１辺が９mの正方形のまわりの長さは，９×４＝36(m)なので，正三角形のまわりの長さも36mになる。よって，この正三角形の１辺の長さは，36÷３＝12(m)となる。

⑧　どちらも360円ずつ値上げしたから，値上げ前の値段の差と値上げ後の値段の差は変わらない。

そこで，値上げ前の比の差である，３－２＝１と，値上げ後の比の差である，９－７＝２をそろえると，右の図のように考えられる。よって，そろえた比の，９－６＝７－４＝３にあたる金額が360円なので，そろえた比の１にあたる金額は，360÷３＝120(円)となり，値上げ前のＡの値段は，120×６＝720(円)と求められる。

	Ａ		Ｂ		Ａ		Ｂ
値上げ前	３	：	２	＝	６	：	４
	差１		×２		差２		
値上げ後	９	：	７	＝	９	：	７
	差２				差２		

2 グラフ―速さ

① 問題文中のグラフより，スタートしてから25分後までは時速12km，25分後から45分後までは時速６km，45分後から90分後までは時速８kmで移動したことがわかる。よって，25分後から45分後までの速さは時速６kmである。

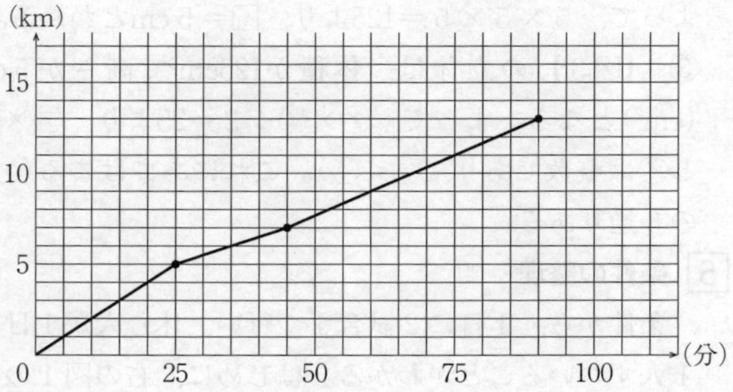

② スタートしてから25分後までに移動した道のりは，$12\times\frac{25}{60}=5$(km)とわかる。また，時速６kmで移動した時間は，45－25＝20(分)だから，その間に移動した道のりは，$6\times\frac{20}{60}=2$(km)と求められる。同様に，時速８kmで移動した時間は，90－45＝45(分)なので，その間に移動した道のりは，$8\times\frac{45}{60}=6$(km)となる。よって，移動の様子を表すグラフは上の図のようになる。

③ 平均の速さは，(道のりの合計)÷(かかった時間の合計)で求められる。上のグラフから道のりの合計は13kmとわかるので，平均の速さは時速，$13\div\frac{90}{60}=\frac{26}{3}=8\frac{2}{3}$(km)となる。

3 平面図形―面積

① ５－３＝２(cm)より，各部分の長さは右の図のようになる。また，４つの三角形ABF，ABH，DEC，DGCは直角二等辺三角形だから，●印をつけた角の大きさはすべて45度である。さらに，四角形AHCEと四角形FBGDは合同な平行四辺形なので，イは対角線の長さが３cmの正方形になる。ここで，正方形の面積は，(対角線)×(対角線)÷２で求めることができるから，イの面積は，３×３÷２＝4.5(cm²)とわかる。

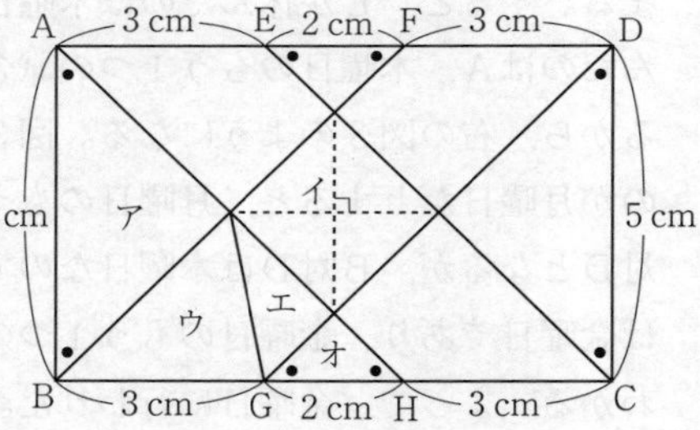

② ウは，底辺が３cm，高さが，５÷２＝2.5(cm)の三角形なので，ウの面積は，３×2.5÷２＝3.75(cm²)と求められる。

③ アは直角二等辺三角形だから，５cmの辺を底辺とすると，高さは，５÷２＝2.5(cm)となり，面積は，５×2.5÷２＝6.25(cm²)とわかる。また，(エ＋オ)は，底辺が２cmで高さが2.5cmの三角形なので，面積は，２×2.5÷２＝2.5(cm²)と求められる。さらに，オも直角二等辺三角形であり，２cmの辺を底辺としたときの高さは，２÷２＝１(cm)だから，オの面積は，２×１÷２＝１(cm²)となる。よって，エの面積は，2.5－１＝1.5(cm²)なので，ア，エ，オの面積の比は，6.25：1.5：１＝25：６：４と求められる。

4　立体図形―体積，整数の性質

①　問題文中の【図１】の立体について，下の段は，たて6.7cm，横７cm，高さ２cmの直方体だから，体積は，6.7×７×２＝93.8(cm³)となる。また，上の段は，たて2.6cm，横４cm，高さ３cmの直方体なので，体積は，2.6×４×３＝31.2(cm³)とわかる。よって，【図１】の立体の体積は，93.8＋31.2＝125(cm³)となる。

②　【図２】の立方体の１辺の長さを□cmとすると，□×□×□＝125(cm³)と表すことができる。よって，５×５×５＝125より，□＝５cmとわかる。

③　【図３】の立体は，体積が125cm³で高さが５cmの三角柱だから，底面積は，125÷５＝25(cm²)となる。よって，㋐×㋑÷２＝25より，㋐×㋑＝25×２＝50と表すことができる(ただし㋐と㋑は整数であり，㋐＜㋑)。これにあてはまる(㋐，㋑)の組は，（１，50），（２，25），（５，10）の３通りある。

5　条件の整理

条件から，１日に２試合ずつ行い，休む人が１日に１人ずついることがわかる。はじめに，右の図１のように，Ｂ対Ｅはかげの部分のどちらかになる。もし，Ｂ対Ｅが火曜日だとすると，火曜日のもう１つの試合はＡ対Ｃとなる。ところがＡ対Ｃは木曜日だから，Ｂ対Ｅは金曜日と決まり，右の図２のようになる。図２で，Ｄ対Ｅが行われた可能性があるのは{水，木}であるが，木曜日だとすると，「ＥはＤと試合をした次の日に休んだ」という条件に合わないので，水曜日と決まる。すると，Ｅが休んだのは木曜日で，水曜日に休んだのはＡ，木曜日のもう１つの試合はＢ対Ｄとわかるから，右の図３のようになる。図３で，Ｃが休んだのが月曜日だとすると，月曜日のもう１つの試合はＢ対Ｄとなるが，Ｂ対Ｄは木曜日なので，Ｃが休んだのは金曜日であり，金曜日のもう１つの試合はＡ対Ｄとわかる。よって，金曜日に行われた試合は，ＢとＥ，ＡとＤである。なお，表をすべてうめると，右上の図４のようになる。

図１

曜日	月	火	水	木	金
試合	Ａ対Ｅ	Ｂ対Ｅ	Ｂ対Ｃ	Ａ対Ｃ	Ｂ対Ｅ
休み		Ｄ			

図２

曜日	月	火	水	木	金
試合	Ａ対Ｅ		Ｂ対Ｃ	Ａ対Ｃ	Ｂ対Ｅ
休み		Ｄ			

図３

曜日	月	火	水	木	金
試合	Ａ対Ｅ		Ｂ対Ｃ	Ａ対Ｃ	Ｂ対Ｅ
			Ｄ対Ｅ	Ｂ対Ｄ	
休み		Ｄ	Ａ	Ｅ	

図４

曜日	月	火	水	木	金
試合	Ａ対Ｅ	Ａ対Ｂ	Ｂ対Ｃ	Ａ対Ｃ	Ｂ対Ｅ
	Ｃ対Ｄ	Ｃ対Ｅ	Ｄ対Ｅ	Ｂ対Ｄ	Ａ対Ｄ
休み	Ｂ	Ｄ	Ａ	Ｅ	Ｃ

6　整数の性質

①　公倍数は無限にあるから，公倍数の中で最も大きい数は存在しない。よって，『最大公倍数』というものはない。

②　１以上の整数について，どの場合も，公約数で一番小さい数は１になる。よって，『最小公約数』という言葉は必要がない。

③　２つの整数をAとBとし，A，Bを最大公約数の４で割った商をそれぞれa，bとすると，右のようになる(aとbの間には１以外に公約数がない)。ここで，AとBの最小公倍数は120だから，$4 \times a \times b = 120$より，$a \times b = 120 \div 4 = 30$とわかる。よって，$a < b$とすると，$a$と$b$の組は，（１，30），（２，15），（３，10），（５，６）の

４）A　B
　　a　b

４通りなので，AとBの組は，（４，120)，（８，60)，(12，40)，(20，24)の４通りである。

社　会　＜Ａ日程試験＞（理科と合わせて50分）＜満点：50点＞

解　答

[1] **問１**　**Ａ**　イ　**Ｂ**　ウ　**Ｃ**　オ　**問２**　**Ａ**　ア　**Ｂ**　エ　**Ｃ**　イ　**問３**　イ　**問４**　ア　**問５**　エ　**問６**　**Ａ**　イ　**Ｃ**　エ　**問７**　ウ　**問８**　ア　**問９**　(例)　周囲を山に囲まれ，降水量が少ないから。　[2] **問１**　イ　**問２**　エ　**問３**　推古　**問４**　奈良　**問５**　北条政子　**問６**　応仁の乱　**問７**　津田梅子　**問８**　イ　**問９**　ウ　**問10**　ウ　[3] (1)　18　(2)　文化　[4] **問１**　**あ**　イ　**い**　エ　**う**　ウ　**問２**　①　だんがい　②　国務大臣　**問３**　内閣　[5] **問１**　エ　**問２**　SDGs　**問３**　やませ　**問４**　打ちこわし　**問５**　(例)　レジ袋を有料化することによってレジ袋の使用量が減れば，レジ袋をつくるための石油の消費量が少なくなり，CO_2の排出量を減らすことにつながるから。

解　説

[1] 空中写真を題材とした地理の問題

問１　**Ａ**　濃尾平野南西部を写したもので，右から順にイの木曽川，長良川，揖斐《いび》川の木曽三川が集まって流れている。　**Ｂ**　近年の日本で最も多く噴火《ふんか》を繰《く》り返している火山は，鹿児島湾内に位置するウの桜島である。　**Ｃ**　大阪湾や大阪平野などが写っており，点線①，②の北側にはオの六甲山地が広がっている。

問２　**Ａ**　木曽三川の下流部は昔からしばしば洪水にみまわれてきたことから，地域の人々は集落や耕地を堤防《ていぼう》で囲み，盛り土をした上に家や水屋という小屋を築いて洪水に備えているので，アがあてはまる。　**Ｂ**　鹿児島県の大部分の地域には，シラスとよばれる火山灰土が広がっている。シラスは水持ちが悪いことから水田には適さず，おもにさつまいもなどの畑作中心の農業が行われてきたことから，エがあてはまる。　**Ｃ**　奈良市を中心とする地で，かつて平城京があった場所などがふくまれている。平城京は唐(中国)の都の長安を手本につくられたもので，南北・東西にのびる道は碁盤《ごばん》目状に区画されていたから，イがあてはまる。

問３　矢印の下には，愛知県の県庁所在地である名古屋市がある。名古屋市から北に約160キロ進むと，イの金沢市付近に行き着く。

問４　矢印の方向には，鹿児島湾の東側にあるアの大隅《おおすみ》半島が延びている。イの国東《くにさき》半島は大分県北東部，ウの薩摩《さつま》半島は鹿児島湾の西側，エの房総《ぼうそう》半島は千葉県南部にある半島。

問５　矢印の川は淀《よど》川で，その上流にはエの琵琶湖がある。琵琶湖は滋賀県の面積の６分の１を占《し》める日本最大の湖である。アの高野山は和歌山県北東部にあり，イの富士山は静岡と山梨の両県にまたがっている。ウの諏訪《すわ》湖は長野県中央部にある。

問６　Ａの地域には愛知県と三重県がふくまれるので，中京工業地帯があてはまる。Ｃには大阪府や兵庫県がふくまれるので，阪神工業地帯となる。表のうち，自動車産業が特にさかんで，機械工業の占める割合が最も高いイが中京工業地帯，機械工業と金属工業を中心にさまざまな工業がバランスよく発達しているエが阪神工業地帯とわかるので，Ａがイ，Ｃがエとなる。なお，アは京浜工業地帯，ウは北陸工業地域。

問７　Ｂの鹿児島県は畜産がさかんで，肉用牛，豚，採卵鶏《さいらんけい》の飼育頭羽数が全国で上位に入ることから，鶏卵が最も多いウと判断できる。なお，アは愛知県，イは奈良県，エは三重県を示している。

問８　点線①の埋《う》め立て地は沿岸部にあり，点線②の埋め立て地はその沖合にあることが読み取れる。沿岸部のほうが先に埋め立てられたと考えられるので，①が古く，②はそのあとにつくられたと判断できる。点線①の埋め立て地はおもに工業用地であった。また，点線②の埋め立て地は商業施設や港湾施設，空港などとなっている。よって，アが正しい。

問９　Ｃの奈良市をふくむ地域はやや内陸性の気候で，周囲を山に囲まれた盆地(奈良盆地)になっているので，降水量が比較《ひかく》的少なく，古くから農業用水などを確保する目的で多くのため池がつくられてきた。

2　歴史上の女性を題材とした問題

問１　衆議院は1890年の第１回帝国議会が開かれるさいに，初めて設置された。アの日本国憲法は1946年11月３日に公布され，翌47年５月３日に施行された。イの日清戦争の開始は1894年，ウのラジオ放送の開始は1925年，エのペリーの来航は1853年のできごとなので，最も近いのはイとなる。

問２　弥生時代より前の縄文時代や旧石器時代には，狩猟《しゅりょう》・採集を中心とした生活が行われており，身分の上下や貧富の差はなかったと考えられているので，エが最もふさわしい。稲作は縄文時代の終わりごろに大陸から日本に伝わり，弥生時代に全国に広がったと考えられている。

問３　聖徳太子が摂政《せっしょう》を務めた女性天皇は推古天皇で，聖徳太子は推古天皇の甥《おい》にあたる。

問４　聖武天皇と光明《こうみょう》皇后の間に生まれた娘は，孝謙《こうけん》天皇として奈良時代の749年に即位《そくい》した。

問５　源頼朝の妻であった北条政子は，頼朝の死後，鎌倉幕府の政治に深く関わり，尼《あま》将軍とよばれた。1221年に承久《じょうきゅう》の乱が起こったとき，動揺《どうよう》する御家人たちを集めて演説を行い，幕府を勝利に導いた。

問６　足利義政は室町幕府の第８代将軍で，義政の後継《こうけい》者問題に守護大名どうしの対立などがからんで，1467年に応仁の乱が起こった。

問７　1871年，初めての女子留学生５人が岩倉使節団に同行し，アメリカに渡った。このなかの１人である津田梅子は，２度のアメリカ留学から帰国後に女子英学塾(現在の津田塾大学)を開き，女子教育に力を注いだ。

問８　イの平塚らいてうらは1911年に青鞜《せいとう》社を結成し，女子だけの文芸雑誌「青鞜」を発行した。その創刊号の巻頭でらいてうは「もともと，女性は太陽であったが，今は月である」と述べて現状をなげくとともに，女性の自由解放を宣言した。

問９　日本で女性が初めて参政権を獲得《かくとく》したのは，第二次世界大戦後の1945年12月のことで，翌46年４月に行われた衆議院議員総選挙では39人の女性議員が誕生した。

問10　本文中に「鎌倉時代には地頭になった女性もいた」とあり，鎌倉時代に女性が土地を支配することもあったので，ウが正しくない。なお，弥生時代には邪馬台国《やまたいこく》で卑弥呼《ひみこ》などが女王となっている。また，中世以降に天皇となった女性は，江戸時代の明正《めいしょう》天皇と後桜町《ごさくらまち》天皇の２人だけである。

3　成人年齢の引き下げと政府機関の移転についての問題

⑴　2022年４月に，成人年齢は20歳から18歳に引き下げられた。

⑵　2022年度中に京都府へ移転することが決まっている中央省庁の機関は，文部科学省の外局である文化庁である。

4　日本の政治や裁判所についての問題

問１　**あ**　三権分立は，国の権力を立法権・行政権・司法権の３つに分け，互《たが》いの権力を監視《かんし》しあって行き過ぎをおさえようとするしくみなので，イがあてはまる。　**い**　文民とは，軍人ではない人のことなので，エがあてはまる。　**う**　高等裁判所は，札幌・仙台・東京・名古屋・大阪・広島・高松・福岡の８か所におかれ，おもに第２審を行うので，ウがあてはまる。アは地方裁判所，イは家庭裁判所，エは最高裁判所についての説明。

問２　①　裁判官としてふさわしくないという訴《うった》えがあった裁判官は，国会内に設けられる弾劾《だんがい》裁判所で国会議員による裁判を受けることになる。　②　日本国憲法第66条２項は「内閣総理大臣その他の国務大臣は，文民でなければならない」と規定している。

問３　最高裁判所の長官は，内閣が指名し，天皇が任命する。

5　地球温暖化についての問題

問１　オゾン層の破壊《はかい》はエアコンや冷蔵庫の冷媒《れいばい》，電子部品の洗浄《せんじょう》などに使われてきたフロンなどが原因で引き起こされ，地上に降り注ぐ太陽からの紫外線《しがいせん》が増えて皮ふがんなどが増大すると心配されているので，エが地球温暖化によって生じる問題としては適切でない。なお，地球温暖化によって気候が変化し，農産物の生産量が減少したり，渇水《かっすい》・洪水などの発生する危険が増加したりすると考えられている。また，地球温暖化によって気温が上昇すると，熱中症《しょう》が増加したり，マラリアなどの熱帯地域にみられる感染症が広がったりすることなどが心配されている。

問２　「持続可能な開発目標」は，英語の「サステナブル・ディベロップメント・ゴールズ」の略称でSDGs(エス・ディー・ジーズ)という。2015年に国連サミットで採択《さいたく》されたもので，参加193か国が2016年から2030年までに達成することを掲《かか》げた17の開発目標のことを指す。

問３　東北地方の太平洋側では，梅雨期から盛夏にかけて冷たく湿った北東風が吹《ふ》く。「やませ」とよばれるこの風は寒流の千島海流(親潮)の上を吹き渡ってくるため，これが長く続くと日照不足となって気温が上がらず，冷害の原因となる。

問４　江戸時代，ききんや物価の上昇に苦しむ都市の貧しい人たちが，米を買い占めた商人の店や質屋などをおそう暴動が起こった。これを打ちこわしという。

問５　レジ袋を有料化することによって，レジ袋の使用量が削減《さくげん》されると考えられている。レジ袋の多くは石油を原料としているため，レジ袋の使用量が減ると石油の消費量が少なくなり，結果的に地球温暖化の原因となるCO_2(二酸化炭素)の排出量を減らすことにつながる。また，レジ袋の使用量が減ることは，レジ袋を焼却《しょうきゃく》するさいに発生するCO_2(二酸化炭素)の排出量を削減することにもなる。

理 科　＜Ａ日程試験＞（社会と合わせて50分）＜満点：50点＞

解 答

1 **問１**　ウ，エ，オ　**問２**　20m/秒　**問３**　（例）　血液は肺で酸素を受け取り，心臓によって全身へ送り出され，その後心臓にもどって再び肺へ送られる。　**問４**　(イ)　**問５**　70mL　2 **問１**　D　**問２**　オ　**問３**　ア　**問４**　（例）　海や川などの水のある環境であった。　**問５**　（例）　カニなどの穴を掘ってくらす生き物。　3 **問１**　酸素　**問２**　**理由**…（例）　加熱によってできた液体が試験管の底に流れ込み，試験管が急に冷やされて割れてしまうから。　**どのようにするか**…（例）　試験管の口を底よりも低くする。　**問３**　ア　**問４**　イ　**問５**　（例）　燃えるときに炎を出さないから。　4 **問１**　250ｇ　**問２**　解説の図を参照のこと。　**問３**　３cm　**問４**　21cm　**問５**　**考え方**…（例）　ほう和水溶液ののう度は，$\frac{36}{136}\times100=26.47\cdots$より，約26％であるが，このとき水面に出ているうきの長さは８cmより明らかに短い。　**答え**…できない　5 **問１**　（例）　水，酸素　**問２**　（例）　温度が豆苗の生育に与える影響を明らかにすること。　**問３**　（例）　光の当たる量がちがうと生育のしかたもちがってくるかもしれないわ　**問４**　（例）　ハザードマップを用意し，高台へのにげ道をあらかじめ考えておく。　**問５**　（例）　地球温暖化を予測する計算

解 説

1 ヒトのからだのしくみについての問題

問１　コガネムシはこん虫，ワラジムシはこうかく類で，ともに多細胞《さいぼう》生物である。アカムシはゴカイに似た環形《かんけい》動物やこん虫のユスリカの幼虫，ダニのなかまをよぶときに用いられる名まえだが，いずれの生物も多細胞生物に属する。なお，ゾウリムシとミドリムシはプランクトンのなかまで単細胞生物に分類される。

問２　刺激《しげき》を受けてから筋肉が収縮するまでにかかる時間のうち，神経の先端《せんたん》が筋肉に刺激を伝える時間と刺激を受けた筋肉が収縮するのにかかる時間は，Ａ点，Ｂ点のどちらの刺激でも同じである。よって，Ａ点とＢ点の刺激を受けてから筋肉が収縮するまでにかかる時間の差が，神経が刺激を伝える時間の差となる。筋肉からＡ点までの距離《きょり》と筋肉からＢ点までの距離の差は，$6.5-0.5=6$（cm）で，刺激を伝える時間の差が，$6.0-3.0=3.0$（ミリ秒）であることから，$6\div\frac{3.0}{1000}=2000$（cm/秒）より，神経が刺激を伝える速さは毎秒20mである。

問３　心臓の右心室から出た血液は，肺で酸素を受け取り，心臓にもどる（肺循環《じゅんかん》）。その後，左心室から出て全身の組織に酸素を運び，再び心臓にもどり（体循環），肺へ送られる。

問４　Ｃ→Ｄでは，左心室の圧力が高いまま左心室の体積が小さくなっているので，このとき血液が送り出されているとわかる。したがって，(イ)があてはまる。なお，Ｄ→Ａは(ウ)，Ａ→Ｂは(エ)，Ｂ→Ｃは(ア)の時期である。

問５　図のＣで140mLであった左心室の体積は，Ｄでは70mLまで減少しているので，１回の心臓の収縮によって左心室から放出される血液の量は，$140-70=70$（mL）と求められる。

2 地層についての問題

問１　地層をつくる土砂のつぶが大きいほどつぶとつぶの間のすき間が多く，水がしみこみやすい。

Ａ～Ｄのうち，最もつぶが大きいのはＤである。

問２　「地点あ」を真下に掘《ほ》っていくと，地層Ｈ→地層Ｇ→地層Ｆ→地層Ｄの順に出てくる。さらに，掘り進めると地層のつながりから，地層Ｄの下の地層Ｃが出てくるとわかる。よって，オが選べる。

問３　ふつう，下にある地層ほど古いので，地層Ａ→地層Ｂ→地層Ｃ→地層Ｄの順に地層ができたあと，地層全体がかたむき，その後，地層Ｅ→地層Ｆ→地層Ｇの順にたい積したと考えられる。

問４　地層Ｂができた当時，海や川，湖など，貝が生息するような水のある環境であったと考えられる。アサリの化石があれば浅い海，サンゴの化石があればあたたかい浅い海のように，地層ができた当時の環境を知る手がかりとなる化石を示相化石という。

問５　地層Ａができた当時，カニなどの生物が巣穴を掘って生活していたが，その上に地層Ｂがたい積したため，砂が入り込《こ》んだ状態で化石となったと考えられる。

3 **燃焼についての問題**

問１　木片は燃えるときに空気中の酸素と結びつくため，集気びんの中の酸素が減ると，木片の火が消える。

問２　木片を図のようにむし焼きにすると，発生した水蒸気が冷えてできた水てきなど，液体が試験管の内側につく。この液体が加熱している部分に流れ込むと，試験管が急に冷やされて割れてしまうおそれがあるので，試験管の口を底よりも低くする。

問３　木片をむし焼きにしたときに発生する気体は木ガスとよばれ，火を近づけると炎《ほのお》を上げて燃える。

問４　木片は熱によって，液体(木タール，木酢《さく》液)，気体(木ガス)，固体(木炭)に分解される。したがって，木炭の重さは，木片の重さよりも軽い。

問５　木炭の成分は固体の炭素なので，炎を出さずに赤くなって燃える。

4 **食塩水ののう度と浮《ふ》力についての問題**

問１　のう度20％の食塩水に含《ふく》まれている水の重さの割合は，100－20＝80(％)なので，水3000ｇに加える食塩の重さは，$3000 \times \frac{20}{80} = 750$(ｇ)である。また，のう度25％の食塩水に含まれている水の重さの割合は，100－25＝75(％)であるから，水3000ｇに，$3000 \times \frac{25}{75} = 1000$(ｇ)の食塩をとかす必要がある。よって，追加する食塩の重さは，1000－750＝250(ｇ)とわかる。

問２　表の値を点でしるし，５つの点の近くを通る直線を引くと，右の図のようになる。

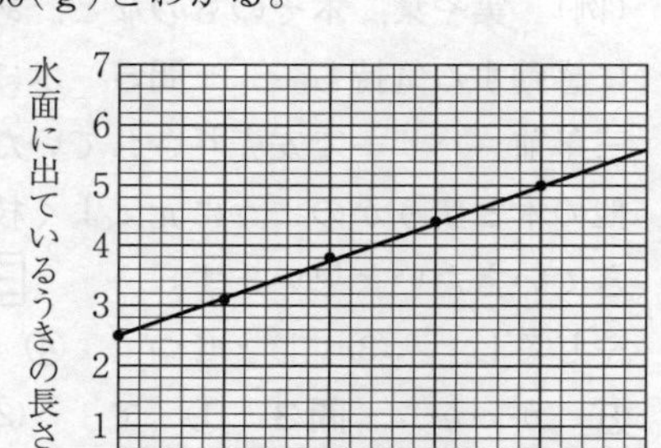

問３　問２のグラフより，食塩水ののう度が４％のときの水面に出ているうきの長さを読み取ると，３cmであることがわかる。

問４　問２のグラフより，食塩水ののう度が12％のときの水面に出ているうきの長さは４cmである。したがって，うきのしずんでいる部分の長さは，25－４＝21(cm)となる。

問５　食塩は水100ｇに36ｇまでとけ，このときののう度は，$\frac{36}{100+36} \times 100 = 26.4\cdots$(％)である。

問２のグラフより，のう度26.4％のときに水面に出ているうきの長さは，明らかに８cmより短いとわかる。したがって，水面に出ているうきの長さを８cmにすることはできない。

5 植物の育ち方，災害についての問題

問１　植物の生育には，水，酸素，適当な温度，光，肥料が必要である。

問２　いろいろな温度の水道水を与《あた》えたときの豆苗《とうみょう》が伸《の》びた長さを調べていることから，この実験は温度と生育との関係を明らかにすることが目的と考えられる。

問３　光の当たる量や当たる時間などを一定にし，水道水の温度以外の条件をすべて同じにしておく必要がある。調べたい条件以外の条件も変えてしまうと，その条件の影響で生育のしかたが変わってしまうおそれがある。

問４　津波《つなみ》による被害《ひがい》に備え，ハザードマップを家族で確認し，高台へのひ難ルートを事前に知っておくことが大切である。また，飲料水や食料品，救急用品，懐中《かいちゅう》電灯などを入れた非常用持ち出しバッグを用意しておくとよい。

問５　2021年にノーベル物理学賞を受賞した真鍋淑郎《まなべしゅくろう》氏の研究テーマは，地球温暖化を予測するために必要な計算をコンピューターで行うための気候モデルの開発であった。そのほかに，2019年にノーベル化学賞を受賞した吉野彰《よしのあきら》氏のリチウムイオン電池の開発，2018年にノーベル医学・生理学賞を受賞した本庶佑《ほんじょたすく》氏の新しいがん治りょう法の発見などが挙げられる。

国語　＜A日程試験＞（50分）＜満点：100点＞

解答

一 **問１** イ　**問２** ウ　**問３** ア　**問４** （例）手紙とは，手紙を読む相手がどのような反応や理解を示すのかを，書き手がいかに考えて書いたかどうかが問われる情報伝達手段であるということ。　**問５** 文通　**問６** たとえば，～あります。　**問７** （例）深く考える余裕や腹落ちするように理解する余裕を生み出すこと。　**問８** ア ×　イ ○　ウ ○　エ ×　オ ×　**二** **問１** エ　**問２** イ　**問３** （例）紅葉たちはそれぞれが色づいたり葉を散らせたりすることが決められた独自の時間軸をもっているということ。　**問４** （例）実や葉，木そのものなど，あらゆる部分が多様な生物や自然にとっての恵みを与えることに感動する気持ち。　**問５** 木には私た　**問６** エ　**問７** 大通りのす　**問８** （例）三年前，バザーで安売りされていた小さな木を庭に植えたら，今では私の身長よりも高く成長し，他の木と競うかのように元気よく枝をのばしています。私もどんな環境にあってもたくましく生きていきたいと思います。　**三** **問１** 下記を参照のこと。　**問２** ① いえじ　② やじるし　③ じょせつ　④ しょうじき　⑤ めんか　⑥ やどちん　⑦ きてき　⑧ かいが　**問３** ① ア　② ウ　③ イ　④ ウ　⑤ ア　⑥ イ　**問４** ① カ　② オ　③ エ　④ ウ　⑤ イ　⑥ キ

●漢字の書き取り

三 **問１** ① 雑貨　② 盟約　③ 策略　④ 改革　⑤ 破損　⑥ 系統　⑦ 裁断　⑧ 暴君

解説

一　出典は宮田《みやた》穣《みのる》の『ネット時代の手紙学』による。手紙というメディアの歴史を振《ふ》り返ったうえで，手紙では読み手に対する想像力が試されること，さまざまな形でメッセージを込《こ》められること，受け手が時間をかけて手紙の内容を考える余裕《よゆう》があることなど，手紙の特性を説明している。

問１　時代が進むにつれ，さまざまな情報や意味が加えられるようになった手紙は，「凝縮《ぎょうしゅく》された存在」となっていったことや，そのやりとりの相手は特定の一人であることが述べられているので，イがふさわしい。なお，手紙では相手次第で「親しみのある砕《くだ》けた表現」や「話し言葉」が使われることがあると筆者は述べており，目上の相手向けのものと決まっているわけではないので，アは合わない。また，手紙は「送り手の属性に合った」多様なスタイルを持つメディアであると本文では書かれており，新聞のように大衆に向けて政治経済の流れを説明するものとは異なるため，ウも正しくない。さらに，ぼう線部③の前の部分で筆者は，手紙を差し出す相手は「特定の一人」だと述べており，社会に向けて書くものではないため，エも誤り。

問２　三つ目の段落に，明治時代以降，インフラとして郵便制度が整ったことで手紙の大衆化が進み，社会の隅々《すみずみ》にまでその利用が及《およ》んだと書かれているので，ウが合う。なお，本文のはじめで筆者は，「奈良時代より前」に「手紙の原型となるスタイル」がもたらされたのは中国からだと述べているため，アは誤り。また，ぼう線部①の直後の一文には，手紙は「日常的なやり取り」から「重要な意思を伝えるもの」まで，「政治経済に限らず，日常生活全般《ぜんぱん》にわたり」広く使われてきたことが書かれている。この部分から，公的な場面でも利用されていたことが読み取れるため，イもふさわしくない。さらに，ぼう線部②に続く部分には，「明治時代以降」に「手紙の利用がさらに大衆化」したとあるものの，あらゆる人々にとって欠かせないものとなったかどうかは書かれていないため，エも正しくない。

問３　手紙は特定の一人に向けられたものであるため，相手への想像力を働かせ，相手の思いに可能な限り応えていく工夫が求められるが，手紙に比べ「想定される読者の幅《はば》」が広がる本では，そのメッセージは「基本的に一方向」だと述べられている。つまり，手紙と本は，相手がいることを前提としたものであるという点では共通しているが，想定読者の幅という点では違《ちが》いがあるといえる。よって，アが合う。なお，続く部分で筆者は，本は手紙よりも「想定される読者の幅が広が」ると述べているため，イは誤り。また，手紙の対象は「特定の一人」であり，手紙の読者の幅に広がりはないため，ウもふさわしくない。さらに，本は手紙と異なり，「相手とのやり取りを重ね」るものではなく「一方向」のメディアであるため，エも正しくない。

問４　ぼう線部④の段落で，手紙は「特定の相手」と「やり取りを継続《けいぞく》していく」ためのメディアであり，「相手と対面しながら，会話する状況《じょうきょう》に近い」と述べられている。つまり，手紙の相手に「真意」が伝わって受け止めてもらえるように，書き手は相手への想像力を働かせ，相手の思いに可能な限り応えていく工夫が必要になるのである。

問５　手紙で「相手とのやり取りを重ね」ることを，筆者はぼう線部③の直前の一文で「文通」とよんでいる。

問６　同じ段落のぼう線部⑤の前の部分では，筆者は「文字量以外」にも「さまざまな手がかり」を「手紙の中に組み込むこと」ができると述べており，その具体例として「便箋《びんせん》」や「筆記具」，「『手書き』による文字」，「イラスト」などをあげている。

問７　続く部分で筆者は，新聞というメディアでは「一日単位」でしか情報が届かないため，「情報を客観的かつ冷静に受け止める姿勢」や「気になった記事についてゆっくりと一日考える余裕」などが生まれると説明している。さらに，筆者はこのことをふまえ，手紙も同様に「深く考える余裕や腹落ちするように理解する余裕」を生み出すという「メディア特性」があると述べている。

問８　**ア**　ぼう線部③の段落で，手紙の「相手さえ受け止めてくれれば」,「砕けた表現」を使うことも多いと述べられているが対象が誰《だれ》であろうと「砕けた表現」を使うとは書かれていないため，誤り。　**イ**　ぼう線部⑤の同じ段落の前の部分には，「平安貴族が恋文《こいぶみ》をさまざまな折枝に結んで相手に届けた」ように，手紙では「封筒《ふうとう》も含《ふく》め，手紙というスタイル全体で相手に多様なメッセージを届けることができる」と書かれているため，正しい。　**ウ**　ぼう線部⑥の直後の段落に，手紙は書き手と相手の「双方《そうほう》の感性と暗黙《あんもく》の理解の上に立って，やり取りが継続されていくメディア」だと書かれているため，本文と合う。　**エ**　ぼう線部④の次の段落で筆者は，手紙の「情報量」は「決して多くは」なく，「便箋三枚」以上になると「長文」であると述べている。ただし，便箋の枚数を極力少なくすることが礼儀《れいぎ》だとは書かれていないため，ふさわしくない。　**オ**　ぼう線部⑦の前後で筆者は，手紙の「時間感覚」のメリットとして「思考する時間」があることを説明しており，「テレビやインターネットの速報性」があるとは述べていない。よって，正しくない。

二　**出典は小手鞠《こでまり》るいの『空から森が降ってくる』所収の「紅葉時計」による。**筆者が毎年感動している紅葉の美しさから，自然界に恵《めぐ》みを与え続ける木の偉大《いだい》さ，木が人間と同じように生命を持っていると感じたできごとなどに話を展開している。

問１　続く部分で筆者は，「小説家」として「言葉では表現できない」と言うのは「逃《に》げの表現だとわかっている」が，「どんな言葉で表現しても到《とう》底かなわないのだから仕方がない。潔く，白旗を掲《かか》げよう」と述べている。あまりに見事な紅葉を前に，自分の表現力の限界を素直に認め，いっそすがすがしい気持ちでその美しさをたたえていることが読み取れるので，エがふさわしい。

問２　前の部分では「赤」や「オレンジ色」,「黄色」など楓《かえで》が色とりどりに紅葉するさまが描《えが》かれており，筆者はこれを「メイプルが奏でる色の協奏曲」とたとえている。一方で，紅葉せずに「緑」の葉を保っている「常緑樹」が「通底音」として「支えている」とも書かれており，筆者は常緑樹も「協奏曲」の一部として紅葉の色彩《しきさい》の豊かさや美しさをきわ立たせていると考えていることが読み取れる。よって，イが合う。

問３　問２でみたように，「さまざまな種類」の楓は毎年決まった順番で決まった色に紅葉している。筆者はこのこともふまえ，木々はそれぞれの「紅葉時計」にしたがい，決まったタイミングで「色づいたり，葉を散らせたり，芽吹《めぶ》いたりしているのではないか」と述べている。よって，「紅葉時計」とは，個々の木が独自に生きている時間の流れのことであるとわかる。

問４　前の部分で筆者は，森が「葉っぱ」や「木の実」といった「恵み」を「惜《お》しげもなく」降らせ，動物や大地などが「いっさいの無駄《むだ》」なく「その恩恵《おんけい》にあずかっている」こと，その恩恵は木に「寿命《じゅみょう》が訪れ」て「土に還《かえ》」った後も続くことなどを描いている。さらに，人間が「太古の昔から」さまざまな形で木に守られて生きてきたことにも思いをはせ，「木とはなんと偉大な存在なのだろう」としめくくっている。こうしたことから，木がそのすべてをもって生物や自然に恵みをほどこし続けてきたことに対し，筆者が畏敬《いけい》の念をいだいていることがわかる。

問５　本文の終わりで筆者は，「感情」や「思考」を持っているかのように「擬人《ぎじん》化」して木に接することは，「木には私たちと同じように生命があると考えること」だと述べている。

問6　続く部分で筆者は，「季節外れの花」が咲《さ》いていたのは，「死にそうになっている」木が「花を咲かせて実をつけ」ることで「なんとかして生き残ろう」と「必死になっ」たからだと語っている。想像の中で「能天気」な夫に対して力説する筆者のようすからは，「あっ！」と声をあげて木の生命力に驚《おどろ》いたと同時に，「健気《けなげ》」な姿に心を打たれたことが読み取れる。よって，エがふさわしい。

問7　ぼう線部⑤の少し後に，「大通りのすみっこで，車の排気《はいき》ガス，都会の汚《よご》れた空気，騒音《そうおん》などに晒《さら》されながらも，すっくと立っている一本の木」という一文があり，マンハッタンで枯《か》れかけている街路樹のようすが表現されている。

問8　筆者は本文中で木の「感情」や「思考」を想像して「がんばってね」と声をかけているほか，木の「命」によって「私たちは安らぎを受け取り～緑に癒《いや》され，元気にしてもらっている」と述べている。自分自身のこうした経験を具体的に書けばよい。

三　漢字の読みと書き取り，熟語の組み立て，慣用句の完成

問1　①「雑貨」は，日常生活に使うこまごまとした品。　②「盟約」は，かたく約束したこと。　③「策略」は，自分の目的を達成するためにくわだてたこと。　④「改革」は，物事をよい方向に大きく改めること。　⑤「破損」は，物がこわれたり，一部が損なわれたりすること。　⑥「系統」は，一定の法則にしたがったつながり。　⑦「裁断」は，布や紙を断ち切ること。　⑧「暴君」は，横暴で勝手なふるまいをする人。

問2　①「家路」以外の熟語の「路」は「ろ」と読む。　②「矢印」以外の熟語の「印」は「いん」と読む。　③「除雪」以外の熟語の「雪」は「ゆき」と読む。　④「正直」以外の熟語の「直」は「ちょく」と読む。　⑤「綿花」以外の熟語の「綿」は「わた」と読む。　⑥「宿賃」以外の熟語の「宿」は「しゅく」と読む。　⑦「汽笛」以外の熟語の「笛」は「ぶえ」と読む。　⑧「絵画」以外の熟語の「画」は「かく」と読む。

問3　①「青写真」とは，「青」と「写真」を組み合わせた言葉で，頭の中でえがいた将来の構想のこと。　②「衣食住」とは，「衣」「食」「住」を組み合わせた言葉で，人間の生活に必要な衣服・食事・住居という三つの要素を表す。　③「自治体」とは，「自治」と「体」を組み合わせた言葉で，市町村や区などの地方行政をになう機関のこと。　④「松竹梅」とは，「松」「竹」「梅」を組み合わせた言葉で，めでたさの象徴《しょうちょう》であるほか，商品やサービスを三段階に分けて呼ぶさいにも使う。　⑤「新学期」とは，「新」と「学期」を組み合わせた言葉で，学校で新しく始まった学期のこと。　⑥「大使館」とは，「大使」と「館」を組み合わせた言葉で，外国からの代表者が勤務している役所のこと。

問4　①「泣きを見る」とは，“泣きたくなるようなつらい目にあう”という意味。　②「長い目で見る」とは，“判断を急がず，長い時間をかけて見守る”という意味。　③「血を見る」とは，“けが人が出るような争いに発展する”という意味。　④「白い目で見る」とは，“非難の気持ちや敵意をふくんだ冷たい視線を向ける”という意味。　⑤「大目に見る」とは，“広い心で許し，受け入れる”という意味。　⑥「ななめに見る」とは，“ひねくれていて素直ではない考え方をする”という意味。

Dr.福井の入試に勝つ! 脳とからだのウルトラ科学

意外！　こんなに役立つ“替え歌勉強法”

病気やケガで脳の左側（左脳）にダメージを受けると，字を読むことも書くことも，話すこともできなくなる。言葉を使うときには左脳が必要だからだ。ところが，ふしぎなことに，左脳にダメージを受けた人でも，歌を歌う（つまり言葉を使う）ことができる。それは，歌のメロディーが右脳に記憶されると同時に，歌詞も右脳に記憶されるからだ。ただし，歌詞は言葉としてではなく，音として右脳に記憶される。

そこで，右脳が左脳の10倍以上も記憶できるという特長を利用して，暗記することがらを歌にして右脳で覚える“替え歌勉強法”にトライしてみよう！

歌のメロディーには，自分がよく知っている曲を選ぶとよい。キミが好きな歌手の曲でもいいし，学校で習うようなものでもいい。あとは，覚えたいことがらをメロディーに乗せて替え歌をつくり，覚えるだけだ。メロディーにあった歌詞をつくるのは少し面倒かもしれないが，つくる楽しみもあって，スムーズに暗記できるはずだ。

替え歌をICレコーダーなどに録音し，それを何度もくり返し聞くようにすると，さらに効果的に覚えることができる。

音楽が苦手だったりして替え歌がうまくつくれない人は，かわりに俳句（川柳）をつくってみよう。五七五のリズムに乗って覚えてしまうわけだ。たとえば，「サソリ君，一番まっ赤は，あんたです」（さそり座の１等星アンタレスは赤色――イメージとしては，運動会の競走でまっ赤な顔をして走ったサソリ君が一番でゴールした場面）というように。

Dr.福井（福井《ふくい》一成《かずしげ》）…医学博士。開成中・高から東大・文Ⅱに入学後，再受験して翌年東大・理Ⅲに合格。同大医学部卒。さまざまな勉強法や脳科学に関する著書多数。

Memo

Memo

2021年度　昭和女子大学附属昭和中学校

〔電　話〕　(03) 3411－5115
〔所在地〕　〒154－8533　東京都世田谷区太子堂１－７
〔交　通〕　東急田園都市線・世田谷線 ―「三軒茶屋駅」より徒歩５分

【算　数】〈Ａ日程試験〉（50分）〈満点：100点〉

※途中の式や考え方も消さずに解答用紙に残しておきましょう。
※円周率を使う場合は、3.14で計算しましょう。

1　次の □ にあてはまる数を求めなさい。

① $\left(2\frac{3}{4}-0.25\right)\div 5+\frac{1}{3}=$ □

② $20\times 21-20\times 7+20\times 13+20\times 11=$ □

③ $\frac{1}{7}\times\left\{\square-\left(\frac{5}{2}+0.3\right)\right\}=1$

④ １階から５階まで階段を上っていくのに30秒かかりました。同じ速さで１階から25階まで上っていくと □ 秒 かかります。ただし、どの階も階段の段数はすべて同じとします。

⑤ １から100までの整数の中で、２で割り切れるが３で割り切れない整数は全部で □ 個 あります。

⑥ ある本を１日目は全体の $\frac{1}{5}$ ページ、２日目は残りの $\frac{1}{3}$ ページ、３日目は24ページ読んだところ、残りは40ページになりました。この本は全体で □ ページ あります。

⑦ 縮尺５万分の１の地図でＡ地点からＢ地点まで16cmであるとき、この２地点の間を実際に時速4kmで歩くと、□ 時間 かかります。

⑧ 1，2，2，3，3，3，4，4，4，4，5，…のように規則的に数字が並んでいます。初めから数えて100番目の数字は □ です。

2 姉妹の自宅から祖母の家まで1200mあります。8:00に姉妹で一緒《しょ》に自宅を出て、姉は自転車で、妹は分速60mで歩いて祖母の家に向かいました。姉は途中で忘れ物をしたことに気づき自宅に戻《もど》って、再び急いで祖母の家に自転車で向かいました。下のグラフは姉の移動の様子を表したものです。次の問いに答えなさい。

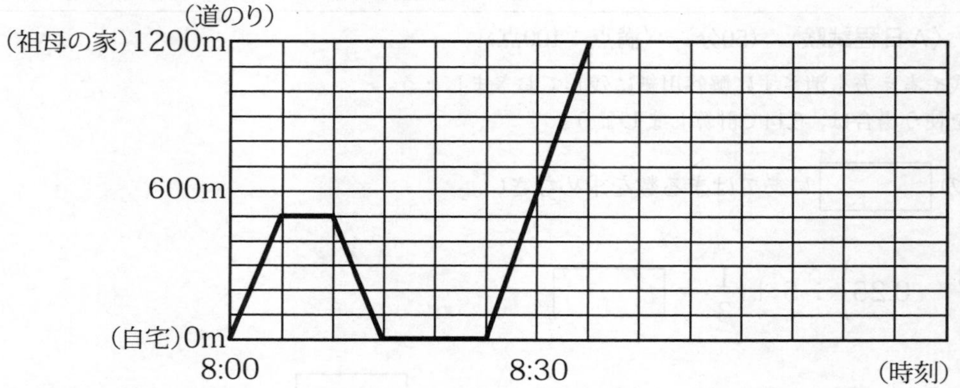

① 妹の移動の様子をグラフで表しなさい。

② 姉が自宅に戻ってから、再び祖母の家に向かったときの速さは分速何mですか。

③ 妹が祖母の家に着いてから５分後に、妹と祖母は分速30mで姉を迎《むか》えに行きました。３人が出会うのは、祖母の家から何m離れた場所ですか。

3 下の図は、中心が点Oで半径が1cm、2cm、3cm、4cmの円の４分の１をかいたものです。その図形の面積を２等分する直線を引き、４か所に斜《しゃ》線を引きました。このとき次の問いに答えなさい。

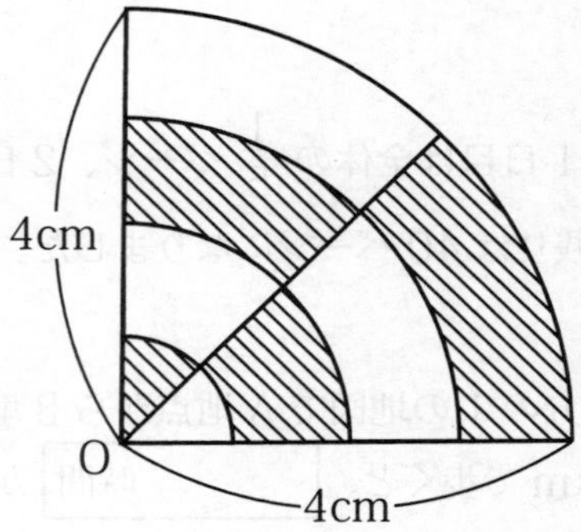

① 斜線部分の面積は何cm^2ですか。

② 斜線部分のすべての周りの長さは何cmですか。

4 A、B、C、D、Eの５人が算数のテストを受けました。テストは全部で５問出題され、配点は１問20点です。以下の５人の発言をもとに、次の問いに答えなさい。

A「私とCさん２人の平均点は全体の平均点より低かった」
B「５人の得点は20点ずつの差だった」
C「私は最高点でも最低点でもなかった」
D「私よりAさんの方が得点は高かった」
E「私の得点は、AさんとDさん２人の合計点と同じだった」

① 最低点は何点ですか。
② ５人の順位を答えなさい。

5 次の問いに答えなさい。

① １辺が2cmの正方形を【図１】のように真上に3cm持ち上げたとき、正方形が通過した部分の体積は何cm^3ですか。
② １辺が2cmの正方形を底面に対して平行に【図２】のように斜め45°の方向に持ち上げます。右側に3cm分移動したとき、正方形が通過した部分の体積は何cm^3ですか。

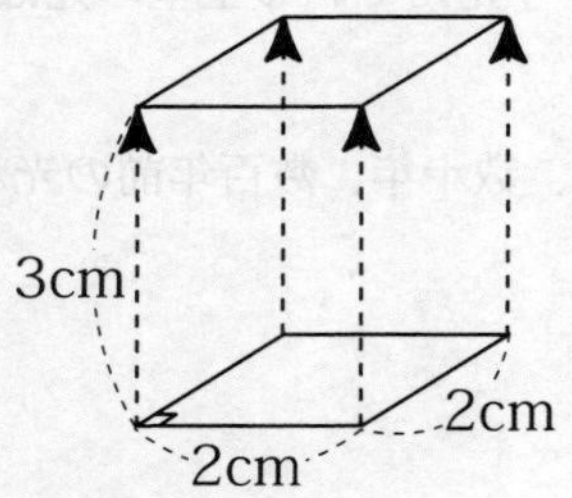

【図１】

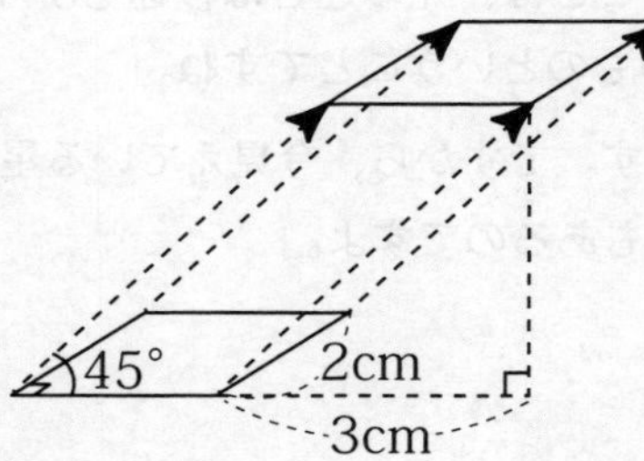

【図２】

6 次の昭子さんと和男先生の会話文を読み、下の［　　］にあてはまる数を答えなさい。
ただし、［ア］～［エ］は整数、［オ］は小数点以下を四捨五入した数で答えなさい。

昭子さん「昨日花火を見たとき、花火が開いてからしばらくしてドンッという音が聞こえたのですが、なぜですか？」

和男先生「それは音と光では、空気中を進む速さが違《ちが》うからですよ。」

昭子さん「そうなのですね。どのくらい違うのですか？」

和男先生「音は１秒間に約340m、光は１秒間に約30万kmで進みます。」

昭子さん「そんなに違うのですね！」

和男先生「もし花火を真下から見ていて、高さ340mの地点で花火が光ったとすると、光は一瞬で私たちの目に届きますが、音は［ア］秒遅《おく》れて私たちに届きます。昨日の花火は、開いてから何秒後にドンッという音が聞こえましたか？」

昭子さん「３秒から４秒後でした。」

和男先生「ということは昭子さんがいる場所から、花火を打ち上げた場所までの距離は［イ］mから［ウ］mですね。ちなみに、雷《かみなり》の光と音の関係も同じように考えることができますよ。ところで昭子さん、地球は１周が約４万kmですが、光は１秒で地球を何周すると思いますか？」

昭子さん「［エ］周半ですか？」

和男先生「そのとおり。ちなみに地球から土星までの距離は約15億kmあります。」

昭子さん「ということは、光の速さは秒速30万kmなので、今見えている土星の光は［オ］分前のものということですね。」

和男先生「そうです。ですから、今見えている星の光の中には、数十年、数百年前の光が届いているものもあるのですよ。」

【社　会】〈Ａ日程試験〉（理科と合わせて50分）〈満点：50点〉

〔注意〕漢字で書けるところは漢字で書いてください。

1　次のそれぞれの問いに答えなさい。

問１　次の①～④は、札幌《さっぽろ》、金沢、岡山、高知のいずれかの気候を示した雨温図（折れ線グラフは気温、棒グラフは降水量）です。①～④に対応する場所の特色を、あとのア～オの中から１つずつ選び、記号で答えなさい。また、このような「地域による気候のちがい」をつくる、日本の地理的特色を２つあげなさい。

①

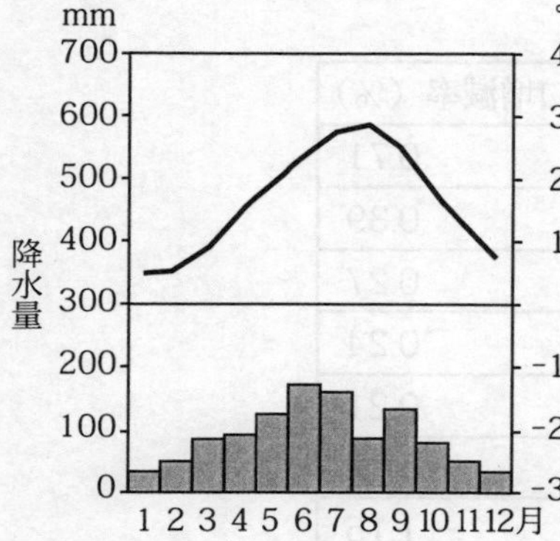

年平均気温：16.2℃　年降水量：1105.9mm

②

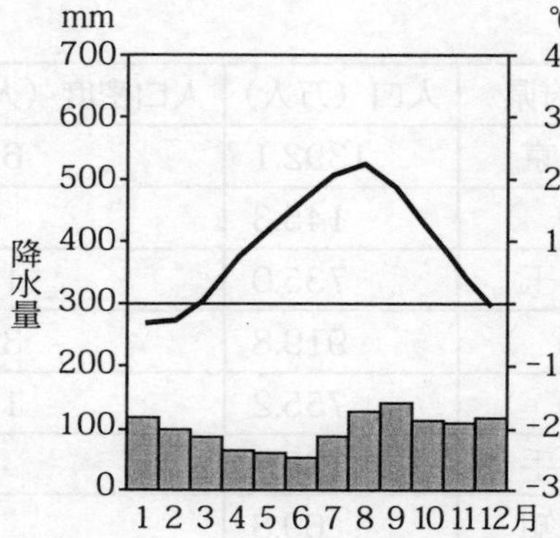

年平均気温：8.9℃　年降水量：1106.5mm

③

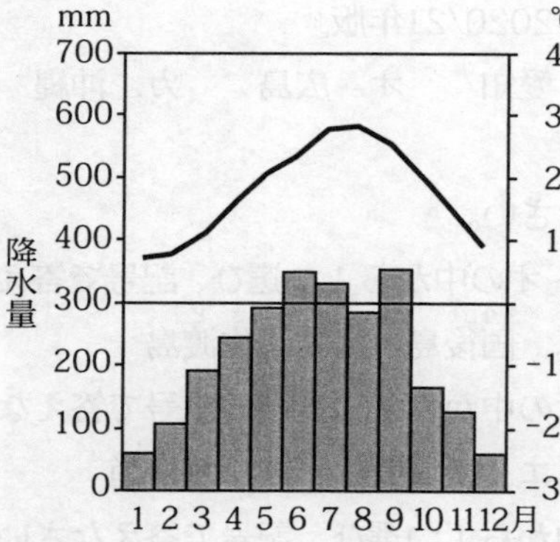

年平均気温：17.0℃　年降水量：2547.5mm

④

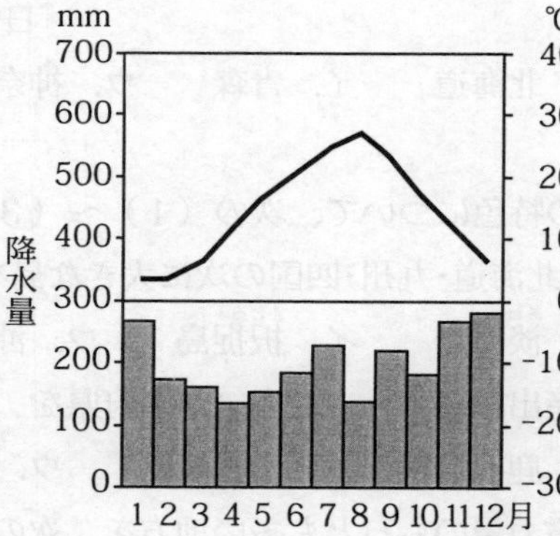

年平均気温：14.6℃　年降水量：2398.9mm

『日本国勢図会《ずえ》 2020/21年版』から作成

ア．かつて加賀百万石の城下町として栄え、現在でも焼き物や染《そ》め物などの伝統産業がさかん。

イ．碁盤《ごばん》の目のように区画された市街地があり、冬の雪まつりが有名。

ウ．太平洋側に面し、カツオの水揚げが多いことで有名。

エ．山陽新幹線が通り、日本三名園のひとつがあることで有名。

オ．盆地《ぼんち》の中にあり、りんごや野菜の生産がさかん。

問２　次の表は、都道府県の人口の特色を示したものです。（　①　）～（　④　）に入る都道府県を、あとのア～カの中から１つずつ選び、記号で答えなさい。（人口と人口密度は2019年10月1日現在、人口増減率は2018年10月～19年９月のもの）

都道府県	人口（万人）	人口密度（人／㎢）	人口増減率（％）
東　京	1392.1	6344.7	0.71
（　①　）	145.3	637.1	0.39
埼　玉	735.0	1935.3	0.27
（　②　）	919.8	3806.8	0.24
（　③　）	755.2	1459.9	0.21
岩　手	122.7	80.3	－1.12
高　知	69.8	98.3	－1.15
山　形	107.8	115.6	－1.15
（　④　）	124.6	129.2	－1.31
秋　田	96.6	83.0	－1.48

『日本国勢図会 2020/21年版』

ア．北海道　　イ．青森　　ウ．神奈川　　エ．愛知　　オ．広島　　カ．沖縄

問３　日本の特色について、次の（１）～（３）に答えなさい。

（１）本州・北海道・九州・四国の次に大きな島を、次のア～オの中から１つ選び、記号で答えなさい。

ア．淡路《あわじ》島　　イ．択捉《えとろふ》島　　ウ．沖縄島　　エ．国後《くなしり》島　　オ．佐渡《さど》島

（２）農業産出額がもっとも多い都道府県を、次のア～オの中から１つ選び、記号で答えなさい。

ア．鹿児島県　　イ．宮崎県　　ウ．千葉県　　エ．茨城県　　オ．北海道

（３）発電電力量のもっとも多い地方を、次のア～オの中から１つ選び、記号で答えなさい。

ア．九州地方　　イ．近畿《きんき》地方　　ウ．中部地方　　エ．関東地方　　オ．東北地方

2 次の会話文を読んで、あとの問いに答えなさい。

昭子さん：コンビニなどで働く外国人の姿を、よく目にするわね。

お姉さん：国連の事務総長が言っていたのだけれど、1年以上自分の国を離《はな》れて外国に住んでいる人は、世界では2018年の時点で約2億5800万人いるそうよ。また、経済協力開発機構というところが発表した資料によると、日本の外国人受け入れ数は、先進国では（　①　）・アメリカ・イギリスに次いで第4位だそうよ。このように長期間外国に滞在《たいざい》する移住者のことを（　☆　）という人もいるわ。

昭子さん：あら。意外と多いのね。②初めて日本列島にやって来た人たちも（　☆　）なのかしら。

お姉さん：どうかしら。それを（　☆　）というかは分からないけれど、③弥生時代に新しい文化を持ちこんだ人たちは、間違《まちが》いなく（　☆　）だと言えるでしょうね。

昭子さん：古墳《こふん》時代に、（　　④　　）日本にやって来た渡来《とらい》人も、（　☆　）よね。

お姉さん：そうね。仏教や儒教《じゅきょう》のほか、はたおりや漢字など⑤外国から伝わった文化に多くの渡来人が関わっていたのよ。⑥他の時代の（　☆　）も、同じように日本の歴史をきざんできたのよ。

昭子さん：そのとおりよね。逆に日本から外国に移り住んだ人たちもいたのでしょ。

お姉さん：ええ。例えば奈良時代に（　⑦　）として海を渡《わた》った阿倍仲麻呂《あべのなかまろ》は中国で亡《な》くなっているし、江戸時代に、マニラへ追放された⑧高山右近《うこん》や現在のタイに移り住んだ山田長政《ながまさ》も、外国へ渡った（　☆　）と言えるわね。1930年代に開拓《かいたく》などのために中国東北部の（　⑨　）へ渡った約27万人も（　☆　）に含まれているわ。

昭子さん：明治時代にハワイやブラジルに渡った人たちも（　☆　）よね。

お姉さん：そうよ。苦労を重ねた歴史にも目を向けることが大切ね。

問1　文中の空らん（　①　）に入る、第二次世界大戦で日本と同じ側に立って戦い、戦後は東西に分裂《ぶんれつ》していた国を、次のア～エの中から1つ選び、記号で答えなさい。

ア．イタリア　　イ．オランダ　　ウ．ドイツ　　エ．ソ連

問2　文中の下線部②について間違っている文を、次のア～エの中から1つ選び、記号で答えなさい。

ア．日本列島にやって来たのは、紀元前のことである。

イ．陸続きだった大陸から、日本列島にやって来たと思われる。

ウ．大型動物を追いかけて、日本列島にやって来たと思われる。

エ．アフリカで人類が誕生したのとほぼ同時期に日本列島にやって来たと思われる。

問3　文中の下線部③に、中国に使いを送った女王の名前を答えなさい。

問４　文中の空らん（　④　）に入る文として、もっともふさわしいものを、次のア～エの中から１つ選び、記号で答えなさい。

ア．争いを避《さ》けるために朝鮮半島から　　イ．金銀を採《と》るために東南アジアから
ウ．金印をもらうために中国から　　エ．騎馬《きば》技術を学ぶためにモンゴルから

問５　文中の下線部⑤の１つである水墨画《すいぼくが》を日本で完成させた人物を、次のア～エの中から１人選び、記号で答えなさい。

ア．千利休《せんのりきゅう》　イ．雪舟《せっしゅう》　ウ．空海　エ．世阿弥《ぜあみ》

問６　文中の下線部⑥に関する次のア～エの人物を、古いものから順番に並べかえ、記号で答えなさい。

ア．織田信長に仕《つか》えた黒人の弥助《やすけ》
イ．聖徳太子の師《し》となった恵慈《えじ》
ウ．北条時宗の招きによって来日し、円覚寺《えんがくじ》を開いた無学祖元
エ．何度も渡航《とこう》を試みて、仏教の戒律《かいりつ》を日本に伝えた鑑真《がんじん》

問７　文中の空らん（　⑦　）に入る中国への使いの名前を答えなさい。

問８　文中の下線部⑧はなぜ追放されたのですか。当時の宗教に関する事情をふまえて答えなさい。

問９　文中の空らん（　⑨　）に入る地名を、次のア～エの中から１つ選び、記号で答えなさい。

ア．台湾　イ．満州　ウ．樺太《からふと》　エ．朝鮮

問10　文中の空らん（　☆　）に共通して入る語句を、漢字２字で答えなさい。

3　次の文中の空らん（　①　）・（　②　）に入る語句を、それぞれ答えなさい。

（１）新型コロナウイルスの集団感染《かんせん》防止のために総理大臣官邸《かんてい》・厚生労働省が掲《かか》げた「３つの密」とは、（　①　）・密集・密接を指します。

（２）１年間に国全体で消費される食料が、国内でどのくらい生産されているかを示す割合を食料（　②　）といい、日本はその低さが問題となっています。

4　次の文章を読んで、あとの問いに答えなさい。

①新型コロナウイルスの感染《かんせん》拡大防止にともなって、外出をせずにインターネットを通じたオンラインによる会議や授業、ショッピングなどが広く普及《ふきゅう》しました。② 2020年７月の東京都知事選挙では、外出が控《ひか》えられるなかで選挙戦が行われ、オンラインでの情報配信が今までよりも進みました。日本の③国会にあたるイギリスの議会では、テレビ会議システムを使ってオンラインでの審議《しんぎ》が行われました。日本でも、全国の④知事がオンラインでの会合を行っている様子がメディアで何度も報道されました。

問１　文中の下線部①に取り組んでいる世界保健機関の略称《りゃくしょう》として正しいものを、次のア～エの中から１つ選び、記号で答えなさい。

ア．ＦＡＯ　　イ．ＩＬＯ　　ウ．ＩＭＦ　　エ．WHO

問２　文中の下線部②で東京都知事に選出された人物を答えなさい。

問３　文中の下線部③を構成する２つの議院のうち、内閣総理大臣の指名が優先される議院を答えなさい。

問４　文中の下線部④や地方議員をやめさせることを何といいますか。次のア～エの中から１つ選び、記号で答えなさい。

ア．リコール　　イ．イニシアティブ　　ウ．クレーム　　エ．リストラ

問５　2019年から第５世代（５G）の通信システムが始まりました。次のア～エの文は、第２世代から第５世代までの各世代の通信システムでできるようになったことです。これらを世代順に並べかえ、記号で答えなさい。

ア．インターネットにつなぐことができ、動画や写真を撮《と》って送れるようになる。

イ．動画のライブ配信ができ、端末《たんまつ》を読み取り機にかざすだけで支払いができる。

ウ．スタジアムの中に実際にいるかのような臨場感でスポーツを観戦できる。

エ．小型の携帯《けいたい》電話が登場し、どこでも気軽に電話ができるようになる。

5 次の文章を読んで、あとの問いに答えなさい。

昭和高校が研修旅行で訪問する場所の１つである①マレーシアのボルネオ島は、飛行機から見ると一面に緑の木々が広がっています。一見すると自然が豊かですが、緑に見える部分の一部は人が植えた油やしの林です。この果実から取れるパーム油は②日本にも輸出されており、インスタント麺《めん》やお菓子《かし》、洗剤《せんざい》など身近なものにも使われています。

このような油やしの栽培《さいばい》によって③熱帯雨林が無秩序《むちつじょ》に伐採《ばっさい》されることを防ぐために、④持続可能な開発であることを示すRSPO認証ができました。これと同じような認証制度には、森林が法律に違反して伐採《ばっさい》されることなく、管理された森林からつくられた商品であることを示すFSC認証もあります。認証マークにはさまざまな種類がありますので、みなさんも探してみてください。

問１　下線部①の大部分と同じ気候帯に属する国を、次のア～エの中から１つ選び、記号で答えなさい。

ア．エジプト　　イ．ブラジル　　ウ．カナダ　　エ．スペイン

問２　下線部①の国をはじめ東南アジアの多くの地域では、戦争中に現地で使用できる日本の紙幣《しへい》が使われていました。その理由を説明しなさい。

問３　下線部②に関して、マレーシアと日本の貿易品の中で、貿易金額の上位３位までが次に示されています。空らん（　Ⅰ　）・（　Ⅱ　）にあてはまる製品名を、あとのア～オの中から１つずつ選び、記号で答えなさい。

日本からマレーシアへ輸出：機械類　－　（　Ⅰ　）　－　鉄鋼
マレーシアから日本へ輸出：機械類　－　（　Ⅱ　）　－　プラスチック

ア．自動車　　イ．液化天然ガス　　ウ．金属製品　　エ．パーム油　　オ．米

問４　下線部③に関して、熱帯林が減少することによってどのような問題が起きるでしょうか。考えられることを１つ答えなさい。

問５　下線部④に関連して、持続可能な開発目標達成のために身近でできることとして、もっともふさわしくないものを、次のア～エの中から１つ選び、記号で答えなさい。

ア．地震《じしん》の被害《ひがい》にあった人たちのために募金《ぼきん》をする。
イ．不要になった洋服を人にゆずる。
ウ．家族みんなで家事に協力する。
エ．感染症《かんせんしょう》を防ぐためにできるだけ自家用車で通勤《つうきん》する。

【理　科】〈A日程試験〉（社会と合わせて50分）〈満点：50点〉

〔注意〕漢字で書けるところは漢字で書いてください。

1　昭子さんの家には小さい畑があり、そこでジャガイモやトマト、キュウリなどの野菜を育てています。次の文章は昭子さんの夏休みの感想文です。

＜夏休みの感想文の一部＞

長雨などのため、今年は去年より小さなものが多かったが、たくさんの野菜を収かくできた。実際に自分で育てていると、いろいろなことが発見できた。

まず、①ジャガイモは他の野菜と違《ちが》って土にうまっている部分を食べているから、仲間はずれだなと思った。でも図かんを調べてみたら、（　②　）はお花とめ花に分かれていることを知ったので花に注目すると（　②　）が仲間はずれであると思った。

そして、野菜を上手に育てるためには、適当に「間引く」ことや③「わき芽をつみ取る」ことが大切で、特にトマトは葉の付け根から出てくる「わき芽」を必ずつみ取らないといけない。

畑作業をしていたら、足を3カ所も④カに刺《さ》されてしまった。血を吸われてかゆかったが、今年は夏らしいことがしにくい年だったので、こんなことでも印象に残った。

問1　下線部①に関して、ジャガイモのイモの部分は植物のどの部位にあたりますか。次のア～オの中から1つ選び、記号で答えなさい。

ア．葉　　イ．くき　　ウ．根　　エ．花　　オ．果実

問2　（　②　）に入る野菜を次のア～オの中からすべて選び、記号で答えなさい。

ア．トマト　　イ．ジャガイモ　　ウ．キュウリ　　エ．ナス　　オ．エンドウマメ

問3　野菜を上手に育てるために、下線部③の作業が必要な理由を考えて説明しなさい。

問4　下線部④に関連して、カは血を吸うのに都合がよい口をもつ昆《こん》虫です。このように、昆虫の口はその昆虫の食べ物によって変わります。次のA～Dの口とア～エの行動を正しく結びなさい。

A.　　B.　　C.　　D.

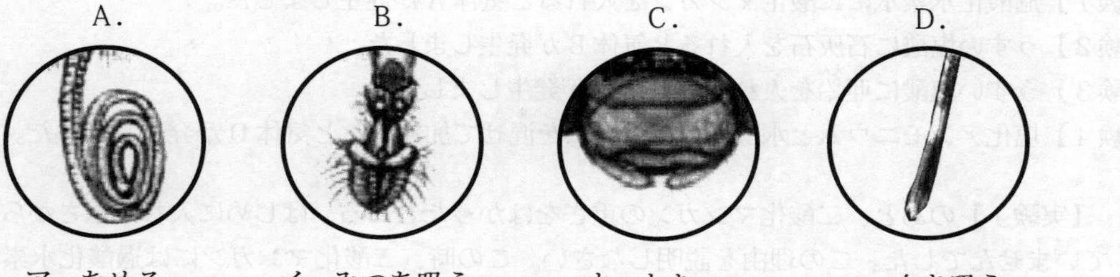

ア．なめる　　イ．みつを吸う　　ウ．かむ　　エ．血を吸う

問5　あなたが環《かん》境に負担《ふたん》の小さい農業をするとしたら、どのような工夫をしますか。理由をふくめて説明しなさい。

2 星の動きと太陽系の天体に関する次の問いに答えなさい。

問１　右の図は、北の空の星の動きを表した図です。北の空を見たときに、多くの星は星Ａを中心に回っているように見えました。星Ａの名前を答えなさい。

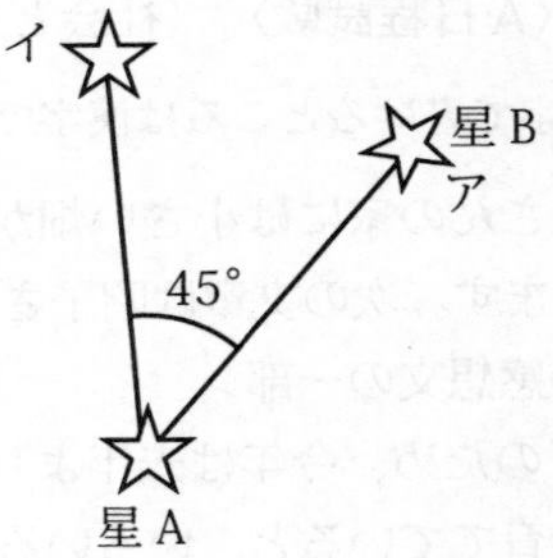

図

問２　１月15日の午後６時に星Ｂを観測したところ、星Ｂは図のアの位置に見えました。宿題を終えて再び星Ｂを観測したところ、星Ｂは星Ａを中心に45°動いた図のイの位置に見えました。２回目の星Ｂの観測を行ったのは、１月15日の午後何時ですか。

問３　問２の星の動きは、地球の自転による日周運動によって説明できます。地球は自転をするとともに公転していることも知られています。「地球の公転」とは地球のどのような動きのことか、説明しなさい。

問４　日本は季節がはっきりしている国だと言われますが、これは地球が地じくをかたむけたまま公転していることに由来しています。「夏至」とはどのような日ですか。日本の場合について、次の【　　】の中の言葉をすべて使って説明しなさい。

【　太陽　南中高度　昼の長さ　】

問５　地球が所属する太陽系には、８つのわく星があり、これらを太陽から近い順に並べると、次のようになります。空らん（　ア　）、（　イ　）に入る星の名前を答えなさい。

<水星－金星－地球－（　ア　）－木星－土星－（　イ　）－海王星>

3 ４種類の気体Ａ～Ｄを発生させる実験を行いました。

【実験１】過酸化水素水に二酸化マンガンを入れると気体Ａが発生しました。
【実験２】うすい塩酸に石灰石を入れると気体Ｂが発生しました。
【実験３】うすい塩酸に亜鉛《あえん》を入れると気体Ｃが発生しました。
【実験４】塩化アンモニウムと水酸化カルシウムを混《ま》ぜて加熱すると気体Ｄが発生しました。

問１　【実験１】のあと、二酸化マンガンの重さをはかったところ、はじめに入れた重さから変わっていませんでした。この理由を説明しなさい。この時、二酸化マンガンには過酸化水素水はついていないものとします。

問２　気体Ｂは石灰水を白くにごらせる気体です。この気体は水上置かん法でも下方置かん法でも集めることができます。それはなぜですか。説明しなさい。

問３　【実験３】で気体Ｃを発生させるのに、亜鉛の代わりにならない金属はどれですか。次のア～エの中から１つ選び、記号で答えなさい。

ア．マグネシウム　　イ．アルミニウム　　ウ．鉄　　エ．銅問４　気体Ｄについて説明をしている文を、次のア～エの中から１つ選び、記号で答えなさい。

ア．ろうそくが燃えるとできる気体

イ．しげき臭《しゅう》のある気体

ウ．火を近づけると、ポッと音を立てて燃える気体

エ．植物の光合成でつくられる気体

問５　20％の食塩水 100g を加熱したところ、20g の水が蒸発しました。残った食塩水の濃《のう》度は何％ですか。

4　図１のように、ばねに様々な重さのおもりを取り付け、ばねののびた長さを調べたところ、表のような結果が得られました。

表.

おもりの重さ (g)	20	50	100	150	180
ばねののびた長さ (cm)	2.0	4.5	9.0	12.5	17.0

図１

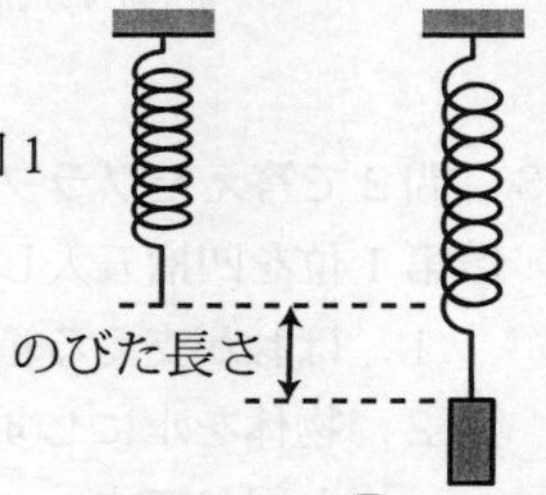

問１　おもりの重さを横じく、ばねののびた長さを縦じくにとって表のデータをグラフに表しなさい。

このばねに高さが 15cm で重さが 100g の直方体の箱Ａをつり下げて、図２のように少しずつ水にしずめました。箱Ａを水にしずめていくと、水からふ力を受け、ばねののびた長さが変化しました。ふ力の大きさは「水の中にしずんでいる部分の体積」で決まります。以下の問題について水槽《そう》は十分に深いものとし、箱Ａは水槽の底につくことはないとします。

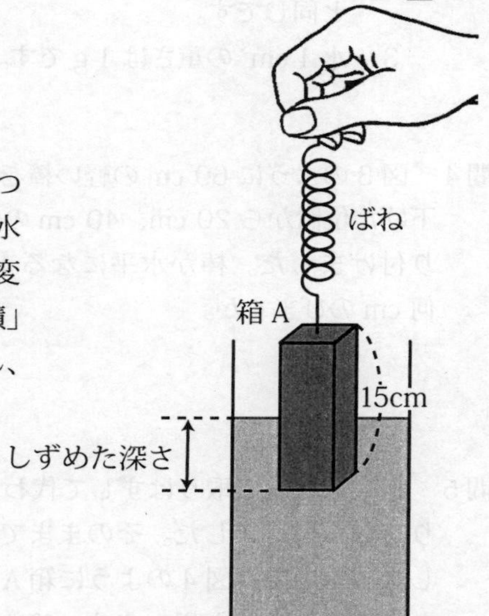

図２

問２　横じくに箱Ａをしずめた深さ、縦じくにばねののびた長さをとり、これらの関係をグラフに表しました。どんなグラフがかけますか。最も適当なものを次のページのア～カの中から１つ選び、記号で答えなさい。

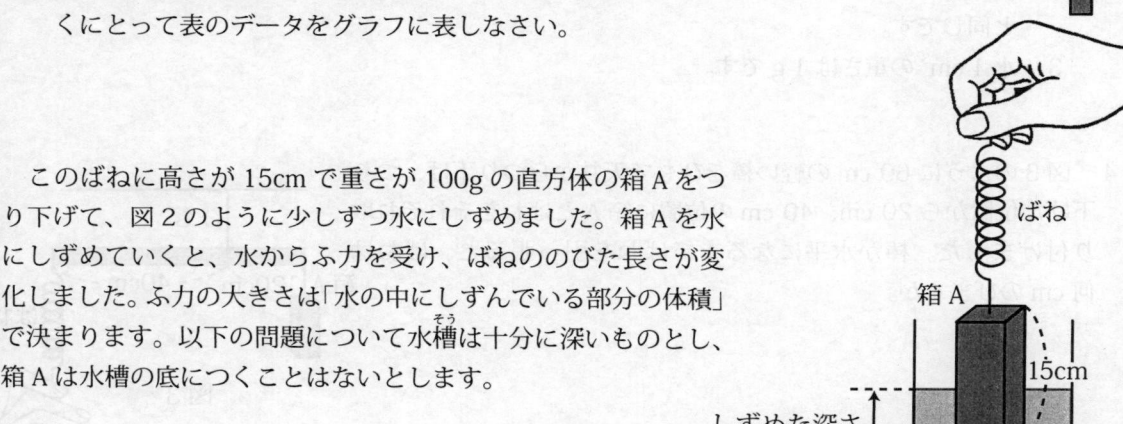

ア.

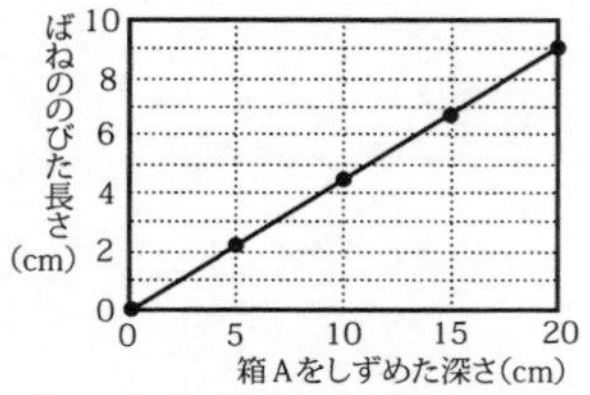

イ.

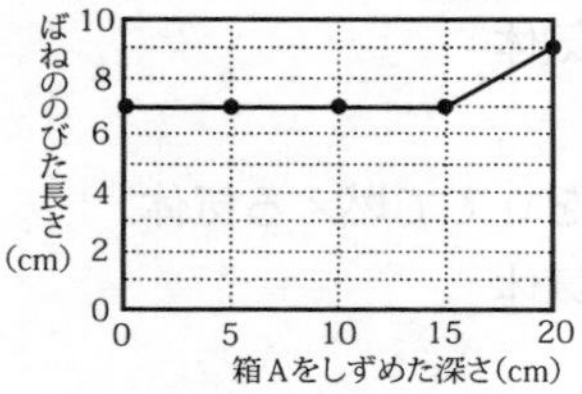

ウ.

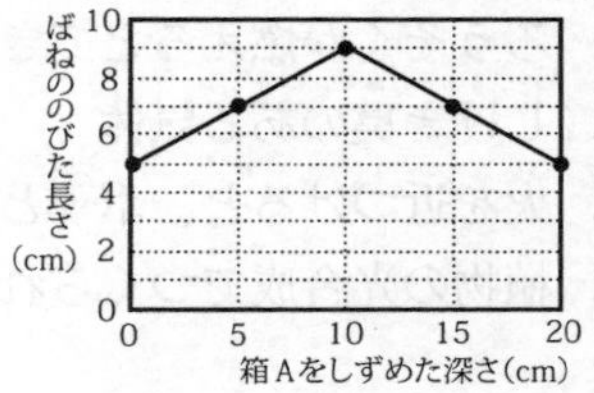

エ.

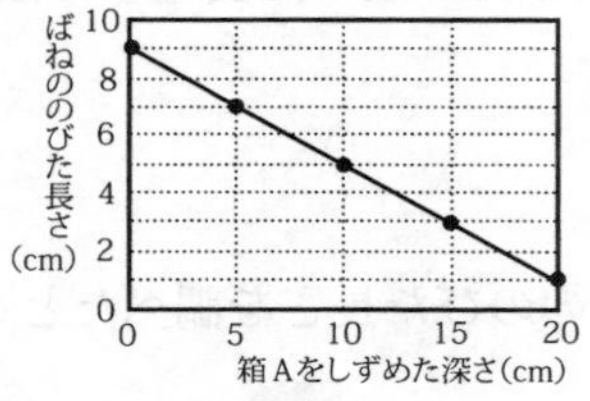

オ.

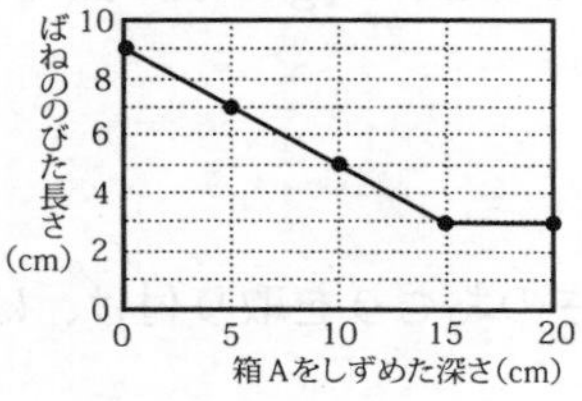

カ.

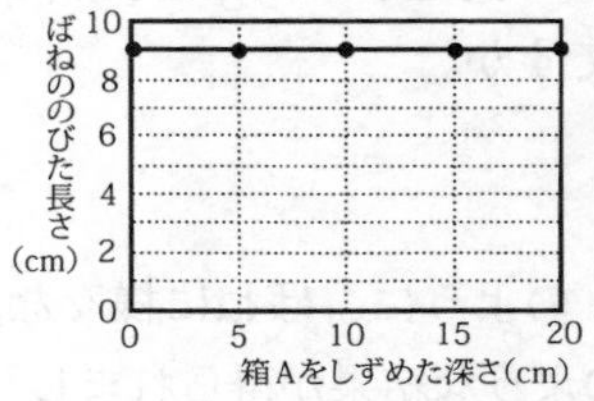

問３　問２で答えたグラフと次の文１～３を参考にして箱Ａの体積を答えなさい。必要があれば小数第１位を四捨五入して答えなさい。

1．ばねが支える箱の重さはふ力の分だけ小さくなります。

2．物体を水にしずめたとき、物体にはたらくふ力の大きさは、物体と同じ体積の水の重さと同じです。

3．水１ cm^3 の重さは１ｇです。

問４　図３のように60 cmの軽い棒をひもで天井からつり下げ、つり下げた位置から20 cm、40 cmの位置に箱Ａとばねをそれぞれ取り付けました。棒が水平になるまでばねを引っ張ると、ばねは何cmのびますか。

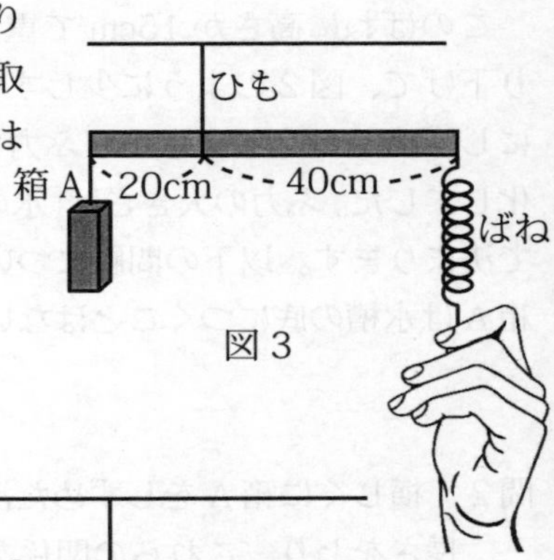

図３

問５　図３のばねを取りはずして代わりに、25 ｇのおもりを取り付けました。そのままでは棒はかたむいてしまったので、図４のように箱Ａを水にしずめて棒を水平にしようと思います。箱Ａを何cm水にしずめればよいでしょうか。もっとも適当なものを、次のア～オの中から１つ選び、記号で答えなさい。

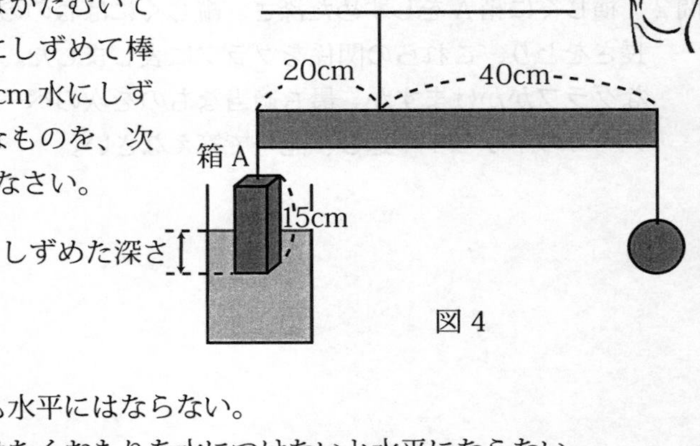

図４

ア．4 cm前後

イ．9 cm前後

ウ．11 cm前後

エ．箱Ａは重すぎて、全部しずめても水平にはならない。

オ．おもりが重すぎるので、箱Ａではなくおもりを水につけないと水平にならない。

5 昭和中学校１年生の昭子さんと和子さんが、１年間かけて個人で取り組む研究について話をしています。

昭子：「そろそろ１年間取り組んできた研究のクラス発表会が近づいてきたわね。」
和子：「昭子さんは何について研究しているの。」
昭子：「私はまわりの色が①メダカのからだの色に与《あた》えるえいきょうについて調べているわ。」
和子：「どのように調べているの。」
昭子：「水そうの壁《かべ》を様々な色にぬって、メダカをその水そうの中にいれたときの、うろこの色素の広がり方を②けんび鏡で観察して比かくしているのよ。」
和子：「面白そうね。結果はどうだった。」
昭子：「それは発表当日のお楽しみ！」
和子：「それはそうね。楽しみにしているわ。」
昭子：「和子さんは何の研究をしているの。」
和子：「私はねむ気とあくびの関係を調べているわ。あくびってからだの中に③酸素を取り込《こ》むためにしているのよね。」
昭子：「ねむ気を覚ます方法も考えられれば、授業にももっと集中できるようになるわね。」
和子：「そうね。何か１つのことを１年間研究するのって、とても難しいけれど学ぶことも多いわね。」
昭子：「来年はどんな研究をしようかしら。」
和子：「私は来年、④カビを防ぐ化学物質の研究がしたいわ。昭子さんは？」
昭子：「そうね……。まだ決められないわ。上級生の発表を見学したのだけど、アリの研究やヒトの性格についての研究、音楽の研究や⑤星座の研究などすごく興味深かったわ。」
和子：「私たちも今度入学してくる新入生のみなさんに面白いと思ってもらえるような研究ができるようになりたいわね。」
昭子：「さあ、発表に向けたまとめをがんばりましょう。」

問１　下線部①について、メダカは絶めつ危ぐ種といわれていますが、絶めつとはどのような現象ですか、説明しなさい。

問２　下線部②について、次のア～オの文を、けんび鏡を使う手順にそって正しい順番に並べ替《か》えなさい。

ア．対物レンズをけんび鏡に取り付ける。
イ．全体が明るくなるように、光源を調整する。
ウ．接眼レンズをけんび鏡に取り付ける。
エ．調節ねじを回しながら、ピントを合わせる。
オ．けんび鏡を横から見ながら、対物レンズとプレパラートを近づける。

問３　下線部③について、酸素の性質を調べる実験を１つあげ、実験方法とその結果を説明しなさい。

問４　下線部④について、以下のものを使いワサビがカビを防ぐかどうかを調べる実験を考え、その実験方法を説明しなさい。

【使うもの：　パン　ワサビ　プラスチック容器　カビ　】

問５　下線部⑤について、冬の大三角形に含まれない星はどれですか。次のア～エの中から１つ選び、記号で答えなさい。

ア．シリウス　　イ．ベテルギウス　　ウ．アルタイル　　エ．プロキオン

問三　次の①～⑥の熟語に下の□の中から二つの漢字を足して、（　　）内の意味に合うよう四字熟語を作りなさい。

① 天地（天地にあらわれる不思議な現象）
② 問答（議論の必要がないこと）
③ 前後（以前にもこれからも起こらないだろうというごくまれなさま）
④ 外出（非常に貴重な物でその家から外へ出さないこと）
⑤ 晴雨（悠《ゆう》々自適の生活）
⑥ 死生（今にも滅《ほろ》びそうな状態から救い出してよい状態にすること）

起　絶
耕　変
用　空
門　異
不　読
回　無

問四　次の①～⑥の（　　）にふさわしい言葉を下のア～クの中から一つ選び、それぞれ記号で答えなさい。

① ぼーっとしていたので（　　）な答えを言ってしまった。
② 我先にと（　　）の大騒ぎで逃げまどう。
③ 忘れ物をしたのに（　　）としている。
④ 気の合う友人と（　　）に話し合う。
⑤ 負けてしまったので（　　）で退散する。
⑥ 手紙を出したが（　　）言ってこない。

ア　あっけらかん
イ　けんもほろろ
ウ　うんともすんとも
エ　てんやわんや
オ　とんとんびょうし
カ　ほうほうのてい
キ　ざっくばらん
ク　とんちんかん

三　次の問いに答えなさい。

問一　次の①〜⑧の意味をもつ言葉を下の□の中から選び、それぞれ漢字に直して答えなさい。

①　まちがったしらせ。
②　他の人に知られないようにこっそりと行う様子。
③　国や地方自治体の行うしごと。
④　たりないところをうめあわせてうまくいくようにすること。
⑤　相手からのたよりを得ること。
⑥　こうあってほしいと願うこと。
⑦　ゆだねられて自分がしなければならないこと。
⑧　よく調べて考えること。

ケントウ	シボウ	セキニン	ジュシン
ゴホウ	ホジョ	ヒミツ	コウム

問二　次の①〜④の――線部の読み方を音読みはカタカナで、訓読みはひらがなでそれぞれ答えなさい。

①　ア　星空を見上げる。
　　イ　金星の動きを観測する。

②　ア　筋道をたてて話す。
　　イ　腹筋をきたえる。

③　ア　波乱に富んだ人生を送る。
　　イ　波風が強まる。

④　ア　ほおを紅潮させる。
　　イ　黒潮は蛇《だ》行することがある。

問六　――線部⑥「『……私、お茶でいいんだ』と言って目をそらした」とありますが、その理由としてふさわしいものを次のア～エの中から一つ選び、記号で答えなさい。

ア　秋の山に行くなら温かいお茶のほうがいいと自分で判断をしたのに、上松君の申し出に甘《あま》えるわけにはいかないから。

イ　温かいお茶を持ってきた人は他にもいるかもしれないのに、私だけが上松君のジュースを飲むわけにはいかないから。

ウ　上松君に自分のしたことを隠し、正直に言えないで嘘をついているというのに優《やさ》しくしてもらうわけにはいかないから。

エ　上松君のような勉強ができて明るい人気者と、うっかり者で心にゆとりのない自分が親しくするわけにはいかないから。

問七　――線部⑦「泣きたいけれど、泣いて済むような事ではないから、泣かないでこの重さに耐えるしかなかった」とありますが、その理由としてふさわしいものを次のア～エの中から一つ選び、記号で答えなさい。

ア　正直に話すきっかけを活かせずに抱《かか》えてしまった心の重みは、自分で背負うしかなく、涙を流すことは上松君や中沢君のつらさよりも自分のつらさを軽くしてしまうことにつながるから。

イ　上松君や中沢君にすまないと思いつつ、今この場で泣くと私が犯人だと周りにわかってしまうので、あふれ出さんばかりの涙をこらえることで、自分のしたことを隠そうと思ったから。

ウ　涙を流せば苦悩に満ちて重くなった自分の心を軽くすることはできるが、上松君の心の傷まではふさいであげられないので、二人分の悲しみを背負って生きていくことに決めたから。

エ　本当なら自分が中沢君のように先生から怒られていたはずで、その情けない姿を想像すると涙が出そうだが、泣けば中沢君が自分の身がわりになってくれた意味がなくなってしまうから。

問八　私たちは日々、さまざまなことを自ら選択《たく》して過ごしています。その中であなたが自分で決断したことについて、悩《なや》んだり大変だったりした経験をあげて、具体的に百字以内で書きなさい。

問一　――線部①「親切だった」とありますが、上松君が親切であるとわかる様子を本文中の言葉を用いて四十字以内で説明しなさい。

問二　――線部②「『手を挙げるんだ』という心の声もきこえた」とありますが、このことから私にどのような気持ちがあることがわかるか、ふさわしいものを次のア～エの中から一つ選び、記号で答えなさい。

ア　疑心　イ　苦心　ウ　決心　エ　良心

問三　――線部③「膝の上から二センチぐらい、手が上に動いたが、そこで止まった」とありますが、このときの私の気持ちを説明しなさい。

問四　――線部④「同じ物で簡単に済む問題じゃない」とありますが、その理由としてふさわしいものを次のア～エの中から一つ選び、記号で答えなさい。

ア　一年生全員がピカピカのランドセルなのに、自分のものにだけ傷をつけられて深く落ち込んでいる上松君の心を取り戻《もど》すことは困難だから。

イ　上松君の家族が上松君のために心を込めて買ったランドセルであるから、新品を買ってきたところで、その心までを再現することは不可能だから。

ウ　上松君の家族が心を込めて買ったランドセルであるなら、他人ではなくもう一度、上松君の家族が買ってくれなければ意味がないから。

エ　学校全体を巻きこむような大事になってしまったので、上松君に謝ってランドセルを弁償する上に、先生からも厳しく注意されることになるから。

問五　――線部⑤「暗く重い雲」とありますが、何を例えているのか、ふさわしいものを次のア～エの中から一つ選び、記号で答えなさい。

ア　周りよりも存在感が大きく、常に表立って強調されているもの。

イ　後ろ暗いところがあり、表に出ることなくしまわれているもの。

ウ　表向きには明るいふりをして、陰《かげ》の世界に誘《さそ》いこんでくるもの。

エ　表面的にはたよりなく見えるが、大きな圧力をかけてくるもの。

先生が「それは本当なの？」と中沢君にきくと、中沢君は「はい、すみませんでした」と答えた。

違う、そうじゃない。あの傷をつけたのは私だ。中沢君じゃない。私が持っていた枯れ枝でつけたんだよ。中沢君は犯人じゃない……。

心の中でそう叫びながら、先生に怒られている中沢君を黙って見ていた。初めから正直に言わなくて、違う人が犯人になってもまだ黙っているなんて、卑《ひ》きょうだ。最低だ。

でも、どうしても自分がやったと言えなかった。言う勇気がなかった。

私の心は、再び重くなった。中沢君は悪くないのに先生に怒られ、たぶん親にも怒られ、上松君の家に謝りに行った。本当なら、あの中沢君の情けない姿は私だ。私の身がわりになってくれたのだ。ごめんなさい。上松君も中沢君も、本当にごめんなさい……。

⑦泣きたいけれど、泣いて済むような事ではないから、泣かないでこの重さに耐《た》えるしかなかった。自分が悪いのに黙っていた事、違う人が罰《ばつ》せられた事、それでもまだ言う勇気がない事、先生や上松君の両親や中沢君の両親にまで迷惑《めいわく》をかけた事、たくさんの苦悩《のう》が何か月間も心に渦《うず》巻き続けた。

二年生になったある日、上松君が転校する事になった。上松君は、あのランドセルを背負《お》って「皆《みな》さん、さようなら」と言って私達の前から去った。

あれから三十年以上経《た》つが、私はまだ上松君に「ごめんなさい」と言えていない。上松君は、ランドセルの事を憶《おぼ》えているだろうか……。

（さくらももこ　著　「上松君のランドセル」）

なんて謝《あやま》ったら許してもらえるだろうか。同じランドセルを買って、弁償《しょう》したって許してもらえないかもしれない。だって、あのランドセルは、きっと上松君のお父さんとお母さんか、或《ある》いはおじいちゃんかお婆《ばあ》ちゃんが、上松君のために心を込めて買ってくれた物だろう。④同じ物で簡単に済む問題じゃない。

だからって、このままでいいのか。私は今、自分のした事を隠《かく》している。怒られるのが怖《こわ》くて、言えないままでいる。正直に言えなくて、嘘《うそ》をついているんだ。

〈中略〉

このまま黙《だま》っていれば、犯人が私だという事はバレないだろう。どちらかといえば内気で、クラス内でもあまり目立つ方ではない私が、まさか犯人だなんて誰も思わないだろう。黙っていれば、親が嘆《なげ》き悲しむ事もなく怒られる事もなく、平和に過ごせるのだ。

そう思い、バレませんようにと祈《いの》りつつ、日々を過ごす事にしたが、長い間ずっと心が重かった。楽しく過ごしている時も、常に必ず心のどこかに⑤暗く重い雲がかかっていた。

秋になり、山へ遠足に行く事になった。山登りの途《と》中で休憩《けい》している時、そばにいた上松君が「ももちゃん、あったかいお茶しか持ってないだろ。ボクのジュース、あげようか？」と声を掛《か》けてくれた。

親切な上松君を見るのが辛《つら》かった。もしも私が犯人だと知ったら、上松君はどんな顔をするのだろう。

⑥「……私、お茶でいいんだ」と言って目をそらした。上松君は「遠慮《りょ》しなくていいんだよ」と言ってくれた。私には、上松君のジュースをもらう資格なんてない。

年が明け、新しい気持ちになり、もう去年の事は忘れようと思った。あれ以来、上松君のランドセルについて誰も何も言わないし、気にしているのは犯人の私だけだ。そろそろ水に流してもいい頃かもしれない。

そんな気持ちになり、上松君のランドセルの事は、気にしないようにした。それでも折に触《ふ》れては気になったが、以前よりだいぶ心が軽くなってきた。

ところが二月の寒い朝、突《とつ》然誰かが「先生、実は、一学期の初め頃に、上松君のランドセルを傷つけた犯人を、知っています」と言い出し、クラス内は騒《そう》然となった。

私は全身が硬《こう》直して震《ふる》えた。とうとうバレてしまうのだ。いくら隠そうと思っても、神様はちゃんと見てるんだ……!!

先生は「それは誰？」と尋ねた。すると、その生徒は「中沢《ざわ》君が、上松君のランドセルの上に乗ったり踏《ふ》んだりして遊んでいるのを見ました。きっとその時、傷がついたと思います」と答えた。

そんなふうに、不安から解放されたい一心で、「あれは傷じゃない」と思おうとした。

しかし翌日の朝の会で、上松君が手を挙げて、「昨日、学校から帰ったら、ボクのランドセルに、大きなバッテンが書かれているのをお母さんが見つけました。誰《だれ》が、こんないたずらをしたのですか？」とみんなに尋《たず》ねたので、私の心臓は破裂《れつ》しそうになった。

先生は「ちょっと、ランドセルを見せて」と言って上松君のランドセルを手に取り、背中のフタの部分を見るなり、「あら、ホントだ。こんなに大きくバッテンが!!」と言い、更に目をこらしてよく見てから「これは、チョークや絵の具で描《か》いたんじゃなくて、傷だね。拭いてもとれないよ。一体誰がこんなひどいいたずらをしたのかしら」と厳しい表情になった。

どうしよう、どうしよう、どうしよう……私は事態の重さに押《お》し潰《つぶ》されそうになっていた。今、手を挙げて「……私がやりました」と言った方がいいに決まっている。だって、犯人は私なのだから、正直に言った方がいい。

先生が「やった人、正直に手を挙げなさい」と言ったので、私の腕《うで》に力が入った。②「手を挙げるんだ」という心の声もきこえた。

しかし、どうしても挙げられなかった。挙げたら、どんなに怒《おこ》られるだろう。先生からも、親からも、上松君のお父さんやお母さんからも、そして上松君本人からも。

誰も手を挙げなかったので、先生は「じゃあ、みんな目をつぶって下さい。先生以外は誰も見ていないから、やった人は正直に手を挙げて下さい」と言った。

今こそ、手を挙げるべき時だ、と私は思った。膝《ひざ》の上に置いた掌《てのひら》を握《にぎ》りしめ、「挙げろ」と心で命令し、③膝の上から二センチぐらい、手が上に動いたが、そこで止まった。

「ハイ、目を開けて下さい」という先生の声で全員目を開けた。先生は「このクラスには、こんないたずらをした人はいないようだね。もしかしたら他のクラスの子か、上級生かもしれないね。他のクラスの先生にも、調べてもらうようにするから、上松君もお母さんに、そう伝えておいてね」と言った。

上松君は「ハイ、わかりました」と言ってこの件はとりあえず保留になった。

とんでもない事をしてしまった。やはり、あのバツ印は傷だったんだ。拭いてもとれないんだ。あの時、ただふざけてやっただけだったのに……こんな事になるなんて思わなかったよ。上松君にはなんのうらみもないどころか一度もイヤだと思った事もないし、むしろ親切にしてくれて感謝しているのに、あたしゃ一体なんて事を……。

私達のランドセルは、まだ全員ピカピカだった。一年生になったばかりのランドセルなのに、上松君のランドセルだけはバッテンがついてしまった。私のせいで……。

二　次の文章を読んで、あとの問いに答えなさい。（字数に制限のある問いは句読点や記号なども一字に数えます）

小学校一年生になり、五月ぐらいになると同じクラスの者同士が親しくなり、男子も女子も仲良く一緒に下校するようになった。

上松君は、とてもしっかりしていて、勉強もよくでき、給食を食べるのも早かった。そのうえ性格も良く、えばらないし明るいし、①親切だったし、更に言えばハンサムだった。

実によくできた男子だったと思う。私なんて、うっかり者で遅刻《ち》はするし、忘れ物もするし、給食はのろいし、性格は内気だし、人に親切にするほど余裕《ゆう》はないし、別に美人じゃなかったので、「上松君は立派だなぁ。私なんかとは全然違うタイプの子供だ」と思っていた。

五月下旬《じゅん》の午後、私はクラスの仲間十人ぐらいと一緒に下校していた。その中に、上松君もいたし、たまちゃんもいた。

私達は、男子と女子のチームになり、追いかけっこをしながら帰った。男子に追いかけられる時は女子は必死で逃《に》げたし、女子が追いかける番になれば男子は必死で逃げた。

そのうちに、みんな雑草や木の枝や給食袋《ぶくろ》を武器にし、追いかけた相手を武器でポンと叩《たた》き始めた。ふざけてやっている事なので、別に痛くないし面《おも》白かった。

私も枯《か》れた雑草の枝を持ち、男子を追いかけた。さっき男子にぶたれたので、今度はこっちが仕返しする番だ。

わ——っと笑いながら叫《さけ》んで逃げる男子をまて——っと叫びながら女子が追い、女子は次々と男子を武器で叩いた。

私も、「えい、えい」と二回、武器で上松君のランドセルを叩いた。私の持っていた雑草の枝は、上松君のランドセルに、大きなバツ印の傷をつけてしまった。

私は一瞬《しゅん》ハッとした。もしかして、私は上松君のランドセルに、重大な傷をつけてしまったのではないか……？と思い立ちすくんだが、周りの仲間はそんな事一切《さい》気づかず大騒《さわ》ぎしており、上松君自身も、私がランドセルを叩いた事すら気づいていない様子だった。

仲間と別れ、ひとりで家路を歩く私の心に不安の影《かげ》がよぎっていた。もしも、上松君のランドセルに、傷がついてしまったとしたらどうしよう……。

でも、自分の持っていた武器は、そんなに堅《かた》い枝ではなかったし、ランドセルに傷をつけるほどの威《い》力はないだろう。さっきついたバツ印は、雑草についていた泥《どろ》か何かの汚《よご》れのせいで、雑巾《きん》で拭《ふ》けばとれるに違いない。

問一 ――線部①「日本とアフガニスタンとの地形」とありますが、アフガニスタンの地形を説明した部分を本文中から三十五字でぬき出し、最初と最後の三字をそれぞれ答えなさい。

問二 ――線部②「この点」とありますが、その内容を本文中から十二字でぬき出しなさい。

問三 ――線部③「岩石沙漠」とありますが、そのようになってしまう理由としてふさわしくないものを次のア～エの中から一つ選び、記号で答えなさい。

ア 山肌がむき出しであるため、降雨のときに保水力がないから。
イ 絶対的な降雨量は少ないが、時期によって局地的な豪雨があるから。
ウ 土石流が発生しやすく、灌木は生えても植生が広がらないから。
エ 荒地に生えるのは雑草くらいで、腐葉土が堆積するだけだから。

問四 ――線部④「これが解けて川となり地下水となって流下し、里を潤す」とありますが、反対にヒンズークッシュ山脈の氷雪が解け出すことでどのような問題が起きるのか、本文中から二十字以内でぬき出しなさい。

問五 ――線部⑤「いかに苦労して水を引いているかが分かる」とありますが、それはなぜですか。「苦労」の内容を具体的にして本文中の言葉を用いて四十字以内で説明しなさい。

問六 ――線部⑥「取水口」とありますが、その働きを説明している部分を本文中から二十六字でぬき出し、最初の五字を答えなさい。

問七 ――線部⑦「私たちの取水口予定地と地形が非常に似ている」とありますが、ア「取水口予定地」とイ「地形が非常に似ている」地とは、それぞれどこの国の何という地名か、本文中からぬき出して答えなさい。

問八 ――線部⑧「先人たちの得た『水の理』」とありますが、その内容として考えられるものを次のア～エの中から一つ選び、記号で答えなさい。

ア 河川の増水によって起きた人里と穀倉地帯の被《ひ》害から研究された、水質の改善方法や堰の組み立て。
イ 季節ごとの川の水量変化から判明した、雨の降り方や雨量との関係性や、それを活《い》かした耕作方法。
ウ 水害や堰の改修を経験するごとに明らかとなった、川の流れの特徴《ちょう》やそれに対応できる堰の仕組み。
エ 炭田と田圃といった異なった地質を調査した結果からわかった、豊かな作物を生み出す土の保水性。

堰である。筑後川は九州の三分の一を占める流域を持つ大河川で、九州の穀倉地帯、筑後平野を潤してきた。広大な水田地帯を車窓から眺めると、かつては牧歌的な光景に浸《ひた》ることができたが、今はそれどころではない。この田圃《たんぼ》を潤す水の源はどこか、どうやって取水し、洪水を避けてきたか、傾斜《けいしゃ》をいかにとって灌漑《がい》面積を拡《ひろ》げたか、土地争い水争いを如何《いか》に切り抜けたか、その工夫を考える。⑦「私たちの取水口予定地と地形が非常に似ている古い堰がある」と連絡《らく》してきたのは、同じ頃《ころ》帰国していた鈴木《すず》学である。工事が始まって間もない二〇〇三年八月、電話があり、「先生、そっくりの場所が九州にあります」と告げられた。私はちょうど揚《よう》水水車の設置を考えていて、「朝倉三連水車」を見に行くところだと言うと、同じ福岡県朝倉郡（現・朝倉市）だという。何のことはない。山田堰から引いた用水路「堀《ほり》川」の中に「三連水車」があったのだ。ぜひ見ようということになり、翌日鈴木がわざわざ東京から飛んできて、早《さっ》速二人で出かけた。

確かに驚くほど似ている。わがマルワリード用水路の出発点、ジャリババの場合、右岸の岩盤《ばん》に阻《はば》まれた流水は、隣《りん》接する硬《かた》い玉石の堆積層を半円状に抉《えぐ》り、左岸方向へ川幅を広げ、ちょうどカタツムリのように湾《わん》曲した小さな入り江《え》状になっている。川底には、沢庵《たくあん》石ほどの自然の巨礫《きょれき》が絨毯《じゅうたん》のように敷《し》き詰められている。その下流側には堆積した砂浜《はま》が延びている。

山田堰の場合も、右岸に岩盤が突《つ》き出ている。これが水を跳《は》ね返して酷《こく》似した地形になったのだ。「切貫《ぬき》関門」と呼ばれる取水口は、この岩盤をくりぬいて作られたものであった。この水を導くのが「堀川」と呼ばれる用水路で、六八〇町歩《ぶ》の美田を潤し、寛《かん》文三年（一六六三年）に作られた。岩盤を貫《つらぬ》く工事は享保《きょうほう》七年（一七二二年）、更《さら》にこの水位を一定に保つべく堰の大改修が行われたのが寛政二年（一七九〇年）と記されている。その大きさは幅一〇〇メートル、長さ二〇〇メートルにわたり、巨石を斜めに並べて川全体を数メートル堰《せ》き上げ、冬期の増水に対しては堰の中に数本の「水抜き川」が作られて過度の水位上昇を抑《おさ》え、夏の大増水に対しては余水が巨石の上を越《こ》えてゆく。尤《もっと》も現在は、平成十年の改修工事で、石をコンクリートで固め合わせている。だが、重機も何もなかった時代に、切り出した石を牛馬で運んで並べる様を想像し、驚きを通り越して畏《い》敬の念にうたれた。

だが何故、斜めの堰なのか、その答えは工事を開始して納得ができた。私たちもまた、洪水、渇水、水路決壊《かい》、洗掘による対岸の破壊や取水口の水位低下に幾《いく》度も見舞《ま》われ、改修に改修を重ねて、これまた驚くほど類似した構造となった。その後四年間、この山田堰との長い付き合いが始まる。この堰によって、⑧先人たちの得た「水の理《ことわり》」を学ぶことになった。

（中村　哲《てつ》　著『医者、用水路を拓《ひら》く　アフガンの大地から世界の虚構《きょ》に挑《いど》む』）

ろは三メートル以上、毎年大洪水が起きると考えてよい。やや低いところは、夏の増水が少しでも多いと、容易に濁《だく》流に呑《の》み込《こ》まれ、人が住めないのである。従って、取水口が人里と離れているのが普《ふ》通である。実は、これは日本も同じで、人々は洪水と戦いながら取水口の工夫を積み重ねてきたことも知った。

現地の平野部農村では、夏の水位上昇《しょう》の時、水位が高いだけ、広範《はん》囲で多くの水量が得られ、米作も可能になる。問題は、夏の大洪水と共に、秋冬の低い水位である。現地の主食であるナンは、冬に育つ小麦から作られる。従って、冬の取水は大切であるが、余り取水口を大きく深く取ると、夏の洪水に脅《おび》えなければならない。クナール河の夏の濁流はヒンズークッシュ山脈の氷雪が解け出し、大小の支流域の土砂《しゃ》を一緒《しょ》に運んでくる。雨と重なれば、川一面が水というよりも泥土のコロイドというべき状態となり、流路内に入って堆積、水路を浅くするからだ。

これは特に⑥取水口に近い水路ほどひどく、浚渫《しゅんせつ》作業が農事の相当な部分を占める。秋になって水位が下がり始めると、毎日数百名の村の男たちがシャベルを握《にぎ》って取水口付近の土砂を浚渫する。そこで、農民たちは澄《す》んだ水にあこがれている。浚渫の手間を少なくできるなら、その分の労働を田畑の農作業に回せるのである。

日本の川の水はアフガニスタンほどに濁《にご》ってはいないが、人々は同様な問題に遭遇《そうぐう》したに違いない。川や池の上水を取る技術が、全国に行き渡《わた》っている。コンクリートが入ってくる以前、堤《つつみ》の出口はほとんどが堰《せき》板を重ねて作られていた。これは現在のコンクリートに埋《う》め込まれた鉄製スライド式ゲートと異なって、低コストで簡単に作れる。水量調節に上段から順に抜《ぬ》いてゆけば、泥土を含《ふく》んで比重が高い水は当然下に沈《しず》むから、上澄みの余り濁っていない水を取り入れることになる。堤に沈澱《ちんでん》した泥土は、村を上げて定期的に浚渫した。昭和三十年代以前に子供時代を田舎で過ごした者なら、堤を干すと聞いて手伝いに出かけ、フナやコイなどが取れるのを楽しんだ記憶《おく》があるだろう。

起源は分からぬが、豊富な木材に支えられて日本全土で堰板方式が行き渡っていた。もちろん、堰板の主な目的は水量調節で、流水を静水である堤の池に導いて貯水するから、相乗効果で土砂を池の中に沈澱させることができたのである。

だがこれは、貯水池から出てくる水の話であって、取水口の本質的な機能は、必要一定水量を川から引き込み、洪水を取り込まないことである。そのためには、適度な川の堰上げをいかに確保するかだ。しかし、事情が許せば土砂流入はできるだけ避《さ》けたい。俄《が》然、取水口の研究と設計が最初に課せられた宿題になった。

福岡県朝倉市に山田堰という取水口がある。斜《なな》め堰はかつて全国に見られたらしいが、その原型を留《とど》めるものが筑後川流域の山田

驚《おどろ》くべきことは、この無機質のボタ山に植物が自生し、付近の雑木林の山と区別がつかないくらい、短期間に緑化したことである。初めは荒《あれ》地に生えるイタドリやクズ、セイタカアワダチソウなどの雑草が生え、それによって腐《ふ》葉土が堆積、岩石の風化作用と相俟《ま》って保水性を増し、徐《じょ》々にカシやナラなどの広葉樹の林ができた。このようなことはアフガニスタンでは、考えにくい。アフガニスタンの山肌《はだ》はむき出しの岩石塊《かい》である。降雨のときに保水力がなく、すさまじい土石流が発生しやすい。岩の隙《すき》間に小さな灌木が生える程度で、植生が広がらないのである。また、絶対的な降雨量が少ない上に、五月から八月にかけて、短時間に気まぐれな局地的豪雨が襲《おそ》う。洪水と土地の乾燥が極端《たん》な形で同居する。

変動が激しいとはいえ、比較的一定した水の源は、ヒンズークッシュの高山の雪である。④これが解けて川となり地下水となって流下し、里を潤《うるお》すのである。雨は確かに恵《めぐ》みではあるが、所によっては一集落全部を流し去るような激流となり、空《むな》しく大河に消えてしまうことが稀ではない。高山では特にそうである。従って、万年雪の少ない四〇〇〇メートル級の山々の中小河川と、一年を通して残雪が消えない七〇〇〇メートル級の山々から下る大河川とに分けて、水利用を考える必要がある。

また、自然の規模がまるで異なる。インダス河はパキスタン北部のカラコルム山脈に源を発し、アトックでカーブル河と合流して本流を成す。このカーブル河は西方から下る本流に、北方から下るクナール河が、ジャララバード付近で合流して水量を増す。いずれも、ヒンズークッシュ山脈の降雪が水源であるが、規模の上からはクナール河の方が大きく、カーブル河本流は四〇〇〇メートル級、クナール河は六〇〇〇〜七〇〇〇メートル級の高山から流下する。従って、クナール河の方が流量も多く、万年雪の分だけ安定していると言える。アフガニスタンでは、ヒンズークッシュ山脈北側のアム河に次ぐ大河で、その流域はパキスタン北端のチトラールから同山脈の北東部全域に相当し、九州、四国がすっぽり納まるほど広大である。

さて、アフガニスタンの山間の田舎《いなか》でしばしば見かけるのは、「ジューイ」という人工の小川である。ヒンズークッシュやカラコルム山脈の谷を歩いたものなら、岩石沙漠とインダス河支流に沿う小さな村落が⑤いかに苦労して水を引いているかが分かる。これら人里をかろうじて潤しているのがジューイで、たいていは泉や上流の河から、山腹を這《は》うように延々数キロの小川を引く。比較的川に近い平野の村落で見られる大きな水路も、規模が大きいだけで基本的に同じである。

山間部の川沿いの村々は、乾燥地に点在するオアシスというのがふさわしい。何故《なぜ》そんなに離《はな》れたところに水を引くのか、年来疑問に思っていたが、水を得て利用する人々の立場で観察してみて初めて納《なっ》得した。滔《とう》々たるインダス河支流の大河川は、人々にとって恵みであると同時に恐怖《きょうふ》の対象である。クナール河の場合、夏冬の水位差は川幅《はば》が広いところでも一・五メートル以上、狭《せま》いとこ

二〇二一年度 昭和女子大学附属昭和中学校

【国　語】〈Ａ日程試験〉（五〇分）〈満点：一〇〇点〉

〔注意〕文字のとめ、はね、はらいなどに注意して、ていねいに書いてください。

一　次の文章を読んで、あとの問いに答えなさい。（字数に制限のある問いは句読点や記号なども一字に数えます）

①日本とアフガニスタンとの地形や河川《せん》を見ると、類似《じ》点がある。それは、河川の勾《こう》配が急であること、季節の水量の変動が大きいことである。日本列島は山が海岸から近く、山間部の河川は急流が多い。また、夏になると集中豪《ごう》雨、台風などで急激に増水する。

明治時代に治水事業で招かれたオランダ人技師デ・レーケが、日本の河川を評して「これは川ではない。滝《たき》だ」と述べたのは有名な話である。アフガニスタンも②この点は同じで、七〇〇〇メートル級の山々を戴《いただ》くヒンズークッシュ山脈が国土の大半を占《し》め、一気に数千メートルの落差を下ってくる。従って、農業用水の取り方や村落形成に多少似たところがある。

ただし、決定的な相違《い》は、やはり自然の規模と降雨量である。日本の河川は、確かに「滝だ」と思わせるところがあるが、海岸近くでは比較《かく》的緩《ゆる》やかになり、広々とした平野部も少なくない。アフガニスタンでは、「高原」はあっても、日本のような沖《ちゅう》積平野が稀《まれ》である。すなわち、国土全体が日本の山間部の地形をバカでかくして、海岸部の平野を除いたものと考えてよい。耕作ができる柔《やわ》らかい土壌《じょう》の平野がわずかにあっても、洪《こう》積層にシルト層（砂泥《でい》）が堆《たい》積したもので、事情がずいぶん違《ちが》う。

さらに、雨の降り方も異なる。日本では、麦やトウモロコシなど、乾燥《かんそう》に強い作物ならわざわざ川の水を引かなくとも、雨水だけでまかなえる畑地が少なくない。アフガニスタンは違う。天水に頼《たよ》る麦作は至る所に見られるが、やはり渇《かっ》水期の灌《かん》水が保障されないと、生産性が著《いちじる》しく低い。川のないところは「③岩石沙漠《さばく》」と呼ぶのがふさわしく、山々がむき出しの岩石で、放置すれば自然に緑の山になるような日本のような地域ではない。

私の育った福岡県は、かつて産炭地が多く、分けても筑《ちく》豊炭田は北九州工業地帯を支えて盛んに採掘《くつ》が行われた。三十年前まで、「ボタ山」と呼ばれる石炭採取の残骸《がい》が至る所で見られた。これは地下の炭層を掘《ほ》り出して選炭した後、純度が低い「ボタ」と呼ばれる石が捨てられて出来たもので、高さ数十メートルの茶褐《かっ》色の小山になる。閉山後撤《てっ》去されたものもあるが、かなりの数が放置された。

2021年度

昭和女子大学附属昭和中学校 ▶解説と解答

算　数　＜Ａ日程試験＞（50分）＜満点：100点＞

解　答

1 ① $\frac{5}{6}$　② 760　③ $9\frac{4}{5}$　④ 180秒　⑤ 34個　⑥ 120ページ　⑦ 2時間　⑧ 14　2 ① 解説の図を参照のこと。　② 分速120m　③ 240m　3 ① 6.28cm^2　② 20.56cm　4 ① 20点　② **1位**…Ｂさん，**2位**…Ｅさん，**3位**…Ａさん，**4位**…Ｃさん，**5位**…Ｄさん　5 ① 12cm^3　② 12cm^3　6 **ア** 1　**イ** 1020　**ウ** 1360　**エ** 7　**オ** 83

解　説

1 四則計算，計算のくふう，逆算，正比例，倍数，相当算，相似，速さ，数列

① $\left(2\frac{3}{4}-0.25\right)\div 5+\frac{1}{3}=\left(\frac{11}{4}-\frac{1}{4}\right)\div 5+\frac{1}{3}=\frac{10}{4}\times\frac{1}{5}+\frac{1}{3}=\frac{1}{2}+\frac{1}{3}=\frac{3}{6}+\frac{2}{6}=\frac{5}{6}$

② $20\times21-20\times7+20\times13+20\times11=20\times(21-7+13+11)=20\times38=760$

③ $\frac{5}{2}+0.3=\frac{5}{2}+\frac{3}{10}=\frac{25}{10}+\frac{3}{10}=\frac{14}{5}$より，$\frac{1}{7}\times\left(\square-\frac{14}{5}\right)=1$，$\square-\frac{14}{5}=1\div\frac{1}{7}=1\times\frac{7}{1}=7$　よって，$\square=7+\frac{14}{5}=7+2\frac{4}{5}=9\frac{4}{5}$

④ 1階から5階までは，階と階の間が，$5-1=4$（か所）あり，1階から25階までは，階と階の間が，$25-1=24$（か所）あるので，1階から25階まで上るには，1階から5階まで上るのにかかる時間の，$24\div4=6$（倍）かかる。よって，$30\times6=180$（秒）かかる。

⑤ 1から100までの整数の中で，2で割り切れる整数は，$100\div2=50$（個）ある。また，2と3の最小公倍数は6だから，2で割り切れて3でも割り切れる整数は，6で割り切れる整数である。1から100までの整数の中で，6で割り切れる整数は，$100\div6=16$余り4より，16個あるから，2で割り切れる50個の整数の中に3でも割り切れる整数は16個ある。よって，1から100までの整数の中で，2で割り切れるが3で割り切れない整数は，$50-16=34$（個）ある。

⑥ 右の図で，2日目に読んだ後に残ったページ数は，$24+40=64$（ページ）で，これは，1日目に読んだ後に残ったページ数の，$1-\frac{1}{3}=\frac{2}{3}$にあたるから，1日目に読んだ後に残ったページ数は，$64\div\frac{2}{3}=96$（ページ）とわかる。よって，全体のページ数の，$1-\frac{1}{5}=\frac{4}{5}$が96ページにあたるので，全体のページ数は，$96\div\frac{4}{5}=120$（ページ）と求められる。

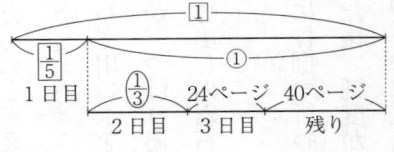

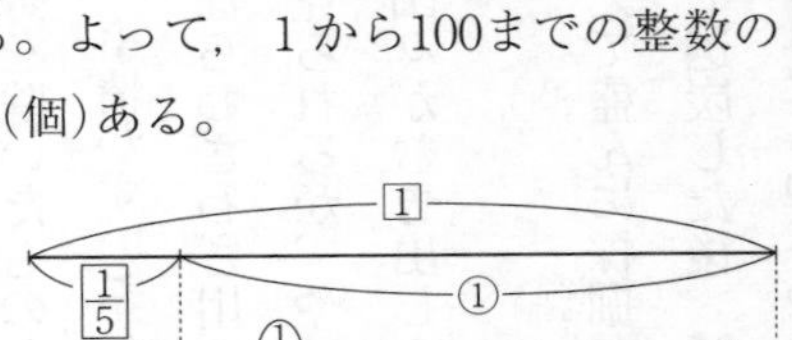

⑦ Ａ地点からＢ地点までの実際の距離《きょり》は，$16\times50000=800000$(cm)で，1m＝100cm，1km＝1000mより，$800000\div100\div1000=8$(km)となる。よって，Ａ地点とＢ地点の間を実際に時速4kmで歩くと，$8\div4=2$（時間）かかる。

⑧ 1が1個，2が2個，3が3個，…のように，それぞれの数字は，その数と同じ個数だけ並ぶ

から，13が13個並ぶと，全部で，１＋２＋３＋…＋13＝（１＋13）×13÷２＝91（個）の数字が並ぶ。さらに，14が14個並ぶと，全部で，91＋14＝105（個）の数字が並ぶので，初めから数えて92番目から105番目には14が並ぶとわかる。よって，100番目の数字は14である。

2 グラフ―速さ，旅人算

① 妹は分速60ｍで1200ｍ歩くのに，1200÷60＝20（分）かかるので，妹が祖母の家に着く時刻は，８時＋20分＝８時20分となる。よって，妹の移動の様子を表すグラフは右の図の太線のようになる。

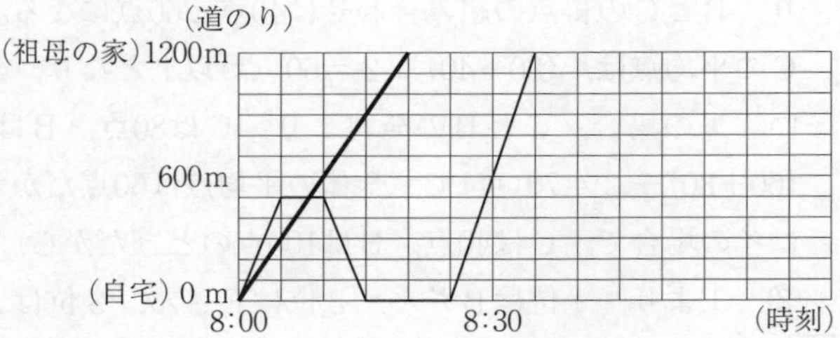

② 姉が再び祖母の家に向かったとき，８時25分から８時35分までの10分間で1200ｍ進んでいるから，このときの姉の速さは分速，1200÷10＝120（ｍ）とわかる。

③ 妹が祖母の家に着いてから５分後の時刻は，８時20分＋５分＝８時25分だから，姉が再び自宅を出発するのと同時に，妹と祖母は祖母の家を出発したとわかる。この後，３人の間の距離は毎分，120＋30＝150（ｍ）の割合で縮まるので，３人が出会うのは，３人が出発してから，1200÷150＝８（分後）となる。よって，出会う場所は，祖母の家から，30×８＝240（ｍ）離《はな》れた場所になる。

3 平面図形―面積，長さ

① 右の図で，アとイの部分の面積，ウとエの部分の面積はそれぞれ等しいので，アの部分をイの部分に，ウの部分をエの部分にそれぞれ移動すると，斜線《しゃせん》部分の面積はおうぎ形OABの面積に等しいことがわかる。おうぎ形OABは半径が４cmの円の，$\frac{1}{4}$÷２＝$\frac{1}{8}$だから，斜線部分の面積は，４×４×3.14×$\frac{1}{8}$＝6.28（cm^2）と求められる。

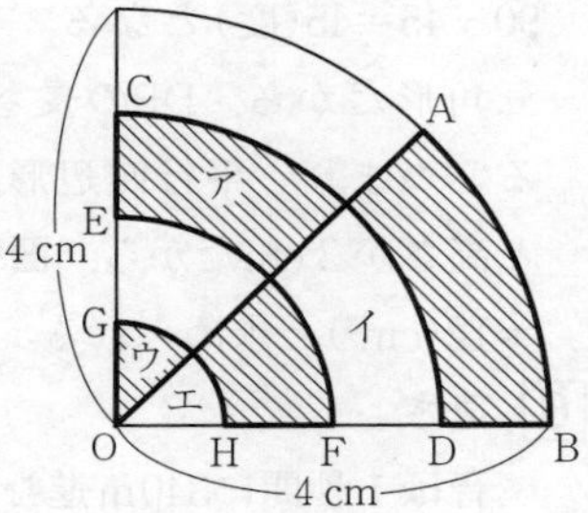

② 斜線部分のすべての周りの長さは，図の太線部分の長さとなる。太線部分のうち，曲線部分の長さは，弧《こ》ABの長さが，４×２×3.14×$\frac{1}{8}$＝１×3.14（cm），弧CDの長さが，３×２×3.14×$\frac{1}{4}$＝$\frac{3}{2}$×3.14（cm），弧EFの長さが，２×２×3.14×$\frac{1}{4}$＝１×3.14（cm），弧GHの長さが，１×２×3.14×$\frac{1}{4}$＝$\frac{1}{2}$×3.14（cm）だから，曲線部分の長さの和は，１×3.14＋$\frac{3}{2}$×3.14＋１×3.14＋$\frac{1}{2}$×3.14＝$\left(1+\frac{3}{2}+1+\frac{1}{2}\right)$×3.14＝４×3.14＝12.56（cm）となる。また，太線部分のうち，直線部分の長さの和は，直線OA，OG，EC，HF，DBの長さの和なので，４＋１×４＝８（cm）となる。よって，斜線部分のすべての周りの長さは，12.56＋８＝20.56（cm）と求められる。

4 条件の整理

① Ｂの発言より，５人の得点はすべて異なり，その組み合わせは｛０点，20点，40点，60点，80点｝か，｛20点，40点，60点，80点，100点｝のいずれかになる。また，全体の平均点は，｛０点，20点，40点，60点，80点｝のときは，（０＋20＋40＋60＋80）÷５＝40（点），｛20点，40点，60点，80点，100点｝のときは，（20＋40＋60＋80＋100）÷５＝60（点）となり，ＤとＥの発言より，Ａ，Ｄ，Ｅの得点は上の図のア～エの場合が考えられる。アの

（点）	0	20	40	60	80	100
ア		Ｄ	Ａ	Ｅ		
イ		Ｄ		Ａ	Ｅ	
ウ		Ｄ			Ａ	Ｅ
エ			Ｄ	Ａ		Ｅ

場合，Ｃの発言より，Ｃは80点，Ｂは100点になる。このとき，ＡとＣの平均点は，(40＋80)÷２＝60(点)で，全体の平均点は60点だから，Ａの発言と合わない。イの場合，Ｃの発言より，Ｃは40点となるので，ＡとＣの平均点は，(60＋40)÷２＝50(点)である。よって，Ｂの得点が100点のとき，ＡとＣの平均点は全体の平均点(60点)より低いので，Ａの発言と合う。ウの場合，Ｂの発言より，ＢとＣの得点の組み合わせは40点と60点になる。このとき，Ｃの得点は40点以上なので，ＡとＣの平均点は，(80＋40)÷２＝60(点)以上となり，全体の平均点は60点だから，Ａの発言と合わない。エの場合，ＣとＢの発言より，Ｃは80点，Ｂは20点となる。このとき，ＡとＣの平均点は，(60＋80)÷２＝70(点)で，全体の平均点は60点だから，Ａの発言と合わない。以上より，正しいのはイの場合で，Ｃは40点，Ｂは100点のときだから，最低点は20点とわかる。

②　①より，１位はＢさん，２位はＥさん，３位はＡさん，４位はＣさん，５位はＤさんとなる。

5　立体図形―図形の移動，体積

①　正方形が通過してできる立体は，底面が１辺２cmの正方形で，高さが３cmの直方体だから，体積は，２×２×３＝12(cm³)となる。

②　正方形が通過してできる立体は，右の図の立体ABCD－EFGHで，これは，平行四辺形ABCDを底面とする，高さが２cmの四角柱である。この図で，角DCPの大きさは角ABCの大きさと等しく，45度なので，角CDPの大きさは，180－90－45＝45(度)となる。よって，三角形DCPは直角二等辺三角形だから，DPの長さはCPの長さと等しく３cmとわかる。つまり，平行四辺形ABCDは，２cmの辺を底辺とすると高さが３cmだから，面積は，２×３＝６(cm²)である。したがって，この立体の体積は，６×２＝12(cm³)と求められる。

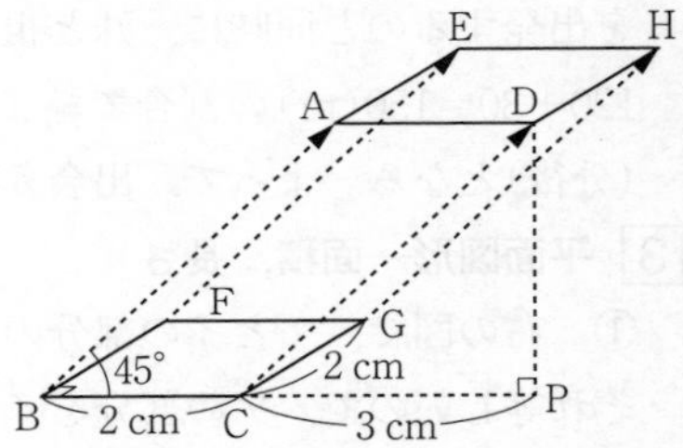

6　速さ

音は１秒間に340m進むので，見ている人からの高さが340mの地点で花火が光ると，花火の音は，340÷340＝１(秒)で見ている人に届く。一方，光は一瞬《いっしゅん》で見ている人の目に届くから，音は光よりも１秒(…ア)遅《おく》れて見ている人に届くといえる。次に，昭子さんが見た花火は，開いて３秒から４秒後に音が聞こえたので，昭子さんがいる場所から，花火を打ち上げた場所までの距離は，340×３＝1020(m)(…イ)から，340×４＝1360(m)(…ウ)とわかる。また，光は１秒間に約30万km進み，地球１周の長さは約４万kmだから，30万÷４万＝7.5より，光は１秒で地球を７周半(…エ)する。さらに，地球から土星までの距離は約15億kmで，光の速さは秒速約30万kmなので，土星の光が地球に届くのにかかる時間は，15億÷30万＝150000万÷30万＝5000(秒)，つまり，5000÷60＝83.3…より，約83分である。よって，今見えている土星の光は約83分前(…オ)のものということになる。

社　会　＜Ａ日程試験＞（理科と合わせて50分）＜満点：50点＞

解　答

1 問１　①　エ　②　イ　③　ウ　④　ア　**地理的特色**…（例）　南北に長いため暖流や寒流が影響して気温に差が生まれる。／季節風が山脈にあたることで降水量に差が生まれる。
問２　①　カ　②　ウ　③　エ　④　イ　問３　⑴　イ　⑵　オ　⑶　エ

2 問１　ウ　問２　エ　問３　卑弥呼　問４　ア　問５　イ　問６　イ→エ→ウ→ア　問７　遣唐使　問８　（例）　禁止されていたキリスト教を信仰し続けたから。　問９　イ　問10　移民

3 ⑴　密閉　⑵　自給率

4 問１　エ　問２　小池百合子　問３　衆議院　問４　ア　問５　エ→ア→イ→ウ

5 問１　イ　問２　（例）　日本が占領した地域で軍が物資を調達するため。　問３　Ⅰ　ア　Ⅱ　イ　問４　（例）　野生動物の生息地や食料が失われる。　問５　エ

解　説

1 日本の気候や特色，都道府県の人口についての問題

問１　①　１年を通して降水量が少なく，比較《ひかく》的温暖であることから，瀬戸内の気候に属する岡山市の雨温図で，説明文はエがあてはまる。岡山市にある後楽園は，水戸市（茨城県）の偕楽《かいらく》園，金沢市（石川県）の兼六《けんろく》園とともに，「日本三名園」に数えられる。　②　１年を通して降水量が少なく，冬の寒さが厳しいことから，亜《あ》寒帯（北海道）の気候に属する札幌市の雨温図で，説明文はイがあてはまる。札幌市街地は明治時代以降に開発され，碁盤《ごばん》の目のように区画されている。また，「さっぽろ雪まつり」は，毎年２月上旬《じょうじゅん》に行われる雪と氷の祭典である。　③　冬の寒さが厳しくなく，夏の降水量が多いことから，太平洋側の気候に属する高知市の雨温図で，説明文はウがあてはまる。高知県はカツオの水揚《みずあ》げ量が多く，「カツオのたたき」が郷土料理となっている。
④　冬の降水（雪）量が多いことから，日本海側の気候に属する金沢市の雨温図で，説明文はアがあてはまる。金沢市は加賀藩前田家の城下町として発展し，焼き物の「九谷焼」や染《そ》め物の「加賀友《ゆう》禅《ぜん》」などの伝統的工芸品の産地として知られる。　このように，地域によって気候にちがいが生ずるのは，日本列島が南北に細長く，山がちな地形であるため，南北で気温の差が大きく，太平洋側と日本海側では季節風の吹《ふ》き方や暖流・寒流の影響で降水量に差が生まれるからである。

問２　①　人口は少ないが，人口の増減率が東京都についで0.39％と高いことから，沖縄県である。なお，沖縄県は出生児数から死亡者数を引いた「自然増減」が47都道府県の中でただ１つプラスとなっている。統計資料は『日本国勢図会』2020／21年版などによる（以下同じ）。　②　人口が東京都についで919.8万人と多いことから，横浜市・川崎市・相模原《さがみはら》市と３つの政令指定都市がある神奈川県である。　③　人口が755.2万人と多いので，中京工業地帯の中心都市である名古屋市（人口約230万人）のある愛知県である。愛知県の人口は，47都道府県の中で東京都・神奈川県・大阪府につぎ第４位となっている。　④　人口が少なく，人口増減率も－1.31％と低いので，青森県である。青森県の人口増減率は，47都道府県の中で秋田県についで低い。

問３　⑴　本州・北海道・九州・四国の「四大島」の次に面積が大きい島は，択捉《えとろふ》島・国後《くなしり》島（いずれも北海道）となっている。択捉島と国後島は色丹《しこたん》島・歯舞《はぼまい》群島とともに北方領土を形成し，日

本固有の領土であるが，現在はロシア連邦の施政権下にある。なお，この２つについで面積の大きい島は，沖縄島(沖縄県)・佐渡島(新潟県)・奄美《あまみ》大島(鹿児島県)・対馬《つしま》(長崎県)・淡路島(兵庫県)の順となっている。　(2)　農業産出額が最も多いのは，北海道である。北海道はもともと耕地面積が大きく，大農法農業が行われ，酪農などの畜産業もさかんである。農業産出額はこの２道県に続き，鹿児島県・茨城県・千葉県・宮崎県の順に多い。　(3)　発電電力量について，電力会社の系統別でみると，首都圏《けん》をかかえる東京電力が最も多い。よって，エがあてはまる。

2 国外への移住の歴史を題材にした問題

問１　第二次世界大戦(1939～45年)では，日本・ドイツ・イタリアの日独伊三国同盟を中心とする枢軸《すうじく》国と，アメリカ合衆国・ソ連・イギリスなどの連合国とが戦い，連合国が勝利した。敗戦国となった枢軸国のうちドイツは，戦後の東西対立(冷戦)のもとで東ドイツと西ドイツに分断された。その後，1985年からソ連共産党書記長のゴルバチョフが「ペレストロイカ(改革)」をおし進めると，東ドイツをはじめ東欧諸国でも民主化を求める声が高まり，1989年にベルリンの壁が崩壊《ほうかい》して，翌1990年に東西ドイツが統一された。

問２　アフリカで人類(猿人《えんじん》)が誕生したのは約700万年前のことで，人類は猿人→原人→旧人と進化し，約20万年前に新人(現生人類)が誕生したとされている。よって，エが間違っている。

問３　中国の歴史書『魏書《ぎしょ》』東夷《とうい》伝(『魏志』倭人《わじん》伝)には，３世紀の日本に邪馬台国《やまたいこく》という強い国があり，女王の卑弥呼《ひみこ》が30ほどの国々を従えていたことや，卑弥呼が239年に魏(中国)に使いを送り，皇帝から「親魏倭王」の称号や金印，銅鏡などを授けられたことが記されている。

問４　古墳時代，中国大陸や朝鮮半島から多くの人々が日本に移り住んだが，その多くは戦乱を避《さ》けて朝鮮半島から日本に渡ってきた人々であった。よって，アがふさわしい。

問５　雪舟《せっしゅう》は室町時代後半に活躍《かつやく》した画僧で，明(中国)に渡って水墨画《すいぼくが》の技術をみがき，帰国するとおもに山口に住んで日本の水墨画を大成した。代表作に「秋冬山水図」「四季山水図巻」などがある。なお，アの千利休《せんのりきゅう》は安土桃山時代に茶道を大成した人物，ウの空海は平安時代初めに真言宗を開いた人物，エの世阿弥《ぜあみ》は室町時代前半に父の観阿弥《かんあみ》とともに能楽を大成した人物。

問６　織田信長は室町～安土桃山時代，聖徳太子は飛鳥時代，北条時宗は鎌倉時代，鑑真《がんじん》は奈良時代の人物なので，時代の古い順にイ→エ→ウ→アとなる。なお，アの黒人の弥助《やすけ》は，イエズス会の宣教師が連れてきた奴隷《どれい》で，のちに信長の家来となった人物。

問７　遣唐使は飛鳥時代～平安時代初めにかけて唐(中国)に派遣された使節で，唐の政治制度や文化などを取り入れるために送られた。菅原道真の進言によって894年に廃止されるまで，約260年間に十数回派遣されている。

問８　高山右近《うこん》はキリシタン大名で，キリスト教の信仰をやめなかったことから，江戸幕府が出した禁教令にもとづいて1614年にマニラ(フィリピン)に追放された。

問９　中国の東北部は満州とよばれ，1930年代に多くの日本人が開拓団として入植した。

問10　移民は，個人または集団が他国に永住するために移り住むこと。日本人の海外への移民は明治時代に始まり，特に南北アメリカ大陸への移民が多く，現在，ハワイやブラジルなどに多くの日系人が住んでいる。

3 「３つの密」と食料自給率についての問題

(1)　新型コロナウイルスの集団感染を防止するため，総理大臣官邸《かんてい》と厚生労働省は密閉・密集・密接という「３つの密（３密）」を避けることをよびかけている。　(2)　国全体で消費される食料のうち，国内で生産される割合を食料自給率という。日本の食料自給率は総合（カロリーベース）で約37%と，先進国の中では最低の水準にある。

4 オンラインでの情報通信を題材とした問題

問１　世界保健機関は，伝染病予防や世界の人々の健康増進のために活動をする国際連合（国連）の専門機関で，略称はWHO。本部はジュネーブ（スイス）に置かれている。なお，アのFAOは国連食糧《しょくりょう》農業機関，イのILOは国際労働機関，ウのIMFは国際通貨基金の略称。

問２　2020年７月，東京都知事選挙が行われ，現職の小池百合子が再選をはたした。

問３　内閣総理大臣は国会議員の中から選ばれるが，衆議院と参議院の指名が異なったとき，衆議院の指名が優先される。これは衆議院の優越事項の１つである。

問４　地域住民は，原則として有権者の３分の１以上の署名を集めることにより，知事などの首長や地方議会議員の解職を求めることができる。この解職請求をリコールといい，住民（有権者）の投票で過半数の賛成が得られれば解職が成立する。

問５　一般に「５Ｇ」とよばれる第５世代の通信システムは，高速大容量・高信頼低遅延《ちえん》・多数同時接続の３つを特徴としており，これを生かしたVR（バーチャル・リアリティ，仮想現実），AI（人工知能）や自動運転といった関連技術の開発が進んでいる。よって，VRの例にあたるウが第５世代である。アは第３世代，イは第４世代，エは第２世代の通信システムなので，世代順にエ→ア→イ→ウとなる。なお，第１世代はアナログ方式の携帯《けいたい》電話に採用された移動通信システム。

5 マレーシアと日本の関係についての問題

問１　マレーシア（首都クアラルンプール）は東南アジアのマレー半島とボルネオ（カリマンタン）島北部を国土とする国で，面積は約33万km²，人口は約3200万人である。マレーシアは赤道に近く，ブラジル中部などと同じ熱帯の気候に属している。なお，アのエジプトは乾燥帯，ウのカナダは亜寒帯・寒帯，エのスペインは温帯に属している。

問２　第二次世界大戦中，日本は東南アジアに侵攻《しんこう》して多くの地域を占領した。このとき，現地で軍需《ぐんじゅ》物資などを調達したさいの支払いのため，軍票とよばれる疑似紙幣《ぎじしへい》が発行された。

問３　マレーシアと日本の貿易では，日本から機械類・自動車・鉄鋼などが輸出され，マレーシアからは機械類・液化天然ガス（LNG）・プラスチックなどが輸入されている。

問４　木材の伐採《ばっさい》，油やし栽培などによる農耕地の拡大，焼畑農業といったことにより，熱帯林の破壊が急激に進んでいる。これにより，熱帯林が吸収する二酸化炭素の量が減って地球温暖化が加速するとされている。また，森林が伐採されたあとに大雨が降ると表土が流され，洪水が起きたり砂漠化が進んだりするほか，数十万種といわれる生物の多様な生態系に大きな影響をあたえると考えられている。

問５　自家用車での通勤は，自動車の排気ガスにふくまれる二酸化炭素が排出されるので，環境への負荷が高くなる。よって，エがふさわしくない。

理科　＜Ａ日程試験＞（社会と合わせて50分）＜満点：50点＞

解答

1 **問1**　イ　**問2**　ウ　**問3**　（例）　わき芽をつみとらないと，果実などの食用部分に十分な栄養がいかなくなってしまうため。　**問4**　**A**　イ　**B**　ア　**C**　ウ　**D**　エ　**問5**　（例）　化学肥料や農薬などをできるだけ使わず，その土地にあった作物をさいばいする。

2 **問1**　北極星　**問2**　午後９時　**問3**　（例）　地球が１年かけて太陽のまわりを１周する動きのこと。　**問4**　（例）　太陽の南中高度が１年のうちで最も高く，昼の長さが１年で一番長い日。　**問5**　**ア**　火星　**イ**　天王星

3 **問1**　（例）　二酸化マンガン自体は変化せずに，気体の発生をはやめるはたらきをしたから。　**問2**　（例）　発生した二酸化炭素は，水に少ししかとけず，空気よりは重い気体なので，水上置かん法や下方置かん法で集めることができる。　**問3**　エ　**問4**　イ　**問5**　25％

4 **問1**　解説の図を参照のこと。　**問2**　オ　**問3**　$67cm^3$　**問4**　4.5cm　**問5**　ウ

5 **問1**　（例）　その種の個体がすべて死に，地球上からいなくなること。　**問2**　ウ→ア→イ→オ→エ　**問3**　（例）　酸素の入った集気びんと空気の入った集気びんを用意し，火のついた線香を入れて燃え方を比べる。結果は，酸素が入っている集気びんのほうがより激しく燃える。　**問4**　（例）　ワサビをぬったパンとぬっていないパンを準備し，それぞれプラスチック容器に入れ，カビをそれぞれのパンの中央において，しばらく同じ条件下におき，カビの増え方を比べる。　**問5**　ウ

解説

1 野菜の育て方についての問題

問1　ジャガイモは，土の中にあるくきに栄養分をたくわえており，人はその部分を食べている。このような植物には，ジャガイモのほかにサトイモやレンコンがある。なお，サツマイモは，根に栄養分をたくわえる。

問2　キュウリのようなウリ科の植物は，お花とめ花をさかせる。

問3　わき芽とは，葉のつけ根から出る芽のことをいう。トマトのような野菜は，わき芽をつみとらないと，わき芽が成長するために栄養分が使われてしまい，果実などの食用部分に十分な栄養がいかなくなってしまう。

問4　Ａは花のみつを吸うのに適した口，Ｂはくさったものなどをなめるのに適した口，Ｃは虫や草をかみ切るのに適した口，Ｄは血を吸うのに適した口である。

問5　化学肥料を使いすぎたり，殺虫剤《ざい》や除草剤などの農薬を過度にまいたりすると，土の中の微《び》生物が死んでしまい，微生物によって成り立っていた土の中の生態系がくずれてしまうことがある。また，化学肥料や農薬が地下水に流れこむと，環境《かんきょう》を汚染《おせん》するおそれがある。

2 星の動きについての問題

問1　北極星は，地球の地じくの延長線上にあるので，ほぼ真北で動かないように見える。

問2　北の空の星は，北極星を中心に，１時間に約15度ずつ反時計回りに動いて見える。星Ｂが45度動くのにかかる時間は，45÷15＝３（時間）なので，６＋３＝９より，星Ｂがイの位置に見えるのは，１月15日午後９時である。

問３　地球は太陽のまわりを，地球の北極側から見て反時計回りに，１年かけて１回転している。これを地球の公転という。

問４　夏至の日には，太陽の南中高度が１年で最も高くなり，昼の長さが１年で最も長くなる。なお，夏至の日の日の出，日の入りの位置は，１年で最も北寄りである。

問５　太陽のまわりを公転しているわく星には，太陽より近いものから順に，水星，金星，地球，火星，木星，土星，天王《てんのう》星，海王星の８つがある。

3 気体の性質についての問題

問１　二酸化マンガンには，過酸化水素水にとけている過酸化水素を分解し，酸素の発生をはやめるはたらきがある。このとき，二酸化マンガン自体は変化しない。このように，それ自身は変化しないが，反応の速さを変える物質をしょくばいという。

問２　石灰水を白くにごらせる気体Bは二酸化炭素である。二酸化炭素は空気よりも重いので，下方置かん法で集めることができる。また，水に少ししかとけないことから，水上置かん法でも集められる。水上置かん法で集めると空気がほとんど混ざらず，より純粋《じゅんすい》な二酸化炭素を集めることができる。

問３　うすい塩酸に亜鉛《あえん》やマグネシウム，アルミニウム，鉄を入れると，とけて水素が発生するが，銅を入れた場合は反応せず，水素も発生しない。

問４　塩化アンモニウムと水酸化カルシウムを混ぜたものを加熱すると，アンモニアが発生する。アンモニアはしげき臭《しゅう》があり，空気よりも軽く，水によくとける気体である。なお，アは二酸化炭素や水蒸気，ウは水素，エは酸素について説明している。

問５　20％の食塩水100ｇにとけている食塩の重さは，$100\times\frac{20}{100}=20$(ｇ)である。加熱して20ｇの水が蒸発したあとには食塩水の重さが，$100-20=80$(ｇ)になるので，この食塩水の濃度《のうど》は，$\frac{20}{80}\times100=25$(％)とわかる。

4 ばねとてこ，ふ力についての問題

問１　表にある，おもりの重さとばねののびた長さの値をグラフ上に●で表し，おもりの重さ０ｇでばねののびた長さ0.0cmの点から，●の近くを通るように直線を引く。すると，右の図のようなグラフとなる。

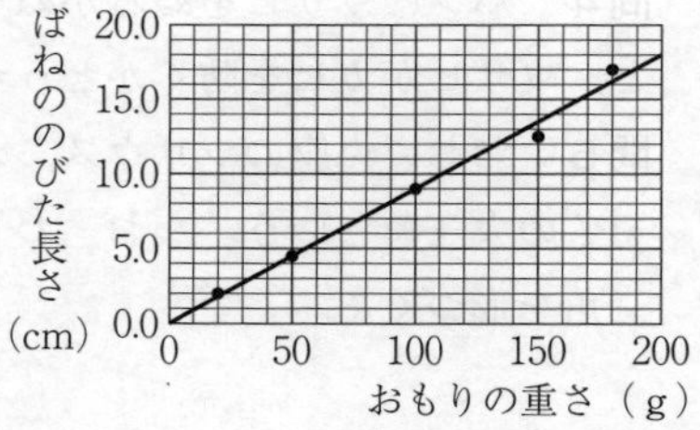

問２　箱Aの重さは100ｇなので，箱Aをしずめた深さが０cmのとき，ばねののびた長さは9.0cmである。箱Aの高さは15cmなので，しずめた深さが15cmになると，箱Aが完全に水中にしずむ。よって，箱Aをしずめた深さが０～15cmのとき，しずめた深さが大きくなるほど，箱Aにはたらくふ力の大きさが大きくなり，ばねののびた長さは短くなっていく。箱Aをしずめた深さが15cm以上では，箱Aにはたらくふ力の大きさが変化しないので，ばねののびた長さも変わらない。

問３　箱Aが空気中にあるとき(箱Aをしずめた深さが０cmのとき)のばねののびた長さは９cm，箱Aが完全に水中にしずんだとき(箱Aをしずめた深さが15cmより大きいとき)のばねののびた長さは３cmなので，この間にばねののびた長さは，$9-3=6$(cm)変化している。つまり，箱Aが完全に水中にしずんだときの箱Aにはたらくふ力の大きさは，ばねを６cmのばすために必要な力の大きさと等しい。問１のグラフより，ばねののびた長さが６cmのときにばねにかかる重さは約67ｇなので，箱Ａが完全に水中にしずむと，箱Ａにはたらくふ力の大きさは約67ｇになる。これは箱Ａと同じ体積の水の重さと同じなので，箱Ａの体積はおよそ，67÷１＝67(cm^3)とわかる。

問４　図３で，箱Ａの重さによって棒を反時計回りに回転させるはたらきは，100×20＝2000なので，ばねを引く力によって棒を時計回りに回転させるはたらきも2000になればつり合う。したがって，2000÷40＝50より，ばねを引く力は50ｇとなり，表から，ばねののびた長さは4.5cmとなる。

問５　図４で，25ｇのおもりによって棒を時計回りに回転させるはたらきは，25×40＝1000なので，箱Ａをつるしている糸にかかる重さは，1000÷20＝50(ｇ)となる。ここで，図４の箱Ａをつるしている糸を，ばねに置きかえて考えると，表から，50ｇのおもりをつるしたときのばねののびた長さは4.5cmである。さらに，問２のオのグラフより，ばねののびた長さが4.5cmのときの箱Ａをしずめた深さは約11cmとよみとれる。よって，箱Ａを水に11cm前後しずめたとき，棒が水平につり合う。

5 いろいろな個人研究についての問題

問１　ある種類の動物がすべて死んでしまい，地球上から完全にいなくなってしまうことを絶めつという。なお，絶めつ危ぐ種とは，絶めつの危機にある生物のことで，メダカのほかにトキやコウノトリなどの動物が指定されている。

問２　けんび鏡のつつの中にほこりが入らないようにするために，先に接眼レンズをつけてから対物レンズをつける。そして，接眼レンズをのぞきながら，視野全体が明るくなるようにする。ピントを合わせるときは，けんび鏡を横から見ながら対物レンズとプレパラートを近づけたあとに，接眼レンズをのぞきながら対物レンズとプレパラートを遠ざけることで，対物レンズとプレパラートがぶつかることを防ぐ。

問３　酸素にはものを燃やすはたらき(助燃性)がある。よって，酸素の入った集気びんに火のついた線香《せんこう》を入れると，ほのおを上げて激しく燃える。

問４　パンにワサビをぬるかぬらないか以外はすべて同じ条件で，パンにカビをつけて実験を行うと，ワサビがカビを防ぐかどうかを調べることができる。

問５　おおいぬ座のシリウス，オリオン座のベテルギウス，こいぬ座のプロキオンを結んだ三角形を冬の大三角という。なお，わし座のアルタイル，こと座のベガ，はくちょう座のデネブは夏の大三角を形づくる。

国語　<Ａ日程試験>（50分）<満点：100点>

解答

一　**問１**　国土全～たもの　**問２**　河川の勾配が急であること　**問３**　エ　**問４**　大小の支流域の土砂を一緒に運んでくる　**問５**　(例)　洪水の恐怖を避けるため，人里と離れた取水口から延々数キロの小川を引いているから。　**問６**　必要一定水　**問７**　**ア**　**国**…アフガニスタン　**地名**…ジャリババ　**イ**　**国**…日本　**地名**…福岡(朝倉，九州)　**問８**　ウ

二　**問１**　(例)　遠足の時，あったかいお茶しか持っていない「私」に自分のジュースをすすめ

る様子。　**問２**　エ　**問３**　（例）　上松君のランドセルに傷をつけてしまったことを正直に言わなければいけないという思いと，怒られるのが怖いという気持ち。　**問４**　イ　**問５**　イ　**問６**　ウ　**問７**　ア　**問８**　（例）　私が自分で決断して悩んだのは，クラブ活動で音楽部を選んだ時のことだ。別のクラブにさそってくれた友達との仲が一時ぎくしゃくして悩んだが，相手を応援するうち以前のような関係にもどれ，うれしく思っている。　**三**　**問１**　下記を参照のこと。　**問２**　①　**ア**　ほしぞら　**イ**　キンセイ　②　**ア**　すじみち　**イ**　フッキン　③　**ア**　ハラン　**イ**　なみかぜ　④　**ア**　コウチョウ　**イ**　くろしお　**問３**　①　天変地異　②　問答無用　③　空前絶後　④　門外不出　⑤　晴耕雨読　⑥　起死回生　**問４**　①　ク　②　エ　③　ア　④　キ　⑤　カ　⑥　ウ

●漢字の書き取り

三　**問１**　①　**誤報**　②　**秘密**　③　**公務**　④　**補助**　⑤　**受信**　⑥　**志望**　⑦　**責任**　⑧　**検討**

解　説

一　**出典は中村哲《なかむらてつ》の『医者，用水路を拓《ひら》く　アフガンの大地から世界の虚構《きょこう》に挑《いど》む』による。**日本とアフガニスタンの地形の類似点や相違《そうい》点にふれながら，アフガニスタンで用水路を拓くまでの困難や学びをつづっている。

問１　次の段落に，日本とアフガニスタンとの地形の違《ちが》いが説明されている。アフガニスタンでは日本のような沖積平野は稀《まれ》だとしたうえで，「国土全体が日本の山間部の地形をバカでかくして，海岸部の平野を除いたもの」だと述べられている。

問２　「この点」は，日本と共通するアフガニスタンの地形の特徴《とくちょう》を指す。前の部分に注意する。日本の河川は「滝《たき》」にたとえられているが，アフガニスタンの河川も一気に数千メートルの落差を下るのだから，「河川の勾配《こうばい》が急であること」が「この点」にあたる。

問３　「岩石沙漠《さばく》」とは，アフガニスタンで川がないところをたとえた言葉。荒地《あれち》に雑草が生え，腐葉《ふよう》土が堆積《たいせき》するというエは，筑豊《ちくほう》炭田で石炭を採取した後，純度の低い「ボタ」とよばれる石を捨ててできた「ボタ山」が広葉樹の林になる過程にあたり，日本について述べた内容である。

問４　四段落後に，ヒンズークッシュ山脈の氷雪が解け出すと，夏の洪水《こうずい》が起きることが述べられている。クナール河の夏の濁流《だくりゅう》は，ヒンズークッシュ山脈の氷雪が解け出すことで，「大小の支流域の土砂を一緒《いっしょ》に運んでくる」と書かれている。

問５　次の段落までの内容からまとめる。離《はな》れたところから水を引く苦労があるのは，インダス河支流の大河川が洪水を起こすことが多いためで，洪水の恐怖《きょうふ》を避《さ》けるため，人里と離《はな》れた取水口から延々数キロの小川を引いているのである。

問６　三段落後に，取水口の本質的な機能は「必要一定水量を川から引き込み，洪水を取り込まないこと」だと書かれている。

問７　**ア**　ぼう線部⑦の連絡《れんらく》を受け，筆者は現地に向かったと同じ段落の最後にある。「私たちの取水口予定地」である「ジャリババ」のようすは，次の段落に書かれている。出典の書名からもわかるとおり，筆者はアフガニスタンで用水路を拓くことに尽力《じんりょく》したのだから，国は「アフガニスタン」である。　**イ**　ぼう線部⑦のように鈴木《すずき》氏が感じた場所は，「九州」の「福岡県朝倉郡

(現・朝倉市)」にある山田堰《せき》だったと続く部分からわかる。国は「日本」になる。

問８　ぼう線部⑧は，山田堰から学んだ内容を指す。ぼう線部⑦の三段落前にあるように，洪水を避けるため川を堰上げ，かつ極力土砂流入を避けることが取水口工事には求められる。筆者たちが度重なる水害や堰の改修の末にたどりついたものと酷似《こくじ》した山田堰の構造は，やはり同様な経験を経て水害に対応するべくつくり上げたものだったのだから，ウが選べる。

二　出典はさくらももこの『おんぶにだっこ』所収の「上松君のランドセル」による。「私」は上松君のランドセルに傷をつけてしまうが，自分が傷をつけたと言えないまま，中沢《なかざわ》君が犯人にされてしまう。

問１　〈中略〉の後に，遠足の時に「あったかいお茶」しか持っていない「私」に，上松君が自分のジュースを親切にすすめてくれた様子が書かれている。

問２　正直に自分の罪を告白するように命じる「心の声」なのだから，「良心」が「私」にあることがわかる。

問３　上松君のランドセルに傷をつけた人は手をあげるよう，先生がクラス全員に言った直後の場面である。自分が犯人だと正直に言うべきだという思いから手を少しあげかけたが，犯人だと知れたらどれほど怒《おこ》られるかを考えると怖《こわ》い気持ちが先に立ち，あげられなかったのである。

問４　直前に理由が書かれている。上松君の家族が上松君のために心をこめて買ったランドセルだろうから，同じ品物を買ったところでその気持ちまでが同じようについてくるわけではないと「私」は考えている。よって，イがあてはまる。

問５　上松君のランドセルに傷をつけたのは自分だという秘密をかかえ，常に心からうしろめたさが離れずにいるようすを「暗く重い雲」にたとえているので，イがふさわしい。

問６　直前に「私」の気持ちが書かれている。上松君のランドセルに傷をつけた犯人でありながらそれを隠《かく》し，嘘《うそ》をついているのに，上松君に親切にしてもらうのは良心がいたんでつらいのである。よって，ウがふさわしい。

問７　自分が犯人だと正直に言わなかったばかりに，中沢君が代わりに犯人にされて怒られるのを目にし，「私」は上松君だけでなく中沢君にも申し訳なくて泣きたくなっている。だが，泣いて心の重荷を軽くするわけにはいかないからと，つらい重みに向き合おうとしているのだから，アが合う。

問８　自分で決断したことがどういうことで，どのように悩《なや》んだり大変だったりしたかを具体的に書き，さらにはそれにどう対応して最終的にどうなったかまでまとめられるといいだろう。

三　漢字の書き取り，漢字の音訓，四字熟語の完成，言葉の意味

問１　①「誤報」は，誤った知らせ。　②「秘密」は，ほかの人に知らせないこと。　③「公務」は，国や県・市町村の人々のためにする仕事。　④「補助」は，不足しているところを補い，うまくいくように助けること。　⑤「受信」は，相手側からの通信を受けること。　⑥「志望」は，自分が望むこと。　⑦「責任」は，自分がしなければならないつとめ。　⑧「検討」は，よく調べてそれでよいかどうか考えること。

問２　①　ア，イ　「星」の音読みは「セイ」「ショウ」で「星座」「明星」などの熟語があり，訓読みが「ほし」である。「星空」は，星がかがやいている，よく晴れた夜空。「金星」は，太陽系の中にある惑星《わくせい》で，太陽から二番目に位置する。　②　ア，イ　「筋」の音読みは「キン」，訓読みは「すじ」である。「筋道」は，物事の道理。「腹筋」は，腹部分をつくっている筋肉。　③　**ア，イ**　「波」の音読みは「ハ」，訓読みは「なみ」である。「波乱」は，変化が多いこと。「波風」は，波と風。　④　**ア，イ**　「潮」の音読みは「チョウ」，訓読みは「しお」である。「紅潮」は，顔に血がのぼって赤みがさすこと。「黒潮」は，日本列島の南岸に沿って南から北へ流れる暖流。

問３　①「天変地異」の類義語には，「天災」「自然災害」などがある。　②「問答無用」の類義語には，「問答無益」「無理矢理」がある。　③「空前絶後」の類義語には，「前代未聞」「未《み》曾《ぞう》有」などがある。　④「門外不出」に近い意味の言葉には「他言無用」などがある。　⑤「晴耕雨読」の類義語には，「悠々《ゆうゆう》自適」がある。　⑥「起死回生」に近い意味の言葉には，「一発逆転」などがある。

問４　①「とんちんかん」は，見当ちがい。　②「てんやわんや」は，いそがしくてごったがえすようす。　③「あっけらかん」は，平気でけろりとしているようす。　④「ざっくばらん」は，ありのままでかくしごとなどをしないようす。　⑤「ほうほうのてい」は，あわてて逃《に》げるようす。　⑥「うんともすんとも」は，全く何も言わないようす。

Dr.福井の

入試に勝つ! 脳とからだのウルトラ科学

入試当日の朝食で，脳力をアップ！

朝食を食べない学生は，朝食をきちんと食べる学生に比べて成績が悪かった——という研究発表がある。まあ，ちょっと考えればわかると思うけど，朝食を食べないということは，車にガソリンを入れないで走らせようとするようなものだ。体がガス欠になった状態では，頭が十分に働くわけがない。入試当日の朝食はちゃんと食べよう！　朝食を食べた効果があらわれるように，試験開始の2時間以上前に食べるようにするとよい。

では，入試当日の朝食にふさわしいものは何か？

まず，脳の直接のエネルギー源はブドウ糖だけであるから，それを補給するためのご飯やパン，これは絶対に必要だ。また，砂糖や果物の糖分は吸収されやすく，効果が速くあらわれやすいので，パンにジャムをぬったり果物を食べたりするのもよいだろう。

次に，タンパク質。これは脳の温度を上げる作用がある。温度が低いままでは十分に働かないからね。タンパク質を多くふくむのは肉や魚，牛乳，卵，大豆などだが，ここでは大豆でできたとうふのみそ汁や納豆をオススメする。そして，記憶力がアップするDHAを多くふくんでいる青魚，つまりサバやイワシなども食べておきたい。

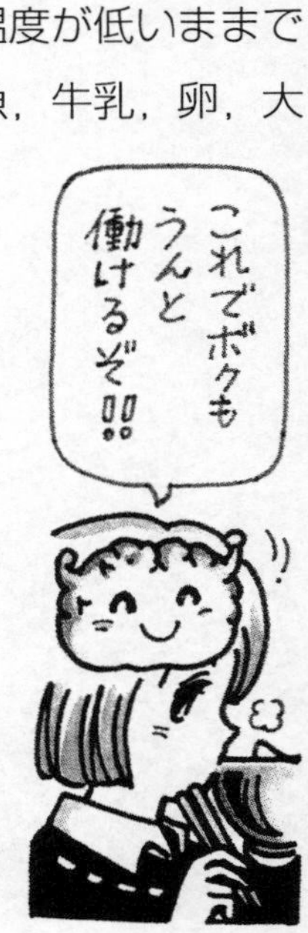

生野菜も忘れてはならない。その中にふくまれるビタミンBは，ブドウ糖を脳に吸収しやすくする働きを持つので，結果的に脳力アップにつながるんだ。

コーヒーや紅茶，緑茶は，カフェインという成分の作用で目覚めをうながすが，トイレが近くなってしまうので，飲みすぎに注意！　試験当日はひかえたほうがよいだろう。眠気を覚ましたいときはガムをかむといい。脳が刺激《しげき》されて活性化し，目が覚めるんだ。

Dr.福井(福井一成《ふくいかずしげ》)…医学博士。開成中・高から東大・文Ⅱに入学後，再受験して翌年東大・理Ⅲに合格。同大医学部卒。さまざまな勉強法や脳科学に関する著書多数。

Memo

Memo

2020年度　昭和女子大学附属昭和中学校

〔電　話〕　(03) 3411－5115
〔所在地〕　〒154－8533　東京都世田谷区太子堂１－７
〔交　通〕　東急田園都市線・世田谷線 ―「三軒茶屋駅」より徒歩５分

【算　数】〈Ａ日程試験〉（50分）〈満点：100点〉

※途中の式や考え方も消さずに解答用紙に残しておきましょう。
※円周率を使う場合は、3.14で計算しましょう。

1　次の □ にあてはまる数を求めなさい。

①　$\left(3\frac{1}{4}+0.6\div 3\right)\div 3-1=\square$

②　$23\times 55+17\times 55-20\times 55=\square$

③　$\left\{1-\left(\square-\frac{1}{4}\right)\div\frac{2}{3}\right\}\times\frac{2}{3}=0.35$

④　20％の食塩水250gから、水を50g蒸発させたら、濃《のう》度は □ ％です。

⑤　時速45kmで飛ぶことのできる鳥は、１秒間に □ mの距離《きょり》を飛ぶことができます。

⑥　男子２人と女子３人あわせて５人の算数のテストの平均点は70点で、女子３人の平均点が72点のとき、男子２人の平均点は □ 点です。

⑦　昭子さんは56000円で東京オリンピックの観戦チケットをＡ席４枚、Ｃ席４枚買いました。Ａ席とＣ席のチケット１枚の価格の比が９：５のとき、Ａ席の価格は □ 円です。

⑧　赤いふくろにはアメが３個、白いふくろにはアメが５個入っていて、ふくろは合計30ふくろあります。アメの数が全部で126個のとき、赤いふくろは □ ふくろあります。

2 直前の２つの数を足したものが次の数になるという規則で数を並べます。
例えば、1、1から始めると、３つ目の数は １＋１＝２なので、1、1、2、…
４つ目の数は、１＋２＝３なので 1、1、2、3、…となります。
次の問いに答えなさい。

① １、１、２、３に続く数を３つ書きなさい。

② １、３から始めたとき、10番目の数を求めなさい。

③ ４番目が8、7番目が 34 となるように数が並んでいるとき、はじめの２つの数を書きなさい。

3 円周上を６等分した６つの点を図のように直線で結びました。
次の問いに答えなさい。

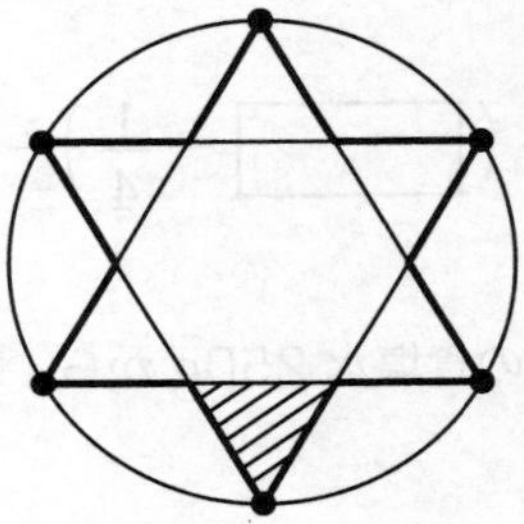

① 図の中に三角形はいくつありますか。

② 斜《しゃ》線の三角形の面積が $4cm^2$ のとき、太線で囲まれた星形の面積は何 cm^2 ですか。

4 底面の半径が 4cm、高さが 6cm の円柱を【図１】のように４等分した立体を作りました。
この立体の底面の半径と高さを半分にした立体をくり抜《ぬ》いたら【図２】のようになりました。
【図２】の体積と表面積を求めなさい。

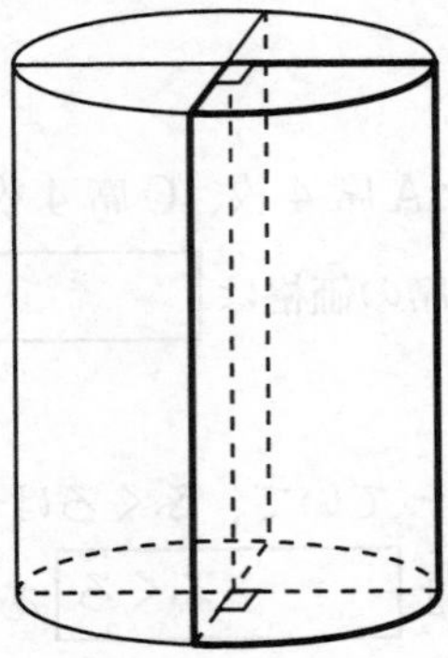

【図１】

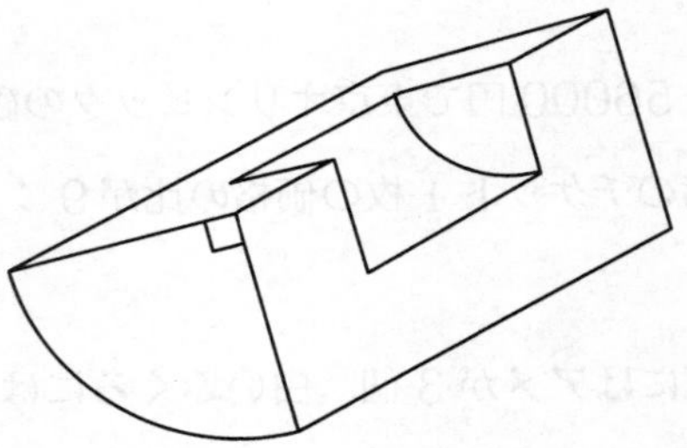

【図２】

5 中学生40人の身長を、1年生のときと3年生のときを比べることにしました 。下の図Aは1年生、図Bは3年生のときの身長のデータを柱状グラフにしたものです。ただし、各範《はん》囲は140cm以上144cm未満のように4cmごとに区切っています。次の問いに答えなさい。

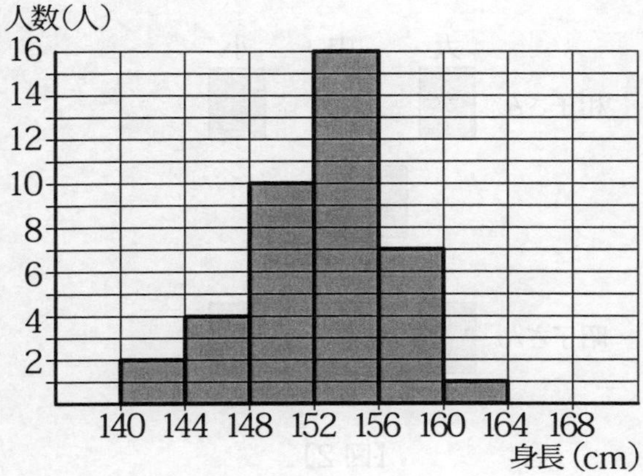

図A(中学1年生のとき)

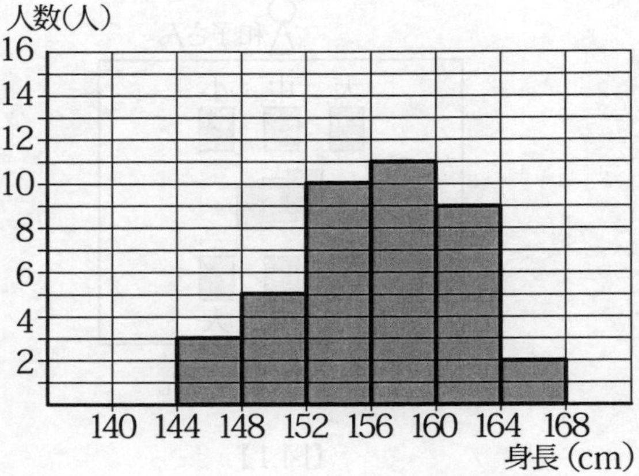

図B(中学3年生のとき)

① 中学1年生のときに身長が156cm以上だった人は何人いますか。

② 中学3年生のときに身長が156cm以上の人は、中学1年生のときと比べて何人増えましたか。

③ 下の(ア)~(エ)の文で、正しいものをすべて選び、記号で答えなさい。

(ア) 中学1年生のときのグラフで、身長が152cm以上156cm未満の範囲の人が最も多い。

(イ) 中学3年生になって全員が中学1年生のときよりも身長が伸《の》びたといえる。

(ウ) 中学1年生のときのグラフで、身長がちょうど150cmの人が1人はいる。

(エ) 中学1年生のときに身長が144cm未満だった人は全員身長が伸びた。

6 昭子さんは、片面に1～9の数字が書かれた9枚のカードを使って、和子さんと2人で数当てゲームをします。まず裏返してよく切り、【図1】のように自分に3枚、相手に3枚、残りは真ん中に裏にして置きます。それぞれ自分のカードの数を見てから左から小さい順に裏にして並べることにします。

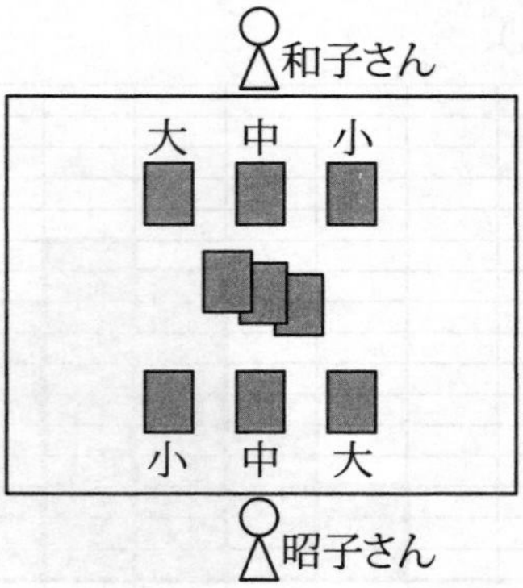

【図1】

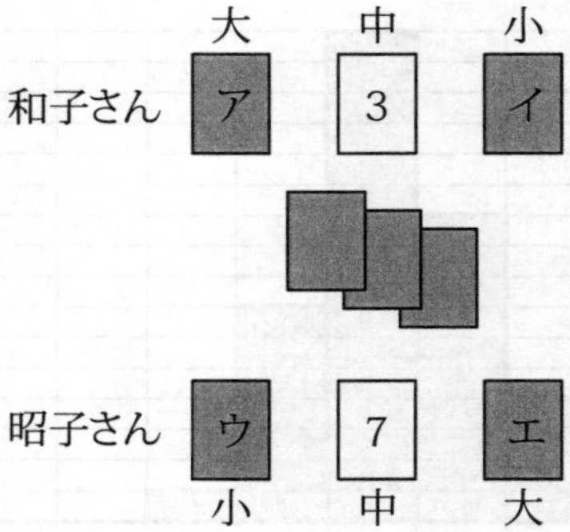

【図2】

お互いの真ん中のカードを開けると【図2】のようになりました。

昭子さん、和子さんの順で相手のカードの数を交互に言い当てていき、先にすべてのカードを言い当てた方が勝ちとなります。なお、数を言い当てるときは必ず当てなくてはなりませんが、わからない場合はパスができます。また、1度でも外れたら負けになります。以下、ゲームが始まってからの2人の会話です。

[①]、[③] にはあてはまる数を、[②] には文を答えなさい。

昭子さん「あなたのイのカードは、1ですね。」

和子さん「当たり!!ということはあなたのウのカードは [①] ですね。」

昭子さん「当たり!!なぜ分かったの?」

和子さん「それはね、[②]」

昭子さん「あなたのアのカードの数は [③] 通り考えられるからパスします。」

和子さん「あなたのエのカードは9ですね。」

昭子さん「当たり!あなたの勝ちです!」

【社　会】〈Ａ日程試験〉（理科と合わせて50分）〈満点：50点〉

〔注意〕漢字で書けるところは漢字で書いてください。

1　次の各問いに答えなさい。（資料の出典はいずれも『日本国勢図会 2019/20』）

問1　次の表は、秋田・岡山・金沢・高知・那覇《なは》・松本の各月の気温と降水量の平年値（1981年～2010年の平均）を示したものです。秋田と岡山にあたるものを、ア～カの中から１つずつ選び、記号で答えなさい。

上段：気温（℃）　　下段：降水量（mm）

	1月	2月	3月	4月	5月	6月	7月	8月	9月	10月	11月	12月	年間
ア	17.0 107.0	17.1 119.7	18.9 161.4	21.4 165.7	24.0 231.6	26.8 247.2	28.9 141.4	28.7 240.5	27.6 260.5	25.2 152.9	22.1 110.2	18.7 102.8	23.1 2040.8
イ	0.1 119.2	0.5 89.1	3.6 96.5	9.6 112.8	14.6 122.8	19.2 117.7	22.9 188.2	24.9 176.9	20.4 160.3	14.0 157.2	7.9 185.8	2.9 160.1	11.7 1686.2
ウ	3.8 269.6	3.9 171.9	6.9 159.2	12.5 136.9	17.1 155.2	21.2 185.1	25.3 231.9	27.0 139.2	22.7 225.5	17.1 177.4	11.5 264.9	6.7 282.1	14.6 2398.9
エ	6.3 58.6	7.5 106.3	10.8 190.0	15.6 244.3	19.7 292.0	22.9 346.4	26.7 328.3	27.5 282.5	24.7 350.0	19.3 165.7	13.8 125.1	8.5 58.4	17.0 2547.5
オ	－0.4 35.9	0.2 43.5	3.9 79.6	10.6 75.3	16.0 100.0	19.9 125.7	23.6 138.4	24.7 92.1	20.0 155.6	13.2 101.9	7.4 54.9	2.3 28.1	11.8 1031.0
カ	4.9 34.2	5.5 50.5	8.8 86.7	14.5 92.3	19.3 125.0	23.3 171.5	27.2 160.9	28.3 87.4	24.4 134.4	18.1 81.1	12.3 51.2	7.3 31.0	16.2 1105.9

年間らんの気温は平均気温、降水量は合計値

問2　次の表は、日本のエネルギーの供給《きょうきゅう》割合（2017年度）を示したものです。空らん（　①　）～（　③　）に入るものの組み合わせとして正しいものを、あとのア～カの中から１つ選び、記号で答えなさい。

（　①　）	（　②　）	天然ガス	（　③　）	水力	その他
39.0％	25.1％	23.4％	1.4％	3.5％	7.6％

ア．①石油　②石炭　③原子力　　イ．①石油　②原子力　③石炭
ウ．①石炭　②石油　③原子力　　エ．①石炭　②原子力　③石油
オ．①原子力　②石油　③石炭　　カ．①原子力　②石炭　③石油

問３　次の表は、日本の農業総産出額のうちわけを示したものです。空らん（　ア　）～（　エ　）は、米、野菜、畜産《ちくさん》、果実のいずれかが入ります。このうち、米にあたるものを、ア～エの中から１つ選び、記号で答えなさい。

	（　ア　）	（　イ　）	（　ウ　）	（　エ　）	花	いも類	その他
1980 年	31.4%	18.6%	30.0%	6.7%	1.7%	2.0%	9.6%
2017 年	35.1%	26.4%	18.7%	9.1%	3.7%	2.3%	4.7%

問４　日本の人口について、次の（１）～（３）に答えなさい。

（１）2018 年における０歳《さい》から 14 歳の人口と 65 歳以上の人口の割合を、次の表を参考にして、あとのア～カの中から１つずつ選び、記号で答えなさい。

	0 歳～ 14 歳	65 歳以上
1950 年	35.4%	4.9%
1970 年	24.0%	7.1%
1990 年	18.2%	12.1%

ア．6.2%　　イ．12.2%　　ウ．15.4%　　エ．20.6%　　オ．28.1%　　カ．35.8%

（２）2018 年における三大都市 50 キロ圏《けん》の人口が全国にしめる割合を、次の表を参考にして、あとのア～エの中から１つ選び、記号で答えなさい。

東京 50 キロ圏	名古屋 50 キロ圏	大阪 50 キロ圏
3394.7 万人	935.1 万人	1672.3 万人

ア．17.7%　　イ．26.6%　　ウ．47.5%　　エ．60.8%

（３）日本が外国人の受け入れを広げようとしている理由を述べなさい。

問５　次の伝統工芸品の組み合わせは、どの都道府県のものか、それぞれ答えなさい。

（１）輪島塗《ぬり》・加賀友禅《ゆうぜん》

（２）伊万里《いまり》焼・有田焼

（３）清水焼・西陣織《にしじんおり》

2 次の会話文を読んで、あとの問いに答えなさい。

昭　子：お姉さんは猫《ねこ》の歴史についていろいろ調べているけれど、何か分かったことはあったかしら。

お姉さん：そうね。①犬は縄文時代から人間の大切なパートナーであったと言われているけれど、人間に飼われるようになったイエネコは、仏教が伝来した②６世紀末ごろにもたらされたと考えられているわ。ただ、発掘《はっくつ》成果からイエネコが来た時期は弥生《やよい》時代までさかのぼる可能性が出てきたそうよ。

昭　子：なるほど。弥生時代は、全国的に（　　③　　）から不思議なことではないわね。ところで、史料ではいつごろから「猫」という文字が登場するのかしら。

お姉さん：（　④　）時代の初期に成立した『日本霊異記《りょういき》』が初めてのようね。同じ時代の『源氏物語』には「ねうねう」と鳴く猫が登場し、『枕草子《まくらのそうし》』には官位を得た猫が登場するの。この時代には、ペットとして猫を飼う天皇もいたのですって。安土・桃山時代の島津義弘《しまづよしひろ》という武将は、⑤朝鮮侵略《しんりゃく》に猫を７匹連れて行ったそうよ。

昭　子：え、７匹も。猫は逃《に》げなかったのかしら。

お姉さん：時代は戻《もど》るけど、⑥鎌倉時代の絵巻物には、ひもにつながれた飼い猫が描《えが》かれているの。同じような絵は、他にも見られるわ。

昭　子：つないでおくのが、当時の飼い方だったのかしらね。

お姉さん：そうね。徳川綱吉《つなよし》の（　⑦　）の令で、犬や猫は放し飼いにすることが徹底《てってい》されたといわれているわ。

昭　子：猫は彫刻《ちょうこく》や工芸品にもなっているわね。徳川家光が祖父を祀《まつ》った日光の（　⑧　）に、左《ひだり》甚五郎《じんごろう》がつくった「眠猫《ねむりねこ》」があるわよね。あれはかわいいわね。

お姉さん：「招き猫」もかわいいわね。発祥《はっしょう》の地とも言われる世田谷区豪徳寺《ごうとくじ》の招き猫は、⑨明治時代に瀬戸《せと》焼や九谷焼のものが作られ、現在有名な常滑《とこなめ》焼のものは⑩昭和25年ごろに生まれて、戦後日本の⑪高度成長とともに、日本中に広がっていったそうよ。

昭　子：やっぱり、古くから猫も人間にとって大事なパートナーだったのね。

問１　文中の下線部①の理由を説明した文のうち、もっともふさわしいものを、次のア～エの中から１つ選び、記号で答えなさい。

　ア．犬をかたどった銅鐸《どうたく》が、古墳《こふん》の周りにたくさん並べられていたことが分かっているから。
　イ．縄文人が犬を大事にしていたという記録が、中国の史料に書かれているから。
　ウ．犬が登場するおとぎ話の『桃《もも》太郎』が、縄文時代を題材にした話だから。
　エ．縄文時代の遺跡《いせき》から、埋葬《まいそう》された犬の骨がしばしば発見されるから。

問２　文中の下線部②のころに活躍《かつやく》した人物を、次のア～エの中から１人選び、記号で答えなさい。

ア．卑弥呼《ひみこ》　イ．聖徳《しょうとく》太子　ウ．ワカタケル　エ．聖武《しょうむ》天皇

問３　文中の空らん（　③　）に入る文として、もっともふさわしいものを、次のア～エの中から１つ選び、記号で答えなさい。

ア．氷河期が終わって、イエネコが住みやすい環境になった

イ．イエネコをかたどった土偶《どぐう》が作られるようになった

ウ．稲作《いなさく》が行われるようになって、ネズミの被害《ひがい》から米を守る必要があった

エ．村どうしの争いが減り、ペットを飼う余裕《よゆう》が出てきた

問４　文中の空らん（　④　）に入る語句を答えなさい。

問５　文中の下線部⑤を命じた人物を、次のア～エの中から１人選び、記号で答えなさい。

ア．織田信長　イ．豊臣秀吉《とよとみひでよし》　ウ．徳川家康《いえやす》　エ．足利義満《あしかがよしみつ》

問６　文中の下線部⑥について、「元」「北条時宗《ほうじょうときむね》」「てつはう」に共通する語句を、次のア～エの中から１つ選び、記号で答えなさい。

ア．壬申《じんしん》の乱《らん》　イ．慶長《けいちょう》の役《えき》　ウ．承久《じょうきゅう》の乱　エ．文永の役

問７　文中の空らん（　⑦　）に入る語句を答えなさい。

問８　文中の空らん（　⑧　）に入る建物名を答えなさい。

問９　文中の下線部⑨に条約改正に成功した人物のうち、日清戦争のころに外務大臣であった人物を、次のア～エの中から１人選び、記号で答えなさい。

ア．小村寿太郎《じゅたろう》　イ．井上馨《かおる》　ウ．陸奥《むつ》宗光《むねみつ》　エ．伊藤博文《いとうひろぶみ》

問10　文中の下線部⑩より前の日本の出来事を、次のア～エの中から１つ選び、記号で答えなさい。

ア．国際連合に加盟《かめい》する　イ．東海道新幹線が開通する

ウ．沖縄《おきなわ》が返還《へんかん》される　エ．ラジオ放送が開始される

問11　文中の下線部⑪のころに大気汚染《おせん》でぜんそく患者《かんじゃ》が多く発生した、三重県の都市名を答えなさい。

3 次の文の空らん(1)・(2)に入る語句をカタカナで答えなさい。

(1)2019年6月、アメリカの大手ネット通販業者が、無人航空機による配送を始めると発表しました。このような小型の無人航空機を(1)といい、すでに上空からの撮影《さつえい》にも使われていますが、陸上での輸送が困難な場所での活用にも期待が高まっています。

(2)2019年8月15日、あるコンビニエンスストアは「食品(2)」の削減《さくげん》を目指して土用の丑《うし》の日のウナギを完全予約制で販売《はんばい》したところ、店舗《てんぽ》利益が約7割増えたことを発表しました。

4 次の文章を読んで、あとの問いに答えなさい。

2018年7月の公職選挙法《こうしょくせんきょほう》の改正で、参議院の定数は、選挙区制が2、比例代表制が4、合わせて6議席増え、248名になりました。①定数が変更《へんこう》してから初めての参議院議員選挙が2019年7月に行われました。この選挙の「一票の格差」は最大3.00倍でした。日本国憲法第14条は「(②)の平等」を定めています。これまで最高裁判所は、この第14条に照らして、「一票の格差(有権者1人あたりの一票の重みの差)」が最大3.08倍だった2016年7月の参院選は「合憲」、最大格差がそれぞれ5.00倍、4.77倍だった2010年と2013年の参院選を「違憲《いけん》状態」と判断しました。「違憲状態」が長く続くと正式に「違憲」と判断が下される可能性があります。2018年の改正は、この状態を見直すために行われました。

裁判所には、このように法律や政令、行政処分、条例などが憲法に違反していないかを判断する権限が与えられています。この権限はすべての裁判所が持っています。そのなかでも終審《しゅうしん》として判決を下す最高裁判所は、「憲法の(③)」とよばれ、その判断は重視されています。

問1 文中の下線部①では124名が当選し、現在の議席数は245名になりました。現在の議席数が定数248名より3名少ない理由を答えなさい。

問2 文中の空らん(②)に入る語句を3字で答えなさい。

問3 文中の空らん(③)に入る語句を答えなさい。

問4 内閣がつくる法令を何というか、本文中から抜《ぬ》き出して答えなさい。

5 次の文章を読んで、あとの問いに答えなさい。

2019年4月、2024年をめどに①新紙幣《しへい》を発行することが発表されました。新紙幣に描《えが》かれる人物は、千円札が北里柴三郎《しばさぶろう》、五千円札が津田梅子、一万円札が渋沢栄一《しぶさわえいいち》です。

②北里柴三郎は現在の熊本県出身で、おもに明治・大正時代に活躍《かつやく》し、「日本の細菌《さいきん》学の父」として知られています。さまざまな業績を残した彼は、ノーベル生理学・医学《いがく》賞の候補にも挙《あ》がりました。

津田梅子は、現在の東京都出身で、わずか6歳であった1871年、欧米《おうべい》に派遣《はけん》された③使節団に同行し、日本初の女子留学生の一人となりました。帰国後に「女子英学塾《えいがくじゅく》」を創立し、日本の女子教育の先駆者《せんくしゃ》として大きな役割を果たしました。

渋沢栄一は現在の埼玉県④深谷市出身で、「日本資本主義の父」と呼ばれています。多くの企業《きぎょう》の設立や運営にかかわった実業家です。彼は社会活動にも従事し、学校教育、慈善《じぜん》事業にも尽力《じんりょく》し、彼もまたノーベル平和賞の候補にも挙がりました。

新紙幣には、偽造《ぎぞう》防止や(⑤)デザインの導入など、さまざまな新しい工夫がなされる予定です。具体的にどのような最先端《せんたん》技術が使われるのか、楽しみですね。

問1 文中の下線部①を発行する機関を答えなさい。

問2 文中の下線部②の教えを受け、黄熱病《おうねつびょう》を研究した人物を、次のア～エの中から1人選び、記号で答えなさい。

ア. コッホ　イ. シーボルト　ウ. 湯川秀樹《ひでき》　エ. 野口英世

問3 文中の下線部③は、江戸時代に結ばれた不平等条約の改正や欧米の視察を目的に派遣されました。この使節団のリーダーで、かつて五百円札の肖像《しょうぞう》画になった人物は誰《だれ》か答えなさい。

問4 文中の下線部④で生産される特産物を、次のア～エの中から1つ選び、記号で答えなさい。

ア. ネギ　イ. 海苔《のり》　ウ. 落花生　エ. りんご

問5 文中の空らん(⑤)に入る語句を、次にあげた具体例を参考にして答えなさい。

・目の不自由な人もリンスと区別ができるシャンプーのボトルの凹凸《おうとつ》
・右利《き》きの人も左利きの人も使用できるハサミ
・外国の人にも分かりやすい案内表示の図(ピクトグラム)

【理　科】〈Ａ日程試験〉（社会と合わせて50分）〈満点：50点〉

〔注意〕漢字で書けるところは漢字で書いてください。

1　地球上には、たくさんの種類の動物が生息しています。動物には、①共通点も見られますが、②食べるものや③住んでいる場所の違いなどによって、④種類ごとに異なる特ちょうも見られます。あとの問いに答えなさい。

問１　下線部①について、動物がもつ共通点として「エサ（ごはん）を食べる」ということがあげられます。一方、植物は生きていくためにエサを食べる必要はありません。これはなぜですか。説明しなさい。

問２　下線部②について、食べたものが通る順番に次のア～オの器官を並べかえなさい。

ア．胃　　イ．口　　ウ．大腸　　エ．小腸　　オ．肛《こう》門

問３　下線部③について、北極に住みウサギなどを食べるホッキョクギツネは、他のキツネとは異なり白い毛をもっています。もしホッキョクギツネが他のキツネと同じように茶色い毛をもっていたら、冬場にホッキョクギツネがウサギの狩りに成功する割合はどのようになると考えられますか。また、そのように考えた理由を説明しなさい。

問４　下線部④について、モンシロチョウに見られる特ちょうとして間違《まちが》っているものを、次のア～エの中から１つ選び、記号で答えなさい。

ア．さなぎになる時期がある
イ．幼虫はキャベツやアブラナの葉を食べる
ウ．メスは黄白色の卵を水辺に産み付ける
エ．成虫は花の蜜《みつ》をすうのに適した口をもっている

問５　自然界では、動物をはじめとした多くの生き物が、食べる・食べられるの関係をつくって生活しています。この食べる・食べられるの関係のことを何といいますか。

2　気象とその観測についてあとの問いに答えなさい。

問１　右のグラフは日中の気温の変化を表したものです。①晴れの日、②くもりの日について、気温の変化はどのようになりますか。右のグラフ中のア～エの中から正しいものを１つずつ選び、記号で答えなさい。なお、グラフの横じくは時刻を、縦じくは気温（℃）を表しています。

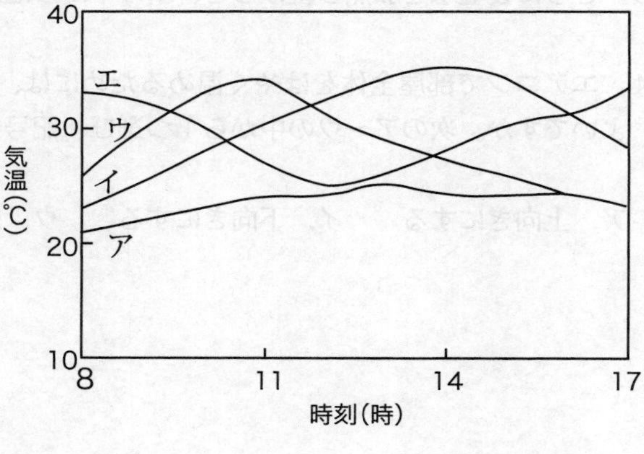

問２　上空に高気圧があると晴れることが多いですが、これはなぜですか。理由を説明しなさい。

問３　日本において、１年のなかで太陽の南中高度が最大になる日を何といいますか。

問４　百葉箱の特ちょうに関する次のア～オの文の中から、正しいものを２つ選び、記号で答えなさい。

ア．気温を正確に測るために、全体を緑色に塗《ぬ》る
イ．温度計の位置が地上から 1.2 m～ 1.5 mの高さになるように百葉箱を設置する
ウ．直射日光が入らないように、扉《とびら》は北向きに設置する
エ．観測しやすいように、百葉箱は建物のすぐとなりに設置する
オ．しっかり安定させるために、百葉箱はアスファルトの上に設置する

3　もののあたたまり方について、あとの問いに答えなさい。

問１　水と食塩を入れた試験管をガスバーナーで加熱して食塩を水にとかしました。この時の加熱の方法として最もよいものを、次のア～ウの中から１つ選び、記号で答えなさい。ただし、図１のＸは加熱した位置を表しています。

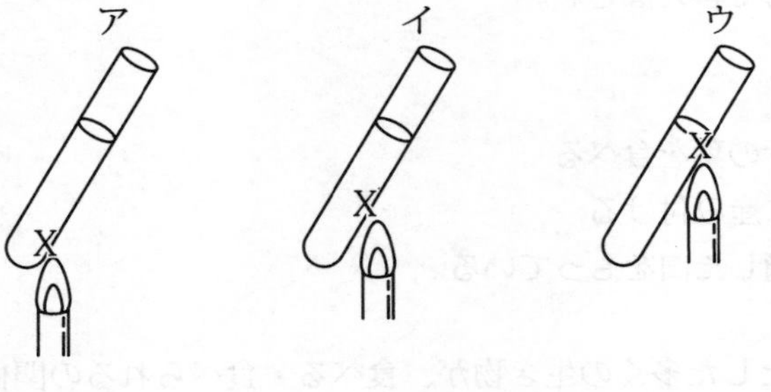

図１

問２　加熱後しばらくすると食塩は完全にとけました。この食塩水の濃度《のうど》は何％ですか。ただし、はじめに入れた食塩と水の量はそれぞれ 5g と 20g でした。

問３　さらに食塩水を加熱し続けると、水の中から泡《あわ》が出てきました。この泡は何ですか。

問４　エアコンで部屋全体をはやく温めるためには、エアコンから出てくる風の向きをどうすればよいですか。次のア～ウの中から１つ選び、記号で答えなさい。

ア．上向きにする　　イ．下向きにする　　ウ．向きは関係ない

問５　図２のような金属のふたのついたガラスビンが開かなくなってしまいました。そこで、金属のふたの部分を温めたところ、開けることができました。なぜふたを温めると開けることができたのか、理由を説明しなさい。

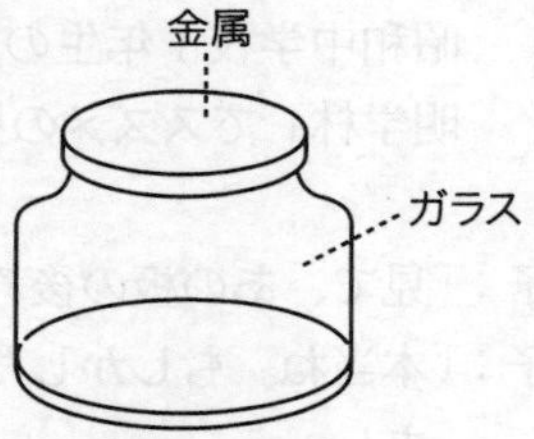

図２

4

アルコールを、図のようなガラスでできた容器の中に10g入れました。容器の下の部分を様々な温度の水につけ、アルコールの液面の高さが変化しなくなってから液面の高さを記録すると表のようになりました。あとの問いに答えなさい。ただし、水の温度によってガラス容器の体積は変化しないものとします。

表

水の温度（℃）	5	20	30	43	55
液面の高さ（mm）	19	28	33	41	47

問１　横じくに水の温度、縦じくに液面の高さをとり、これらの関係を表すグラフを解答用紙にかきなさい。

問２　容器を25℃の水につけると、液面の高さは何mmになりますか。

問３　容器の下の部分を様々な温度の水につけたとき、変わらないものはどれですか。次のア～ウの中から１つ選び、記号で答えなさい。ただし、容器から出ていくアルコールはないものとします。

ア．容器の中のアルコールの温度
イ．容器の中のアルコールの体積
ウ．容器の中のアルコールの重さ

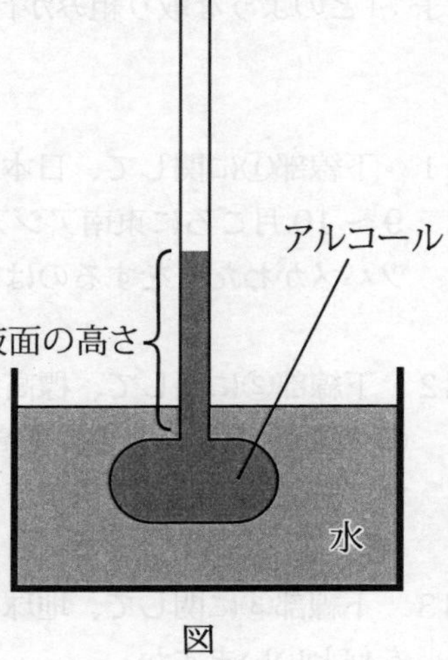

図

問４　この実験と同じ原理を利用した道具を次のア～エの中から１つ選び、記号で答えなさい。

ア．温度計　　イ．湿《しつ》度計　　ウ．天びん　　エ．顕微鏡《けんびきょう》

問５　このアルコールは78℃で沸《ふっ》とうすることがわかっています。このアルコールを入れた容器を100℃の湯につけると、液面はどうなるか理由も合わせて答えなさい。

5 昭和中学校１年生の昭子さんと和子さんは、昭和中学校の神奈川県足柄《がら》にある研修施《し》設「東明学林」でスズメの巣を見つけました。次の会話文を読んで、あとの問いに答えなさい。

昭子：「見て、あの板の後ろ。スズメが虫をくわえてとまっているわ。」
和子：「本当ね。もしかしたら巣があるのかもしれないわね。驚《おどろ》かさないように注意して観察してみましょう。」
昭子：「巣があったわ。でも暗くてヒナは見えないわね。卵からかえってすぐだから、まだ巣の奥にいるのでしょうね。」
和子：「私、スズメの巣を初めて見たわ。昭子さんは何か鳥の巣を見たことはある？」
昭子：「私は京都の親せきの家の近くで①ツバメの巣を見たことがあるわ。」
和子：「カラスやハトは東京でもよく見かけるし、鳥は意外と身近にいるものなのね。」
昭子：「でも最近では、スズメやツバメの数が大きく減少しているらしいわよ。」
和子：「生き物の絶めつは深刻な問題よね。」
昭子：「それぞれの生き物ごとに、生活しやすい環境《かんきょう》が決まっているものね。」
和子：「今日の授業のときに東明学林の先生方も、この東明学林の畑の土は、②富士山の③噴火《ふんか》による火山灰がもとになった④酸性の土だからお茶の木がよく育つと教えてくださったわ。」
昭子：「大昔の富士山の噴火がきっかけでできた土のおかげで、目の前にお茶の木が立派に育っているというのはなんだかおもしろいわね。」
和子：「いろいろな生き物がこれからも生活できるように、私たちにできることはあるかしらね。」
昭子：「私たち自身が⑤環境によい取り組みに積極的に参加することが大切だと思うわ。」
和子：「どのような取り組みが行われているのか、一緒《しょ》に調べてみましょう。」

問１　下線部①に関して、日本で見られるツバメは、３～４月ごろに東南アジアからやって来て、９～10月ごろに東南アジアに行きます。このような行動のことを「わたり」といいますが、ツバメがわたりをするのはなぜですか、ツバメのエサになる昆《こん》虫と関連付けて説明しなさい。

問２　下線部②に関して、標高が100ｍ高くなると気温は約0.6℃低くなります。標高200ｍ地点の気温が33℃のとき、標高2400ｍの富士山５合目の気温は何℃になっていると予想されますか。答えは小数第１位まで答えなさい。なお、雲や風の影響《えいきょう》はないものとします。

問３　下線部③に関して、地球の内部ででき、火山の噴火で噴出される、とけた高温の岩石のことを何といいますか。

問４　下線部④に関して、酸性のものはどれですか。次のア～オの中から２つ選び、記号で答えなさい。

ア．食塩水　　イ．アンモニア水　　ウ．酢《す》
エ．砂糖水　　オ．レモン汁《じる》

問５　下線部⑤に関して、世界中で深刻になっている環境問題のひとつに「地球温暖化」があります。地球温暖化の原因の１つは、大気中の二酸化炭素の濃度《のうど》が高くなることだと考えられています。地球温暖化の進行をおそくするためには、あなたが日常生活の中でどのようなことに取り組むことが効果的ですか。理由とともに説明しなさい。

問四　次の①～⑥の――線部の言葉の意味としてふさわしいものをア～ウの中から一つ選び、それぞれ記号で答えなさい。

① 学校の起工を祝う。
　ア　気象の様子。
　イ　建設を始めること。
　ウ　しくみ。

② スポーツに関心がある。
　ア　ほめてやりたいと思う気持ち。
　イ　将来を心配しておそろしくなること。
　ウ　心ひかれること。

③ 相手の意向を確かめる。
　ア　考えや気持ち。
　イ　物事が別の状態に変わること。
　ウ　人を従わせるような力や様子。

④ 計画自体に問題はない。
　ア　前にくる言葉を強める言葉。
　イ　文字の形。
　ウ　人からのすすめを断ること。

⑤ 消化器官を調べる。
　ア　ある一定の間。
　イ　生物で決まった働きをする体の組織。
　ウ　動物ののどから肺につながるくだ。

⑥ 仮定の話をする。
　ア　物事が変わっていく道すじ。
　イ　共に生活する一族の集まり。
　ウ　もしもこうだったらと決めること。

問二　次の①〜④の——線部の読み方を音読みはカタカナで、訓読みはひらがなでそれぞれ答えなさい。

①　ア　火柱が立つ。
　　イ　アサガオの支柱。

②　ア　文化祭の初日を迎《むか》える。
　　イ　初雪がふる。

③　ア　夜中に目を覚ます。
　　イ　夜景がきれいだ。

④　ア　野原を歩く。
　　イ　野球が好きだ。

問三　次の①〜⑥のことわざには間違いがあります。その部分をぬき出し、正しい言葉を書きなさい。また、正しい意味を下のア〜カの中から一つ選び、それぞれ記号で答えなさい。

①　牛の耳に念仏
②　鳥も木から落ちる
③　とらぬキツネの皮算用
④　一寸のハチにも五分のたましい
⑤　能ある熊は爪《つめ》をかくす
⑥　水を得たカエル

ア　どうなるかわからないのに、期待し過ぎること。
イ　優れた才能のある者は、それを見せびらかさないということ。
ウ　自分に適した場所で生き生きと動き回ること。
エ　どんな名人でも、失敗することがあるということ。
オ　どんなに言って聞かせてもききめがないこと。
カ　どんなに弱いものにも意地があるということ。

問七　――線部⑦「後になってみて、わかったこと」とありますが、それはどのようなことですか。ふさわしいものを次のア～エの中から一つ選び、記号で答えなさい。

ア　夢中で打ちこめるものや新たな目標を見つけられたとき、人間は挫折した地点から再出発ができるということ。
イ　誰かに新しい目標を宣言して応援してもらえたとき、人間は一人ではないと実感し心を強く持てるということ。
ウ　自分が理想とする人生を日記に書きつけることで、人間は心が満たされて前向きな気持ちになれるということ。
エ　支えとしていた人を失ってしまったとしても、人間は読書をとおして傷ついた心を復興させられるということ。

問八　あなたがこれまでの生活の中で「精進」したことについて、本文の内容をふまえたうえで、具体的に百字以内で書きなさい。

三　次の問いに答えなさい。

問一　次の①～⑧の熟語の意味とよく似ている言葉を下の□の中から選び、それぞれ漢字に直して答えなさい。

① 上流階級の人々の暮らしを知る。
② 手軽にできる料理を作る。
③ 明白な証拠がある。
④ 調和のとれた街並みを行く。
⑤ 美術館で名画を保存する。
⑥ 教育制度の過程を調べる。
⑦ 真面目な態度で試験に臨む。
⑧ 障害を乗り越える。

シュウゾウ	ジョレツ	
レキゼン	エンカク	
キンセイ	ギャクフウ	
シグサ	カンベン	

問一　――線部①「老眼鏡を外した忠市さんは、和樹の目をじっと見た」とありますが、和樹と忠市さんの関係を説明した次の文の（　①　）～（　③　）にふさわしい名前を本文中から探し、それぞれ答えなさい。

（　①　）の祖父・（　②　）が、（　③　）に棒高跳びを教えていた。

問二　――線部②「選ばれたんだと思った」とありますが、このときの忠市さんの気持ちとしてふさわしいものを次のア～エの中から一つ選び、記号で答えなさい。

ア　コーチのあとを継《つ》ぐことにうれしさを感じる気持ち。
イ　コーチから期待されていることを誇りに思う気持ち。
ウ　コーチと同じ競技に取り組むことに緊張《きん》する気持ち。
エ　コーチに競技の面白さを伝えようと張り切る気持ち。

問三　――線部③「コーチは腹をくくったんじゃないかな」とありますが、これはどのようなことを示していますか。本文中から十六字でぬき出しなさい。

問四　――線部④「何も察することができなかった」とありますが、その内容としてふさわしいものを次のア～エの中から一つ選び、記号で答えなさい。

ア　大会での負傷により実業団入りを断念したものの、夢を捨てきれないでいたこと。
イ　大会での負傷のせいで、コーチが陸上競技を続ける道を失ってしまったこと。
ウ　大会での負傷により、自信をなくし陸上競技への情熱がうすれてしまったこと。
エ　大会での負傷のせいでひどい痛みを抱えていたが、練習に付き合ってくれたこと。

問五　――線部⑤「不義理をしてしまった」とありますが、それはどのようなことですか。本文中の言葉を用いて二十五字以内で説明しなさい。

問六　――線部⑥「我々には感謝しかない」とありますが、その理由を四十字以内で説明しなさい。

「コーチは我々には行き先を告げずに、消えてしまったんだ。不義理ってのはそのことなのかな」

忠市さんは何ページか日記帳をめくった。

「その後……五月二十六日だ。オリンピックの東京開催が決まった。僕はコーチのことを真っ先に思いだしたけど、コーチがどこにいるのかは、わからなかった。きっとどこかで競技を続けているんじゃないかって、思っていたけど……」

忠市さんは静かに息を吐いた。

「東京オリンピックってのは……僕らの希望だった。僕はこのころ、本気で東京オリンピックを目指そうと思ってね。でも高校一年の夏が終わると、全く記録が伸びなくなってしまったんだ。三メートル八〇がどうしても跳べなくてね。結局、ここから二年間、記録は一センチも伸びなかった。ここから……ここまでだよ」

二年ぶんの日記が、ぱらぱらとめくられた。

「この二年間、コーチのことをよく思いだしたよ。コーチとは比べものにならないかもしれないけれど……、人間が挫《ざ》折したとき、どうしたら立ち直ることができるんだろうって。コーチには聞けないから、いろんな本を読んだりした。本気で取り組んで、でもそれが破れてしまったとき、人間はどうしたら立ち直ることができるんだろうって」

忠市さんの日記帳が静かに閉じられた。

「そのときはわからなかったけれど、⑦後になってみて、わかったことがあってね。それは、きっとコーチも一緒なんじゃないかな」

忠市さんは目を閉じた。大きく息を吸い、静かに吐きだす。

「新しい物語をもてたとき、人間は立ち直るんじゃないかな。新しい物語や、新しい約束をもてたとき、人間ってのは復興する。どんな過去だって、新しい物語の始まりになるから。バーを越《こ》えられなくたってね、その先には行けるんだ」

人生の偉《い》大な先輩《ぱい》は、静かに息を吐いた。

（中村　航　著「世界中の青空をあつめて」）

息を呑《の》む和樹と麻帆《まほ》の前で、忠市さんは日記帳を見つめたまま語った。

「それでコーチは負傷してしまってね。外傷は治っても、肉離《ばな》れが完治しなかったんだと思う。僕らには何も言わなかったけれど、練習ができないみたいだった。……今にして思えば、コーチはつらかったと思うよ。当時は今よりも、競技を続ける道は少なかっただろうから……、もしかしたらあの挑戦は、コーチの人生をかけた挑戦だったのかもしれない。実業団入りを狙《ねら》っていたのかもしれないし」

忠市さんは短く息を吐《は》いた。

「僕らはまだ無邪《じゃ》気だったからね、④何も察することができなかった。コーチはそれからも、僕らが卒業するまで陸上部の練習をみてくれたんだ。他のみんなは受験があるから、そんなに参加していなかったけれど、僕や下級生の練習をみてくれていた。僕は、あのポールが折れなかったらコーチは日本記録を出していたはずだって信じてたし……、負傷が治ったら、また挑戦するんだろう、って思ってた」

忠市さんは日記帳をぱらぱらとめくった。

「コーチは、頑《がん》張れ、っていつも励《はげ》ましてくれたよ。学校の先生とは違《ちが》って、年齢《れい》も近いから、みんな懐《なつ》いていてね。コーチに褒《ほ》められると嬉《うれ》しかった。ときどきみかんをくれたりしてね。みんなコーチのことが大好きだったよ」

「……祖父は、⑤不義理をしてしまった、って言ってたんです。みなさんに対して申し訳なく思っているみたいで」

「そう……。大人からすると、そう思ったのかもしれないね。でも⑥我々には感謝しかないよ」

一九五九年、三月の日記を、忠市さんは開いた。

「これが卒業式の日。三月二十二日、僕らはタイムカプセルを埋《う》めたんだ。その後……、これは三月三十一日。僕らはコーチにお礼を伝えに行ったんだ。花束と一緒に、根本さんが手紙を渡《わた》した」

――もしもオリンピックが東京に決まったら、この封筒《ふうとう》を開けてください。

そのとき渡されたのが、祖父が持っていた封筒なのだろう。

「コーチは笑って受け取ってくれたと思うよ。でも、四月以降、コーチは中大グラウンドに姿を見せなかった。僕は下級生の練習を見に、何度か、グラウンドをのぞいたんだけど」

祖父は多分けじめとして、三月いっぱいまでは指導を続けたのだろう、ということだった。

たら、一九六四年に、東京でオリンピックをやるんだって。そのころ君たちは二十一歳で、自分は二十九歳《さい》だって。必死に精進《しょう》すれば、出られるかもしれないんだぞって」

忠市さんのその日の日記には、〝精進〟という言葉が大きく刻まれていた。

「これは多分、コーチの言葉を、そのまま書いたんだと思う。コーチは当時、自分にもこう言い聞かせていたんじゃないかな」

限界の先に挑《ちょう》戦する。精進する。
誇《ほこ》りを背負って走っている、と思え。
練習するときにも、世界中が見ていると思って跳べ。
精進すれば、それが必ず自分の力になる。
毎日の練習も、小さな大会も、全部がオリンピックに繋《つな》がっている。
精進を続ければ、きっと辿り着く。

「その年の十月、社会人の参加する競技大会があったんだ。参考になるはずだから、って誘われて、陸上部では僕だけが観《み》に行った」

忠市さんは日記帳をめくった。十月のページにその記述があった。

「遠くから観ていたから、詳しくはわからなかったけれど、コーチは日本記録を更《こう》新するつもりだったんだろうね。優勝を確定させた後に、バーの高さを一気に上げた」

棒高跳びは、自分が跳躍《ちょうやく》を成功させた高さで、相手選手が三回失敗すると、その時点で勝ちが決まる。そして優勝を決めた後に、三本だけ記録に挑戦することができる。

「記録に挑戦したコーチは、一本目を失敗したんだ。そのときのことはよく覚えているし、ここにも書いてあるけど……あれは二本目のことだった」

忠市さんは眉《まゆ》根を寄せてつらそうな表情をした。

「跳んだ、と思った瞬《しゅん》間に、ポールが折れてしまったんだ。変な落ち方をしたのは観ていてわかった。マットのほうじゃなくて、グラウンドに落ちてしまったから」

「僕は中二になったときに、棒高跳びをやってみないか、って、コーチに誘《さそ》われてね」

自分のうぬぼれだったのかもしれないけれど、と前置きして、忠市さんは続けた。

「コーチはそのとき大学四年だったから、あと一年で卒業だった。僕は陸上部ではエースだったから、コーチに②選ばれたんだと思った。コーチは卒業するまでに、自分が取り組んだ競技を、誰《だれ》かに伝えておきたくて、それで自分が選ばれたんじゃないかって」

忠市さんは遠い目をして語った。

「実際、コーチは凄《すご》く熱心に教えてくれたんだよ。記録が伸《の》びると、とても喜んでくれてね。棒高跳びは、僕に合ってたみたいで、コーチのおかげで、都大会で入賞するまでになった」

また老眼鏡をかけた忠市さんが、当時の日記帳を見せてくれた。

「それが……一九五七年かな。コーチは大学四年で、僕らは中学二年。僕らはコーチのことを、それほど知らなかったんだけど、新聞奨《しょう》学生として、住み込《こ》みで新聞配達をしながら大学に通っている、ということは知ってた」

詳しいことはわからないし、正確ではないかもしれないけれど、と前置きして、忠市さんは知っていることを教えてくれた。

「おそらくね、その年の終わりくらいに、③コーチは腹をくくったんじゃないかな」

祖父は卒業しても就職しなかったらしい。おそらくは無理を言って、新聞配達の住み込みを続けたんじゃないかということだった。

「一九五八年、僕らは中学三年生になるんだけど、このとき、コーチはもう大学を卒業しているはずなんだ。でも僕らは、ずっとコーチに教わっていたからね。新聞配達を続けているみたいだった」

祖父は一人で競技生活を続ける道を選んだのだ。

「中大グラウンドでね、一人、黙々《もくもく》とトレーニングしていたよ。当時の日本記録は四メートル台でね、コーチは日本記録に迫《せま》っていたし、もしかしたら、練習では超《こ》えていたのかもしれない。東京が立候補するだろう、というのは、わかっていたから」

「……オリンピックですか」

「そう。コーチは僕らには何も言わなかったし、本当にオリンピックを意識していたのかどうかはわからないけど。コーチがオリンピックを目指せる選手だったのは、確かだよ」

忠市さんは日記帳のページをめくった。ある春の日の日記に、〝来年の五月にオリンピック決定？〟と書いてある。

「来年の五月には、オリンピックの東京開催《さい》が決まるかもしれないぞ、ってコーチが、みんなに教えてくれた。もしもそれが決まっ

問八　次のア～オの文について、本文の内容としてふさわしいものには○、ふさわしくないものには×を書きなさい。

ア　日本の月面調査は世界で三番目であり、中国やインドなどの国々も後に続いている。

イ　月は火星と地球の衝突によって形成され、クレーターもこの時に生じたものである。

ウ　同じ国内にいても、見方によって月にウサギや蟹、ライオンなどさまざまな形が見える。

エ　月の内部には地球のように、液体の層が存在する可能性があることがわかってきている。

オ　月のでき方を解明するためには、地球の内部構造を詳しく調べることが重要となる。

二　次の文章を読んで、あとの問いに答えなさい。（字数に制限のある問いは句読点や記号なども一字に数えます）

「昨日から、中二の春からつけ始めた日記を、読み直してみたんです。ほとんどたいしたことは書いてなかったけど、当時の記憶《おく》が甦《よみがえ》ってきてねえ」

「どんなことを書かれてたんですか？」

「ほとんどは競技のことですよ。棒《ぼう》高跳《と》びを始めてから、コーチに日記をつけることを勧《すす》められて。小さなことでいいから、その日に気付いたことを書き留めておきなさいって」

①老眼鏡を外した忠《ちゅう》市さんは、和樹《かずき》の目をじっと見た。

「藤《ふじ》川コーチはね、自分の練習もあるのに、僕《ぼく》らを熱心に指導してくれてね」

「……あの、そもそも、どうして祖父は、中学生のコーチをしてたんですか？」

「うーん、そのいきさつは、僕にもわからないけど……」

忠市さんは首をひねった。

「おそらく、中学の顧《こ》問が、中大グラウンドで練習していた藤川さんに、指導を頼《たの》んだんじゃないかな。僕らが入部したときにはもう、全員が藤川さんに教わっていたよ」

忠市さんは記憶を辿《たど》るように、祖父のことを教えてくれた。

問六　―線部⑥『「ジャイアント・インパクト説」を支持する』とありますが、その証拠としてふさわしいものを次のア～オの中から二つ選び、それぞれ記号で答えなさい。

ア　月の地下にも地球と同じように溶岩がある。

イ　月の内部構造が同心円状になっていない。

ウ　月の地形にも地球と同じように海や陸がある。

エ　月には隕石の衝突によるクレーターがある。

オ　月の石の組成が地球のマントルと似ている。

問七　次の「かぐや」の飛び方を説明した図について、（　①　）・（　②　）にふさわしい言葉を本文中からそれぞれぬき出しなさい。

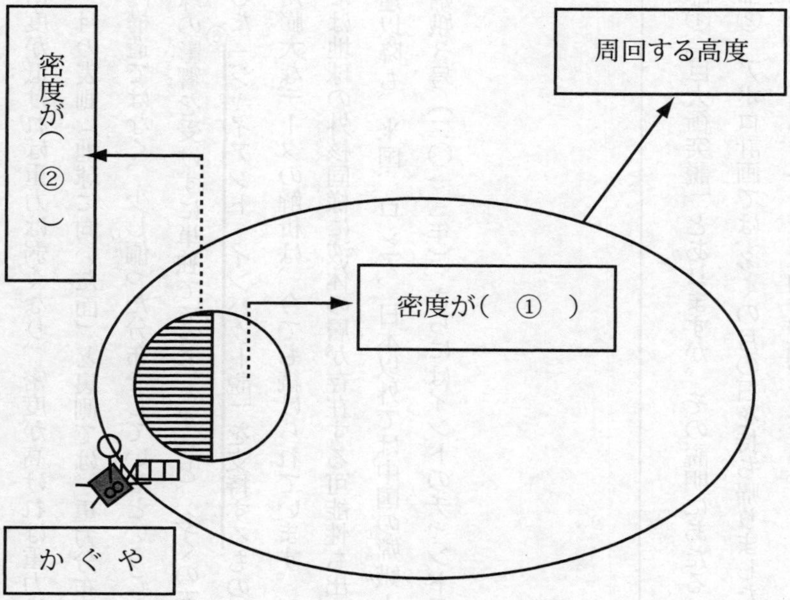

は高い高度を飛ぶことから、重力異常の場所を特定しました。

月の内部の密度が低ければ重力は弱くなり、密度が高ければ重力は強くなります。調査の結果、月の表側（地球に向いた面）と裏側では、重力分布に明らかな差がありました。ということは、月の内部構造は地球のような同心円構造ではなく、少し偏《かたよ》った分布をしているということです。

仮に月が地球の影響《えいきょう》を受けずに単独でできたとすると、多くの天体同様に内部構造も同心円状になっているはずです。このことは、前に説明した⑥「ジャイアント・インパクト説」を支持するものです。

かぐやが得た膨《ぼう》大なデータの解析は、今でも続けられています。アポロが月に設置してきた地震《しん》計記録と、かぐやのデータ解析から、月の内部には地球の外核《かく》同様に液体の層が存在する可能性も出てきました。

アポロの到達以降も、米国、ロシア、日本以外では中国の嫦娥《じょうが》1号（二〇〇七年）、嫦娥2号（二〇一〇年）、そして、月面軟《なん》着陸を果たした嫦娥3号（二〇一三年）、さらにはインドのチャンドラヤーン1号（二〇〇八年）など、数多くの探査機が月の秘密を調べています。

（縣《あがた》　秀彦《ひでひこ》　著「面《おも》白くて眠《ねむ》れなくなる天文学」）

問一　――線部①「巨大衝突説」とありますが、その説明にあたる一文を本文中から探し、最初の五字をぬき出しなさい。

問二　――線部②「アポロ計画では、多くの月の石を持ち帰りました」とありますが、この計画で行われたことは他に何がありますか。本文中の言葉を用いて十五字以内で説明しなさい。

問三　――線部③「月周回衛星「かぐや」」とありますが、その成果を二つ、本文中の言葉を用いて二十字以内でそれぞれ説明しなさい。

問四　――線部④「海」とありますが、月の「海」とはどのような地形のことですか。本文中の言葉を用いて六十字以内で説明しなさい。

問五　――線部⑤「これらの地形は、意外に思うかもしれませんが、満月のときはあまりよく見えません」とありますが、その理由を本文中の言葉を用いて三十五字以内で説明しなさい。

さらに、ＪＡＸＡは二〇〇七年に③月周回衛星「かぐや」を月に向かわせ、月を詳《くわ》しく調べました。かぐやの成果の一つとして特筆すべきは、レーザー高度計を用いて、極《きわ》めて正確な月面の地形図を作成したことです。このデータは国土地理院のウェブサイトにて公開されています。

肉眼で月を見上げると、表面に黒い模様が見えます。この部分は、月の地名で④「海」と呼ばれています。日本では、古来よりウサギが餅《もち》をついている姿に見立ててきました。海外では、蟹《かに》の姿や女の人の横顔、本を読むおばあさん、吠《ほ》えるライオンなど、見立てがさまざまです。

天体望遠鏡や双《そう》眼鏡を使うと、クレーターや山脈、谷間など、多様な地形が見えてきます。それぞれの地形には、名前がついているのをご存じでしょうか？

クレーターは、隕《いん》石が落下することでできた窪《くぼ》みのことで、それぞれ天文学者の名前がつけられています。中でも、巨大で目を引くのは「ティコ」と「コペルニクス」で、二大クレーターとされています。光条と呼ばれる放射線状に広がる白い線が入っていて、この二つのクレーターの存在を際《きわ》立たせています。

一方、隆《りゅう》起したように見える場所は、山脈と呼ばれます。地上の有名な山脈名がつけられていて、とくに「アペニン山脈」と「アルプス山脈」は、見つけやすい地形です。

⑤これらの地形は、意外に思うかもしれませんが、満月のときはあまりよく見えません。月が欠け始めた頃、斜《なな》めから太陽光が当たる時期のほうが、表面の凸凹《でこぼこ》に影《かげ》ができて、立体的に見えるのです。

人類が最初に月にその足跡《あと》を残した場所、すなわち、アポロ11号が一九六九年に着陸したのは、「静かの海」でした。「海」といっても、水があるわけではありません。月に巨大な天体が衝突することで、月の内部からマグマが地上に溶《と》けて現れ、それが広がった溶《よう》岩地形です。「海」の上にはその後もたくさんの隕石が衝突して、大小さまざまなクレーターを作っています。

月の中でも白く輝《かがや》く「陸」の部分は凹凸《おうとつ》が激しい地形です。そこで人類は、最初の着陸では危険がともなう「陸」ではなく、比較《かく》的安全な「海」を選択《たく》したのです。

かぐやの大きな成果のもう一つが、月内部の密度分布の解明でした。かぐやは月全体の重力分布を丹《たん》念に調べました。どのように調べたかというと、探査機が月を周回する際、重力が強い箇《か》所では探査機は引っ張られて低い高度を飛び、反対に重力が弱い箇所で

二〇二〇年度 昭和女子大学附属昭和中学校

【国　語】〈Ａ日程試験〉（五〇分）〈満点：一〇〇点〉

〔注意〕文字のとめ、はね、はらいなどに注意して、ていねいに書いてください。

一　次の文章を読んで、あとの問いに答えなさい。（字数に制限のある問いは句読点や記号なども一字に数えます）

月は、どのようにしてできたのでしょうか？　じつは今日でも、月がどのようにしてできたかは完全には解明されていません。古くからある諸説としては、月は地球の双《ふた》子の惑《わく》星として一緒《しょ》にできたという「双子説」や、たまたま通りかかった地球より小さな天体が地球の重力に捕《つか》まって、その周りを回り始めたという「他人説」がありました。どちらも今では完全に否定されていて、①「巨大衝突説《ジャイアントインパクト》」のみが有力です。

今日の月探査では、その証拠《こ》探しが進められています。再び、人類が月を訪《おとず》れるのは何年先でしょう。みなさんは、月へ行ってみたいですか？

一九五九年、ソ連（現在のロシア）のルナ２号が月面に到《とう》達して以来、米国、ロシアから数多くの無人月探査機が月に向かっています。一九六〇〜七〇年代に米国が行った有人飛行の②アポロ計画では、多くの月の石を持ち帰りました。これらの石を解析《せき》することで、月の表面の組成は地球のマントルの組成に近いことがわかったのです。

つまり、太陽系ができて間もない頃《ころ》に、火星サイズ（地球の質量の一〇分の一程度）の天体が地球に衝突《しょうとつ》し、表層が破壊《かい》され、周辺に飛び散った物質が急速に集まって月を形成したと考えられるのです。

近年では、火星の二つの衛星も、ジャイアント・インパクトによって形成されたのではと推定されています。

ロシア、米国に続いて月に探査機を送ったのは、日本でした。一九九〇年に宇宙科学研究所（現ＪＡＸＡ宇宙科学研究所）が打ち上げた「ひてん」は、月で高度なスイングバイ航法（惑星の重力を利用して加速する方法）を実証しました。

2020年度

昭和女子大学附属昭和中学校 ▶解説と解答

算　数　＜Ａ日程試験＞（50分）＜満点：100点＞

解　答

[1] ① $\frac{3}{20}$　② 1100　③ $\frac{17}{30}$　④ 25％　⑤ 12.5m　⑥ 67点　⑦ 9000円　⑧ 12ふくろ　[2] ① 5，8，13　② 123　③ **1番目**…2，**2番目**…3　[3] ① 8つ　② 48cm²　[4] **体積**…65.94cm³，**表面積**…114.5cm²　[5] ① 8人　② 14人　③ (ア)，(エ)　[6] ① 2　② (例) 解説を参照のこと。　③ 4通り

解　説

[1] 四則計算，計算のくふう，逆算，濃度《のうど》，速さ，平均，比の性質，つるかめ算

① $\left(3\frac{1}{4}+0.6\div3\right)\div3-1=\left(\frac{13}{4}+0.2\right)\times\frac{1}{3}-1=\left(\frac{13}{4}+\frac{1}{5}\right)\times\frac{1}{3}-1=\left(\frac{65}{20}+\frac{4}{20}\right)\times\frac{1}{3}-1=\frac{69}{20}\times\frac{1}{3}-1=\frac{23}{20}-\frac{20}{20}=\frac{3}{20}$

② $23\times55+17\times55-20\times55=(23+17-20)\times55=(40-20)\times55=20\times55=1100$

③ $\left\{1-\left(\square-\frac{1}{4}\right)\div\frac{2}{3}\right\}\times\frac{2}{3}=0.35$より，$1-\left(\square-\frac{1}{4}\right)\div\frac{2}{3}=0.35\div\frac{2}{3}=\frac{7}{20}\times\frac{3}{2}=\frac{21}{40}$，$\left(\square-\frac{1}{4}\right)\div\frac{2}{3}=1-\frac{21}{40}=\frac{40}{40}-\frac{21}{40}=\frac{19}{40}$，$\square-\frac{1}{4}=\frac{19}{40}\times\frac{2}{3}=\frac{19}{60}$　よって，$\square=\frac{19}{60}+\frac{1}{4}=\frac{19}{60}+\frac{15}{60}=\frac{34}{60}=\frac{17}{30}$

④ (食塩の重さ)＝(食塩水の重さ)×(濃度)より，濃度が20％の食塩水250ｇに含《ふく》まれる食塩の重さは，250×0.2＝50(ｇ)とわかる。また，食塩水から水を蒸発させても食塩の重さは変わらないので，水を蒸発させた後の食塩水，250－50＝200(ｇ)にも50ｇの食塩が含まれている。よって，求める食塩水の濃度は，50÷200×100＝25(％)である。

⑤ 時速45kmは秒速，45×1000÷(60×60)＝12.5(m)だから，1秒間に12.5mの距離《きょり》を飛ぶことができる。

⑥ 5人のテストの平均点は70点なので，5人の合計点は，70×5＝350(点)になる。また，女子3人の平均点は72点だから，女子3人の合計点は，72×3＝216(点)となる。よって，男子2人の合計点は，350－216＝134(点)なので，男子2人の平均点は，134÷2＝67(点)と求められる。

⑦ Ａ席4枚，Ｃ席4枚で56000円だから，Ａ席1枚，Ｃ席1枚で，56000÷4＝14000(円)である。よって，Ａ席とＣ席の1枚の価格の比は9：5なので，Ａ席の価格は，$14000\times\frac{9}{9+5}$＝9000(円)となる。

⑧ 白いふくろが30ふくろだとすると，アメの個数は，5×30＝150(個)となり，実際よりも，150－126＝24(個)多くなる。そこで，白いふくろを1つ減らして，かわりに赤いふくろを1つ増やすと，アメの個数は1ふくろあたり，5－3＝2(個)ずつ少なくなる。よって，赤いふくろは，24÷2＝12(ふくろ)とわかる。

[2] 数列

① 規則にしたがっていくと，1，1，2，3に続く数は，2＋3＝5，3＋5＝8，5＋8＝13

である。

② 1，3から始めると，$1+3=4$，$3+4=7$，$4+7=11$，$7+11=18$，$11+18=29$，$18+29=47$，$29+47=76$となるので，10番目の数は，$47+76=123$と求められる。

③ 5番目の数をxとすると，6番目の数は$(8+x)$となり，7番目の数は，$x+(8+x)$になるから，$x+(8+x)=34$と表すことができる。そして，$2\times x=34-8=26$，$x=26\div2=13$となるので，3番目の数は，$13-8=5$，2番目の数は，$8-5=3$，1番目の数は，$5-3=2$とわかる。よって，はじめの2つの数は2，3である。

3 平面図形―場合の数，相似，面積

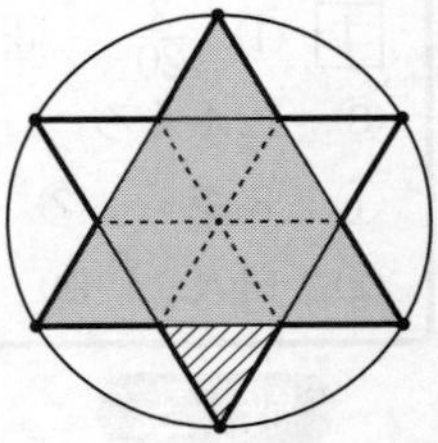

① 右の図で，点線で区切る前に斜線《しゃせん》の三角形は6つ，色のついた三角形は2つあるから，図の中に三角形は，$6+2=8$(つ)ある。

② 斜線の三角形6つの面積の和は，$4\times6=24(\text{cm}^2)$である。また，正六角形の面積は斜線の三角形の面積の6つ分なので，$24(\text{cm}^2)$になる。よって，太線で囲まれた星形の面積は，$24+24=48(\text{cm}^2)$となる。

4 立体図形―体積，表面積

問題文中の図1の円柱を4等分した立体の体積は，$4\times4\times3.14\times6\times\frac{1}{4}=24\times3.14(\text{cm}^3)$である。また，くり抜《ぬ》いた立体の半径は，$4\div2=2$(cm)，高さは，$6\div2=3$(cm)だから，この立体の体積は，$2\times2\times3.14\times3\times\frac{1}{4}=3\times3.14(\text{cm}^3)$である。よって，この立体の体積は，$24\times3.14-3\times3.14=(24-3)\times3.14=21\times3.14=65.94(\text{cm}^3)$になる。次に，大きいおうぎ形2つの面積の和は，$4\times4\times3.14\times\frac{1}{4}\times2=8\times3.14(\text{cm}^2)$，小さいおうぎ形2つの面積の和は，$2\times2\times3.14\times\frac{1}{4}\times2=2\times3.14(\text{cm}^2)$，大きい曲面の面積は，$4\times2\times3.14\times6\times\frac{1}{4}=12\times3.14(\text{cm}^2)$，小さい曲面の面積は，$2\times2\times3.14\times3\times\frac{1}{4}=3\times3.14(\text{cm}^2)$，側面の平面の部分の面積の和は，$(4\times6-2\times3)\times2=36(\text{cm}^2)$である。したがって，この立体の表面積は，$8\times3.14+2\times3.14+12\times3.14+3\times3.14+36=(8+2+12+3)\times3.14+36=25\times3.14+36=78.5+36=114.5(\text{cm}^2)$と求められる。

5 グラフ―調べ

図1

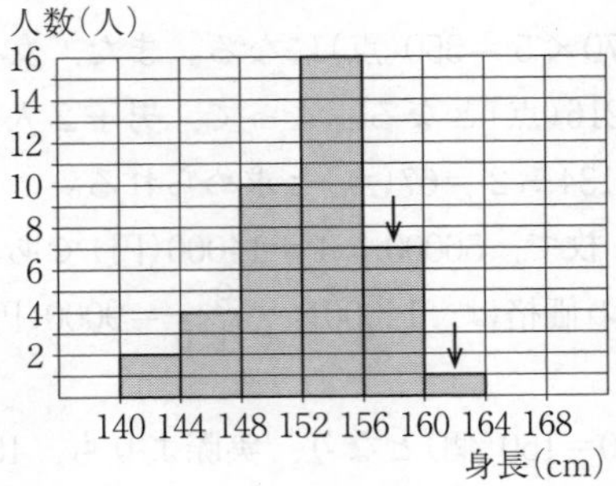

図2

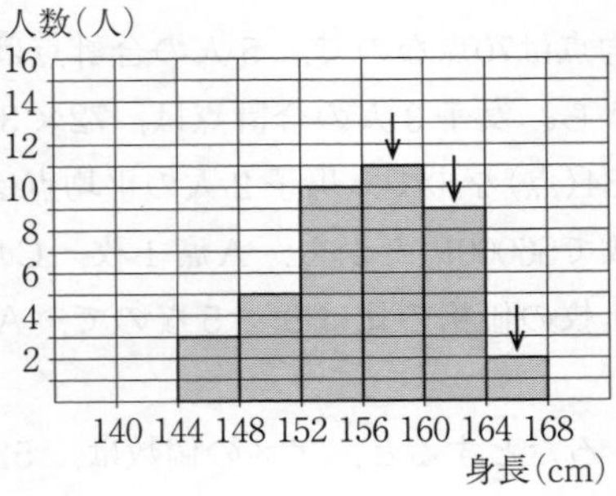

① 中学1年生のときに身長が156cm以上だった人は，左の図1の矢印の部分になるので，$7+1=8$(人)いる。

② 中学3年生のときに身長が156cm以上の人は，左の図2の矢印の部分となるから，$11+9+2=22$(人)いる。よって，中学1年生のときと比べて，$22-8=14$(人)増えている。

③ (ア)は図1のグラフより，正しい。(イ)は伸《の》びた人が多いが全員とは言い切れないので正しいとはいえない。(ウ)も，柱状グラフは各範囲《はんい》の人数しかわからないので，150cmの人がいるかどうかわからない。よって，正しいとはいえない。(エ)は図2の144cm未満の範囲に誰《だれ》もいないことから，全員

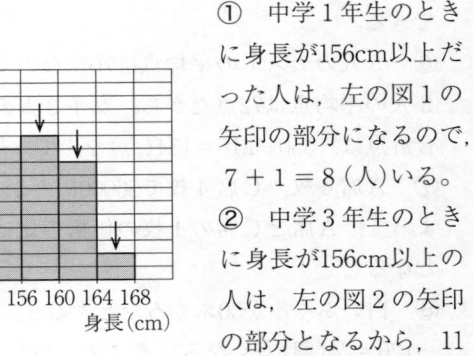

が伸びたと言えるので正しい。よって，(ア)，(エ)が選べる。

6 推理

① イのカードが１で当たりだったから，ウのカードは２とわかる。

② たとえば，「イのカードは３より小さいから１か２になるけど，あなたが１と当てられたのは，あなたのウのカードが２だからです。」というせりふが考えられる。

③ ３よりも大きく，７以外のカードは４，５，６，８，９の５枚である。このうち８，９のどちらか１枚はエのカードとなるので，アのカードの数は，５－１＝４(通り)考えられる。

社 会 ＜Ａ日程試験＞（理科と合わせて50分）＜満点：50点＞

解 答

1 **問１** 秋田…イ　岡山…カ　**問２** ア　**問３** ウ　**問４** ⑴ **０～14歳**…イ　65歳以上…オ　⑵ ウ　⑶ (例) 人手不足を補うため。　**問５** ⑴ 石川県　⑵ 佐賀県　⑶ 京都府　**2** **問１** エ　**問２** イ　**問３** ウ　**問４** 平安　**問５** イ　**問６** エ　**問７** 生類憐み　**問８** 東照宮　**問９** ウ　**問10** エ　**問11** 四日市市　**3** **１** ドローン　**２** ロス　**4** **問１** (例) 任期が６年の参議院議員のうち，半数の改選を行ったから。　**問２** 法の下　**問３** 番人　**問４** 政令　**5** **問１** 日本銀行　**問２** エ　**問３** 岩倉具視　**問４** ア　**問５** ユニバーサル

解 説

1 日本の自然や産業についての問題

問１ 秋田市は日本海側の気候に属しているため冬の降水(雪)量は多いが，豪雪地帯の北陸に比べるとその量は少なく，北に位置するぶん冬の気温が低い。よって，イがあてはまる。また，岡山市は瀬戸内の気候に属しているため年間を通じて降水量が少なく，比較《ひかく》的温暖である。よって，カがあてはまる。なお，アは亜《あ》熱帯の気候に属する那覇《なは》市(沖縄県)，ウは日本海側の気候に属し，豪雪地帯にあたる金沢市(石川県)，エは太平洋側の気候に属する高知市，オは中央高地(内陸性)の気候に属する松本市(長野県)。

問２ 日本の一次エネルギーの供給割合は石油が最も多く，以下，石炭，天然ガスの順である。原子力はかつて大きな割合を占《し》めていたが，2011年の東日本大震災を受けて全国の原子力発電所が稼《か》働《どう》を停止して以来，安全性に対する基準が厳しくなったため，再稼働した原子炉《ろ》は少なく，その割合は小さい。よって，アが正しい。統計資料は『日本国勢図会』2019／20年版による(以下同じ)。

問３ 日本の農業総産出額のうち，米はかつて大きな割合を占めていたが，現在は消費量が減って順位を下げている。よって，ウがあてはまる。アは畜産，イは野菜，エは果実。

問４ ⑴ 日本の人口は少子高齢化が進んで０～14歳の子どもの数が減り，65歳以上の高齢者の数が増えている。2015年には65歳以上の人口が総人口の４人に１人にあたる25％を超《こ》え，一方で０～14歳の人口は12％程度で少しずつ減るようになった。2018年は，０～14歳が12.2％，65歳以上が28.1％となった。　⑵ 三大都市50キロ圏の人口の合計は，3395万＋935万＋1672万＝6002万人になる(小数点以下を四捨五入)。2018年の日本の総人口は１億2644万人なので，三大都市50キロ圏

の人口の割合は，6002万÷12644万×100＝47.46…より，約47.5％となる。　(3)　日本は少子高齢化の進行にともなって人口減少が続いており，労働力不足が深刻になっている。こうした労働力不足を補うため，女性の社会進出をうながす，定年年齢を引き上げる，外国人労働者の受け入れを進めるといった取り組みが進められている。

問５　(1)　漆器《しっき》の「輪島塗《ぬり》」と，着物の染色技法である「加賀友禅《ゆうぜん》」は，それぞれ石川県の輪島市，金沢市の伝統的工芸品である。　(2)　焼き物の「伊万里《いまり》焼」「有田焼」は，佐賀県の伊万里市・有田町近辺の伝統的工芸品である。なお，伊万里焼も有田焼ももともとは同じ焼き物で，有田周辺で焼いていた有田焼の製品が伊万里の港から出荷されたことから，伊万里焼ともよばれるようになった。　(3)　焼き物の「清水焼」と織物の「西陣織《にしじんおり》」は，京都市の伝統的工芸品である。

2　猫の歴史を題材にした問題

問１　犬はもともと野生のオオカミを飼いならし，人間の役に立つようにした家畜である。犬は嗅覚《きゅうかく》がすぐれているため，猟犬《りょうけん》や番犬としての有用性が高かった。日本における犬の起源は古く，縄文時代の遺跡から，埋葬《まいそう》された状態の犬の骨が発掘《はっくつ》されることがある。よって，エが正しい。アについて，銅鐸《どうたく》は弥生時代に祭器として使われたと考えられている。古墳時代につくられた埴輪《はにわ》には，犬をかたどったものが存在する。イについて，中国の史料に，日本の縄文時代の記録は存在しない。ウについて，『桃太郎』は，室町時代末期から江戸時代初めにつくられたと考えられるおとぎ話。

問２　６世紀末の593年，聖徳太子はおばにあたる推古天皇の摂政《せっしょう》に任命され，蘇我馬子《そがのうまこ》と協力しながら天皇中心の政治を行った。なお，アの卑弥呼《ひみこ》は３世紀，ウのワカタケル(雄略《ゆうりゃく》天皇のことと推定されている)は５世紀，エの聖武天皇は８世紀の人物。

問３　猫(イエネコ)を家畜として飼うようになったのは，日本では弥生時代といわれる。この時代に稲作が本格化したのにともない，ネズミの害が深刻になったことがその理由と考えられる。よって，ウがあてはまる。猫はもともと野ネズミなどの小動物を捕食する習性があり，穀物を守るという点で，犬とはまた別の有用性があった。

問４　『源氏物語』は紫式部の長編小説，『枕草子《まくらのそうし》』は清少納言《せいしょうなごん》の随筆で，いずれも平安時代中期に成立した。『日本霊異《りょうい》記』はそれより前，平安時代初期の９世紀に成立した説話集である。

問５　豊臣秀吉は明(中国)の征服をくわだて，朝鮮に明への先導役をつとめるよう求めたが，朝鮮がこれを拒否《きょひ》すると，文禄の役(1592～93年)と慶長の役(1597～98年)の２度にわたり，朝鮮侵略《しんりゃく》(朝鮮出兵)を行ったが，秀吉の死で失敗に終わった。なお，アの織田信長は戦国時代に天下統一事業を始めた戦国大名，ウの徳川家康は江戸幕府の初代将軍，エの足利義満は室町幕府の第３代将軍。

問６　鎌倉時代後半，モンゴル帝国の第５代皇帝フビライ＝ハンは中国に元を建国すると，日本をその支配下におこうとして文永の役(1274年)と弘安の役(1281年)の２度にわたり，大軍を送って北九州に攻めてきた。この元軍の襲来《しゅうらい》を元寇《げんこう》という。鎌倉幕府の第８代執権《しっけん》北条時宗が指揮する御家人たちは，元軍の集団戦法や「てつはう」とよばれる火薬兵器に苦戦したが，２度とも暴風雨が発生して元軍の船が多く沈《しず》んだこともあり，元軍を撃退することに成功した。なお，アの壬申《じんしん》の乱は672年，イの慶長の役は1597～98年，ウの承久《じょうきゅう》の乱は1221年のできごと。

問７　江戸幕府の第５代将軍徳川綱吉は，1685年以来，極端な動物愛護を目的とした生類憐《あわれ》みの令をたびたび出した。綱吉は戌《いぬ》年生まれで特に犬を保護し，犬を殺した者を厳しく罰《ばつ》したことから，

「犬公方《くぼう》」とよばれた。

問８　日光(栃木県)の東照宮は徳川家康をまつった神社で，第３代将軍家光が２年かけて大改築し，1636年に現在ある豪華な社殿が完成した。

問９　陸奥宗光《むつむねみつ》は紀州藩(和歌山県)出身の外交官で1894年，日清戦争が始まる直前にイギリスとの交渉《こうしょう》で領事裁判権(治外法権)の撤廃《てっぱい》に成功した。また，日清戦争(1894～95年)の下関講和会議では外務大臣として，首相の伊藤博文とともに日本の代表として交渉に臨み，下関条約を結んだ。なお，アの小村寿太郎《じゅたろう》は日露戦争(1904～95年)の講和条約であるポーツマス条約の調印をはたし，1911年に関税自主権の回復に成功した外務大臣，イの井上馨《かおる》は欧化政策を進めた外務卿《きょう》・外務大臣，エの伊藤博文は初代内閣総理大臣で，大日本帝国憲法の発布にも貢献《こうけん》した。

問10　アは1956年，イは1964年，ウは1972年，エは1925年のできごとである。昭和25年は西暦1950年にあたるので，エがこれより前のできごとになる。

問11　高度経済成長期には，急速に工業化が進む一方で公害問題が深刻化した。こうした中，1960年代から70年代初めにかけて，三重県四日市市では，石油化学コンビナートから排出された亜《あ》硫《りゅう》酸《さん》ガスを原因とする「四日市ぜんそく」が発生した。

3　現代用語の知識についての問題

1　ドローンは無人航空機のことで，近年は命令を受けて自立飛行する物体をまとめてドローンとよぶことが多い。人が立ち入れない場所や高所の撮影ができるほか，物流や農業などさまざまな用途に使われている。　　**2**　食品ロスは，食べ残しや売れ残り，賞味期限の切れた食品など，まだ食べられるはずの食品が捨てられること。農林水産省の推計によると，2017年の日本の食品ロスは約612万トンにのぼった。2017年の国際連合による世界全体の食料支援量が約380万トンなので，日本はその２倍近い量を捨てたことになり，食品ロスの削減《さくげん》は現在も課題となっている。

4　参議院議員選挙の「一票の格差」を題材にした問題

問１　2018年に公職選挙法が改正され，参議院の議員定数がこれまでの242名から248名になった。参議院議員の任期は６年で，３年ごとにその半数を改選することになっているので，2019年と2022年の参議院通常選挙でそれぞれ３議席ずつ増えることになる。

問２　「一票の格差」とは，選挙区によって議員１名あたりの有権者数に大きな開きがある問題で，日本国憲法第14条の「法の下の平等」に反するとして，これまでくり返し訴訟《そしょう》が起こされてきた。

問３　裁判所は国会が制定した法律や，行政機関の行う命令や行政処分などが，憲法に照らして合憲か違憲かを具体的な裁判を通して判断する権限を持っている。これを違憲(立法)審査権といい，最高裁判所はその最終的な判断を下すため，「憲法の番人」ともよばれる。

問４　内閣は憲法と法律の範囲《はんい》内で，行政上の細則である政令を定めることができる。

5　2024年発行の新紙幣《しへい》を題材にした問題

問１　紙幣(お札)は正式には「日本銀行券」といい，日本の中央銀行である日本銀行が発行する。

問２　2020年時点で発行されている千円札の肖像《しょうぞう》に使われているのは野口英世で，新札ではこれが北里柴三郎《しばさぶろう》に変わる。野口英世は福島県出身の細菌《さいきん》学者で，小学校を卒業したあと，独学に近い形で医術開業試験に合格し，北里が設立した伝染病研究所に入所。その後，アメリカのロックフェラー研究所で研究を進め，高い評価を得た。さらにアフリカで黄熱病の研究を行ったが，同病に感染して亡くなった。なお，アのコッホはドイツの細菌学者で，北里はその弟子にあたる。イのシーボルトはドイツ人で，江戸時代に長崎の出島にあるオランダ商館の医師として来日。長崎郊外に診《しん》療《りょう》所と蘭学《らんがく》塾をかねた鳴滝塾を開いた。ウの湯川秀樹は，日本人で初めてノーベル賞を受賞した物理学者。

問３　1951年と1969年に発行された五百円札の肖像には，岩倉具視《ともみ》が使われていた。岩倉は公家出身の政治家で，明治政府が1871年に派遣した岩倉使節団の大使として欧米を歴訪した。

問４　現行の一万円の肖像は福沢諭吉であるが，新札では渋沢栄一に変わる。渋沢は埼玉県深谷市出身で，深谷市は深谷ネギの産地として知られる。

問５　文化や人種・言語，性別や年齢，障害のあるなしなどに関係なく，どんな人にも公平で快適に使えるようにした施設や商品のデザインを，ユニバーサルデザインという。

理　科　＜Ａ日程試験＞（社会と合わせて50分）＜満点：50点＞

解　答

[1] **問１**　（例）　植物は光合成をすることで自分で養分をつくりだすことができるから。　**問２**　イ→ア→エ→ウ→オ　**問３**　**成功する割合**…低くなる。／**理由**…（例）　雪の中では茶色の毛は目立つので，ウサギに見つかってしまうから。　**問４**　ウ　**問５**　食物連鎖　[2] **問１**　①　イ　②　ア　**問２**　（例）　高気圧では空気が上から下に移動するので，雲ができにくいから。　**問３**　夏至　**問４**　イ，ウ　[3] **問１**　ア　**問２**　20%　**問３**　水蒸気　**問４**　イ　**問５**　（例）　金属でできたふたが熱によって膨張したから。　[4] **問１**　解説の図を参照のこと。　**問２**　30.5mm　**問３**　ウ　**問４**　ア　**問５**　（例）　アルコールが沸とうし，液面はボコボコする。　[5] **問１**　（例）　冬の時期は日本にエサとなる昆虫が少ないから。　**問２**　19.8℃　**問３**　マグマ　**問４**　ウ，オ　**問５**　（例）　**取り組み**…節電する。／**理由**…電気をつくるときに発生する二酸化炭素の量を減らせるから。

解　説

[1] 生物の特ちょうについての問題

問１　動物は自分で養分をつくりだせないのでエサ(他の生物)を食べなければならないが，植物は光合成により自分で養分をつくりだすことができるので，エサを食べる必要がない。

問２　口から取り入れられた食べものは，口→食道→胃→小腸→大腸→肛門《こうもん》の順に通っていく。これらの器官は口から肛門まで１本の管となってつながっており，これを消化管という。

問３　北極の冬は雪や氷に閉ざされているため，保護色の白い毛をもつことで，ホッキョクグマのような大きな動物から身を守るとともに，ウサギなどの狩《か》りのときに気づかれず有利となる。もし，冬場に茶色い毛をもっていたとすると，雪の中では目立ってウサギに気づかれてしまい，狩りに成功する割合は低くなると考えられる。

問４　モンシロチョウはさなぎになる時期のある完全変態をする昆虫《こんちゅう》で，メスはキャベツやアブラナの葉に卵を産み付け，ふ化した幼虫は産み付けられたところの葉を食べる。成虫の口は花の蜜《みつ》をすうのに適したストローのような口をもつ。

問５　草食動物は緑色植物を食べ，肉食動物は草食動物を食べることにより，間接的に緑色植物がつくった養分を取り入れて生きている。生物どうしが“食べる・食べられる”の関係でくさりのようにつながっていることを食物連鎖《れんさ》という。

2 気象とその観測についての問題

問１　①　太陽が地面をあたため，地面の熱が気温を上げるので，晴れの日の気温はイのように太陽が南中する12時より遅《おく》れて14時ごろに最高になる。　②　くもりの日は太陽の光が雲にさえぎられ，熱が地面に届きにくいので，気温は上がりにくい。よって，アのようなグラフになる。

問２　高気圧では中心の上空から下に向けて空気がたえず流れているため，雲ができにくい。そのため，高気圧のもとでは晴れの天気が多くなる。

問３　地軸《ちじく》の北極側が太陽の向きに傾《かたむ》いて，北半球にある日本において，１年のなかで太陽の南中高度が最大になる日を夏至という。

問４　イとウは正しい。アについて，百葉箱は太陽からの光をよく反射し，箱の中に熱が伝わらないようにするため，全体を白く塗《ぬ》ってある。エについて，百葉箱はまわりに建物のない風通しのよい開けた場所に設置する。オについて，地面からの照り返しを防ぐため，百葉箱は芝生《しばふ》が植えられた場所に設置する。

3 もののあたたまり方についての問題

問１　液体の入った試験管を加熱するときは，試験管の底に近いところをガスバーナーのほのおの上から$\frac{1}{3}$のあたりに当てる。

問２　濃度《のうど》は，(とけている物質の重さ)÷(水溶《よう》液の重さ)×100で求めることができる。よって，食塩水の濃度は，５÷(５＋20)×100＝20(％)である。

問３　食塩水を加熱したときに水の中から出てくる泡《あわ》は，水が沸《ふっ》とうして出てくる水蒸気である。

問４　エアコンから出てくるあたたかい空気は部屋の冷たい空気より軽いので，部屋の上にたまりやすい。部屋全体をはやく温めるには，エアコンから出る風の向きを下向きにして，部屋の空気を循環《じゅんかん》させればよい。

問５　金属のふたが温められることで膨張《ぼうちょう》し，ふたとガラスビンとの間にすき間ができるので開けやすくなる。

4 温度計のしくみについての問題

問１　横じくに水の温度，縦じくに液面の高さをとり，表の値をグラフに表すと，右の図のようになる。グラフはほぼ一直線になることがわかる。

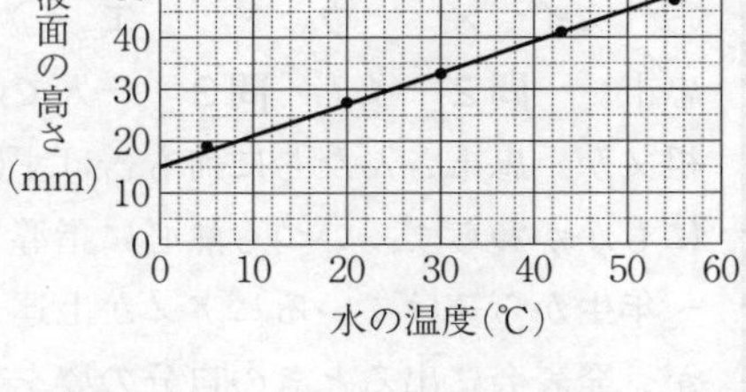

問２　液面の高さは，20℃のときが28mm，30℃のときが33mmなので，それらの中間にあたる25℃のときの液面の高さは，(28＋33)÷２＝30.5(mm)になると考えられる。

問３　容器の中のアルコールの温度が上がると，容器の中のアルコールの体積が増えるが，容器の中のアルコールの重さは変わらない。

問４　容器の中の液体の温度が上がると液体の体積が増えることを利用した道具に温度計がある。

問５　アルコールは78℃で沸とうするので，アルコールを入れた容器を100℃の湯につけると，アルコールが沸とうして，液面はボコボコする。

5 小問集合

問１　ツバメはより多くのエサを求めてわたりをする。春から夏にかけては，日本はエサとなる昆《こん》虫が豊富になり，子育てをするのにつごうがよいが，冬になると，日本では昆虫が少なくなるため，エサを求めて東南アジアにわたっていく。

問２　標高が，2400－200＝2200(m)高くなると，気温は，$0.6\times\frac{2200}{100}$＝13.2(℃)低くなるので，標高2400mの富士山５合目の気温は，33－13.2＝19.8(℃)になる。

問３　地下深くにある，岩石が高温高圧などの原因でとけて液体状になったものをマグマという。マグマは，地ばんの割れ目を伝って上昇《じょうしょう》し，地下数km～10数kmのところにたまることがあり(マグマだまりという)，マグマが地ばんの弱い部分をつきやぶって地表に出てくると噴火《ふんか》になる。

問４　酸性の水溶液は，青色リトマス紙の色を赤色に変え，BTB溶液を加えたときに黄色になる。酢《す》とレモン汁《じる》は酸性，食塩水と砂糖水は中性，アンモニア水はアルカリ性の水溶液である。

問５　地球温暖化は，石油や石炭などの化石燃料の大量消費にともない，空気中の二酸化炭素濃度《のうど》が増加したことで，地球の気温が上昇している現象である。地球温暖化の進行をくい止めるには，化石燃料の消費を少なくして，発生する二酸化炭素の量を減らす必要がある。解答にある節電のほかに，次のような取り組みがあげられる。①冷房《れいぼう》や暖房の設定温度を過度にせず，クールビズ，ウオームビズで温度調節をする。②シャワーを出しっぱなしにしない。③自家用車の使用をひかえ，公共の交通機関を使う。④過剰《かじょう》包装を断り，レジ袋《ぶくろ》を減らすためにマイバッグを携帯《けいたい》する。

国語　＜Ａ日程試験＞（50分）＜満点：100点＞

解答

一　**問１**　つまり，太　**問２**　(例)　月に地震計を設置したこと。　**問３**　(例)　極めて正確な月面の地形図を作成したこと。／月内部の密度分布について解明したこと。　**問４**　(例)　水があるわけではなく，月に巨大な天体が衝突することで，月の内部からマグマが地上に溶けて現れ，広がった溶岩地形のこと。　**問５**　(例)　太陽光が月の真正面から当たるので，月の表面の凹凸が見えなくなるから。　**問６**　イ，オ　**問７**　①　低い　②　高い　**問８**　**ア**　○　**イ**　×　**ウ**　×　**エ**　○　**オ**　×　二　**問１**　①　和樹　②　藤川　③　忠市　**問２**　イ　**問３**　一人で競技生活を続ける道を選んだ　**問４**　イ　**問５**　(例)　祖父が，忠市さんたちに何も告げずに消えたこと。　**問６**　(例)　コーチは自分の練習があるにもかかわらず，いつも熱心に指導し励ましてくれたから。　**問７**　ア　**問８**　(例)　私は一年生から続けているピアノが上達せずに悩んでいた時期があり，もう限界だと思い始めていたが，発表会に出るときの自分の姿を想像し，ずっと練習を続けていたら自分でもうまくなったと感じられるようになった。　三　**問１**　下記を参照のこと。　**問２**　①　**ア**　ひばしら　**イ**　シチュウ　②　**ア**　ショニチ　**イ**　はつゆき　③　**ア**　よなか　**イ**　ヤケイ　④　**ア**　のはら　**イ**　ヤキュウ　**問３**　①　牛→馬，オ　②　鳥→サル，エ　③　キツネ→タヌキ，ア　④　ハチ→虫，カ　⑤　熊→タカ，イ　⑥　カエル→魚，ウ　**問４**　①

イ　②　ウ　③　ア　④　ア　⑤　イ　⑥　ウ

●漢字の書き取り

三　**問1**　①　序列　②　簡便　③　歴然　④　均整　⑤　収蔵　⑥　沿革　⑦　仕草　⑧　逆風

解説

一　**出典は縣秀彦《あがたひでひこ》の『面白《おもしろ》くて眠《ねむ》れなくなる天文学』による。**月の誕生《たんじょう》や月の内部のようすなどが，月の探査機の持ち帰ったデータの解析《かいせき》によって明らかになったということが説明されている。

問1　「衝突《しょうとつ》」について書かれている部分を探す。三つ後の段落で，太陽系ができて間もない頃《ころ》に，火星と同じくらいの大きさの天体が地球に「衝突し」て，地球の表層が破壊《はかい》され，飛び散った物質が急速に集まって「月を形成したと考えられる」と説明されている。これが「巨大衝突説《ジャイアント・インパクト》」である。

問2　文章を読み進めると，最後から二つ目の段落に，「アポロが月に設置してきた地震《じしん》計」の記録と，かぐやのデータ解析によって，月の内部に液体の層が存在する可能性が出てきたと書かれている。

問3　直後に，「かぐやの成果の一つ」として，「レーザー高度計を用いて，極《きわ》めて正確な月面の地形図を作成したこと」が述べられている。また，読み進めていくと，「大きな成果のもう一つ」として，「月内部の密度分布の解明」が述べられている。

問4　「海」と呼ばれているのは，月の表面の黒い模様に見えるところである。読み進めていくと，アポロ11号が着陸した「静かの海」の説明のところで，「水があるわけ」ではなく，「月に巨大《きょだい》な天体が衝突する」ことで，月の内部から地上に溶《と》けて出たマグマが広がってできた「溶岩《ようがん》地形」だと書かれている。

問5　直後に着目する。月が欠け始めて斜《なな》めから太陽光が当たる時期になると，「表面の凸凹《でこぼこ》に影《かげ》ができて，立体的に見える」のである。つまり，満月のときは，太陽光が真正面から当たるので，表面の凸凹に影ができず，見えなくなるのである。

問6　ぼう線部⑥をふくむ文が「このことは」で始まっているので，「このこと」が指す内容をおさえる。直前の文で，月が地球の影響《えいきょう》を受けずに単独でできたとすると，内部構造が「同心円状」になっているはずだとある。さらにその前の文で，月の内部構造が「同心円構造ではなく，少し偏《かたよ》った分布をしている」ことがわかったとある。よって，「同心円状」になっていないということが「ジャイアント・インパクト説」の有力な証拠《しょうこ》だといえる。また，問1でみた「巨大衝突説」についての説明が，前に述べた内容を“要するに”とまとめて言いかえるときに用いる「つまり」で始まることに注目すると，その前の文の，月の石を解析した結果「月の表面の組成は地球のマントルの組成に近いこと」がわかったという内容が，「ジャイアント・インパクト説」の根拠《こんきょ》となっていることがわかる。

問7　①，②　図にある「高度」「密度」の語に注意して，かぐやの飛び方について説明されている部分を探すと，問3でみた，かぐやの「大きな成果のもう一つ」として，「月内部の密度分布の解明」が述べられている段落に着目できる。探査機が月を周回するとき，「重力が強い」所では「低い高度」を飛び，「重力が弱い」所では「高い高度」を飛ぶ。そして，その次の段落で，「密度が低」いと「重力は弱」くなり，「密度が高」いと「重力は強」くなると書かれている。よって，①の部分は高度が高い，つまり重力が弱いので密度が「低い」，②の部分では高度が低い，つまり重力が強いので，密度が「高い」といえる。

問８　**ア**　日本は「ロシア，米国に続い」て，月に探査機の「ひてん」を送ったので，三番目ということになる。また，文章の最後に，その後「中国」や「インド」などの「数多くの探査機」が送られたと書かれているので，正しい。　**イ**　「巨大衝突説」は，「火星サイズ」の天体が地球に衝突したとするもので，火星が地球にぶつかったわけではない。　**ウ**　月で黒い模様に見える「海」は，日本では，古来よりウサギの姿に見立てられてきたが，海外では，蟹《かに》や女の人やおばあさんやライオンなど，見立てがさまざまであると述べられている。よって，「同じ国内にいても」とあるのは誤り。　**エ**　問２でみた内容と合うので，正しい。　**オ**　月がどのようにしてできたのかといったことや月の内部のことは明らかになってきたが，それらは探査機が集めた膨大《ぼうだい》なデータによってわかったことであり，地球内部のことを調べた結果ではない。

二　**出典は中村航《なかむらこう》の『世界中の青空をあつめて』による。**祖父が大学時代に棒高跳《ぼうたかと》びを指導した人の思い出話を通じ，祖父が競技人生をやめなければならなかった理由や当時の思いが明らかになる。

問１　①～③　「忠市さん」は，中学時代の自分たちは「藤川コーチ」に熱心に指導されていたと「和樹《かずき》」に話した。そして，和樹がその「藤川コーチ」のことを祖父と呼んでいることから，和樹の祖父の「藤川コーチ」が，以前に「忠市」さんの棒高跳びの指導をしていたとわかる。

問２　前後の部分に注目する。忠市さんは，「自分のうぬぼれだったのかもしれない」と前置きして，藤川コーチが，自分が取り組んだ競技を卒業までの一年の間に誰《だれ》かに伝えておくために，陸上部のエースだった自分を選んでくれたのだと思ったと語っている。忠市さんは，藤川コーチの自分への期待を感じ，誇《ほこ》りに思って練習に励《はげ》んだのである。

問３　「腹をくくる」は，“決心を固める”という意味。その後，大学を卒業しているはずの藤川コーチが，就職せずに新聞配達の住み込《こ》みを続けていたと忠市さんが話していることから，「一人で競技生活を続ける道を選んだ」と考えられる。

問４　直前で，コーチは大会で負傷したことで，外傷は治っても肉離《にくばな》れが完治せず，練習ができないようだったと語られている。しかし，当時「まだ無邪気《むじゃき》」な中学生だった忠市さんは，直後に語られているように，「ポールが折れなかったらコーチは日本記録を出していたはずだ」と信じており，「負傷が治ったら，また挑戦《ちょうせん》するんだろう」と思っていたので，そのような事態までは全く想像できなかったのである。

問５　「不義理」は，義理に反すること。藤川コーチが「不義理をしてしまった」と言っていたと聞いた忠市さんは，藤川コーチには「感謝しかない」と話している。その後，三月の日記をたどり，コーチが「行き先を告《つ》げず」に忠市さんたちの前から「消えてしまった」ことを，「不義理ってのはそのことなのかな」と推測している。

問６　文章の最初のほうで，忠市さんは，藤川コーチについて，「自分の練習もあるのに，僕らを熱心に指導してくれてね」と言っている。また，ぼう線部⑥の前でも，いつも励《はげ》ましてくれ，褒《ほ》められると嬉《うれ》しかったと語っている。だから，感謝の気持ちがあふれているのである。

問７　挫折《ざせつ》したときに人間はどうしたら立ち直ることができるかということについて「後になってみて，わかったこと」を，この後忠市さんは，静かに語っている。「新しい物語」や「新しい約束」

をもてたときに人間は立ち直るし，どんな過去も新しい物語の始まりになる。この内容に合うのはアである。

問8　まず，本文中の忠市さんの日記における「精進《しょうじん》」の意味を理解しておくことが大切である。「限界の先に挑戦」するために「毎日の練習」を続けることの大切さ，「精進を続ければ，きっと辿《たど》り着く」と信じることの大切さなどである。それをふまえ，自分が立てた目標に向けて地道な努力を積み重ねた経験を，具体的に書き，自分の考えをまとめて述べるとよい。主語が明確になっているか，かかり受けの関係が正しいかどうかを確認《かくにん》することも大切である。

三　漢字の書き取り，漢字の音訓，ことわざの知識，語句の知識

問1　①「階級」は，地位などの段階のこと。「序列」は，順序をつけて並べること。　②「手軽」は，簡単で容易なこと。「簡便」は，簡単で便利なこと。　③「明白」と「歴然」は，明らかで疑《うたが》いの余地がないこと。　④「調和」は，つりあいがとれていて全体がまとまっていること。「均整」は，全体のつりあいがとれていて整っていること。　⑤「保存」は，そのままの状態を保ってとっておくこと。「収蔵」は，物をとり入れてしまっておくこと。　⑥「過程」は，変化や進行していく途中《とちゅう》の段階のこと。「沿革」は，移り変わりのこと。　⑦「態度」は，感情や考えなどが動作や言葉などに表れたもの。「仕草」は，あることをするときの動作。　⑧「障害」は，活動などのさまたげとなるもの。「逆風」は，進行方向から吹《ふ》いてくる向かい風のことで，“進行をさまたげるできごとや状況《じょうきょう》”という意味でも用いる。

問2　①　**ア，イ**　「火柱」は，柱のように高く燃え上がった火。「支柱」は，物の重さを支えるための柱。「柱」の音読みは「チュウ」，訓読みは「はしら」。「火」の音読みは「カ」，訓読みは「ひ」。「支」の音読みは「シ」，訓読みは「ささ(える)」。　②　**ア，イ**　「初日」は，最初の日。「初雪」は，その冬に初めて降る雪。「初」の音読みは「ショ」，訓読みは「はつ」「はじ(め)」「そ(める)」「うい」。「日」の音読みは「ニチ」「ジツ」，訓読みは「ひ」「か」。「雪」の音読みは「セツ」，訓読みは「ゆき」。　③　**ア，イ**　「夜中」は，夜の間。「夜景」は，夜の景色。「夜」の音読みは「ヤ」，訓読みは「よ」「よる」。「中」の音読みは「チュウ」，訓読みは「なか」。「景」の音読みは「ケイ」。④　**ア，イ**　「野原」は一面に草が生えている広い平地。「野球」は，九人でチームをつくり，二チームで交互《こうご》に相手の投手が投げる球を打って争う競技。「野」の音読みは「ヤ」，訓読みは「の」。「原」の音読みは「ゲン」で，訓読みは「はら」。「球」の音読みは「キュウ」，訓読みは「たま」。

問3　①「馬の耳に念仏」は，いくら意見しても全く効果がないこと。　②「猿《さる》も木から落ちる」は，その道の名人でもときには失敗することがあること。　③「とらぬ狸《たぬき》の皮算用」は，手に入るかどうかわからないものに期待していろいろ計画を立てること。　④「一寸の虫にも五分のたましい」は，どんなに弱小のものでもそれなりの意地があるということ。　⑤「能ある鷹《たか》は爪《つめ》をかくす」は，本当に実力のある人は簡単にはその力を見せつけるようなことはしないということ。　⑥「水を得た魚」は，その人に合った場所や環境《かんきょう》で生き生きと活躍《かつやく》すること。

問4　①「起工」は，建設を始めること。なお，アは「気候」，ウは「機構」の意味。　②「関心」は，心ひかれること。なお，アは「感心」，イは「寒心」のこと。　③「意向」は，考えや気持ち。なお，イは「移行」，ウは「威光《いこう》」のこと。　④「自体」は，前にくる言葉を強める。なお，イは「字体」，ウは「辞退」のこと。　⑤「器官」は，生物の体の中で決まったはたらきを受け持つところ。なお，アは「期間」，ウは「気管」のこと。　⑥「仮定」は，もしもこ

うならと仮に決めること。なお，アは「過程」，イは「家庭」のこと。

2019年度　昭和女子大学附属昭和中学校

〔電　話〕　(03) 3411－5115
〔所在地〕　〒154－8533　東京都世田谷区太子堂１－７
〔交　通〕　東急田園都市線・世田谷線 ―「三軒茶屋駅」より徒歩５分

【算　数】〈Ａ日程試験〉（50分）〈満点：100点〉

※途中の式や考え方も消さずに解答用紙に残しておきましょう。
※円周率を使う場合は、3.14で計算しましょう。

1　次の□にあてはまる数を求めなさい。

① $1+\frac{1}{2}\div\left(\frac{1}{3}-\frac{1}{4}\right)\times\frac{1}{5}=$ □

② $72\times125-8\times75\div3\times5=$ □

③ $80\div(2\times$ □ $\div5+3\times4)=5$

④ 10000分の１の縮尺の地図で5cmである距離《きょり》は、実際には□kmです。

⑤ ４つの数字が書かれたカード 0 1 2 9 が１枚ずつあります。この４枚のカードを並べ替《か》えて、４けたの数を作るとき、2019よりも大きい数は□通りあります。

⑥ 2.6Lのガソリンで27.3km走る自動車があります。この自動車が42km走るには□Lのガソリンが必要です。

⑦ 消費税率が８％のときの販売価格が税込み□円の品物は、消費税率が８％から10％に上がると、販売価格が100円高くなります。

⑧ 直径10cmの球をすべることなくまっすぐ転がしたとき、□回転すると、1m57cm先の地点を通ります。

2 記号○と△を用いて、2○3＝2×2×2＝8　3△2＝3＋3＝6と表すことにします。

① ○と△の意味を説明しなさい。

② 5○3を計算しなさい。

③ $\left(\frac{1}{2}\right)$△4を計算しなさい。

④ (3○3)△3を計算しなさい。

3 運動会で100mの徒競走に出場する人が67名いました。
以下の3つの条件でレースの組み分けを考えます。
条件①　1レースに走ることができるのは6人までにする。
条件②　できるだけ1レースの人数にばらつきがないようにする。
条件③　レース数はできるだけ少なくする。
このとき、6人で走るレースは何組できますか。

4 底面が半径10cmの円で高さが6cmの円柱の上に、底面が半径5cmの円で高さが4cmの円柱をのせた立体を作りました。

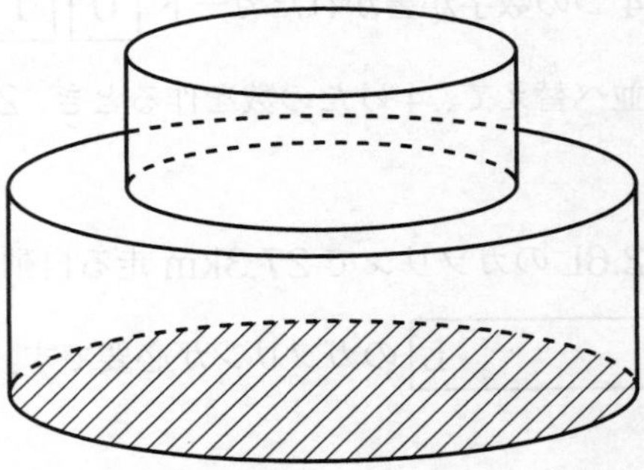

① この立体の体積は何cm^3ですか。

② この形のケーキを作り、図の斜《しゃ》線の部分以外のところに生クリームを塗《ぬ》るとき、生クリームを塗ることができる面積は何cm^2ですか。

5 下の図のように、1辺が 6cm の正三角形を、辺を 2cm 重ねて規則正しくつなげた図形の飾《かざ》りを作ります。このとき、図の色をつけた図形も正三角形になります 。

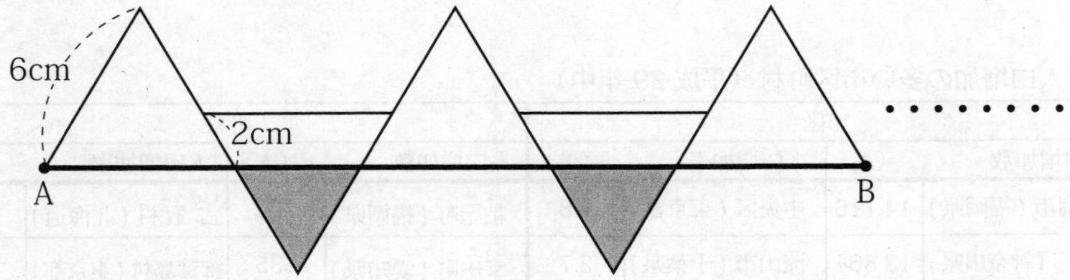

① 正三角形を 5 個つなげた図形の周の長さは何 cm ですか。

② 正三角形を 20 個つなげた図形の周の長さは何 cm ですか。

③ 正三角形を 100 個つなげたとき、図の横幅《はば》（5 個の場合は点 A から点 B までの長さ）は何 cm ですか。

6 A さん、B さん、C さん、D さん、E さん、F さんの 6 人で 1000m 走を行いました。ゴールした後、F さん以外の 5 人に自分の順位について聞いたところ次のように話してくれました。

A さん「真ん中よりも上の順位だった」
B さん「A さんの次にゴールした」
C さん「自分より前にゴールしたのは 5 人いた」
D さん「真ん中よりも下の順位だった」
E さん「1 位ではなかった」

① C さんは何位でゴールしましたか。

② 1 位である可能性があるのは何人ですか。

③ 5 人の話の内容だけで考えると、6 人のゴールの順番は、全部で何通り考えられますか。

【社　会】〈Ａ日程試験〉（理科と合わせて50分）〈満点：50点〉

〔注意〕漢字で書けるところは漢字で書いてください。

1　次の表は、平成29年における人口増加の多い市区と町村を、前年度に比べて増加した人数と、増加した割合ごとに、多い順に並べたものです。これを見て、あとの問いに答えなさい。

第１表　人口増加の多い市区町村（平成29年中）

順位	市区				町村			
	人口増加数	（人）	人口増加率	（%）	人口増加数	（人）	人口増加率	（%）
1	福岡市（福岡県）	14,116	中央区（東京都）	4.8	粕屋《かすや》町（福岡県）	702	占冠《しむかっぷ》村（北海道）	15.3
2	川崎市（神奈川県）	13,864	流山市（千葉県）	2.7	幸田《こうた》町（愛知県）	635	御蔵《みくら》島村（東京都）	5.6
3	大阪市（大阪府）	11,007	千代田区（東京都）	2.5	新宮町（福岡県）	614	留寿都《るすつ》村（北海道）	3.8
4	さいたま市（埼玉県）	10,602	福津《ふくつ》市（福岡県）	2.2	南風原《はえばる》町（沖縄県）	589	青ヶ島村（東京都）	3.8
5	名古屋市（愛知県）	9,046	向日《むこう》市（京都府）	2.2	中城《なかぐすく》村（沖縄県）	475	赤井川村（北海道）	2.8
6	世田谷区（東京都）	7,572	印西《いんざい》市（千葉県）	2.1	八重瀬町（沖縄県）	455	中城村（沖縄県）	2.3

総務省ホームページ「人口動態調査」から作成

第２表　外国人の人口増加が多い市区町村（平成29年中）

順位	市区				町村			
	外国人増加数	（人）	外国人増加率	（%）	外国人増加数	（人）	外国人増加率	（%）
1	大阪市（大阪府）	6,139	夕張市（北海道）	76.9	苅田《かんだ》町（福岡県）	475	沼田町（北海道）	300.0
2	名古屋市（愛知県）	5,799	平川市（青森県）	71.4	大泉町（群馬県）	405	知内《しりうち》町（北海道）	210.0
3	横浜市（神奈川県）	4,856	南さつま市（鹿児島県）	71.3	蟹江《かにえ》町（愛知県）	213	比布《ぴっぷ》町（北海道）	200.0
4	川口市（埼玉県）	3,290	伊達《だて》市（北海道）	58.1	愛川町（神奈川県）	190	琴平町（香川県）	180.4
5	福岡市（福岡県）	3,111	黒石市（青森県）	50.7	占冠村（北海道）	185	真狩《まっかり》村（北海道）	162.5
6	川崎市（神奈川県）	3,106	姶良《あいら》市（鹿児島県）	45.9	吉田町（静岡県）	184	乙部《おとべ》町（北海道）	150.0

総務省ホームページ「人口動態調査」から作成

問１　第１表について、次の（１）～（４）に答えなさい。

（１）この表の範囲で言えることを、次のア～カの中から２つ選び、記号で答えなさい。

ア．市区の人口増加数らんの都市は、総人口の多い順に並んでいる。

イ．市区の人口増加率らんの都市の３分の２は、関東地方にある。

ウ．人口増加数の多い町村は、すべて九州地方にある。

エ．町村で人口増加率第１位の占冠村の人数は、第２位の御蔵島村に比べて３倍近く増えた。

オ．町村らんの中城村の人口は、２万人をこえている。

カ．すべての市区町村で、出生数が死亡数を上回っている。

（2）市区で人口増加率が第１位の中央区で、人口が増加している理由として正しくないものを、次のア～エの中から１つ選び、記号で答えなさい。

ア．新しい高層マンションが多く建設されているから。

イ．臨海部の再開発が進んでいるから。

ウ．中央区は、東京の都心部に近いから。

エ．東京オリンピック・パラリンピックの開会式が行われるから。

（3）市区で人口増加率が高い都市の多くは、大都会の近くの住宅都市です。住宅都市では、一般《いっぱん》的《てき》に昼間の人数の方が夜間の人数よりも少なくなります。その理由を答えなさい。

（4）町村で人口増加率が第２位の御蔵島村と第４位の青ヶ島村は、三宅島や八丈島と同じ諸島に属しています。その諸島の名前を答えなさい。

問２　第２表について、次の（1）～（3）に答えなさい。

（1）市区で外国人増加率が第３位の南さつま市の位置を、右の地図のア～エの中から１つ選び、記号で答えなさい。

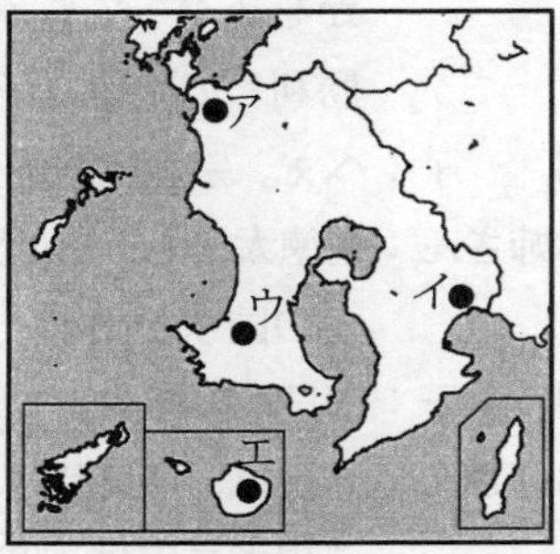

（2）町村で外国人増加数が第１位の苅田町では、日本の輸出額第１位の製品が生産されています。その製品の名前を答えなさい。

（3）町村で外国人増加数が第２位の大泉町は、日系人が多く働いていることでも知られています。それらの人たちの多くはどこの国から来ているか、次のア～エの中から１つ選び、記号で答えなさい。

ア．ベトナム　　イ．フィリピン　　ウ．メキシコ　エ．ブラジル

問３　第１表と第２表を見比べて、日本人より外国人の方が増えていることが分かる市区町村を、表中から選んで１つあげなさい。

問４　地域に外国人が増える理由として、次の①～③のようなことが考えられます。このうち１つを選び、その番号と空らんに入る語句を答えなさい。

①外国人が（　①　）ことができる工場が多い。

②同じ（　②　）の外国人が多く住んでいる。

③（　③　）を学ぶことを助けてくれる住民が多く、コミュニケーションがとりやすくなる。

2 次の会話文を読んで、あとの問いに答えなさい。

昭　　子：年末年始には、クリスマスや除夜《じょや》の鐘《かね》、初詣《はつもうで》など、楽しいことがいっぱいあるわよね。

お姉さん：そうね。ただ、これらは①イエス・キリストの誕生《たんじょう》を祝ったり、鐘を叩《たた》くことで悪い心を取り除いたり、１年間の無事を神に祈るなど、どれも宗教に深くかかわるのよ。

昭　　子：そうだったのね。じゃあ、日本にはどのくらい前から宗教があったのかしら。

お姉さん：縄文時代には、海や山、岩など、自然のさまざまなものを神と結びつけたり、次の時代の邪馬台国《やまたいこく》の女王（　②　）は、神の声を人々に告げたりしたと言われているわ。

昭　　子：そうすると、遺跡《いせき》から出てくる土偶《どぐう》や埴輪《はにわ》も神と考えていいのかしら。

お姉さん：土偶は（　　　③　　　）し、埴輪は古墳《こふん》をおおう盛り土の上に並べられたものだから、神とは違《ちが》うかもしれないわ。

昭　　子：なるほどね。ところで、仏教が伝わったときは、簡単に受け入れられたのかしら。

お姉さん：大変だったようよ。政治的に対立していた蘇我《そが》氏と物部《もののべ》氏は、仏教を受け入れるかどうかをめぐっても争ったの。仏教を日本に取り入れたかった（　④　）氏は、この争いに勝利して聖徳太子《しょうとくたいし》や（　⑤　）天皇と結びついて、さらに権力を伸ばしたのよ。

昭　　子：へぇ。宗教は政治とも結びついていたのね。

お姉さん：聖徳太子も、「仏教を敬いなさい」という（　⑥　）を出したしね。その一方で、天皇中心の国家が出来上がってくると、天皇は生きながらにして神と言われるようになるの。

昭　　子：⑦日本の歴史上で、神になった人物もたくさんいたわよね。

お姉さん：そうね。奈良時代や平安時代になると、神と仏は一体であると考えられるようになって、この考え方は、⑧明治時代の初めに神仏分離《ぶんり》令が出るまで続くのよ。

昭　　子：キリスト教が認められるのも明治時代だから、このころ日本の宗教も大きく変わったのね。

お姉さん：そうね。やがて（　⑨　）戦争中は物資が不足して、武器をつくるためにお寺の鐘を国に出すこともあったそうよ。⑩神風特攻隊《とっこうたい》などのように、神が利用されることもあったわね。

昭　　子：戦争は、人々の心の中まで変えてしまうものなのね。恐《おそ》ろしいわ。

問１　文中の下線部①のころの日本の時代名を答えなさい。

問２　文中の空らん（　②　）に入る人物名を答えなさい。

問３　文中の空らん（　③　）に入る文として正しいものを、次のア～エの中から１つ選び、記号で答えなさい。

　ア．おもに男性をかたどって作られていて、とても大きい

　イ．おもに女性をかたどって作られていて、多くが壊《こわ》されている

　ウ．おもに動物をかたどって作られていて、角や牙《きば》がある

　エ．この世に存在しないものをかたどって作られていて、目や鼻、口はない

問4　文中の空らん（　④　）・（　⑤　）に入る語句の組み合わせのうち、正しいものを次のア～エの中から１つ選び、記号で答えなさい。

ア．④蘇我 ⑤推古　　イ．④蘇我 ⑤聖武　　ウ．④物部 ⑤推古　　エ．④物部 ⑤聖武

問5　文中の空らん（　⑥　）に入る語句を答えなさい。

問6　次の表は、文中の下線部⑦のうち、歴史上に存在し、神として祀《まつ》られた人物A～Dについてまとめたものです。A～Dを、その人物が活躍《かつやく》した時代順に並べ替えなさい。

人物	祀られた神社	説明
A	日光東照宮《とうしょうぐう》	三河国で生まれ、幼いころに人質《ひとじち》生活を送る。乱世を平定した後に駿府《すんぷ》城で死去。のちに日光で東照大権現《だいごんげん》として祀られる。
B	白旗神社	一ノ谷や壇《だん》ノ浦で活躍したが、兄との関係が悪化して平泉に逃れる。やがて、この地で襲《おそ》われて死去。後に、兄の命令で相模《さがみ》国に祀られる。
C	北野天満宮	藤原氏のたくらみで大宰府《だざいふ》に追いやられ、その２年後に死去。数々の伝説を生み、天神さまとして祀られる。
D	松陰《しょういん》神社	長門《ながと》国で生まれ、松下村塾《しょうかそんじゅく》で次の時代に活躍する多くの弟子を育てたが、安政６年に処刑《しょけい》された。現在は萩《はぎ》と世田谷《せたがや》で祀られている。

問7　文中の下線部⑧のころ、新政府が五か条の御誓文《ごせいもん》を出しましたが、これは「神に誓《ちか》う形式によって≪　　≫の名で出された」ものです。空らん≪　　≫に入る語句を会話文から抜《ぬ》き出しなさい。

問8　文中の空らん（　⑨　）に入る語句を、漢字３字で答えなさい。

問9　文中の下線部⑩について、神風が吹いたために他国の侵略《しんりゃく》を防ぐことができたと言われてきた出来事を、次のア～エの中から１つ選び、記号で答えなさい。

ア．白村江《はくすきのえ》《はくそんこう》の戦い　　イ．元寇《げんこう》　　ウ．薩英戦争　　エ．日露《にちろ》戦争

3　次の文（１）・（２）の空らんに入る語句を、それぞれ答えなさい。

（１）人間の知的な行動をコンピュータプログラムによって行おうとする人工知能のことを、アルファベットで（　①　）と表し、用語の検索《けんさく》やロボット掃除機《そうじき》などに活用されています。

（２）さまざまな災害から住民が早く安全に避難《ひなん》できるように、国や地方自治体などが災害に関する情報を伝えるために作成している地図を（　②　）マップと呼びます。

4 和子さんは夏休みの自由研究を「仕事と人権」というテーマに決め、身近な人に話を聞き、次のようなレポートを書きました。これを読んで、あとの問いに答えなさい。

≪1　祖父から聞いたこと≫

犯罪の疑いをかけられ、裁判をおこされた人であっても、１つの事件について、公正・公平な裁判を受ける権利が（　①　）回まであるそうです。（　②　）である祖父は、疑いをかけられた人から話を聞くなどして、その人に代わって言い分を法廷《ほうてい》で述べることもするそうです。

≪2　父から聞いたこと≫

会社員の父によると、③新しい人の採用や給料などの面で、女性は、男性と同じように扱《あつか》われていないと感じることが多いそうです。また、④深夜の残業や休日に出勤する人もまだまだ多くいて、働きすぎが問題になっているようです。

≪3　母から聞いたこと≫

福祉《ふくし》施設《しせつ》で働いている母は、憲法では⑤誰《だれ》にでも人間らしい生活をおくる権利が認められていると教えてくれました。たとえば⑥障がいのあるなしや、その重い軽いにかかわらず、すべての人が平等に生活する社会を実現させたいと言っていました。また、高齢《こうれい》化が進んでいる今、みんなでお年寄《としよ》りを支えていくために、社会保障制度の充実《じゅうじつ》も大切だと言っていました。

問１　文中の空らん（　①　）に入る数字を答えなさい。

問２　文中の空らん（　②　）に入る職業としてもっとも適切なものを、次のア～エの中から１つ選び、記号で答えなさい。

ア．裁判官　　イ．警察官　　ウ．検察官　　エ．弁護士

問３　文中の下線部③のような状態を改善するために、1985年に制定された法律を、次のア～エの中から１つ選び、記号で答えなさい。

ア．男女雇用《こよう》機会均等法　　イ．男女共同参画社会基本法

ウ．国際人権規約　　エ．女子差別撤廃《てっぱい》条約

問４　文中の下線部④のような状況《じょうきょう》に対し、政府は（　Ａ　）改革を進めています。（　Ａ　）に入る語句を３字で答えなさい。

問５　次の文は、文中の下線部⑤について述べた日本国憲法第25条の一部です。空らん（　Ｂ　）に入る語句を答えなさい。

「すべて国民は、健康で（　Ｂ　）的な最低限度の生活を営む権利を有する。」

問6　文中の下線部⑥のような考え方をノーマライゼーションと言います。この方法としてふさわしくないものを次のア～エの中から1つ選び、記号で答えなさい。

ア．遊園地のアトラクションを、車いすのままでも乗り降りできるデザインにする。

イ．バスの料金を、年齢《ねんれい》にかかわらず誰《だれ》でも同じ値段にする。

ウ．トイレの男性・女性の表示を、文字ではなく絵で示すようにする。

エ．美術館のチケットを、音声ガイダンスで購入《こうにゅう》できるようにする。

5　次の文章を読んで、あとの問いに答えなさい。

昨年6月、①国連環境《かんきょう》計画（UNEP）は、世界各地の海を汚染《おせん》し、生態系に悪い影響をおよぼす心配のある＜　A　＞ごみの量が年々増加しており、2015年には3億トンになったと発表しました。

UNEPは、＜　A　＞ごみの47%をしめるペットボトルやレジ袋《ぶくろ》などの使い捨て＜　A　＞製品が、深海でも発見され、その汚染が深刻になっていることを指摘し、使用禁止や課金（お金を支払わせること）の強化などの対策をすぐにとるよう各国に求めました。使い捨て＜　A　＞製品の捨てられる量は、2014年現在、（　②　）が最も多く、人口1人当たりの捨てられる量では、（　③　）、日本、欧州《おうしゅう》連合（EU）の順に多いとされています。

経済協力開発機構（OECD）も、昨年8月、＜　A　＞ごみが環境中に流出することで、観光や漁業におよぶ損害が、年間約130億ドル（約1兆4千億円）にのぼるとの報告書をまとめました。そして、使用を抑《おさ》えることや＜　B　＞を強化するため、レジ袋などの使い捨て製品の有料化や課税を各国が導入する必要があるとしました。＜　B　＞率は世界では15%程度にとどまっており、欧州連合（EU）は30%近くありますが、日本は20%あまりとされています。

＜　A　＞を使うことを前提としている私たちの生活を見直すことが、いま求められています。

問1　文中の下線部①は、今年で発足《ほっそく》何年目ですか。次のア～エの中から1つ選び、記号で答えなさい。

ア．64年　　イ．74年　　ウ．84年　　エ．94年

問2　文中の下線部①に日本が加盟した年に、日本が国交《こっこう》を回復した国を、次のア～エの中から1つ選び、記号で答えなさい。

ア．イギリス　　イ．フランス　　ウ．韓国《かんこく》　　エ．ソ連

問3　文中の空らん（　②　）には日本との貿易輸出入総額1位の国、（　③　）には2位の国が入ります。このうち（　②　）の国名を答えなさい。

問4　文中の空らん＜　A　＞・＜　B　＞に入る語句を、それぞれカタカナで答えなさい。

【理　科】〈Ａ日程試験〉（社会と合わせて50分）〈満点：50点〉

〔注意〕漢字で書けるところは漢字で書いてください。

1　地球上にはたくさんの種類の生物がおり、発見されている生物は全体の10％に満たないといわれています。野生の生物はそれぞれに適した環境《かんきょう》で生きていますが、動物園に行くといろいろな環境で暮らす動物を見ることができます。上野動物園ではジャイアントパンダを見ることができます。ジャイアントパンダは中国に生息するホ乳類ですが、2015年２月の発表では、野生のジャイアントパンダの数は1,864頭で、絶めつが心配される生物です。世界には、ジャイアントパンダをふくめ、25,821種の絶めつのおそれのある野生生物がいるとされています。次の問に答えなさい。

問１　ホ乳類のように、背骨がある動物をまとめて何といいますか。

問２　問１の動物を次のア～オの中からすべて選び、記号で答えなさい。

ア．マグロ　　イ．エビ　　ウ．ウミガメ　　エ．ペンギン　　オ．ホタテ

問３　ホ乳類にはライオンのように他の動物を食べる肉食動物と、シマウマのように植物を食べる草食動物がいます。また、図Ａはライオン、図Ｂはシマウマの目のつき方の様子です。ライオンの目のつき方の特ちょうと長所を答えなさい。（シマウマと比べて答えること）

図Ａ　ライオン

図Ｂ　シマウマ

問４　ホ乳類であるジャイアントパンダはどのように仲間を増やしますか。次のア～エの中から１つ選び、記号で答えなさい。

ア．カラのない直径1㎝くらいの小さな卵を産む
イ．カラのある直径10㎝くらいの大きな卵を産む
ウ．50㎝くらいの、親と同じように白黒の毛が生えている子どもを産む
エ．100～200gのとても小さく未発達の子どもを産む

問５　下線部にあるような、絶めつのおそれのある野生生物がまとめられているリストを何リストといいますか。

問６　砂浜《すなはま》で産卵《さんらん》するウミガメも絶めつのおそれがある生物です。ウミガメは夜に砂浜で産卵し、産卵から約２か月後の夜にふ化して、子ガメが海へと入っていきます。アカウミガメの場合、平均して１回に100個ほどの卵を産みますが、大人まで生き延びられる確率は5000分の１ともいわれます。なぜこのように生き延びられる確率が低いのでしょうか。考えられることを書きなさい。

2　図１は日本のある地点から三日月がしずもうとしている様子をスケッチしたものです。図２は地球と月と太陽の関係について示したものです。次の問に答えなさい。

問１　このスケッチから分かることを次のア～コから４つ選び、記号で答えなさい。

ア．現在夜である
イ．現在夕方である
ウ．現在昼である
エ．月の見える方角は東である
オ．月の見える方角は西である
カ．月の見える方角は北である
キ．この月は日がたつにつれ満ちていく
ク．この月は日がたつにつれ欠けていく
ケ．この月は自ら光っている
コ．５時間後、この月はしずんでいる

図１

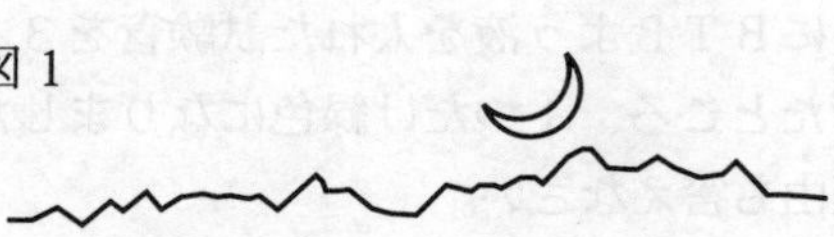

図２

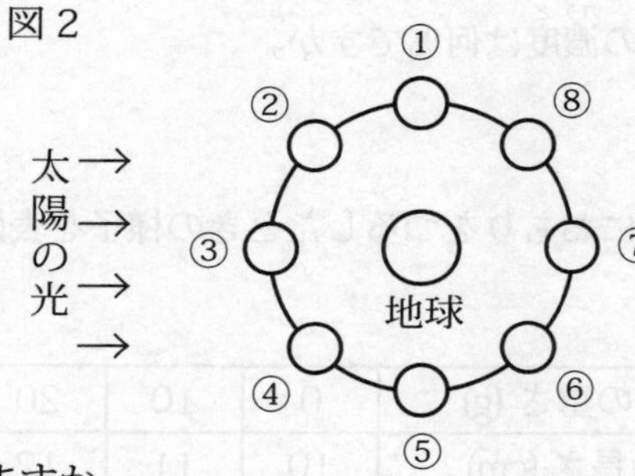

問２　三日月は図２のどの位置に月があるときに見えますか。①～⑧の中から１つ選び、番号で答えなさい。

3　Ａ～Ｄの水よう液の性質を調べるため２つの実験を行い、その結果を表にまとめました。次の問に答えなさい。

実験１　Ａ～Ｄの水よう液を蒸発皿に入れ、ガスバーナーで加熱して水分を蒸発させた
実験２　Ａ～Ｄの水よう液を試験管に入れ、ＢＴＢよう液を入れた

表

	水よう液Ａ	水よう液Ｂ	水よう液Ｃ	水よう液Ｄ
実験１	白い粉が残った	白い粉が残った	何も残らない	何も残らない
実験２	緑色	青色	青色	黄色

問１　実験１の結果から、水よう液はＡ、Ｂのように加熱後に白い粉が残るものと、Ｃ、Ｄのように何も残らないものの２つに分類できます。二酸化炭素を水にとかした水よう液（炭酸水）を実験１のように水分を蒸発させると、どのようになるでしょうか。

問２　Ｄは塩化水素という物質を水にとかしたものです。塩化水素とは固体ですか、気体ですか。そのように考えた理由も答えなさい。

問３　Ａ～Ｃは次のア～エの物質のうちのどれかを水にとかしたものです。Ｂはどれをとかしたものですか。ア～エの中から１つ選び、記号で答えなさい。

ア．砂糖　　　イ．食塩　　　ウ．水酸化ナトリウム　　エ．アンモニア

問４　ＣにＢＴＢよう液を入れた試験管を３本用意し、それぞれの試験管にＡ、Ｂ、Ｄを少しずつ混ぜたところ、１つだけ緑色になりました。これはＡ、Ｂ、Ｄのどれですか。そのように考えた理由も答えなさい。

問５　Ａの水よう液を125 ｇとり、実験１を行ったところ、25 ｇの白い粉が残りました。Ａの水よう液の濃度《のうど》は何％ですか。

4　ばねにおもりをつるしたときの様子を表にまとめました。次の問に答えなさい。

表

おもりの重さ (g)	0	10	20	30	40	50
ばねの長さ (cm)	10	11	12	13	14	15
ばねののび (cm)	0	1	2	3	4	5

問１　おもりの重さを横じくに、ばねの長さを縦じくにとり、これらの関係を表すグラフを解答用紙に書きなさい。

問２　問１のばねを２本使い、①直列につないだ場合、②並列につないだ場合のそれぞれについて、ばね１本あたりののびを答えなさい。ただし、おもりの重さは50gで、ばねの重さは考えないものとします。

①
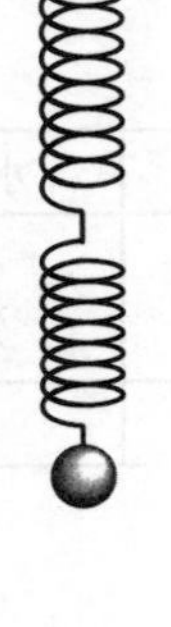

②
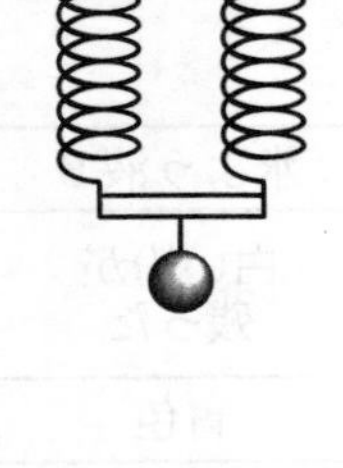

問3　同じばねに同じ重さのおもりを用いて下図の①～③のつるし方をしたとき、ばねののびについて正しく表したものを、ア～オの中から1つ選び、記号で答えなさい。

①天井《てんじょう》から ばねをつるす　②左はかべ、右はおもり　③両方からおもり

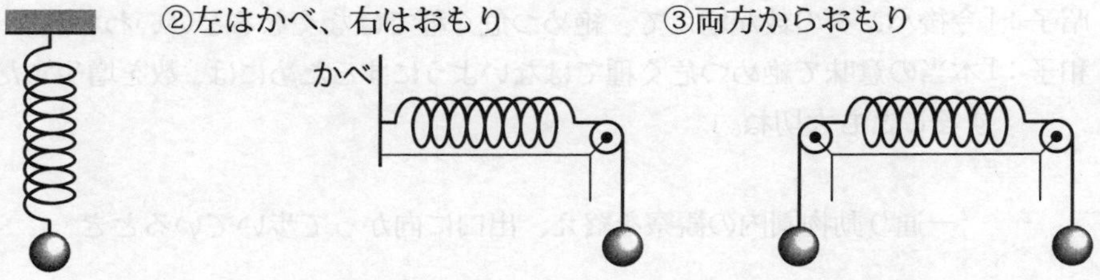

ア．①＞②＞③　イ．③＞②＞①　ウ．①＝②＞③　エ．①＞②＝③
オ．①＝②＝③

問4　空気中では重くて持ち上げられない重い物体でも、水中なら持ち上げられることがあります。これは、物体をおし上げる力がまわりの水からはたらくためです。この力のことを「浮力《ふりょく》」といいます。浮力の大きさは物体がおしのけた液体の重さに等しいということがわかっています。問1のばねに50gのおもりをつるし、そのおもりを水に入れたとき、ばねの長さは12cmでした。浮力の大きさは何gはたらきましたか。なお、水の体積1cm^3の重さは1gです。

5　昭和中学校1年生の昭子さんと和子さんは、冬休みを利用して上野動物園を訪問しています。次の会話文を読んで、あとの問いに答えなさい。

昭子：「動物園に来るのは久しぶりだわ。」
和子：「そうね。私は小学校2年生の遠足で来て以来かしら。」
昭子：「今回は路線バスを利用したから、ずいぶん時間がかかったわね。」
和子：「①45分もバスに乗っていたわ。」
昭子：「チケット売り場は思ったよりもすいているわね。すぐに並びましょう。」

－－　－動物園に入園し、ジャイアントパンダを観察しながら－　－－

和子：「やっぱり、パンダはかわいいわね。」
昭子：「見て、パンダのリーリーが②ササを食べているわ。」
和子：「本当ね。パンダはササだけを食べるのかしら。」
昭子：「動物園では、パンダにくだものやトウモロコシなどもあたえているって書いてあるわ。野生のパンダはコン虫も食べるらしいわ。」
和子：「パンダって意外といろいろなものを食べるのね。」
昭子：「2017年に生まれた子どものパンダのシャンシャンも見たかったけれど、行列がとても長いから今回は見られそうもないわ。」
和子：「③お母さんパンダのシンシンがシャンシャンを育てているところをぜひ見たかったのに、残念だわ。」

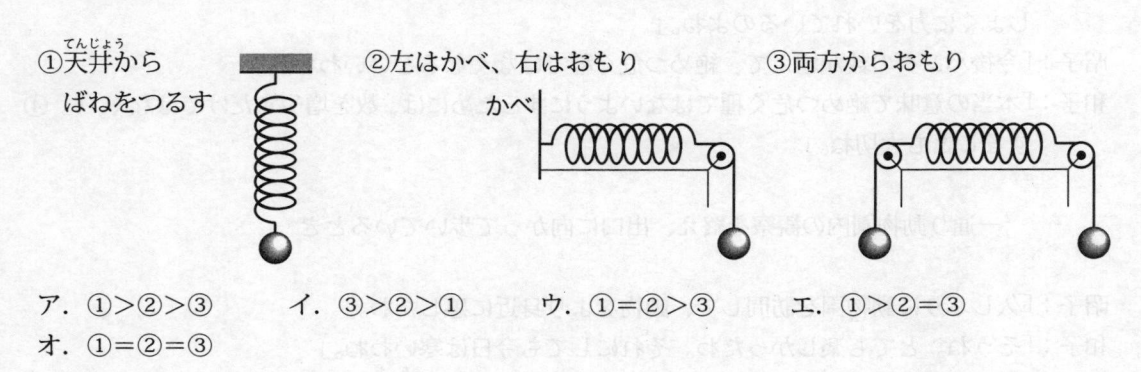

昭子：「またパンダの子どもが生まれたらいいわね。」

和子：「本当にそうね。ジャイアントパンダは絶めつ危ぐ種にも指定されているし、動物園でもはんしょくに力をいれているのよね。」

昭子：「今後パンダの数が増えて、絶めつ危ぐ種ではなくなるといいわね。」

和子：「本当の意味で絶めつ危ぐ種ではないようにするためには、数を増やすだけではなく、（　④　）することも大切ね。」

－　－　－一通り動物園内の観察を終え、出口に向かって歩いているとき－　－　－　－

昭子：「久しぶりに動物園を訪問して、動物をより身近に感じたわ。」

和子：「そうね。とても楽しかったわ。それにしても今日は寒いわね。」

昭子：「動物たちもとても寒そうにしていたわね。私たちも⑤風邪《かぜ》をひかないように体調には気をつけなくては。」

和子：「温かいものでも飲んで暖まってから帰りましょう。」

問１　下線部①に関して、仮にこのバスが止まることなく常に時速40kmで進んでいたとすると、昭子さんと和子さんがバスに乗ったバス停留所《ていりゅうじょ》は、上野動物園のバス停留所から何kmのきょりにありますか。

問２　下線部②に関して、食うものと食われるものの組み合わせとして正しくないものを、次のア～エの中から１つ選び、記号で答えなさい。

ア．コアラ ―― ユーカリ　　　イ．モグラ ―― 土

ウ．ジュゴン ―― 海草　　　エ．カイコガ ―― クワ

問３　下線部③に関して、鳥類とホ乳類では親が子を育てることが知られていますが、魚類や両生類などでは子育てを行いません。親が子を育てることの長所は何か、説明しなさい。

問４　（④）にはどのような説明を入れたらよいですか。「環境」という言葉を必ず用いて、（　　）の前後にふさわしくなるように答えなさい。

問５　下線部⑤に関して、よくみられる体調不良に関するア～エの説明文の中から、正しくないものをすべて選び、記号で答えなさい。

ア．風邪を悪化させるとインフルエンザになる

イ．風邪はウイルスにより引き起こされる

ウ．花粉症《かふんしょう》はアレルギー反応の一種である

エ．発熱したときは水を飲まない方がよい

問三　次の①～⑥の（　ア　）・（　イ　）について、反対の意味の漢字を入れて四字熟語を完成させなさい。

① 一（　ア　）一（　イ　）……〈意味〉良いところもあるが悪いところもあること。

② 空（　ア　）絶（　イ　）……〈意味〉今までに例がなく、これからもありえないと思われるような非常にめずらしいこと。

③ （　ア　）意（　イ　）達……〈意味〉身分の高い人の考えが、みんなに伝わること。

④ （　ア　）同（　イ　）異……〈意味〉たいした差がなく、似たりよったりであること。

⑤ 一（　ア　）一（　イ　）……〈意味〉情勢が良くなったり、悪くなったりすること。

⑥ 自（　ア　）自（　イ　）……〈意味〉自分の気持ちや考えなどを、自分の心に聞いて自分で話すこと。

問四　次の各組①～⑥の（　　）に共通する言葉をひらがなで答えなさい。

① 評判が（　　）。
腹が（　　）。
役に（　　）。

② シャッターを（　　）。
残り一分を（　　）。
トランプを（　　）。

③ 鯖《さば》を（　　）。
手の内を（　　）。
行間を（　　）。

④ 時代が（　　）。
判決が（　　）。
列車で東北へ（　　）。

⑤ 話題に（　　）。
頭に血が（　　）。
利用者が百万人に（　　）。

⑥ 現場に記者が（　　）。
記憶《おく》が（　　）。
水しぶきが（　　）。

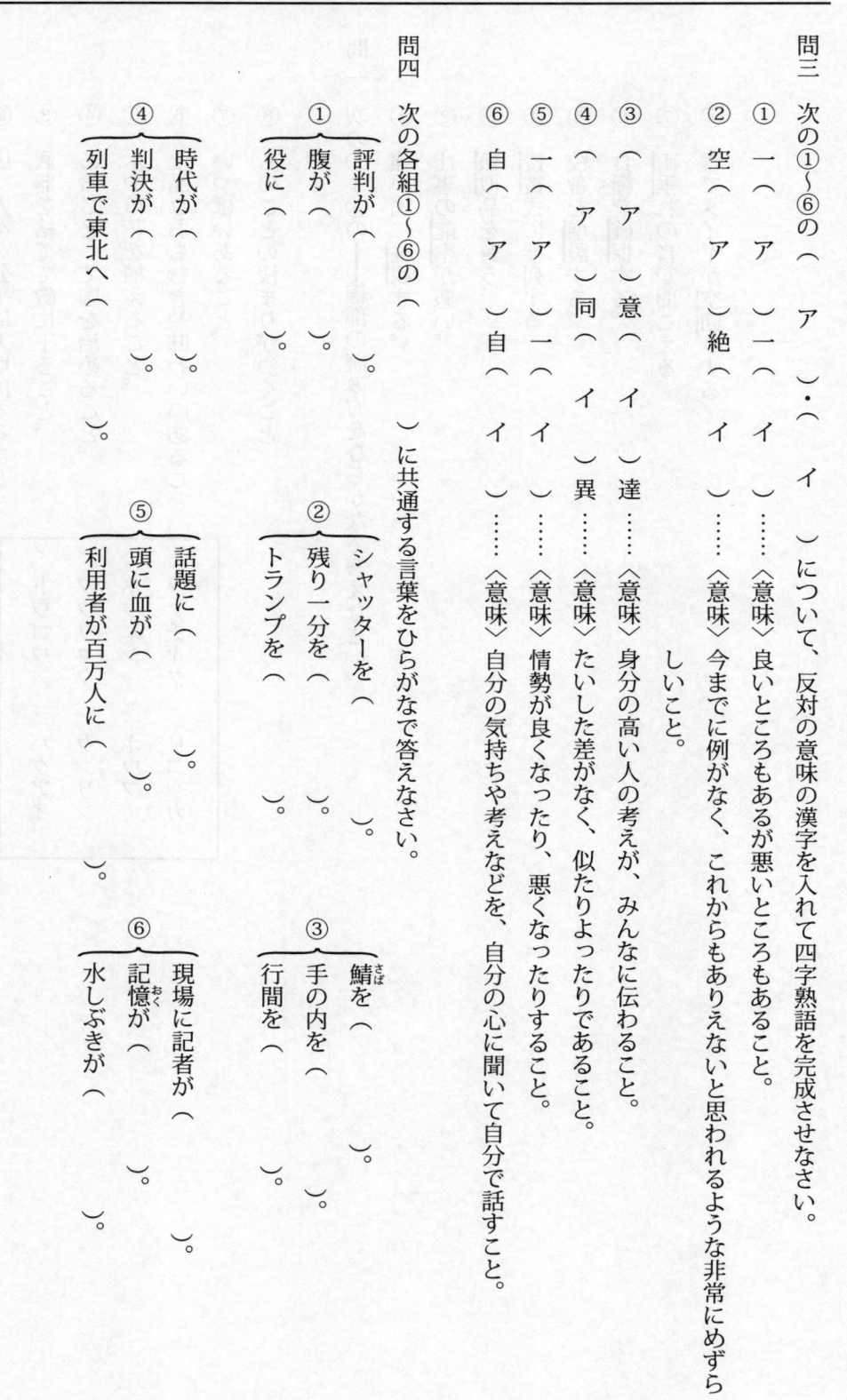

三 次の問いに答えなさい。

問一 次の①～⑧の意味にふさわしい言葉を下の［　　］の中から選び、それぞれ漢字に直して答えなさい。

① したいようにさせること。
② 広く人々を公平に大切にすること。
③ 武器を捨てて敵に下ること。
④ あるじとして国を治めること。
⑤ 木や草花を植えること。
⑥ 上品なおもむきや味わいのあること。
⑦ いっぱいあること。
⑧ ものごとの決まりがつくこと。

トウコウ	ハクアイ
フウリュウ	クンリン
ホウニン	ホウフ
ラクチャク	リョッカ

問二 次の①～⑧の――線部の読み方をひらがなで答えなさい。

① 強い国に従属する。
② 仕事の能率が悪い。
③ 類似品を買う。
④ 授賞式に参列する。
⑤ 校舎を増設する。
⑥ 食糧《りょう》を確保する。
⑦ 雨垂れの音が聞こえる。
⑧ 雪でタイヤが空回りする。

問三　──線部③「このぐらいのことだったんだ」とありますが、ここには「はるか」の失望が表れています。どのようなことに対する失望なのか説明しなさい。

問四　──線部④「感動的に反応」とありますが、その内容としてふさわしい部分を本文中から十六字でぬき出しなさい。

問五　〰〰線部Ａ「唇を尖らせた」、Ｂ「ぎゅっと、拳を握って、震える」、Ｃ「途中、何度も息が切れた」、Ｄ「息が止まった」とありますが、それぞれの動作が表す感情の組み合わせとしてふさわしいものを次のア～エの中から一つ選び、記号で答えなさい。

ア【Ａ　無関心　Ｂ　熱狂《きょう》　Ｃ　焦《あせ》り　Ｄ　驚き】
イ【Ａ　無関心　Ｂ　興奮　Ｃ　不安　Ｄ　喜び】
ウ【Ａ　退屈《くつ》　Ｂ　熱狂　Ｃ　焦り　Ｄ　喜び】
エ【Ａ　退屈　Ｂ　興奮　Ｃ　不安　Ｄ　驚き】

問六　「はるか」にとって、「うみか」はどのような存在だと読み取れるか説明しなさい。

問七　「はるか」が学級だより『銀河』に書いた内容としてふさわしくないものを次のア～オの中から一つ選び、記号で答えなさい。

ア　以前のアポロ計画からエンデバー号の打ち上げまでといった、これまでの歴史。
イ　エンデバー号で地球を旅立った毛利さんが、宇宙で行うことの内容。
ウ　一九八六年のチャレンジャー号の事故を受けて、今回の計画が遅れたという事実。
エ　これから一か月くらい宇宙に滞在する毛利さんの、一日ごとの計画。
オ　宇宙と日本の小学校をテレビの生中継で繋ぎ、毛利さんが小学生に授業をする企画。

問八　この作品の「はるか」にとって、「エンデバー」は学校や家といった自分の周囲の外にある興味深いものです。あなたにとって、この「エンデバー」にあたるようなものは何ですか。『銀河』の執《しっ》筆者になったつもりで、友達に伝わるように百字以内で書きなさい。

こういう子なんだから。

翌日学校に行ったら、湯上先生から職員室に呼ばれた。日直でもないし、呼び出しの理由に心当たりがなくて、おっかなびっくり先生の机まで行くと、方眼紙を渡《わた》された。

「また、書いてみないか」

D息が止まった。先生が続ける。

「もうすぐ毛利さんが宇宙から帰ってくる。帰ってきたら、そのことでまた一号、書いてみないか」

方眼紙を持つ指に、力が入らなかった。――嬉しくて。

この時も、うみかの顔が思い浮かんだ。あんなふうに感情の起伏《ふく》の薄《うす》い妹だけど、それでも、私が真っ先に嬉しい知らせを伝えたいのは、あの子だった。

（辻《つじ》村　深《み》月　著「１９９２年の秋空」）

問一　――線部①「知らないうちに唇をきゅっと噛んでいた」とありますが、ここに込められている気持ちとしてふさわしいものを次のア～エの中から一つ選び、記号で答えなさい。

ア　チャレンジャー号の事故という過去を知ったことで、エンデバー号の取り組みがうまくいくかという緊張感を抱いている。

イ　エンデバー号の打ち上げに多くの人の関心が寄せられていることから、自分も興奮をおさえられず感動にひたっている。

ウ　チャレンジャー号の事故のようなことは二度と起きるはずがないのに、話題にしたことを腹立たしく、不快に思っている。

エ　エンデバー号の打ち上げという出来事をどのように『銀河』に書いたらいいのか悩《なや》み、うまくできるか不安になっている。

問二　――線部②『私たちには教室の「ここ」がすべてじゃなくてもいいんじゃないだろうか』とありますが、どのようなことですか。ふさわしいものを次のア～エの中から一つ選び、記号で答えなさい。

ア　宇宙のことを考えるためには教室だけでは不十分で、プラネタリウムや天体観測所に行くことから始まるのだ。

イ　机の前に座りながらも、宇宙のことや人間の心の中までありとあらゆる事柄《がら》について考えることがあってもいい。

ウ　せまい日本の小学校の教室で学べることなどほんの少しのことであるから、広い世界に飛び立つべきだ。

エ　授業で学ぶことがつまらない場合には全然違うことを考えて、少しでも有意義に過ごすべきである。

帰りの会が終わり、「一緒に帰ろう」とミーナが席までやってくる。あんなにも読ませなかったことを後ろめたく思っていたのに、私の『銀河』に関するコメントもなかった。なんだ、③このぐらいのことだったんだ、と思ったら、急にそれまで気張っていた自分がバカみたいで、惨《みじ》めで、ほっとしたけど、それ以上に奥歯を噛みしめたいくらい、悔しかった。

帰ろうと教室を出かけた、その時だった。

「はるかちゃん」と、名前を呼ばれた。

振り返ると、学級委員の椚《くぬぎ》さんだった。『銀河』に「みんなの『銀河』物語」を書いたあの子だ。普《ふ》段はほとんど話したことがない。

「今回の『銀河』、面白かった」

大きな眼鏡の向こうの黒目がちな目が、私を見ていた。私は咄嗟《とっさ》には答えられず、目を見開いて彼女を見つめ返す。椚さんが笑った。

「これまでで、最高の記事だよ。毛利さんで一号作っちゃうなんてすごい」

「そう、かな」

「うん」

答えながら、頬が熱くなっていく。「ありがとう」と言葉が出るまで長く時間がかかった。身体の真ん中に柔《やわ》らかな光が灯《とも》ったように、さっきまでの嫌《いや》な気持ちが消えていく。優しい気持ちが満ちていく。それは、うみかと見上げた夜空の暖かさとどこか似た気持ちだった。記事だけじゃなくて、うみかが褒められたような誇《ほこ》らしい気持ち。口元が勝手にゆるんで、笑顔になってしまう。

帰った私が差し出した『銀河』を、うみかはじっと覗《のぞ》きこんで、読んでいた。クラスメートに見せる時より、ずっと、緊《きん》張した。うみかから感情たっぷりの褒め言葉や感激の涙《なみだ》を期待したわけじゃなかったけど、読み終えたうみかはいつものような無表情だった。

「これ、私のため?」

明け透《す》けな言い方で尋ねてきた。

「うん」

「ありがとう」

なんでもっと④感動的に反応してくれないんだろうってイライラしたけど、仕方ない、とあきらめる。これがうちの妹で、うみかは

ただ文章を書いてるだけなのに、C途《と》中、何度も息が切れた。自分がすごく恥ずかしいことをしようとしてるんじゃないか、あるいは、真面《じ》目ないい子に見えることをしてるんじゃないか、それをみんなに見せようとしてるんじゃないかと考えたら、不安がおなかの底から喉《のど》までを、わっと満たす。

でも、私は、これをうみかに読んで欲《ほ》しい。あの子に教えてもらったことが、刷られてみんなに配られて、学校に認められるものになったんだってことを、見せたかった。

清書用のペンを持ち直す。用意した修正液は、ほとんど使わずに済んだ。一気に書き上げる。文章を書くのが楽しいなんて、初めて感じた。

完成した『銀河』の原稿を、両手で摑《つか》む。見出しを見つめ直す。

『毛利衛《まもる》さん、宇宙へ』

『無事にミッションを終えて帰ってきてくれることを祈《いの》っている。』と書いた最後の言葉は、書いた後から頬《ほお》がかーっとなるくらいで、かっこつけすぎたかもしれないと反省したけど、結局、そのまま残した。

それはたぶん、うみかと、そして私の今の一番の気持ちだったから。

毛利さんが宇宙に行ってるうちに印刷して配って欲しい、と先生に申し出ると、湯上先生は原稿《こう》を読んだ後で「わかった。今日配るよ」と約束してくれた。

ミーナにも、今回は読ませなかった。いつもは、提出するものがある時は事前にお互いのものを読み合い、褒《ほ》め合ったりする私たちには初めてのことだった。私は抜《ぬ》け駆《が》けをしてしまったような居心地の悪さを感じたまま、帰りの会まで過ごした。

「今日の『銀河』は、はるかさんが書きました。配ります」

前から順に、『銀河』が配られてくる。見覚えのある自分の字が印刷にかけられているのを見ると、死にそうになるぐらいドキドキした。

誰かにからかわれるかもしれない、と覚悟《ご》していたし――、もっと言えば、誰かが興味を持って読んでくれないだろうか、感想を言ってくれないだろうか、といい方への期待もかなりしていた。

しかし、みんな『銀河』を、あっさりと折ってしまいこんでしまう。私の肩から力が抜けていった。

「ごめん。恥ずかしいから、ミーナにも後で見せるね」
「そうなの？」
案の定、ミーナがつまらなそうにA唇《くちびる》を尖《とが》らせた。
うみかの入院は結局、夏休みいっぱいかかった。
だけど、エンデバーの打ち上げにはどうにか間に合って、私たちはうちのテレビで、スペースシャトルの下から噴《ふ》き出す炎《ほのお》と空に向かって消えていく影の中継《けい》映像を見た。毛利さんはこれから一週間ぐらい宇宙にいることになるそうだ。
誰より興奮しているだろうに、うみかはシャトル打ち上げの間、ほとんど喋《しゃべ》らず、ただ食い入るようにして画面を見つめていた。録画した映像を何度も何度も再生して、毎日のニュースでエンデバーのことが報道されるたび、熱心に見入る。ギプスをしていない方の左手が、Bぎゅっと、拳《こぶし》を握《にぎ》って、震《ふる》えるのが見えた。
あ、泣くのかな、と思って顔を見ると、うみかの表情が、これまで見たこともないくらい嬉《うれ》しそうに輝いていた。人間は、別に笑《え》顔じゃなくてもこんなふうに嬉しさを表現できるんだって初めて知って、私にも、妹の喜びと興奮がそのまま伝染してしまう。なぜか、私が泣きそうになった。
お母さんが許可してくれた『6年の科学』を、うみかは自分の『5年』のと合わせて熟読して、私にも『科学』や他の本、新聞で知ったというたくさんのことを教えてくれた。
アポロ計画から、今回のエンデバー号の打ち上げまでの歴史。毛利さんが宇宙で何をするのか。宇宙と地球、エンデバーの中と日本の小学校をテレビの生中継で繋《つな》ぎ、毛利さんが私たち子供に向けて宇宙から授業をしてくれるらしいと聞いて、うみかだけじゃなくて私もわくわくする。
一九八六年のチャレンジャー号の事故を受けて、今回の計画が遅《おく》れたことも、その時、うみかから教えてもらった。①知らないうちに唇をきゅっと噛《か》んでいた。これまで興味がなかったから、そんな歴史があったことだって私は知らなかった。
机の前で、私は深呼吸して、方眼紙に『銀河』の見出しと、最初の一行を書き始める。
『現在宇宙に行ってるスペースシャトル「エンデバー」は、「努力」という意味です。』
学校に関係ないことを書くのは、浮《う》く人間の仲間入りかもしれない。だけど、②私たちには教室の「ここ」がすべてじゃなくてもいいんじゃないだろうか。教室の机の前に座ってても、それと並行して気持ちがもっと遠い宇宙を向いてることだってある。

問六　――線部⑥「幕府の依頼を受けた、正規の測量である」とありますが、それはどのようなことを意味するのか説明しなさい。

問七　――線部⑦「地図のほうからいうと、大成功でした」とありますが、正確な地図をつくるために必要なことは何ですか。二つ答えなさい。

問八　次のア～オの文について、本文の内容としてふさわしいものには○、ふさわしくないものには×を書きなさい。

ア　高橋至時は病弱であり、最終的に自分の夢をかなえることができずになくなってしまった。

イ　伊能忠敬と高橋至時は蝦夷地にあこがれを抱いていたが、忠敬が至時の代わりに向かった。

ウ　伊能忠敬は大人になって商人として成功したのちに、天文学の世界に入った。

エ　高橋至時は天文学の専門家で、すでに実績があり、幕府から忠敬よりも信頼されていた。

オ　伊能忠敬はまじめな性格で、何事にも丁寧《ねい》に根気強く取り組める人間だった。

二　次の文章を読んで、あとの問いに答えなさい。(字数に制限のある問いは句読点や記号なども一字に数えます)

学級だよりの清書用方眼紙を前に、「何でも好きに書いていいですか」と尋《たず》ねると、湯上先生は「へ?」と声を上げた。私が笑わず、じっと見てるのに気づいて、表情を改める。そして、「いいよ」と答えてくれた。

「二学期からみんなそうしてるじゃないか。自分の興味があることを書きなさい」

「わかりました」

ミーナと一緒に職員室を後にする。

これまでみんなが『銀河』に書いた記事は「球技会のメンバー発表」とか「遠足がありました」とか、そういうこと。行事がある時はいいけど、そうじゃない時は「係の紹介《しょうかい》」とか「授業がここまで進んでいます」とか、さらに味気ない記事になる。だけど、それでも悪目立ちするよりはずっといい。私は、自分もそういうものを書こうと思ってた。――二学期の、実際の今日になるまでは。

「はるか、何書くの? 興味があることって何?」

「ちょっと、気になることがあって」

言ってしまってから、思わせぶりな言い方になったんじゃないかとあわてて否定する。

ポートを取りつけ、蝦夷地の測量と地図づくりを申し出ました。

一方、高橋にとっての「目的」は、より正確な暦をつくることでした。それをかなえる「手段」として、彼は忠敬の蝦夷地行きを提案し、支援し、幕府にいろいろと働きかけました。結核を患っていた高橋は、測量の旅に出ることができなかったからです。

ふたりはそれぞれ異なる思惑《わく》を抱えながら、「目的」の一致点を見つけ、「手段」としての蝦夷地の測量を実現させたのです。関係としては師弟でしたが、このプロジェクトに関しては、最高の「仲間」だったといっていいでしょう。

（瀧《たき》本　哲史《てつふみ》　著「ミライの授業」）

問一　――線部①「こんな時代背景」とありますが、ここに含《ふく》まれている内容としてふさわしくないものを次のア～オの中から一つ選び、記号で答えなさい。

ア　江戸時代の暦は「宣明暦」を使用していたが、暦には2日分のズレが生じていた。

イ　農業国である日本では、たった数日の暦のズレでも、農作業に支障が生じてしまう。

ウ　幕府の天文方という研究機関が、日本産の暦「貞享暦」を作成したが失敗した。

エ　当時、何事も中国がお手本であったが、最新の天文知識はヨーロッパのものであった。

オ　八代将軍吉宗は、ヨーロッパのすべての知識を学ぶことに積極的であった。

問二　――線部②『のちに忠敬を、「影の主役」、つまり「もうひとりの主人公」となって支えることになる人物』とありますが、高橋至時はどのように忠敬を支えましたか。本文中の言葉を用いて三十字以内で説明しなさい。

問三　――線部③「どうやって地球の大きさを求めるのか」とありますが、忠敬はそのためには何の値《あたい》が必要だと考えましたか。本文中から七字でぬき出しなさい。

問四　――線部④「そのとおりだ」とありますが、どのようなことが「そのとおり」なのか説明しなさい。

問五　――線部⑤「蝦夷地の地図をつくること」とありますが、これは忠敬、至時にとってどのようなことにつながるのですか。それぞれ説明しなさい。

さて、ここで問題です。

忠敬は、地球の大きさを知ることができたのでしょうか？

そして忠敬は、蝦夷地の正確な地図をつくることができたのでしょうか？

まず、⑦地図のほうからいうと、大成功でした。

実直で几《き》帳面な性格だった忠敬は、あらゆる測量地点で何度も測量をおこない、その平均値をデータとして採用します。さらに彼の性格を示すのが、天候や自然条件などの理由からうまく測量できなかった場所について、いい加減な地図を描《えが》くのではなく、正直に「不測量」と記していったことです。

こうして完成した精密な地図に、幕府の上層部は大いに驚《おどろ》き、忠敬に全国各地をめぐって地図を作成するよう命じます。「この男にまかせれば、完璧《ぺき》な地図ができる」と、ようやく認めたんですね。忠敬の日本地図づくりは、こうしてはじまりました。

それでは、肝《かん》心の「地球の大きさ」はどうだったのでしょうか？

江戸から蝦夷地にかけての綿密な測量の結果、忠敬は緯度1度の距離を28・2里だと算出しました。これはメートルに換《かん》算すると約110・7キロメートルという距離です。忠敬が自信をもってこの数字を高橋に報告すると、自分でも独自に計算していた高橋は「そんなに長いものかな。わたしは27・5里くらいだと思うのだが」と疑います。たしかに、当時の日本では忠敬の数字を証明する手立てがなかったのです。

しかし、高橋がフランスの天文学者ジェローム・ラランデによる、当時世界最高峰《ほう》とされた天文書『ラランデ暦書』（オランダ語版）を翻《ほん》訳したところ、緯度1度の距離がぴったり28・2里であることがわかりました。

現在の最新科学でも、緯度1度の長さは約110・996キロメートル。忠敬の算出した数字は、わずか誤差0・2パーセントなのですから驚くほかありません。ただし、もともとオランダ語が得意でなく、そのうえ結核を患《わずら》っていた高橋には、『ラランデ暦書』の翻訳は命がけの一大事でした。忠敬の測量が正しかったことがわかり、師弟《てい》そろって大喜びしてからほどなく、高橋は41歳の若さでこの世を去ります。忠敬に夢を託《たく》し、自らの命と引き替《か》えに、世界最高峰の天文書を残していったのです。

伊能忠敬にとって、本来の「目的」は地球の大きさを知ることでした。そして地球の大きさを知る「手段」として、彼は高橋のサ

をください」とお願いしたところで、却《きゃっ》下されるのは目に見えていました。

忠敬の夢はかなえてあげたい。

自分自身も、地球の大きさ（子午線の長さ）は知りたい。

そこで高橋が考えついたアイデアが、⑤「蝦夷地の地図をつくること」だったのです。

忠敬が正確な地球の大きさを算出することは、高橋至時にとってもありがたい話でした。子午線の長さがわかれば、より正確な暦をつくれるようになる。高橋は１７９７年に「寛《かん》政の改暦」と呼ばれる、あたらしい暦の作成を成し遂《と》げたばかりでしたが、その出来には不満をもっていました。１８０２年に日食が起こったとき、自分の暦に15分のズレがあることが判明し、高橋は大いに悔《くや》しがったといいます。

一方そのころ幕府はたいへんな問題を抱《かか》えていました。諸外国から蝦夷地を守ることです。

当時、蝦夷地にはロシアの南下政策によって、根室《むろ》港にロシア特使が入港して通商を求めたり、北方領土の択捉《えとろふ》島にロシア人が勝手に上陸したりする事件が相次いでいました。さらには、イギリスの艦《かん》船が津《つ》軽海峡《きょう》を横断する事件まで発生します。ペリーの黒船来航からさかのぼること50年以上も前。蝦夷地は、諸外国がもっとも注目する日本攻《こう》略の入り口となっていたのです。

そこで忠敬と高橋至時は、幕府に「蝦夷地を測量して、正確な地図をつくるべきだ」と訴《うった》えます。蝦夷地をロシアから守りたければ、まずは正確な地図をつくらなければならない。天文学の知識を兼《か》ね備えた伊能忠敬に、その仕事をまかせてほしい、と。

高橋・忠敬コンビと幕府との交渉《しょう》は難航しましたが、どうにか「測量機器は自費でまかなうこと」と「幕府は20両の資金しか出さないこと」を条件に、幕府公認の測量者となったのです。

このとき、忠敬は数え年の56歳。

商人時代に蓄《たくわ》えた私財をなげうって測量隊を結成し、蝦夷地をめざしました。

旅の道中、忠敬の測量隊は「御《ご》用　測量方」と書かれた旗を掲《かか》げていました。これは⑥「幕府の依頼《いらい》を受けた、正規の測量である」という印です。いわば、ドラマ『水《み》戸黄《こう》門』の印籠《ろう》のようなものですね。この「幕府のお墨《すみ》つき」としての旗がある限り、諸国の大名たちも忠敬の測量に協力せざるをえなかったのです。

などでないことは、この時点で明らかでした。

こうして高橋至時の下、天文学を学んでいった忠敬に、ひとつの目標がもち上がります。

「この地球の、正確な大きさを知りたい」

という、あまりに壮《そう》大な野望です。

いったい③どうやって地球の大きさを求めるのか、わかりますか？　まさか、メジャー片手にぐるりと地球一周するわけにはいきません。ところが、天文学と数学の知識があれば、簡単にわかるのです。

目印にするのは北極星。

東京にいる人が星空を眺《なが》めて、北極星を探す。すると、およそ35度くらいの高度に北極星が輝《かがや》いています。そしてこのままぐんぐん北に進んで、札幌《さっぽろ》まで行くと、北極星は43度くらいの高度になる。東京で見るときよりも、高いところに北極星が上っている。さらにここから北極点まで北進していくと90度、つまり頭の真上に北極星が見えるようになるわけです。

ここでの北極星が見える角度は、「緯《い》度」とほぼ一致《ち》しています。東京なら北緯35度。札幌は北緯43度。北極点は北緯90度、というわけですね。

そしてここからは数学の問題。仮に、東京から札幌までの距離《きょり》（直線距離ではなく、北に進んだ距離）が、1000キロメートルだったとしましょう。そして緯度の差は8度。こうすれば、緯度1度あたりの弧《こ》の距離が1000÷8で、125キロメートルだとわかります。そして地球は球体なので、この数字を360倍すれば、地球の外周（子午線）が求められる、というわけです。

当初、忠敬はこれを江戸の自宅と勤務先の距離を測ることで算出しようとしました。

ところが、師匠《しょう》の高橋至時は忠敬の甘《あま》い考えにダメ出しします。

そんな短い距離で測っても誤差が出るに決まっている。もし本気で計算したいなら、江戸から蝦夷《えぞ》地（北海道）くらいの距離を測らないと、正確な数字は出てこない。お前はそんなこともわからないのか、と厳しく叱《しか》りつけました。

たしかに④そのとおりだと納《なっ》得した忠敬の情熱は、ますます高ぶります。どうしても蝦夷地まで行って、地球の大きさを算出したくなったのです。

しかし、いまの日本と違って当時は全国それぞれの藩《はん》が、国のように独立していた時代。通行手形（パスポート）がないと自由に行き来できないし、なんらかのかたちで幕府から許可をもらう必要があります。そして幕府に「地球の大きさを知りたいから、許可

二〇一九年度 昭和女子大学附属昭和中学校

【国　語】〈A日程試験〉(五〇分)〈満点：一〇〇点〉

〔注意〕文字のとめ、はね、はらいなどに注意して、ていねいに書いてください。

一　次の文章を読んで、あとの問いに答えなさい。(字数に制限のある問いは句読点や記号なども一字に数えます)

もともと日本では、平安時代に中国からもち込《こ》まれた「宣明暦《れき》」という暦《こよみ》を使っていました。しかし、徳川五代将軍綱吉《つなよし》の時代になると、この暦のズレが問題になってきます。平安時代からの800年で、およそ2日分のズレが生じていたのです。これ以上暦がズレてしまうと、田植えや収穫《かく》にも乱れが生じ、大飢饉《ききん》を招きかねません。幕府はあわてます。当時の日本は完全な農業国。

そこで「天文方」という天体観測と暦づくりをおこなう研究機関を設置して、純国産の暦(貞享暦《じょうきょうれき》)を採用するのですが、これもうまくいきません。鎖《さ》国していた日本には、知識を学ぶ相手が中国しかいなかったため、なかなかヨーロッパの最新の天文知識が入ってこなかったのです。

この状況《きょう》に大きな危機感を抱《いだ》いたのが、八代将軍吉宗《むね》でした。彼はキリスト教関連以外の本の輸入を解禁して、ヨーロッパから積極的に学ぶよう指示を出しました。①こんな時代背景があったのです。

伊《い》能忠敬《ただたか》が天文学に関心を抱いた理由としては、意外かもしれませんが、当時の忠敬は海外の書物を通じて、コペルニクス、ケプラー、ニュートンらの存在も知っていました。

江戸へと出ていった50歳《さい》の忠敬は、19歳も年下の天文方・高橋至《よし》時に弟子入りします。②のちに忠敬を「影《かげ》の主役」、つまり「もうひとりの主人公」となって支えることになる人物です。

栄華《が》を極《きわ》めた大商人が、学問を極めるため、自分の子どもより若い学者に弟子入りした。忠敬にとっての天文学が「年寄りの道楽」

2019年度

昭和女子大学附属昭和中学校 ▶解説と解答

算　数 ＜A日程試験＞（50分）＜満点：100点＞

解　答

1 ① $2\frac{1}{5}$　② 8000　③ 10　④ 0.5km　⑤ 11通り　⑥ 4L　⑦ 5400円　⑧ 5回転　2 ① **○の意味**…（例）○の左の数を○の右の数の回数だけかけ合わせる。／**△の意味**…（例）△の左の数を△の右の数の回数だけたし合わせる。　② 125　③ 2　④ 81　3 7組　4 ① 2198cm^3　② 816.4cm^2　5 ① 74cm　② 284cm　③ 500cm　6 ① 6位　② 2人　③ 7通り

解　説

1 四則計算，計算のくふう，逆算，相似，場合の数，割合と比，売買損益，長さ

① $1+\frac{1}{2}\div\left(\frac{1}{3}-\frac{1}{4}\right)\times\frac{1}{5}=1+\frac{1}{2}\div\left(\frac{4}{12}-\frac{3}{12}\right)\times\frac{1}{5}=1+\frac{1}{2}\div\frac{1}{12}\times\frac{1}{5}=1+\frac{1}{2}\times\frac{12}{1}\times\frac{1}{5}=1+\frac{6}{5}=1\frac{6}{5}=2\frac{1}{5}$

② 72×125－8×75÷3×5＝9×8×125－8×25×5＝9×8×125－1×8×125＝(9－1)×8×125＝8×1000＝8000

③ 80÷(2×□÷5＋3×4)＝5より，2×□÷5＋12＝80÷5＝16，2×□÷5＝16－12＝4，2×□＝4×5＝20　よって，□＝20÷2＝10

④ 10000分の1の縮尺の地図で1cmの実際の距離《きょり》は，1×10000＝10000(cm)＝100(m)だから，5cmの実際の距離は，100×5＝500(m)，つまり，500÷1000＝0.5(km)となる。

⑤ 2019より大きい数は，2091，2109，2190，2901，2910，9012，9021，9102，9120，9201，9210の11通りある。

⑥ この自動車は2.6Lのガソリンで27.3km走るので，1Lのガソリンでは，27.3÷2.6＝10.5(km)走る。よって，この自動車が42km走るには，42÷10.5＝4(L)のガソリンが必要である。

⑦ 消費税率が8％から10％に上がると，販売《はんばい》価格が100円高くなるので，100円が，0.1－0.08＝0.02にあたる。よって，税抜《ぜいぬ》きの価格は，100÷0.02＝5000(円)とわかるから，税込《ぜいこ》みの販売価格は，5000×(1＋0.08)＝5400(円)となる。

⑧ 直径10cmの球を1回転したときに進む長さは，10×3.14＝31.4(cm)である。1m57cm＝157cmなので，この長さを進むのは，157÷31.4＝5(回転)したときである。

2 約束記号

① 2○3＝2×2×2＝8より，2を3回かけ合わせているから，○の意味は，「○の左の数を○の右の数の回数だけかけ合わせる」とわかる。また，3△2＝3＋3＝6より，3を2回たし合わせているので，△の意味は，「△の左の数を△の右の数の回数だけたし合わせる」とわかる。

② ①より，5○3＝5×5×5＝125である。

③　①より，$\left(\frac{1}{2}\right)$△４＝$\frac{1}{2}+\frac{1}{2}+\frac{1}{2}+\frac{1}{2}$＝２となる。

④　３○３＝３×３×３＝27だから，（３○３）△３＝27△３＝27＋27＋27＝81になる。

3　条件の整理

徒競走に出場する67人を６人ずつに分けると，67÷６＝11余り１より，すべてのレースを６人にすることはできない。そこで，６人のレースを□組，５人のレースを△組として，６×□＋５×△＝67となる組み合わせを考える。このとき，（□，△）＝（２，11），（７，５）の２組が考えられるが，レース数はできるだけ少なくしたいので，□＝７，△＝５と決まる。よって，６人で走るレースは７組できる。

4　立体図形―体積，表面積

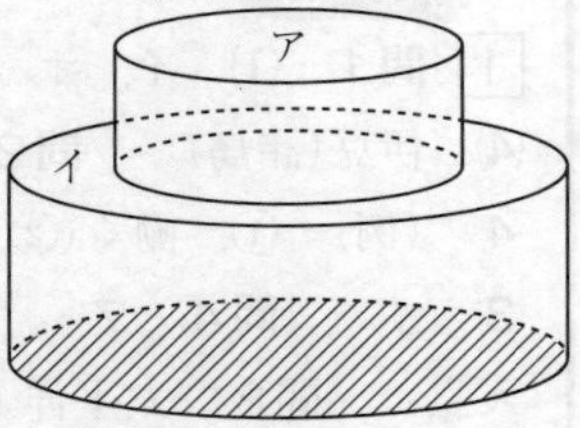

①　下の円柱の体積は，10×10×3.14×６＝600×3.14(cm^3)，上の円柱の体積は，５×５×3.14×４＝100×3.14(cm^3)だから，この立体の体積は，600×3.14＋100×3.14＝(600＋100)×3.14＝700×3.14＝2198(cm^3)である。

②　右の図で，アとイの面積の和は，半径10cmの円と等しくなるから，10×10×3.14＝100×3.14(cm^2)になる。また，下の円柱の側面積は，10×２×3.14×６＝120×3.14(cm^2)，上の円柱の側面積は，５×２×3.14×４＝40×3.14(cm^2)となる。よって，生クリームを塗《ぬ》ることができる面積は，100×3.14＋120×3.14＋40×3.14＝(100＋120＋40)×3.14＝260×3.14＝816.4(cm^2)となる。

5　図形と規則，長さ

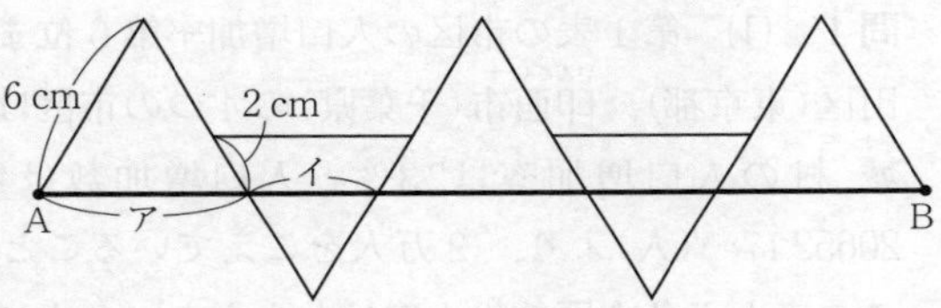

①　右の図で，両はしの正三角形の部分の周の長さはそれぞれ，６＋６＋（６－２）＝16(cm)，間にある正三角形の部分の周の長さはそれぞれ，６＋（６－２）＋（６－２）＝14(cm)とわかる。よって，正三角形を５個つなげた図形の周の長さは，16×２＋14×（５－２）＝32＋42＝74(cm)である。

②　①と同様に考えると，正三角形を20個つなげた図形の周の長さは，16×２＋14×(20－２)＝32＋252＝284(cm)となる。

③　図で，アの部分の長さは６cm，イの部分の長さは，６－２＝４(cm)となる。そして，アの部分とイの部分は交互《こうご》に現れるから，その部分は，100÷２＝50(個)ずつあるとわかる。よって，このときの横幅《よこはば》は，６×50＋４×50＝（６＋４）×50＝10×50＝500(cm)になる。

6　推理

①　Ｃさんの「自分より前にゴールしたのは５人いた」より，Ｃさんは６位でゴールしたことがわかる。

②　Ａさんは「真ん中よりも上の順位だった」ので，１位の可能性がある。また，Ｂさんは「Ａさんの次にゴールした」とあり，Ｄさんは「真ん中よりも下の順位だった」とあるので，Ｂさん，Ｄさんは１位の可能性はない。さらに，Ｅさんは「１位ではなかった」から，１位である可能性があるのはＡさんとＦさんの２人である。

③　Ａさん，Ｂさん，Ｄさんの話より，下の図のア，イ，ウの可能性がある。アの場合，Ｄさんが

4位のとき，ABEDFC，ABFDECの２通りあり，Ｄさんが5位のとき，ABEFDC，ABFEDCの２通りある。イの場合，Ｆが１位となるので，FABDEC，FABEDCの２通りある。ウの場合，Ｆが１位，Ｄが５位となるから，FEABDCの１通りある。よって，６人のゴールの順番は全部で，２＋２＋２＋１＝７(通り)考えられる。

	1位	2位	3位	4位	5位	6位
ア	A	B				C
イ		A	B			C
ウ			A	B		C

社　会　＜Ａ日程試験＞（理科と合わせて50分）＜満点：50点＞

解　答

[1] **問１** (1) イ，オ　(2) エ　(3) (例) 昼間はほかの場所に働きに行く人が多いから。 (4) 伊豆(諸島)　**問２** (1) ウ　(2) 自動車　(3) エ　**問３** 大阪市(名古屋市)　**問４** (例) ①，働く(②，国)(③，日本語)　[2] **問１** 弥生(時代)　**問２** 卑弥呼　**問３** イ　**問４** ア　**問５** 憲法十七条(十七条の憲法)　**問６** C→B→A→D　**問７** 天皇　**問８** 太平洋　**問９** イ　[3] ① AI　② ハザード　[4] **問１** 3　**問２** エ　**問３** ア　**問４** 働き方　**問５** 文化　**問６** イ　[5] **問１** イ　**問２** エ　**問３** 中国(中華人民共和国)　**問４** Ａ　プラスチック　Ｂ　リサイクル

解　説

[1] 人口増加の多い市区町村を題材とした問題

問１ (1) 第１表の市区の人口増加率第６位までのうち，中央区(東京都)，流山市(千葉県)，千代田区(東京都)，印西《いんざい》市(千葉県)の４つの市区はいずれも関東地方にある。よって，イは正しい。中《なか》城《ぐすく》村の人口増加率は2.3％，人口増加数は475人であるので，人口総数は，475(人)÷0.023＝20652.17…(人)より，２万人をこえていることがわかる。よって，オも正しい。なお，アについて，この表から各市区の総人口はわからない。ウについて，幸田《こうた》町(愛知県)は中部地方にある。エについて，この表から占冠《しむかっぷ》村や御蔵《みくら》島村の総人口は読み取れない。カについて，人口増加数にはほかの市区町村から移住してきた人数もふくまれているので，出生数が死亡数を上回っているとはいいきれない。　(2) 2020年東京オリンピック・パラリンピックの開会式が行われるオリンピックスタジアム(新国立競技場)は，東京都新宿区に位置している。したがって，エが正しくない。なお，近年，臨海部に新しい高層マンションの建設が進められている中央区や港区では，人口が増えている。　(3) 東京都をはじめとした大都会には企業や学校が数多く集まっているので，昼間は住宅都市から大都会に通勤・通学する人が多く，夜になると大都会から住宅都市へと帰宅する人が多い。そのため，住宅都市では，一般的に昼間の人数のほうが夜間の人数よりも少なくなる。　(4) 伊豆諸島は，伊豆半島南東の太平洋沖合を南北に連なる島々の総称で，伊豆七島(大島・利《と》島・新島・神津《こうづ》島・三宅島・御蔵島・八丈島)，式根島，青ヶ島や数多くの無人島からなり，東京都に属している。

問２ (1) 南さつま市は2005年に１市４町が合併《がっぺい》して誕生した都市で，鹿児島県南西部にのびる薩摩半島の西岸に位置している。なお，地図中のアは阿久根市，イは志布志《しぶし》市，エは屋久島町。
(2) 日本の貿易において，輸出額第１位となっている製品は自動車で，輸出品全体の約15％を占《し》め

ている。苅田町《かんだまち》は福岡県北東部に位置し，日本を代表する自動車会社の工場が複数立地している。

(3)　群馬県南東部に位置する大泉町には，自動車会社や印刷会社の工場があり，人口41841人のうち7688人が外国人で，その約57％にあたる4368人がブラジル人である（2019年３月31日現在）。なお，統計資料は大泉町ホームページによる。

問３　第１表より大阪市の人口増加数は11007人，第２表より大阪市の外国人増加数は6139人であるので，大阪市の日本人増加数は，11007－6139＝4868（人）となる。同様に，第１表より名古屋市（愛知県）の人口増加数は9046人，第２表より名古屋市の外国人増加数は5799人であるので，名古屋市の日本人増加数は，9046－5799＝3247（人）となる。

問４　日本で暮らすために来る外国人の多くは，学ぶことや働くことを目的としている。また，生活への不安を少しでも減らすため，自分と同じ国や地域出身の外国人が多く住んでいる地域を選んだり，日本語でのコミュニケーションに苦労するため，日本語を学ぶことに対しての支援がある自治体や理解のある住民が多い地域を選んだりする傾向《けいこう》がある。

2　宗教に関する歴史的なことがらについての問題

問１　イエス・キリストは西暦元年前後にパレスチナで生まれ，１世紀にはキリスト教を布教したが，迫害《はくがい》にあい処刑された。このころの日本は弥生時代にあたる。

問２　中国の歴史書『魏志《ぎし》』倭人《わじん》伝によると，邪馬台国《やまたいこく》では長く男性の王が支配していたが，くにじゅうで争いが続いたため，まじないをする卑弥呼《ひみこ》を女王に立てたところ争いがおさまったと記されている。

問３　土偶《どぐう》は，縄文時代に女性の安産や食料が豊かであることなどを祈《いの》るさいに用いられたと考えられている土製の人形である。現在までに出土している土偶は，おもに女性をかたどっており，脚《あし》や腕の一方が破損しているものが多い。したがって，イが正しい。

問４　飛鳥時代の初めには，仏教の受け入れをすすめていた蘇我馬子《そがのうまこ》が，受け入れに反対していた物部守屋《もののべのもりや》を倒して権力をにぎり，推古天皇やその摂政《せっしょう》となった聖徳太子と協力し，天皇中心の国づくりを行った。

問５　憲法十七条（十七条の憲法）は，604年に聖徳太子が役人や豪族の守るべき心がまえを示したもので，和を大切にすること，仏・仏の教え・僧の三宝を敬うこと，天皇の命令である詔《みことのり》には必ず従うことなどが定められていた。

問６　Ａは1603年に江戸幕府を開いた徳川家康，Ｂは1185年の壇ノ浦《だんのうら》の戦いで平氏を滅亡させた源義経，Ｃは894年に遣唐使の停止を提案して受け入れられたが，その後大宰府《だざいふ》に追いやられた菅原道真《みちざね》，Ｄは幕末の1859年に安政の大獄《たいごく》で処刑された吉田松陰《しょういん》である。したがって，時代順にＣ→Ｂ→Ａ→Ｄとなる。

問７　1868年，明治政府は明治天皇が神々に誓《ちか》うという形式によって五か条の御誓文《ごせいもん》を発表し，大名や公卿《くぎょう》などに新しい政治の基本方針を示した。その内容は，会議を開いて全てのことを会議で決める，知識を世界に求めて日本を発展させるといったものであった。

問８　1941年12月８日，日本の海軍がハワイの真珠湾《しんじゅわん》にあったアメリカ海軍基地を攻撃《こうげき》し，陸軍がイギリス領のマレー半島に上陸を開始したことで，太平洋戦争が始まった。戦争が長引くにつれ，さまざまな物資が不足していったため，家庭にある鍋《なべ》や釜《かま》，お寺の鐘《かね》などの金属製品が兵器を生産するために回収された。

問９　元(中国)の大軍が1274年(文永の役)と1281年(弘安の役)の２度にわたって北九州に攻《せ》めてきたことを元寇《げんこう》(元軍の襲来《しゅうらい》)といい，日本の御家人たちは元軍の集団戦法や「てつはう」とよばれる火器などに苦しめられたが，２度とも暴風雨が発生して元軍の船が多く沈《しず》んだこともあり，元軍を退けることに成功した。日本を元の侵略《しんりゃく》から守ったこの暴風雨は，のちに「神風」とよばれるようになった。

3　人工知能や被害予測地図についての問題

①　AI(人工知能)は，人工的に人間の知能を真似することができるようにした技術で，インターネットの膨大《ぼうだい》なデータから必要な知識を探す機械学習にすぐれ，自ら物事を学習し，判断できる能力も持っている。

②　ハザードマップは，ある災害に対する危険地域，被害予測，避難《ひなん》場所，避難経路，防災関連施設などを地図上に示したもので，洪水《こうずい》・高潮・津波・地震・土砂《どしゃ》・火山などそれぞれの目的に応じて，国や地方自治体などが作成している。

4　裁判のしくみや人権についての問題

問１　日本では裁判をできるだけ公正で誤りのないようにするため，判決に不満があるときは原則として３回まで裁判を受けることができるという三審制のしくみを採用している。第一審の判決に不服の場合はより上級の裁判所に控訴《こうそ》でき，第二審の判決に不服の場合はさらに上級の裁判所に上告できる。

問２　日本国憲法第37条の規定により，刑事被告人は法律の専門家としての資格を持つ弁護人(弁護士)を依頼する権利が保障されており，弁護士は刑事被告人の利益を守るために言い分を法廷で述べる。

問３　男女雇用《こよう》機会均等法は，職場での男女平等を確保するため，採用や昇進などにおいて性別を理由とした差別を禁止する法律で，1979年に国際連合総会で女子差別撤廃《てっぱい》条約が採択《さいたく》されたことを受け，1985年に制定された。

問４　2018年６月，「働き方改革関連法案」が成立したことにより，残業時間の上限が決められたり，正規労働者と非正規労働者の待遇格差をなくす取り組みが進められたりすることになった。

問５　日本国憲法第25条には生存権が定められており，１項で「すべて国民は，健康で文化的な最低限度の生活を営む権利を有する」と規定され，この権利を保障するため，２項で国に社会保障の向上や増進が義務づけられている。

問６　ノーマライゼーションは，高齢者や障がい者などが不便を感じずに健常者といっしょに助け合いながら生活を送れる社会こそが，正常な社会のあり方であるという考え方のこと。アは身体に障がいのある人，ウは子どもや外国人，エは視覚に障がいのある人が不便を感じずに暮らせるような取り組みであるが，イは，ノーマライゼーションの考え方にあてはまらない。

5　国際連合や環境についての問題

問１　国際連合(国連)は，1945年６月にアメリカのサンフランシスコで国際連合憲章に50か国が署名し，同年10月に世界平和を守る組織として発足した。「今年」は2019年にあたるので，2019−1945＝74(年)より，発足74年目となる。

問２　日本は1956年に日ソ共同宣言に調印し，ソ連との国交を回復した。これを受け，それまで国際連合の安全保障理事会で日本の加盟に反対していたソ連が賛成に回ったため，日本は国際社会への復帰をはたした。

問３　日本の最大の貿易相手国は長年アメリカであったが，中国(中華人民共和国)をはじめとしたアジア諸国との貿易額が増え，現在，日本との貿易輸出入総額第１位の国は中国となっている。なお，③の貿易輸出入総額第２位の国はアメリカ。

問４　**A**　プラスチックは，ペットボトルやレジ袋などの使い捨て製品の原料となっているが，容易に自然分解されず，数百年残り続ける。また，海に流出したのち，波や紫外線の影響で５ミリ以下になったものはマイクロプラスチックとよばれ，海の生き物に取りこまれて生態系に悪影響をおよぼすことが問題視されている。　**B**　使用された製品やそれをつくるときに発生した不要物を回収し，原料や材料として再生利用することをリサイクルといい，リデュース(減らすこと)やリユース(再び使用すること)とともに，３Rとして取り組みが進められている。

理　科　＜A日程試験＞（社会と合わせて50分）＜満点：50点＞

解　答

1 **問１**　セキツイ動物　**問２**　ア，ウ，エ　**問３**　(例)　ライオンの目は前についていて，きょり感が分かりやすい。　**問４**　エ　**問５**　レッドリスト　**問６**　(例)　ほかの生物に食べられてしまうから。　**2** **問１**　ア，オ，キ，コ　**問２**　④　**3** **問１**　(例)　何も残らない。　**問２**　気体／**理由**…(例)　水分を蒸発させると何も残らないから。　**問３**　ウ　**問４**　D／**理由**…(例)　Cはアルカリ性で，緑色になるためには酸性のものが必要だから。　**問５**　20%　**4** **問１**　解説の図を参照のこと。　**問２**　①　5 cm　②　2.5cm　**問３**　オ　**問４**　30 g　**5** **問１**　30km　**問２**　イ　**問３**　(例)　子どもを外敵から守る。　**問４**　(例)　住みやすい環境を保護　**問５**　ア，エ

解　説

1　ホ乳類と絶めつ危ぐ種についての問題

問１　ホ乳類のように，からだを背骨で支える動物をセキツイ動物という。セキツイ動物はホ乳類のほか，鳥類，ハ虫類，両生類，魚類に分けられる。

問２　マグロは魚類，ウミガメはハ虫類，ペンギンは鳥類で，これらはセキツイ動物のなかまである。エビは節足動物，ホタテは軟体《なんたい》動物に分類される。

問３　シマウマのような草食動物は，広い範囲《はんい》を見わたして敵を見つけやすいように，目が顔の左右についていて，視野がとても広くなっている。一方，肉食動物は，目が顔の正面についていて，えものまでのきょりを正確にとらえられる。

問４　ジャイアントパンダは，子どもを親と同じような姿で産み，乳で子どもを育てるホ乳類である。産まれたばかりの子どもは100～200 gで，毛が生えていないピンク色の未熟な状態をしている。

問５　絶めつのおそれのある野生生物をまとめたリストをレッドリストという。また，それにあげられた生物の生息状況《じょうきょう》などを取りまとめたものをレッドデータブックという。

問６　ウミガメの卵を人間などが掘《ほ》り出すことや，ふ化した子ガメがほかの動物に食べられることなどが原因で，アカウミガメが大人まで生き延びられる確率は非常に低い。

2 三日月の観察についての問題

問1　月は太陽の光を反射して光っており，三日月は夕方西の空に光って見える。その後，太陽を追いかけるようにしずんでいくので，三日月がしずむときはすでに夜となっている。三日月は日がたつにつれて満ちていき，満月のあと向かって右側から欠けていく。また，南の空を通る太陽や月，星は１時間に15度ずつ東から西へ移動して見えるので，５時間後には三日月はしずんでいる。

問2　図２が北極の上の方から見たようすだとすると，③の位置の月は新月で，⑦の位置の月は満月となる。三日月は，地球から見たときに向かって右側がわずかに光っており，太陽と地球と月のつくる角度が約45度の④の位置のときに見える月である。その後，⑤の位置に移ると上弦《じょうげん》の月とよばれる半月となる。

3 水よう液の判定についての問題

問1　炭酸水は二酸化炭素がとけた水よう液で，加熱して水分を蒸発させると，とけていた二酸化炭素が気体となって逃げていくので，あとには何も残らない。

問2　Ｄの水分を蒸発させると，あとには何も残らないので，とけている塩化水素は気体である。

問3　Ｂは，水分を蒸発させると白い粉が残り，BTBよう液を入れると青色になったことからアルカリ性の水よう液とわかる。したがって，水酸化ナトリウムをとかした水よう液である。なお，Ａには食塩，Ｃにはアンモニアがとけている。

問4　Ｃはアルカリ性の水よう液である。Ｃに入れたBTBよう液の色が青色から緑色，つまり中性となるためには，酸性の水よう液を混ぜる必要がある。したがって，実験２でBTBよう液が黄色になったＤを加えればよい。

問5　水よう液の濃度《のうど》は，$\frac{\text{(とけている物質の重さ)}}{\text{(水よう液全体の重さ)}}\times 100$で求められるので，Ａの水よう液の濃度は，$\frac{25}{125}\times 100=20$(％)である。

4 ばねについての問題

問1　おもりの重さを横じくに，ばねの長さを縦じくにとってグラフにかくと，右の図のようになる。このばねは10ｇのおもりをつるすと１cmのびるばねであることがわかる。

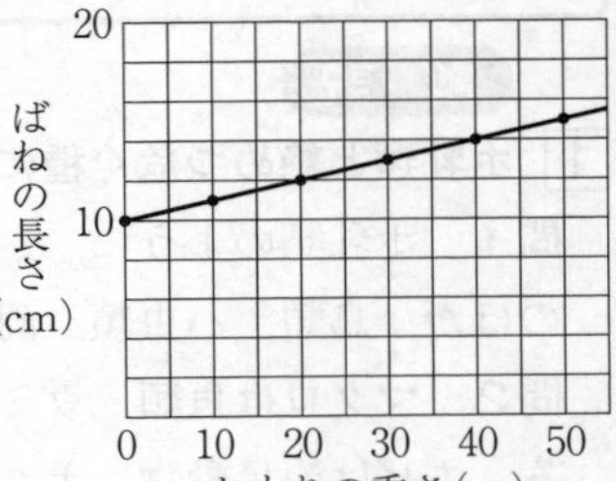

問2　①　２本のばねを直列につないでいるので，それぞれのばねに加わる重さは50ｇとなり，ばね１本あたりののびは，表より５cmとわかる。　②　２本のばねを並列につないでいるので，それぞれのばねに加わる重さは，$50\times\frac{1}{2}=25$(ｇ)となる。したがって，ばね１本あたりののびは，$1\times\frac{25}{10}=2.5$(cm)になる。

問3　ばねののびは，両端《りょうはし》がどれだけの重さ(力)で引かれているかにより決まり，ばねの向きは関係しない。天井からつるした①のばねは，おもり１個分の重さで引かれている。②でも，ばねの一方はかべについているが，ばねはおもり１個分の重さで引かれている。③は，ばねの一方がかべではなくおもりによって引かれているが，このおもりは①の天井や②のかべと同じはたらきをしていると見なせる。つまり，ばねを引く重さはおもり１個分である。したがって，①，②，③とものびは同じになる。

問4　おもりの重さはばねの引く力と浮力《ふりょく》の合計である。おもりが水中にあるとき，ばねにかかる重さは20ｇなので，はたらいている浮力の大きさは，50－20＝30(ｇ)である。

5 動物園を訪問したときのようすをテーマにした問題

問１　(時速)＝(進んだきょり)÷(かかった時間)で求めることができるので，(進んだきょり)＝(時速)×(かかった時間)である。これより，２人が乗ったバス停留所から上野動物園のバス停留所までのきょりは，$40\times\frac{45}{60}=30$(km)と求められる。

問２　生物どうしが，食う・食われるの関係でくさりのようにつながっている関係を食物連さという。モグラは土中の昆虫《こんちゅう》やミミズなどを食べる肉食動物で，栄養を得るために土を食べないから，ウが組み合わせとして正しくない。

問３　子育てをする動物は，親が子どもを外敵から守り，子どもに食物をあたえるため，子どもを少なく産んでも子孫が残る確率が高い。一方，子育てをしない動物は，子どもが成長する前にほかの動物に食べられるなどして多くが死んでしまう。したがって，多くの子ども(卵)を産んで子孫が残る確率を高める必要がある。

問４　パンダ(ジャイアントパンダ)はえさとなる豊かな竹林が必要であるが，開発による生息地の竹のばっさいなどによりパンダの生息域が減少し，深刻な問題となっている。絶めつ危ぐ種を救うためには，動物園で数を増やすだけではなく，住みやすい生息環境《かんきょう》を整備し保護することも大切である。

問５　風邪《かぜ》もインフルエンザもウイルスによって起こるが，風邪のウイルスとインフルエンザのウイルスは別のものである。よって，アは正しくない。また，発熱したときはあせで体から水分が失われやすいので，水やミネラルの入ったスポーツドリンクなどで水分を補給した方がよい。よって，エも正しくない。

国語　＜Ａ日程試験＞（50分）＜満点：100点＞

解答

一 **問１**　オ　**問２**　(例)　忠敬が蝦夷地へ行くことを提案し，支援し，幕府に働きかけた。　**問３**　緯度１度の距離(緯度１度の長さ)　**問４**　(例)　地球の外周を知るためには短い距離ではなく，江戸から蝦夷地くらいの距離を測らないと正確な数字が出ないということ。　**問５**　(例)　**忠敬**…地球の大きさを知ること。／**至時**…正確な暦をつくること。　**問６**　(例)　諸国の大名が忠敬の測量に協力しなければならないということ。　**問７**　(例)　測量を一度ではなく何度も行い，その平均値を使うこと。／測量できなかったところを「不測量」としていい加減な地図を描かないこと。　**問８**　ア　○　イ　×　ウ　○　エ　×　オ　○

二 **問１**　ア　**問２**　イ　**問３**　(例)　力を入れて『銀河』を書いたという自分にとっては大きなことに対して，周囲の人が関心を示さなかったこと。　**問４**　感情たっぷりの褒め言葉や感激の涙　**問５**　エ　**問６**　(例)　感情を表にあまり出さず大人びているが，自分の興味あることには突き進む力がある妹で，誇らしい存在。　**問７**　エ　**問８**　(例)　高齢ドライバーによる交通事故が増えています。私も最近，高齢ドライバーに危うくひかれそうになりました。年を取ると反射神経などがおとろえるので，一定の年齢で運転免許を返上する法律をつくるべきだと思います。　三　問１　下記を参照のこと。　問２　①　じゅうぞく　②　のうりつ　③　るいじ　④　じゅしょう　⑤　ぞうせつ　⑥　かくほ　⑦　あまだ　⑧　からまわ　問３　①　ア　長　イ　短　②　ア　前　イ　後　③　ア　上　イ　下　④　ア　大　イ　小　⑤　ア　進　イ　退　⑥　ア　問　イ　答　問４　①　たつ　②　きる　③　よむ　④　くだる　⑤　のぼる　⑥　とぶ

●漢字の書き取り

三　問１　①　**放任**　②　**博愛**　③　**投降**　④　**君臨**　⑤　**緑化**　⑥　**風流**　⑦　**豊富**　⑧　**落着**

解　説

一　**出典は瀧本哲史《たきもとてつふみ》の『ミライの授業』による。** 地球の大きさを知るために蝦夷《えぞ》地の測量と地図づくりを行った伊能忠敬《いのうただたか》と，正確な暦《こよみ》をつくるため，忠敬を支援《しえん》した師の高橋至時《たかはしよしとき》について書かれている。

問１　第四段落に，八代将軍吉宗《よしむね》は「キリスト教関連以外の本の輸入を解禁」したと述べられているので，「ヨーロッパのすべての知識を学ぶことに積極的」だったとはいえない。

問２　最後から二つ目の段落に，高橋がどう忠敬を支えたかがまとめられている。より正確な暦をつくりたいと考えていた高橋は，それをかなえる手段として，地球の大きさを知ることを目的としていた忠敬に，江戸との距離《きょり》を測るために蝦夷地へ行くことを提案し，支援《しえん》し，幕府に働きかけたと述べられている。

問３　続く四つの段落に「地球の大きさ」，すなわち子午線《しごせん》の長さの求め方が説明されている。地球は球体なので，緯度《いど》１度あたりの弧の距離を360倍すればよいのだから，「緯度１度の距離（緯度１度の長さ）」が必要だと忠敬は考えたのである。

問４　「そのとおり」とは，すぐ前にある高橋の考えを指す。地球の外周を知るためには，短い距離ではなく江戸から蝦夷地くらいまでを測らないと正確な数字が出ないという考えに納得《なっとく》した忠敬は，ぜひとも蝦夷地に行って地球の大きさを算出したいと思ったのである。

問５　本文の最後から二つ目，三つ目の段落に注目する。蝦夷地の地図をつくることは，忠敬にとって「地球の大きさを知ること」という目的をかなえる手段であり，高橋にとっては「正確な暦をつくる」という目的をかなえる手段だったと述べられている。

問６　同じ段落の内容からまとめる。「幕府の依頼《いらい》を受けた，正規の測量である」ことを示す「御《ご》用《よう》測量方」と書かれた旗を忠敬の測量隊は掲《かか》げて旅をしたが，その旗は「幕府のお墨《すみ》つき」なので，諸国の大名が忠敬の測量に協力しなければならないということを意味したといえる。

問７　次の段落に，忠敬が「実直で几帳面《きちょうめん》な性格」だったため，「精密な地図」ができあがったことが説明されている。つまり，「何度も測量をおこない，その平均値をデータとして採用」したことと，「測量できなかった場所」を「不測量」としていい加減な地図を描《か》かないことが，正確な地図の完成に寄与《きよ》したものとわかる。

問８　**ア**　最後から四つ目の段落に，高橋は忠敬の測量が正しかったことを確認《かくにん》した後，ほどなくして世を去ったとある。高橋の夢であった正確な暦をつくることはできなかったのだから，正しい。
イ　高橋は蝦夷地にあこがれていたのではなく，正確な暦をつくるために忠敬に蝦夷地行きを提案

し，支援したのであり，忠敬は地球の大きさを知るという自身の目的を実現するために蝦夷地に向かったのだから，合わない。　**ウ**　八つ目の段落で，同じ内容が述べられている。　**エ**　高橋，忠敬と幕府との交渉《こうしょう》は難航《なんこう》し，条件つきでようやく公認の測量者となったのだから，高橋が忠敬よりも信頼《しんらい》されていたとは断定できない。　**オ**　忠敬は「実直で几帳面な性格」だったとある。「実直」は，まじめで正直なこと，「几帳面」は，細かいところまで注意深く，きちんとしているようす。何度も測量したり，測量できなかった場所にはいい加減な地図を描くことなく，「不測量」と記したりしたのだから，正しいといえる。

[二]　出典は辻村深月《つじむらみづき》の『家族シアター』所収の「1992年の秋空」による。宇宙に興味がある妹のうみかから教わった内容を，はるかはクラスで配られる『銀河』に記事として書く。

問１　チャレンジャー号の事故について聞いたときのはるかの反応である。事故があった過去を知ったことで，今回のエンデバー号の取り組みはうまくいくのだろうかと，緊張《きんちょう》と不安を感じて唇《くちびる》を噛《か》んだものと推測できるので，アが選べる。

問２　直後の一文に注目する。教室の机の前に座《すわ》っていても，宇宙のことなど，別のことがらについて考えることがあってもいいと，はるかは広い視野を持つことを肯定しているのだから，イがよい。なお，宇宙のことを考えるために，「プラネタリウムや天体観測所に行くこと」をすすめているようすは描《えが》かれていないことから，アは合わない。また，教室で学ぶ内容を否定的に見ているウやエも正しくない。

問３　みんなにどう受け止められるかという不安や緊張を感じながらも，力いっぱい『銀河』の記事をはるかは書き，どういう反応が返ってくるか「期待」もしていた。だが，みんな『銀河』をあっさりと折ってしまいこみ，ミーナもふくめて関心を示してくれなかったことに，はるかは失望したのである。

問４　自分が記事を書いた『銀河』に対し，淡々《たんたん》としたようすを見せるうみかに，はるかは「感動的に反応してくれない」とものたりなさを感じている。少し前に，「感情たっぷりの褒《ほ》め言葉や感激の涙《なみだ》を期待したわけじゃなかったけど」と，うみかの反応に不満を感じているはるかの思いが描《えが》かれているので，この部分がぬき出せる。

問５　Ａ「唇《くちびる》を尖《とが》らせる」は，不満のある顔つきをするようす。はるかの書いた記事をすぐには読めないと知ったミーナは「つまらなそうに」したのだから，「退屈《たいくつ》」が選べる。　Ｂ「拳《こぶし》を握《にぎ》って，震《ふる》える」は，興奮や恐怖《きょうふ》が表れたしぐさ。続く段落から，うみかは喜んで「興奮」していることがわかる。　Ｃ　毛利衛《もうりまもる》さんがエンデバーで宇宙に行くことについての記事を書きながら，うみかは周囲の反応を気にして「不安」におそわれていることが，続く文から明らかである。　Ｄ　先生から思いがけない言葉をかけられたうみかは，一瞬《いっしゅん》息が止まったのだから，「驚《おどろ》き」が選べる。

問６　エンデバー号関連のニュースに夢中になって多くの記事を熟読しており，うみかは興味があることには突《つ》き進む力があるといえる。また，『銀河』の記事に対する反応から，感情をあまり表に出さず大人びていることも読み取れる。さらに，はるかはうみかに教わったことを『銀河』に書いたり，嬉《うれ》しい知らせは真っ先にうみかに伝えたいと思ったりしているので，はるかにとって誇《ほこ》らしい存在だともいえる。

問７　ぼう線部①のある段落と，その直前の段落に，うみかがはるかに教えてくれた内容が書かれている。はるかが『銀河』に書いたのはうみかから教えてもらった内容で，ア～ウ，オはあてはまるが，エは本文中ではふれられていないので，合わない。

問８　学校や家といった自分の周囲の外にある興味深いものについて，友達にその内容が伝わるように書くとよい。流行や身近なものにとらわれず，体験を交えて具体的にまとめる。主語と述語の対応関係や，誤字脱字《だつじ》などにも注意する。

三　漢字の書き取りと読み，四字熟語の完成，同訓異義語の使い分け

問１　①「放任」は，放っておいて好きなようにさせること。　②「博愛」は，すべての人々を同じように広く愛すること。③「投降」は，戦うことをやめて敵に降参すること。④「君臨」は，ある分野でほかの者をおさえて強い力をふるうこと。　⑤「緑化」は，草木を植えて緑を増やすこと。　⑥「風流」は，上品で奥《おく》ゆかしいおもむきがあること。　⑦「豊富」は，種類や数量がたくさんあること。　⑧「落着」は，ものごとのおさまりがつくこと。

問２　①　強いものにつきしたがうこと。　②　ものごとの進み具合。　③　似かよっていること。　④　賞やほうびを授《さず》けること。⑤　建物や設備を今まであるものに加えて増やすこと。　⑥　自分のものとしてしっかり持っていること。　⑦「雨垂れ」は，のき下などから落ちてくる雨のしずく。　⑧「空回り」は，車や機械などがむだに回転すること。

問３　①「一長一短」と似た意味の言葉には，「一得一失」「一利一害」などがある。　②「空前絶後」は，「前代未聞《みもん》」に近い意味の言葉である。　③「上意下達」の対義語は，「下意上達」になる。　④「大同小異」と近い意味の言葉には，「似たり寄ったり」「五十歩百歩」がある。⑤「一進一退」は，事態がよいほうに向かったり，悪いほうに向かったりするようす。　⑥「自問自答」は，自分の心に問いかけ，自分で答えること。

問４　①「評判がたつ」は，評判が広まること。「腹がたつ」は“おこる”という意味。「役にたつ」は“ためになる”という意味。　②「シャッターをきる」は，写真を撮《と》ること。「残り一分をきる」は，残りの時間が一分を下回ること。「トランプをきる」は，トランプの札をまぜ合わせること。　③「鯖《さば》をよむ」は，数をごまかすようす。「手の内をよむ」の「手の内」は，心の中で考え，計画していること。「行間をよむ」は，文章に書かれていない作者や筆者の思いを読み取ること。　④「時代がくだる」の「くだる」は，時が過去から現代に近づくこと。「判決がくだる」の「くだる」は，申し渡《わた》されること。「列車で東北へくだる」の「くだる」は，“地方に行く”という意味。　⑤「話題にのぼる」の「のぼる」は，取りあげられること。「頭に血がのぼる」の「のぼる」は，上にあがるようす。「利用者が百万人にのぼる」の「のぼる」は，数があるところに達すること。　⑥「現場に記者がとぶ」の「とぶ」は，急いで行くこと。「記憶《きおく》がとぶ」の「とぶ」は，間がぬけて後の部分に続くようす。「水しぶきがとぶ」の「とぶ」は，飛び散ること。

出題ベスト10シリーズ

①国語読解ベスト10

②漢字合格の2790題

③計算合格の820題

④図形問題ベスト10

■過去の入試問題から出題例の多い問題を選んで編集・構成。受験関係者の間でも好評です！

有名中学入試問題集

●男子校編

●女子校編

■中学入試の全容をさぐる!!
■首都圏の中学を中心に、全国有名中学の最新入試問題を収録!!

※表紙は昨年度のものです。

算数の過去問25年分

■筑波大学附属駒場
■麻布
■開成

○名門３校に絶対合格したいという気持ちに応えるため過去問実績No.1の声の教育社が出した答えです。

都立中高一貫校 適性検査問題集

■都立一貫校と同じ検査形式で学べる！

●自己採点のしにくい作文には「採点ガイド」を掲載。
●保護者向けのページも充実。
●私立中学の適性検査型・思考力試験対策にもおすすめ！

当社発行物の無断使用は固くお断りいたします。御使用の前はまずご相談ください。

当社発行物には500点余の首都圏中・高過去問をはじめ、6点の学校案内、そのほかいくつかの情報誌などがございます。その多くが年度版で、限られたスタッフが来るべき受験シーズン前に余裕を持って受験生へ届けられるよう、日夜作業にあたり出版を重ねております。

最近、通塾生ご父母や塾内部からの告発によって、いくつかの塾が許諾なしに当社過去問を複写（コピー）し生徒に配布、授業等にも使用していることが発覚し、その一部が紛争、係争に至っております。過去問には原著作者や管理団体、代行出版等のほか、当社に著作権がございます。当社としましては、著作権侵害の発覚に対しては著作権を有するこれらの著作権関係者にその事実を開示して、マスコミにリリースする場合や法的な措置を取る場合がございます。その事例としましては、毎年当社過去問の発行を待って自由にシステム化使用していたＡ塾、個別教室でコピーを生徒に解かせ指導していたＢ塾、冊子化していたＣ社、生徒の希望によって書籍の過去問代わりにコピーを配布していたＤ塾などがあります。

当社発行物の全部もしくは一部を無断使用することは固くお断りいたします。

当社コンテンツの中にはリーズナブルな設定で紙面の利用を許諾している塾もたくさんございますので、ご希望の方は、お気軽にご相談くださいますようお願いします。同時に、当社発行物を無断で使用している会社などにつきましての情報もお寄せいただければ幸いです。

株式会社 声の教育社

スーパー過去問の 解説執筆・解答作成スタッフ（在宅）募集！ ※募集要項の詳細は、10月に弊社ホームページ上に掲載します。

2025年度用
中学スーパー過去問

■編集人 声の教育社・編集部
■発行所 株式会社 声の教育社
〒162-0814 東京都新宿区新小川町8-15
☎03-5261-5061㈹ FAX03-5261-5062
https://www.koenokyoikusha.co.jp

カコを追いかけ
ミライをつかめ
「今の説明、もう一回」を何度でも
web過去問
ストリーミング配信による入試問題の解説動画
もっと古いカコモンないの？
カコ過去問
「さらにカコの」過去問をHPに掲載（DL）
声の教育社
詳しくはこちらから

ストリーミング配信による入試問題の解説動画

2025年度用web過去問　ラインナップ

■ 男子・女子・共学（全動画）見放題
36,080円（税込）

■ 男子・共学 見放題
29,480円（税込）

■ 女子・共学 見放題
28,490円（税込）

● 中学受験「声教web過去問（過去問プラス・過去問ライブ）」（算数・社会・理科・国語）

3～5年間 24校

過去問プラス

麻布中学校	桜蔭中学校	開成中学校	慶應義塾中等部	渋谷教育学園渋谷中学校
女子学院中学校	筑波大学附属駒場中学校	豊島岡女子学園中学校	広尾学園中学校	三田国際学園中学校
早稲田中学校	浅野中学校	慶應義塾普通部	聖光学院中学校	市川中学校
渋谷教育学園幕張中学校	栄東中学校			

過去問ライブ

栄光学園中学校	サレジオ学院中学校	中央大学附属横浜中学校	桐蔭学園中等教育学校	東京都市大学付属中学校
フェリス女学院中学校	法政大学第二中学校			

● 中学受験「オンライン過去問塾」（算数・社会・理科）

3～5年間 50校以上

地域	学校
東京	青山学院中等部
東京	麻布中学校
東京	跡見学園中学校
東京	江戸川女子中学校
東京	桜蔭中学校
東京	鷗友学園女子中学校
東京	大妻中学校
東京	海城中学校
東京	開成中学校
東京	開智日本橋中学校
東京	吉祥女子中学校
東京	共立女子中学校
東京	国学院大学久我山中学校
東京	渋谷教育学園渋谷中学校
東京	城北中学校
東京	女子学院中学校
東京	巣鴨中学校
東京	桐朋中学校
東京	豊島岡女子学園中学校
東京	日本大学第三中学校
東京	雙葉中学校
東京	本郷中学校
東京	三輪田学園中学校
東京	武蔵中学校
東京	明治大学付属明治中学校
東京	早稲田中学校
東京	都立中高一貫校 共同作成問題
東京	都立大泉高校附属中学校
東京	都立白鷗高校附属中学校
東京	都立両国高校附属中学校
神奈川	神奈川大学附属中学校
神奈川	桐光学園中学校
神奈川	県立相模原・平塚中等教育学校
神奈川	市立南高校附属中学校
千葉	市川中学校
千葉	国府台女子学院中学部
千葉	芝浦工業大学柏中学校
千葉	渋谷教育学園幕張中学校
千葉	昭和学院秀英中学校
千葉	専修大学松戸中学校
千葉	東邦大学付属東邦中学校
千葉	千葉日本大学第一中学校
千葉	東海大学付属浦安中等部
千葉	麗澤中学校
千葉	県立千葉・東葛飾中学校
千葉	市立稲毛国際中等教育学校
埼玉	浦和明の星女子中学校
埼玉	開智中学校
埼玉	栄東中学校
埼玉	淑徳与野中学校
埼玉	西武学園文理中学校
埼玉	獨協埼玉中学校
埼玉	立教新座中学校
茨城	江戸川学園取手中学校
茨城	土浦日本大学中等教育学校
茨城	茗溪学園中学校

web過去問 Q&A

過去問が動画化！
声の教育社の編集者や中高受験のプロ講師など、
過去問を知りつくしたスタッフが動画で解説します。

Q **どこで購入できますか？**

A 声の教育社のHPでお買い求めいただけます。

Q **受講にあたり、テキストは必要ですか？**

A 基本的には過去問題集がお手元にあることを前提としたコンテンツとなっております。

Q **全問解説ですか？**

A 「オンライン過去問塾」シリーズは基本的に全問解説ですが、国語の解説はございません。「声教web過去問」シリーズは合格のカギとなる問題をピックアップして解説するもので、全問解説ではございません。なお、「声教web過去問」と「オンライン過去問塾」のいずれでも取り上げられている学校がありますが、授業は別の講師によるもので、同一のコンテンツではございません。

Q **動画はいつまで視聴できますか？**

A ご購入年度２月末までご視聴いただけます。
複数年視聴するためには年度が変わるたびに購入が必要となります。

よくある解答用紙のご質問

01
実物のサイズにできない

拡大率にしたがってコピーすると，「解答欄」が実物大になります。配点などを含むため，用紙は実物よりも大きくなることがあります。

02
A3用紙に収まらない

拡大率164％以上の解答用紙は実物のサイズ（「出題傾向＆対策」をご覧ください）が大きいために，A３に収まらない場合があります。

03
拡大率が書かれていない

複数ページにわたる解答用紙は，いずれかのページに拡大率を記載しています。どこにも表記がない場合は，正確な拡大率が不明です。

04
１ページに２つある

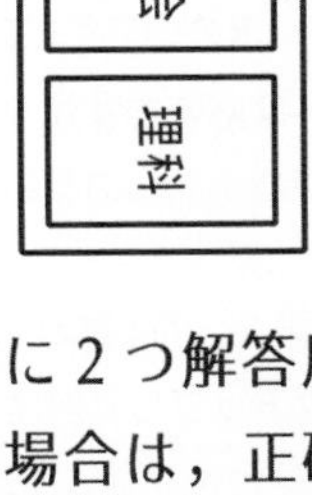

１ページに２つ解答用紙が掲載されている場合は，正確な拡大率が不明です。ほかの試験回の同じ教科をご参考になさってください。

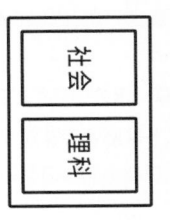

昭和女子大学附属昭和中学校

【別冊】入試問題解答用紙編

禁無断転載

解答用紙は本体からていねいに抜きとり、別冊としてご使用ください。

※ 実際の解答欄の大きさで練習するには、指定の倍率で拡大コピーしてください。なお、ページの上下に小社作成の見出しや配点を記載しているため、コピー後の用紙サイズが実物の解答用紙と異なる場合があります。

●入試結果表

— は非公表

年度	回	項目		国語	算数	社会	理科	２科合計	４科合計	２科合格	４科合格
2024	Ａ日程午前	配点(満点)		100	100	50	50	200	300	最高点	最高点
		合格者平均点	ＡＡ	65	83	33	33	147*	223*	ＡＡ172	ＡＡ250
			ＧＡ	65	87	37	33	150*	234*	ＧＡ151	ＧＡ242
		受験者平均点	ＡＡ	57	68	30	29	124*	184*	最低点	最低点
			ＧＡ	56	72	31	29	122*	190*	ＡＡ140	ＡＡ210
		キミの得点								ＧＡ147	ＧＡ226
2023	Ａ日程午前	配点(満点)		100	100	50	50	200	300	最高点	最高点
		合格者平均点	ＡＡ	69.5	75.8	68.1		145.3	213.4	ＡＡ156	ＡＡ237
			ＧＡ	72.3	76.8	67.2		149.1	216.3	ＧＡ155	ＧＡ242
		受験者平均点	ＡＡ	59.7	59.7	60.8		119.4	180.2	最低点	最低点
			ＧＡ	60.4	60.3	63.1		120.7	183.8	ＡＡ139	ＡＡ208
		キミの得点								ＧＡ138	ＧＡ207
2022	Ａ日程	配点(満点)		100	100	50	50	200	300	最高点	最高点
		合格者平均点	Ａ	71.8	80.2	30.3	28.3	152.0	210.6	Ａ　165	Ａ　246
			ＧＡ	74.2	80.3	31.0	29.4	154.5	214.9	ＧＡ160	ＧＡ—
		受験者平均点	Ａ	—	—	—	—	—	—	最低点	最低点
			ＧＡ	—	—	—	—	—	—	Ａ　143	Ａ　214
		キミの得点								ＧＡ153	ＧＡ—
	〔参考〕 ＳＡコースの満点は300点(各科目100点)、合格者平均点は国語60.7、算数79.8、理科47.3、合格者最高点は212、合格者最低点は171です。										
2021	Ａ日程	配点(満点)		100	100	50	50	200	300	最高点	最高点
		合格者平均点	Ａ	—	—	—		—	—	Ａ　185	Ａ　265
			ＧＡ	—	—	—		—	—	ＧＡ157	ＧＡ239
			ＳＡ	—	—	—		—	—		ＳＡ231
		受験者平均点	Ａ	46.0	64.8	52.4		110.8	163.2	最低点	最低点
			ＧＡ	48.7	71.3	55.7		120.0	175.7	Ａ　136	Ａ　204
			ＳＡ	48.9	74.3	55.8		＼	179.0	ＧＡ154	ＧＡ231
		キミの得点									ＳＡ195
2020	Ａ日程	配点(満点)		100	100	50	50	200	300	最高点	最高点
		合格者平均点	Ａ	67.5	81.8	67.0		149.3	216.3	Ａ　169	Ａ　252
			ＧＡ	78.1	90.6	72.5		168.7	241.2	ＧＡ184	ＧＡ273
		受験者平均点	Ａ	57.1	67.7	59.3		124.8	184.1	最低点	最低点
			ＧＡ	69.2	72.6	65.5		141.8	207.3	Ａ　140	Ａ　210
		キミの得点								ＧＡ158	ＧＡ242
2019	Ａ日程	配点(満点)		100	100	50	50	200	300	最高点	最高点
		合格者平均点	Ａ	47.2	70.5	64.4		117.7	182.1	Ａ　159	Ａ　229
			ＧＡ	41.7	68.7	68.2		110.4	178.6	ＧＡ130	ＧＡ211
		受験者平均点	Ａ	41.3	58.3	55.4		99.6	155.0	最低点	最低点
			ＧＡ	37.6	59.7	55.8		97.3	153.1	Ａ　105	Ａ　160
		キミの得点								ＧＡ105	ＧＡ157

※ 表中のデータは学校公表のものです。ただし、２科合計・４科合計は各教科の平均点を合計したものなので、目安としてご覧ください(*は学校公表のもの)。

声の教育社

2024年度 昭和女子大学附属昭和中学校 A日程午前

算数解答用紙 No. 1

番号	氏名	評点
		/100

1

(1) $7\frac{1}{2} \div \left\{\left(1.73 \times 11 + 0.27 \times 11\right) \times 3 - 6\right\} = \square$

答

(2) $2024 \times 6.48 + 2024 \times 1.54 + 2024 \times 2.74 - 2024 \times 0.76 = \square$

答

(3) $3 \div \left\{1\frac{1}{2} - \left(1.6 - 0.6 \times \square\right) \times 0.625\right\} = 4$

答

(4)

答 分

(5)

答 %

(6)

答 年後

(7)

答 個

(8)

答 個

2024年度 昭和女子大学附属昭和中学校 A日程午前

算数解答用紙 No. 2

2

(1)

答 分速　　　m

(2)

答 分速　　　m

(3)

答 　　時　　分

3

(1)

答 　　　cm^2

(2)

答 　　　度

(3)

答 　　　cm^2

2024年度 昭和女子大学附属昭和中学校 A日程午前

算数解答用紙 No.3

4

(1)

答 cm³

(2)

答 cm

(3)

答 cm

5

答

理由

6

(1)

答 ア 、イ

(2)

答 組

（注）この解答用紙は実物を縮小してあります。175%拡大コピーをすると、ほぼ実物大の解答欄になります。

〔算　数〕100点(推定配点)

1 各6点×8　2～4 各4点×9　5 5点<完答>　6 (1) 各3点×2　(2) 5点

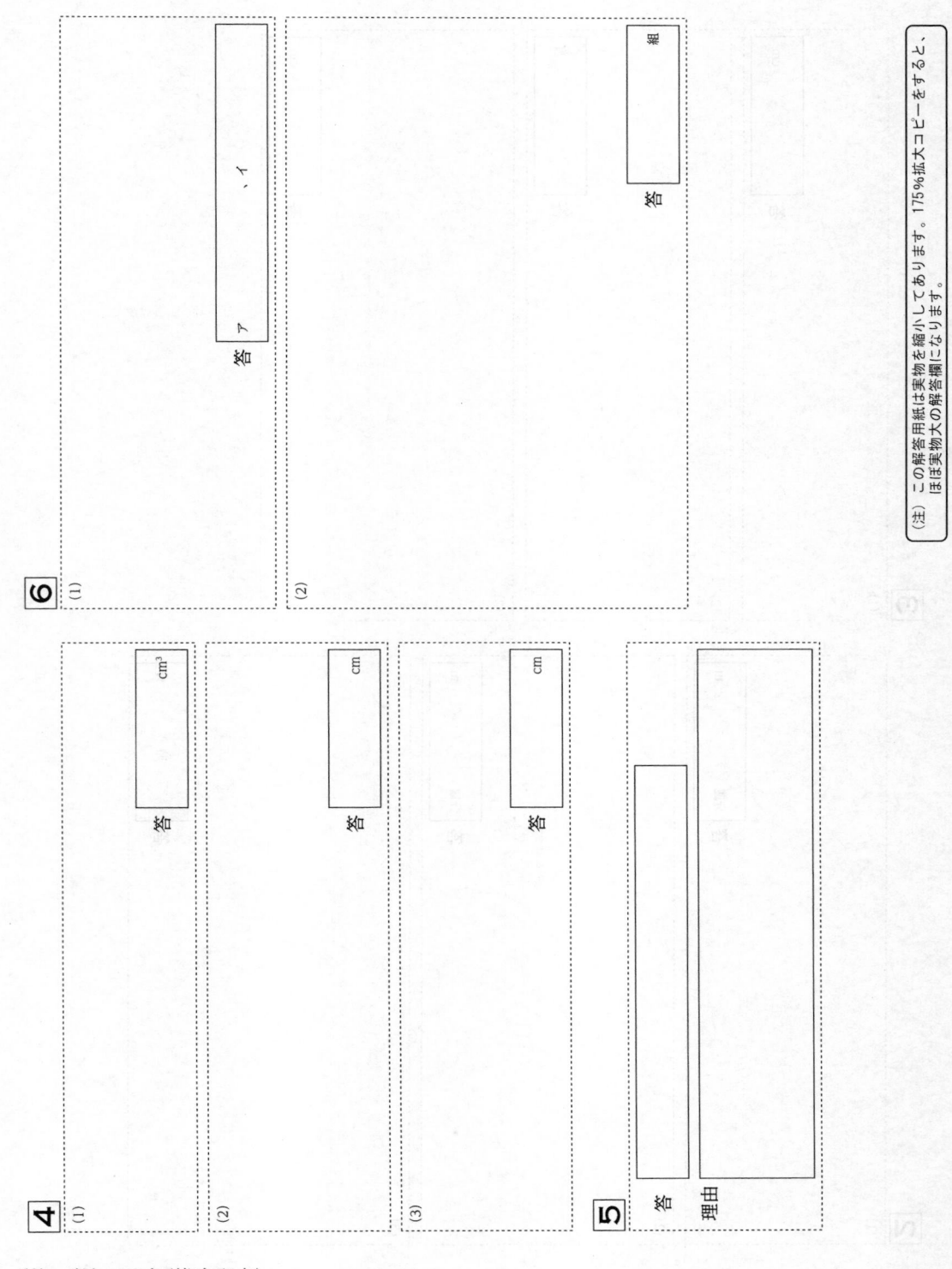

2024年度 昭和女子大学附属昭和中学校 A日程午前

社会解答用紙

番号　氏名　評点 /50

2

問1 (1) (2) (3) (4)

問2 (1) (2) (3) (4) (5) (6)

問3 ① ② ③

(注) この解答用紙は実物を縮小してあります。169%拡大コピーをすると、ほぼ実物大の解答欄になります。

1

問1 (1) (2)

問2

問3 (1) (2) (3) か国

問4 (1) (2) (3) (4) (5)

問5

問6

問7 (1) (2)

問8

問9

問10

〔社　会〕50点(推定配点)

1 問1～問3　各1点×6　問4～問10　各2点×12　**2** 問1　各2点×4　問2　各1点×6　問3　各2点×3

2024年度　昭和女子大学附属昭和中学校　A日程午前

理科解答用紙

番号　　氏名　　評点 ／50

1

問1　問2　問3

問4　問5　問6

問7　考え方　答え　%

問8　問9　問10

2

問1　問2

問3

問4

問5

3

問1

問2　問3

問4

問5

問6

4

問1

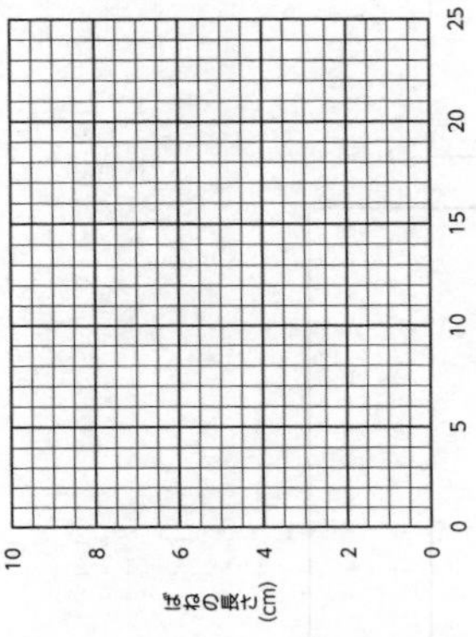

問2　考え方　答え　cm

問3　cm

問4　考え方　答え　cm

問5　考え方　答え　cm

（注）この解答用紙は実物を縮小してあります。169%拡大コピーをすると、ほぼ実物大の解答欄になります。

〔理　科〕50点(学校配点)

1, 2　各2点×15　3　問1　2点　問2　1点　問3～問5　各2点×3　問6　1点　4　各2点×5

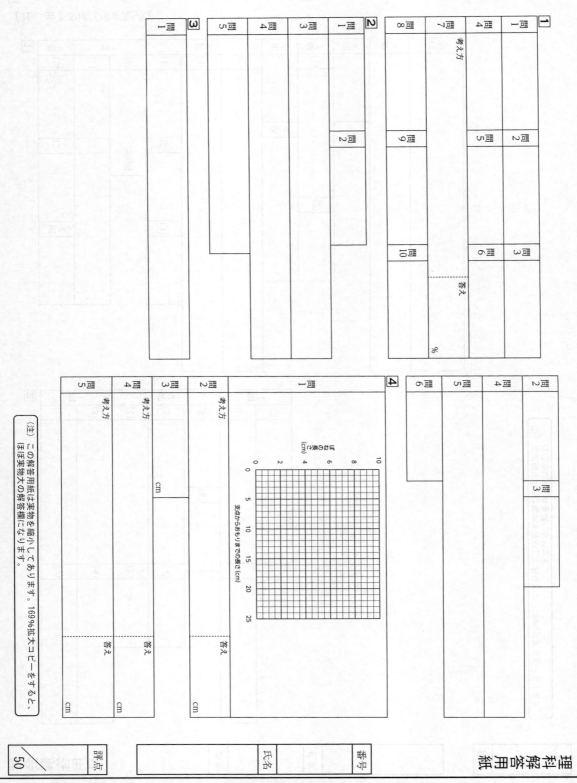

2024年度　昭和女子大学附属昭和中学校　A日程午前

国語解答用紙

番号　氏名　評点 /100

一
問一
問二　60字
問三　Ⅰ　Ⅱ　Ⅲ　Ⅳ
問四
問五　(1)　60字　(2)
問六
問七　ア　イ　ウ　エ　オ

二
問一
問二
問三
問四
問五
問六
問七
問八　100字

三
問一　①　②　③　④　⑤　⑥
問二　①　②　③　④　⑤　⑥
問三　①　意味　②　意味　③　意味　④　意味

（注）この解答用紙は実物を縮小してあります。172％拡大コピーをすると、ほぼ実物大の解答欄になります。

〔国　語〕100点（学校配点）

一　問１　２点＜完答＞　問２　５点　問３　各３点×４　問４　２点　問５　(1)　５点　(2)　４点　問６　３点　問７　各２点×５　二　問１　３点　問２　６点　問３～問６　各３点×４　問７　６点　問８　10点　三　問１，問２　各１点×12　問３　各２点×４＜各々完答＞

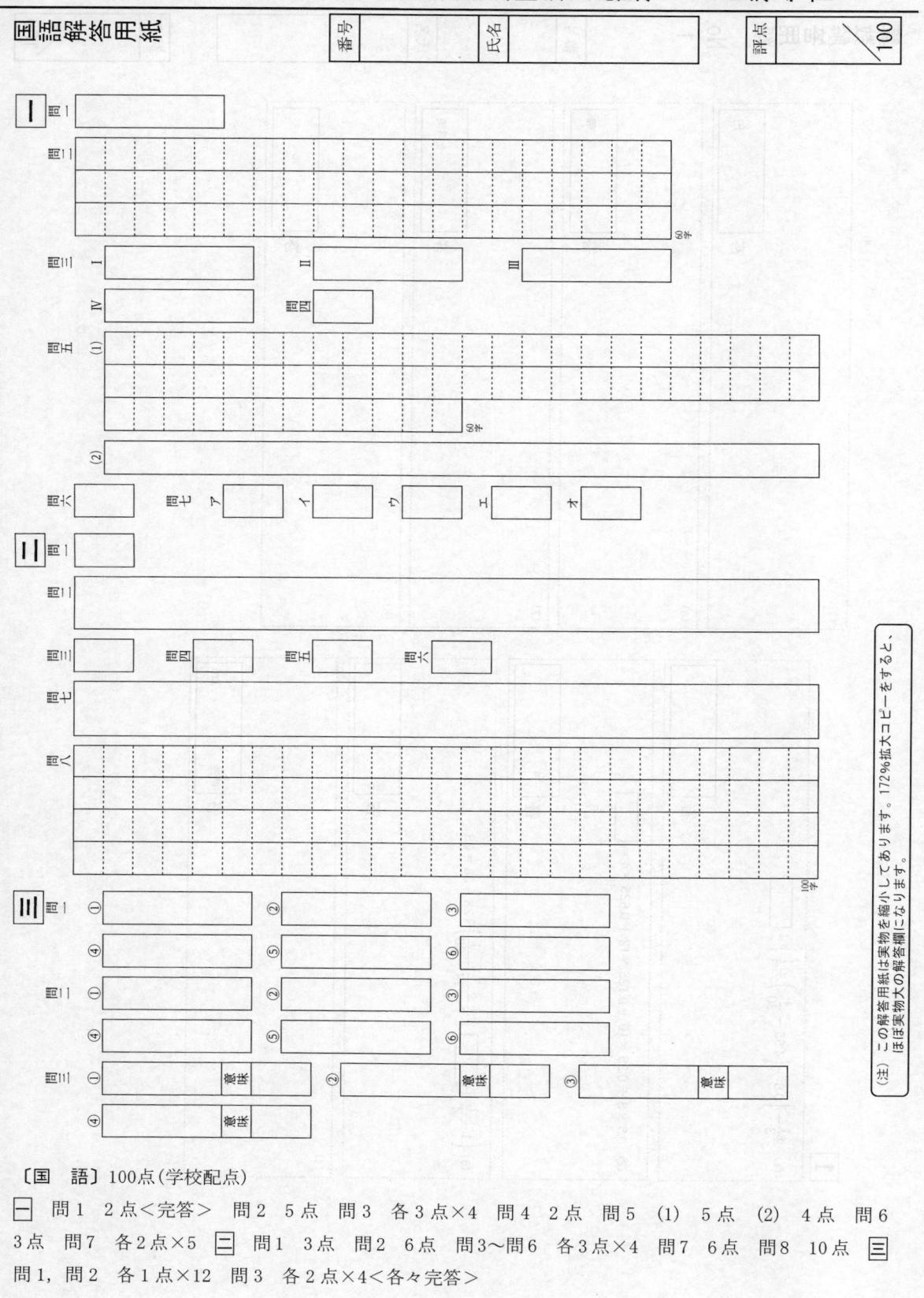

2023年度 昭和女子大学附属昭和中学校 A日程午前

算数解答用紙 No. 1

番号	
氏名	
評点	/100

1

(1) $2\frac{1}{3}-\left\{0.6\div\left(4.55-\frac{1}{20}\right)+\frac{1}{3}\right\}=\square$

答

(2) $0.5\times3+0.25\times10+0.125\times12+0.625\times4=\square$

答

(3) $\left(1+\frac{1}{2}+\square+\frac{1}{7}+\frac{1}{14}+\frac{1}{28}\right)\times28-28=28$

答

(4)

答 時速　　km

(5)

答　　円

(6)

答　　個

(7)

答　　ヶ月後

(8)

答

2023年度 昭和女子大学附属昭和中学校 A日程午前

算数解答用紙 No.2

2

(1)

答 通り

(2)

答 通り

(3)

答 通り

3

(1)

答 cm^2

(2)

答 cm^2

(3)

答 cm^2

2023年度　昭和女子大学附属昭和中学校　A日程午前

算数解答用紙　No. 3

4

(1)

答　cm^3

(2)

答　cm^3

(3)

答　cm^3

5

答

6

(1)

答　ア　、イ

(2)

答

(3)

答　%

（注）この解答用紙は実物を縮小してあります。182%拡大コピーをすると、ほぼ実物大の解答欄になります。

〔算　数〕100点(推定配点)

1　各6点×8　2　(1)　3点　(2), (3)　各4点×2　3　(1)　3点　(2), (3)　各4点×2　4　(1), (2)　各4点×2　(3)　5点　5　4点　6　(1)　各2点×2　(2)　4点　(3)　5点

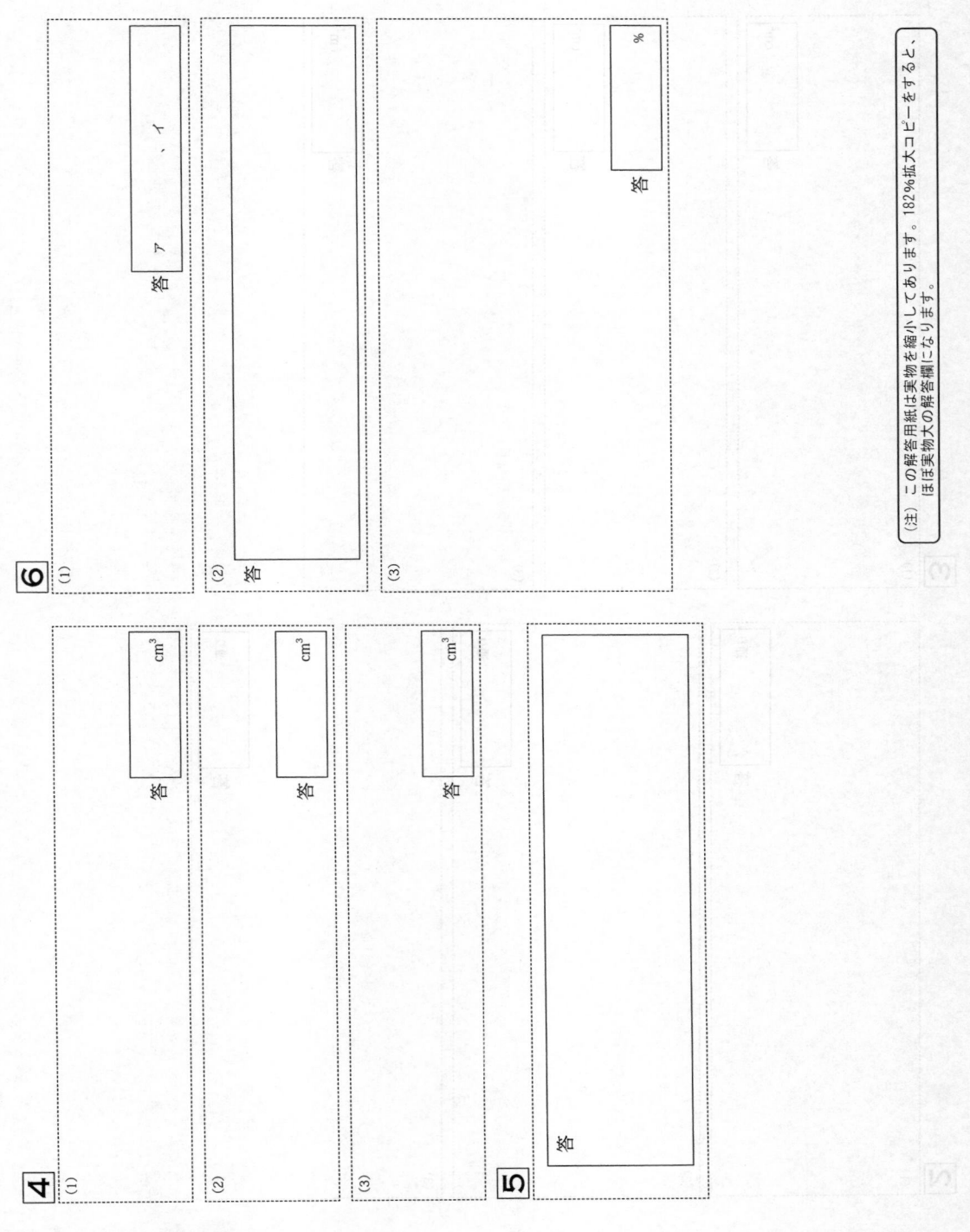

2023年度　昭和女子大学附属昭和中学校　A日程午前

社会解答用紙

番号　　氏名　　評点　／50

1

問1

問2 (1)　(2)

問3 A　B

問4 (1)　(2)　(3)

問5　問6

問7　問8

問9 (1)　(2)

問10　問11

問12

問13 (1)　(2)

2

問1 (1) ①　②　③　(2)

問2 (1)　(2)　(3)　(4)

問3

（注）この解答用紙は実物を縮小してあります。179%拡大コピーをすると、ほぼ実物大の解答欄になります。

〔社　会〕50点（学校配点）

1 問1～問3　各2点×5　問4　(1)　1点　(2)　2点　(3)　1点　問5～問7　各2点×3　問8　1点　問9～問12　各2点×5　問13　(1)　2点　(2)　3点　2 問1　(1)　各1点×3　(2)　2点　問2　(1)　1点　(2)～(4)　各2点×3　問3　2点

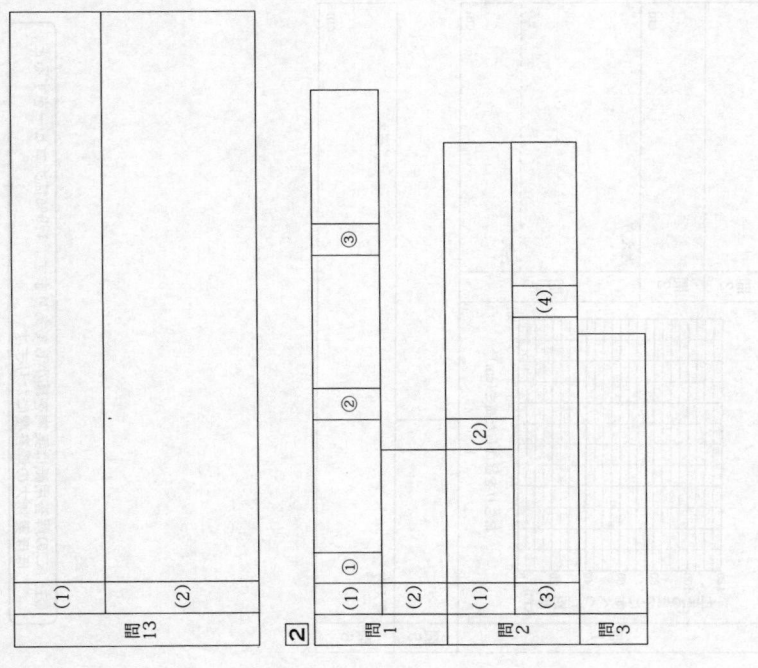

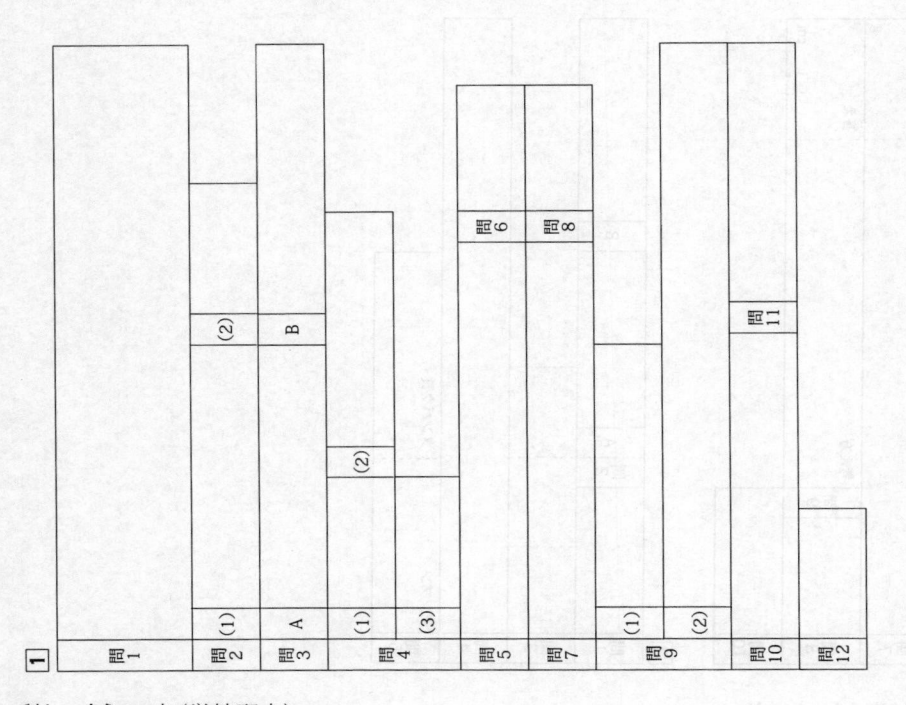

2023年度　昭和女子大学附属昭和中学校　A日程午前

理科解答用紙

番号

氏名

評点　/50

1

問1　問2　問3

問4　問5　問6

問7　考え方　答え　g

問8　問9　考え方　答え　cm

問10

2

問1　問2　A　B

問3

問4

問5　デンプン　タンパク質

3

問1　理由

問2　①　②　問3　問4　g

問5　考え方　答え　%

4

問1

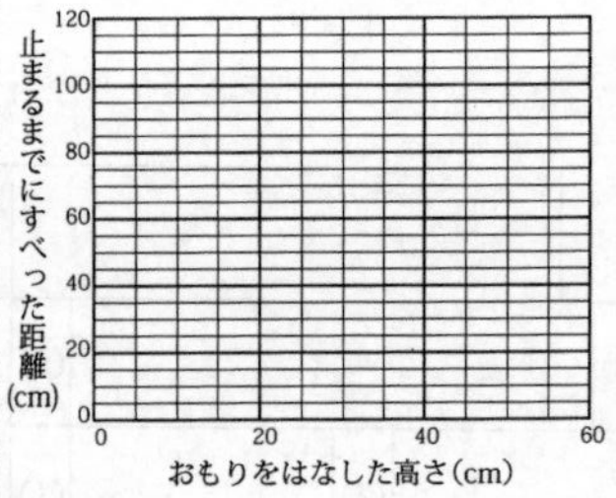

問2

問3　cm

問4　考え方　答え　cm

問5

問6　考え方　答え　cm

（注）この解答用紙は実物を縮小してあります。179%拡大コピーをすると、ほぼ実物大の解答欄になります。

〔理　科〕50点(学校配点)

1 各2点×10　**2** 問1　2点　問2　各1点×2　問3，問4　各2点×2<問3は完答>　問5　各1点×2　**3** 問1　2点　問2　各1点×2　問3～問5　各2点×3　**4** 問1　2点　問2　1点　問3，問4　各2点×2　問5　1点　問6　2点

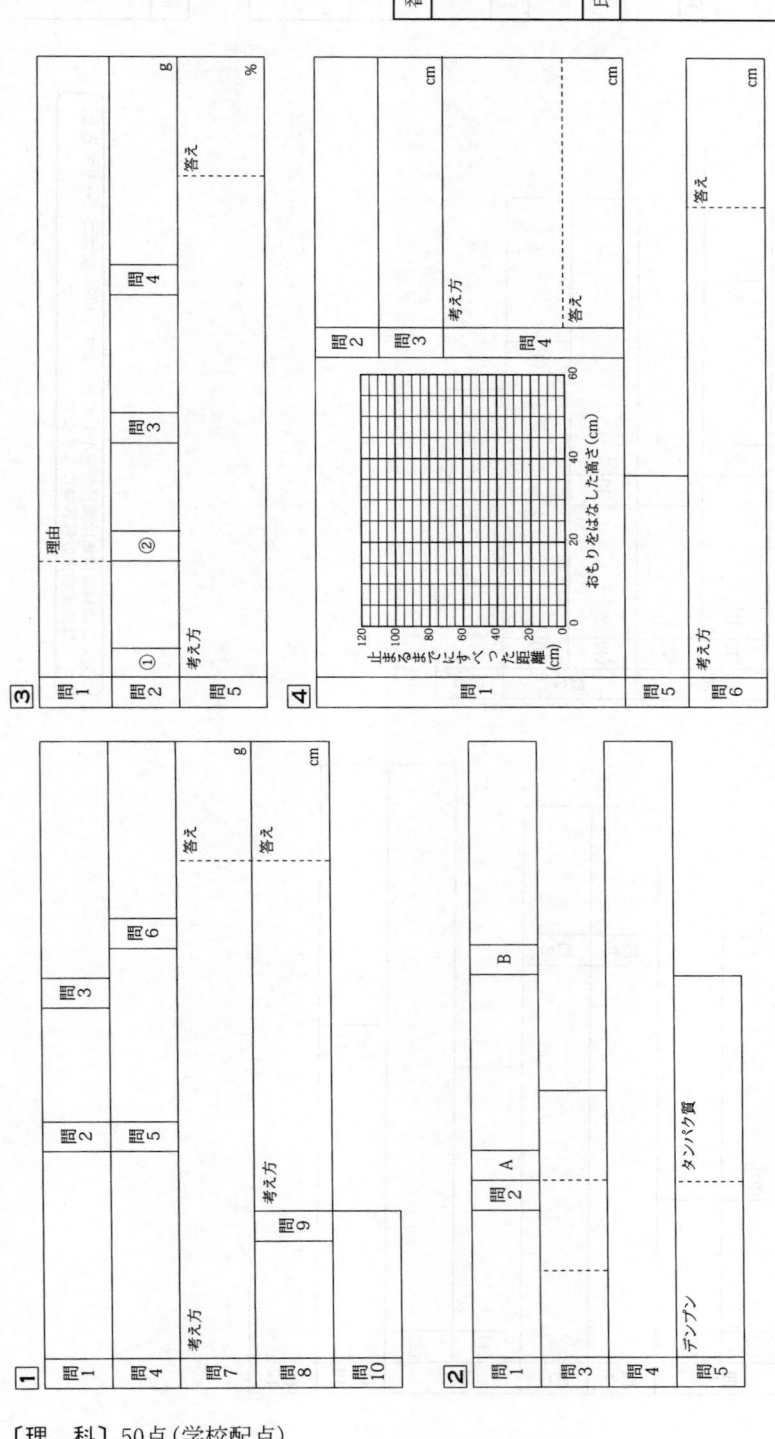

二〇二三年度　昭和女子大学附属昭和中学校　A日程午前

国語解答用紙

番号　　氏名　　評点　/100

一
問一
問二（50字）
問三　〜
問四　Ⅰ　Ⅱ
問五
問六
問七（50字）
問八（40字）

二
問一
問二
問三
問四
問五（50字）
問六
問七
問八（100字）

三
問一　①　②　③　④　⑤　⑥　⑦　⑧
問二　①　②　③　④　⑤　⑥　⑦　⑧
問三　①　②　③　④　⑤
問四　①　②　③　④　⑤

（注）この解答用紙は実物を縮小してあります。172%拡大コピーをすると、ほぼ実物大の解答欄になります。

〔国　語〕100点(学校配点)

一　問1　3点　問2　6点　問3，問4　各4点×3　問5，問6　各3点×2　問7，問8　各6点×2　二　問1，問2　各3点×2　問3　5点　問4　3点　問5　5点　問6，問7　各3点×2　問8　10点　三　各1点×26

2022年度　昭和女子大学附属昭和中学校

算数解答用紙　A日程　No. 1

番号	氏名	評点
		/100

1

① $\left\{\left(0.75+\frac{1}{8}\right)\div\frac{7}{2}-0.125\right\}\div\frac{3}{4}=\boxed{}$

答

② $2\frac{2}{9}\times2\frac{1}{2}\times0.36-4\frac{1}{2}\times0.4-\frac{1}{2}\times0.4=\boxed{}$

答

③ $\frac{4}{5}\div\left\{0.48-\left(\boxed{}-2\right)\times\frac{1}{5}\right\}=2\frac{6}{7}$

答

④

答 km

⑤

答 倍

⑥

答 個

⑦

答 m

⑧

答 円

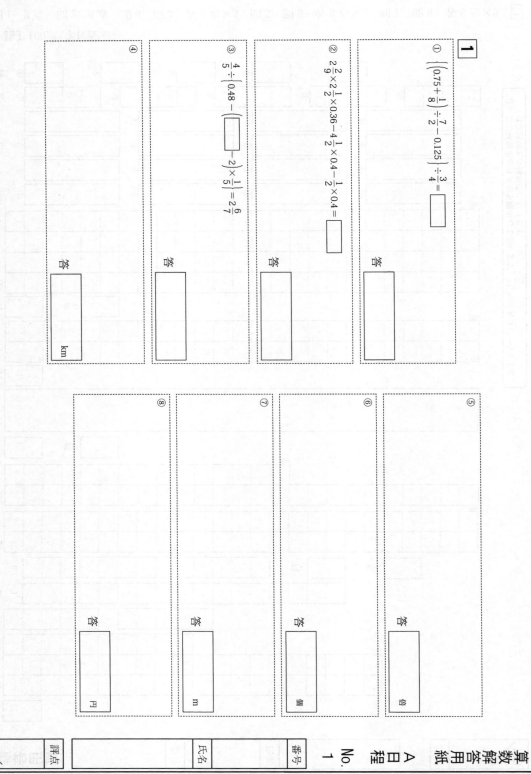

2022年度　昭和女子大学附属昭和中学校

算数解答用紙　A日程　No. 2

2

①

答　時速　　　km

②

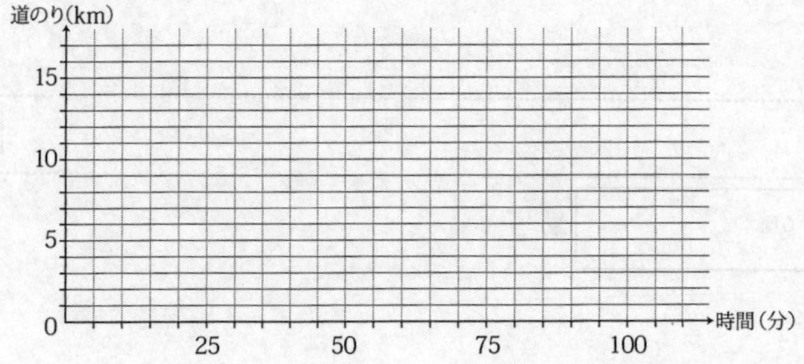

③

答　時速　　　km

3

①

答　　　cm^2

②

答　　　cm^2

③

答　　：　　：

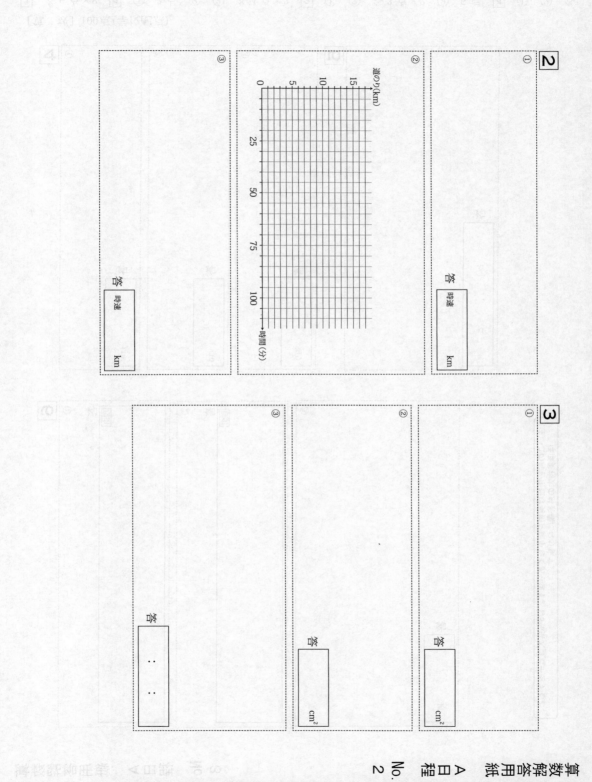

2022年度 昭和女子大学附属昭和中学校

算数解答用紙 A日程 No.3

4

①

答 cm³

②

答 cm

③

答 通り

5

答 と , と

6

①

答

理由

②

答

理由

③

答 通り

（注） この解答用紙は実物を縮小してあります。175%拡大コピーをすると、ほぼ実物大の解答欄になります。

〔算　数〕100点(学校配点)

1 各6点×8 2 ① 3点 ②, ③ 各4点×2 3 ①, ② 各3点×2 ③ 5点 4 ①, ② 各4点×2 ③ 5点 5 4点<完答> 6 ①, ② 各4点×2 ③ 5点

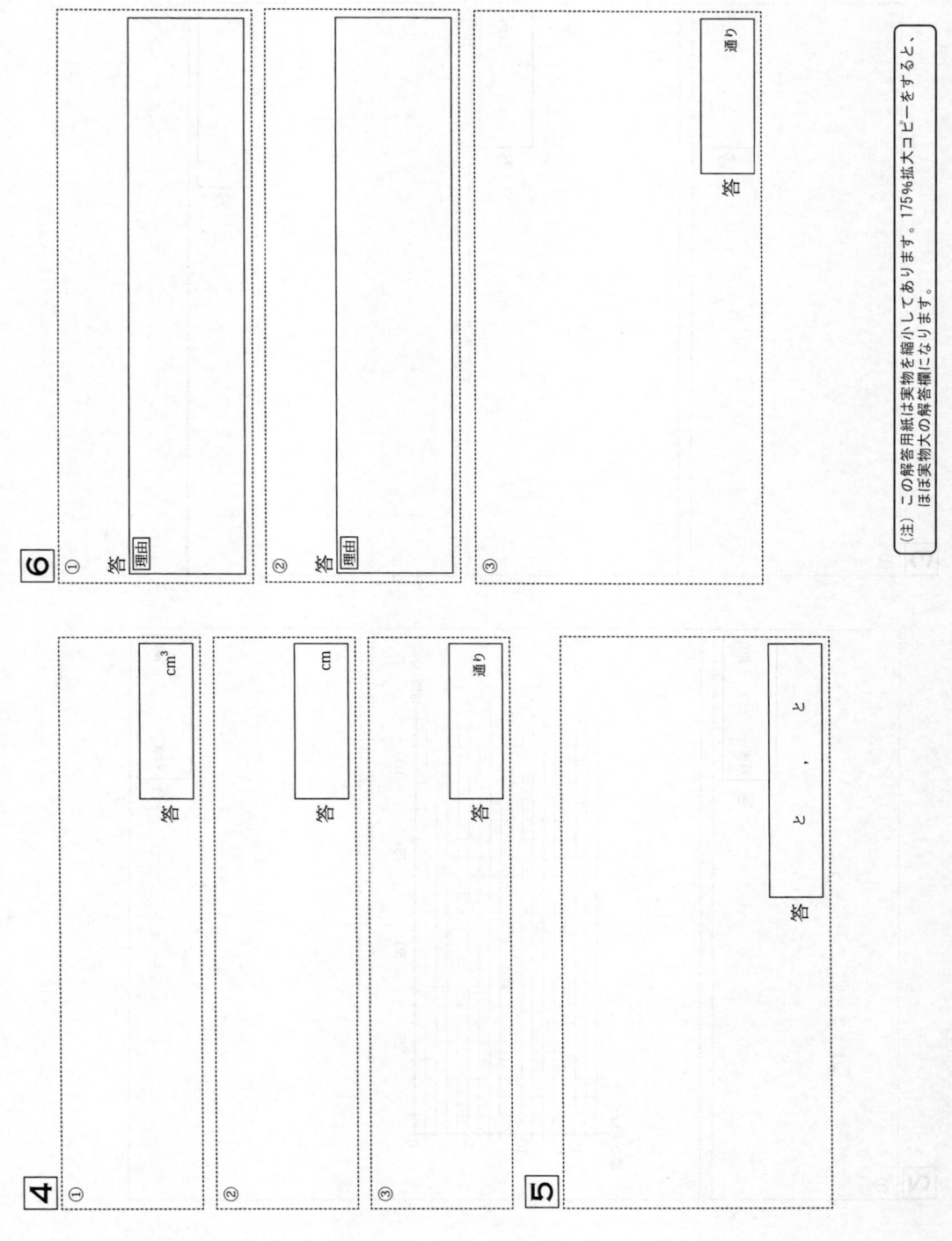

2022年度 昭和女子大学附属昭和中学校

社会解答用紙 A日程

番号		氏名		評点	/50

1

問1	A		B		C
問2	A		B		C
問3		問4		問5	
問6	A		C	問7	
問8					
問9					

2

問1		問2			
問3		問4			
問5		問6			
問7		問8		問9	
問10					

3

(1)		(2)	

4

問1	あ		い		う	
問2	①		②			
問3						

5

問1		問2	
問3		問4	
問5			

（注）この解答用紙は実物を縮小してあります。179%拡大コピーをすると、ほぼ実物大の解答欄になります。

〔社　会〕50点（学校配点）

1 問1～問8　各1点×13　問9　2点　**2** 問1，問2　各1点×2　問3～問7　各2点×5　問8～問10　各1点×3　**3** 各2点×2　**4** 問1　各1点×3　問2　各2点×2　問3　1点　**5** 問1，問2　各1点×2　問3～問5　各2点×3

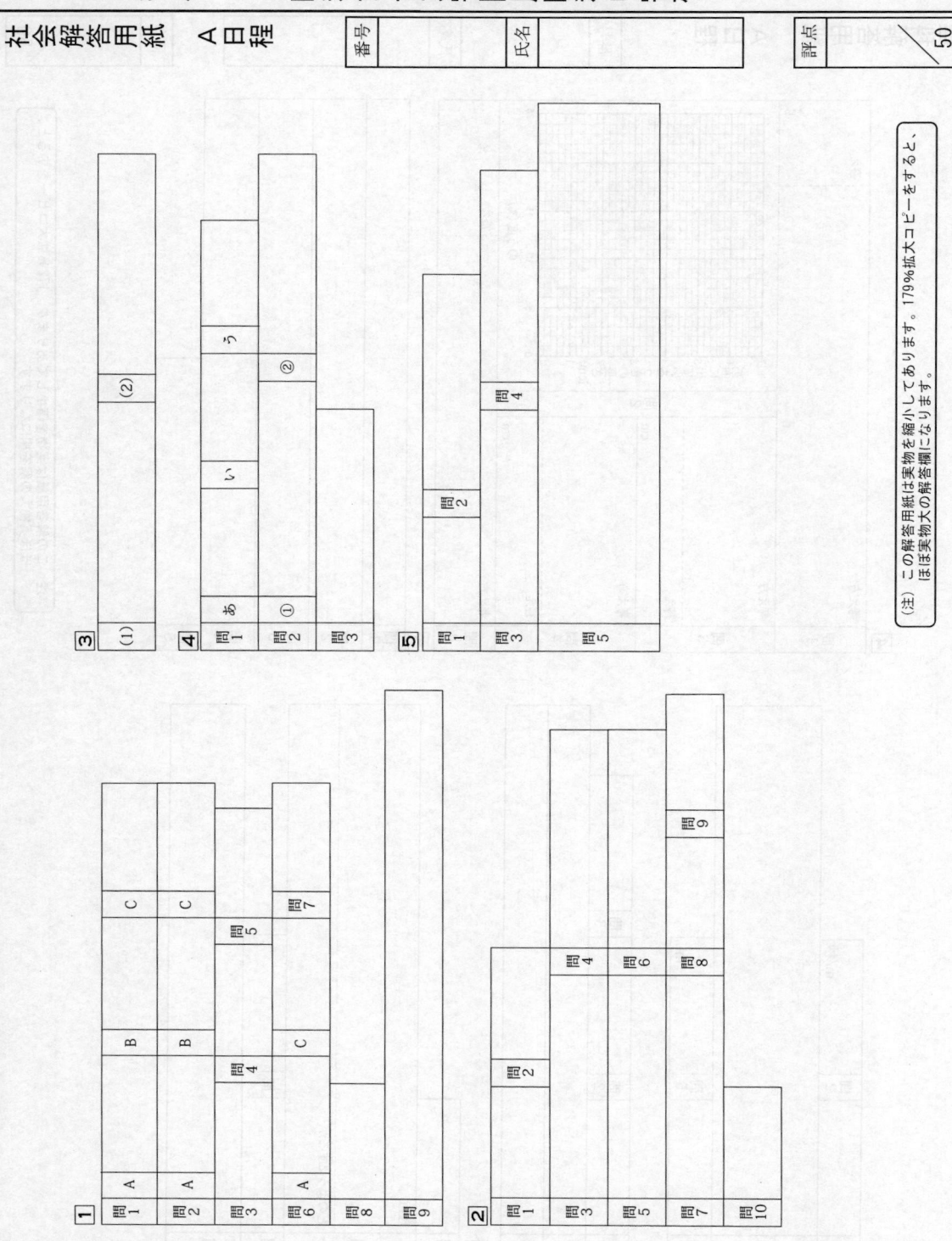

2022年度　昭和女子大学附属昭和中学校

理科解答用紙　A日程

番号　　　氏名　　　評点　/50

1

問1　　問2　m/秒

問3

問4　　問5　mL

2

問1　　問2　　問3

問4

問5

3

問1

問2　理由

どのようにするか

問3　　問4

問5

4

問1　考え方　　答え　g

問2

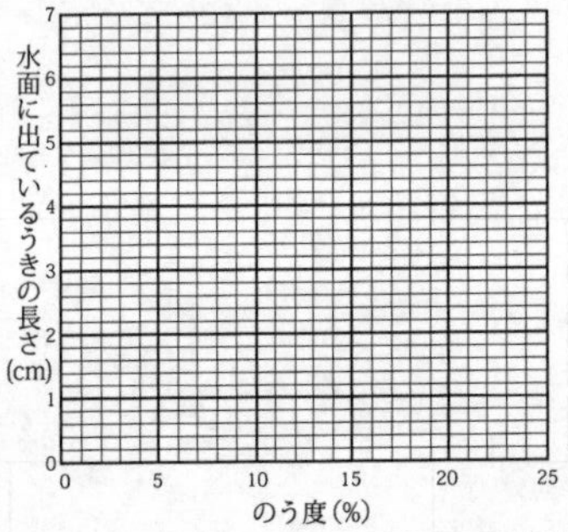

問3　考え方

答え　cm

問4　考え方

答え　cm

問5　考え方　　答え

5

問1

問2

問3

問4

問5

（注）この解答用紙は実物を縮小してあります。172%拡大コピーをすると、ほぼ実物大の解答欄になります。

〔理　科〕50点(推定配点)

1, 2 各2点×10＜1の問1は完答＞　3 問1　2点　問2　各1点×2　問3～問5　各2点×3　4, 5 各2点×10＜5の問1は完答＞

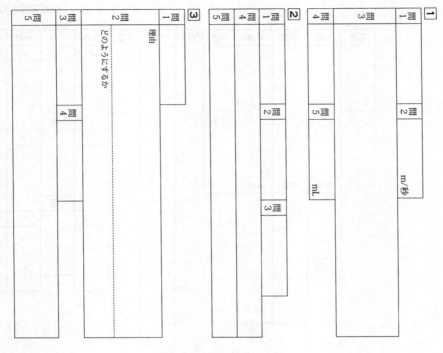

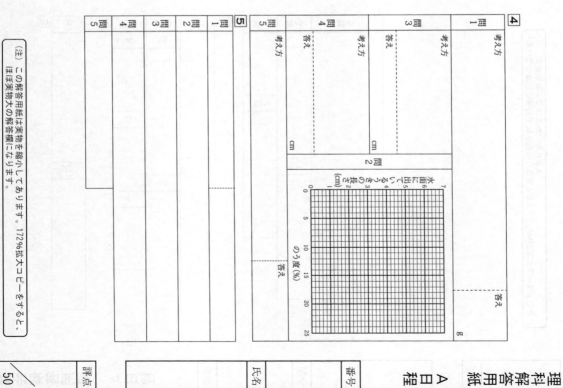

二〇二二年度　昭和女子大学附属昭和中学校

国語解答用紙　A日程

番号		氏名		評点	/100

一

問一　問二　問三

問四

問五

問六　〜

問七　30字

問八　ア　イ　ウ　エ　オ

二

問一　問二

問三　50字

問四　50字

問五　問六

問七

問八　100字

三

問一　①　②　③　④　⑤　⑥　⑦　⑧

問二　①　②　③　④　⑤　⑥　⑦　⑧

問三　①　②　③　④　⑤　⑥

問四　①　②　③　④　⑤　⑥

（注）この解答用紙は実物を縮小してあります。172%拡大コピーをすると、ほぼ実物大の解答欄になります。

〔国　語〕100点（学校配点）

一　問1〜問3　各2点×3　問4〜問6　各4点×3　問7　5点　問8　各2点×5　二　問1，問2　各2点×2　問3　5点　問4，問5　各4点×2　問6　2点　問7　4点　問8　10点　三　問1，問2　各1点×16　問3　各2点×6　問4　各1点×6

2021年度 昭和女子大学附属昭和中学校

算数解答用紙 A日程 No. 1

番号	
氏名	
評点	/100

＊円周率は 3.14 とします。

1

① $\left(2\frac{3}{4}-0.25\right)\div 5+\frac{1}{3}=$ □

答

② $20\times 21-20\times 7+20\times 13+20\times 11=$ □

答

③ $\frac{1}{7}\times\left\{\square-\left(\frac{5}{2}+0.3\right)\right\}=1$

答

④

答 秒

⑤

答 個

⑥

答 ページ

⑦

答 時間

⑧

答

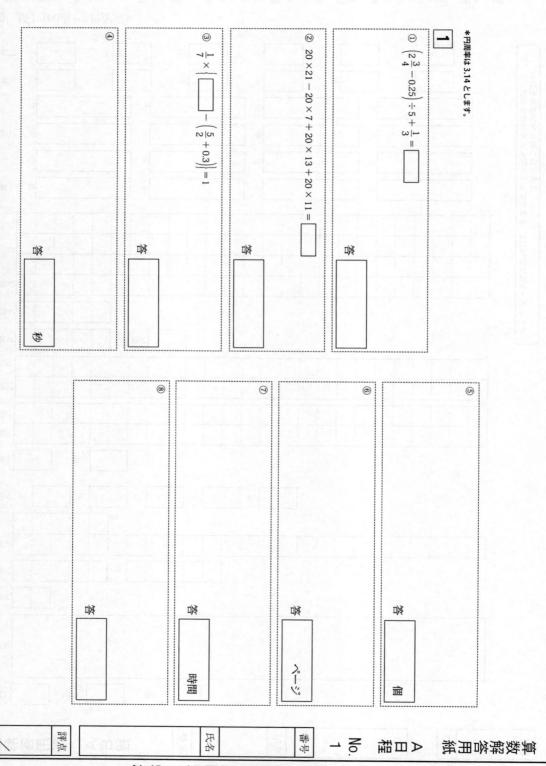

2021年度 昭和女子大学附属昭和中学校

算数解答用紙 A日程 No.2

2

①

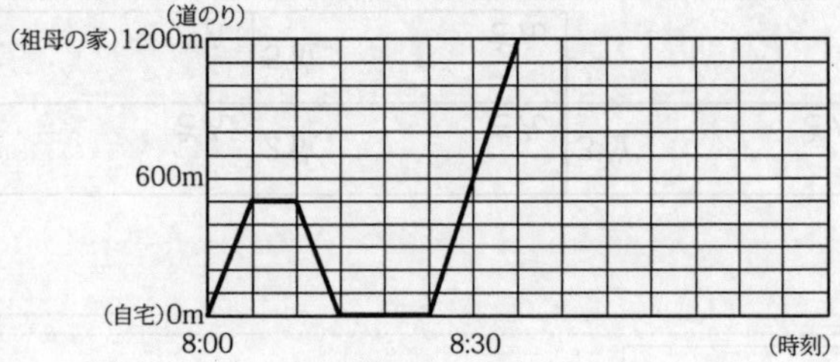

②

答 分速 m

③

答 m

3

①

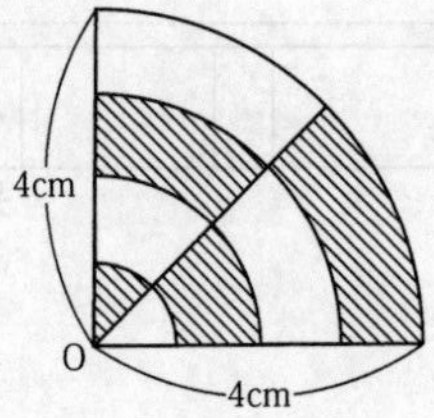

答 cm^2

②

答 cm

２０２１年度　昭和女子大学附属昭和中学校

算数解答用紙　Ａ日程　No. 3

5

①

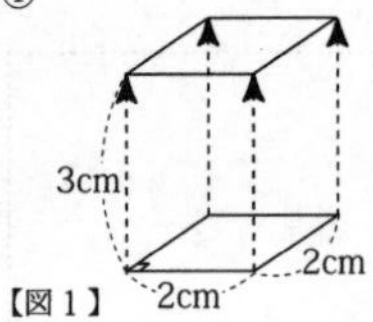

【図１】

答　　　cm³

②

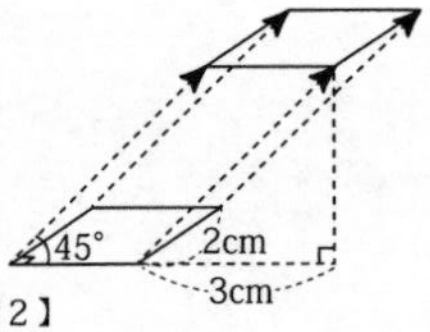

【図２】

答　　　cm³

6

答

ア		イ		ウ		エ		オ	

4

①

答　　　点

②

答

1位　　さん	2位　　さん	3位　　さん
4位　　さん	5位　　さん	

（注）この解答用紙は実物を縮小してあります。175％拡大コピーをすると、ほぼ実物大の解答欄になります。

〔算　数〕100点(学校配点)

1 各6点×8　2 ①，② 各3点×2　③ 4点　3 ① 4点　② 5点　4 ① 6点　② 5点＜完答＞　5 ① 3点　② 4点　6 各3点×5

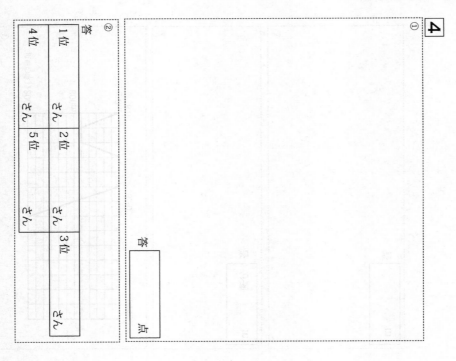

2021年度　昭和女子大学附属昭和中学校

社会解答用紙　A日程

番号		氏名		評点	/50

1

問1	①	②	③	④
	地理的特色			
問2	①	②	③	④
問3	(1)	(2)	(3)	

2

問1		問2	
問3		問4	
問5	→ → →	問6	
問7			
問8			
問9		問10	

3

(1)		(2)	

4

問1		問2	
問3		問4	
問5	→ → →		

5

問1			
問2			
問3	I	II	
問4			
問5			

（注）この解答用紙は実物を縮小してあります。185%拡大コピーをすると、ほぼ実物大の解答欄になります。

〔社　会〕50点(学校配点)

1 問1 ①～④　各1点×4　地理的特色　各2点×2　問2，問3　各1点×7　2 問1，問2　各1点×2　問3　2点　問4，問5　各1点×2　問6～問8　各2点×3<問6は完答>　問9　1点　問10　2点　3 各2点×2　4 問1　1点　問2，問3　各2点×2　問4　1点　問5　2点<完答>　5 問1　1点　問2　2点　問3　各1点×2　問4　2点　問5　1点

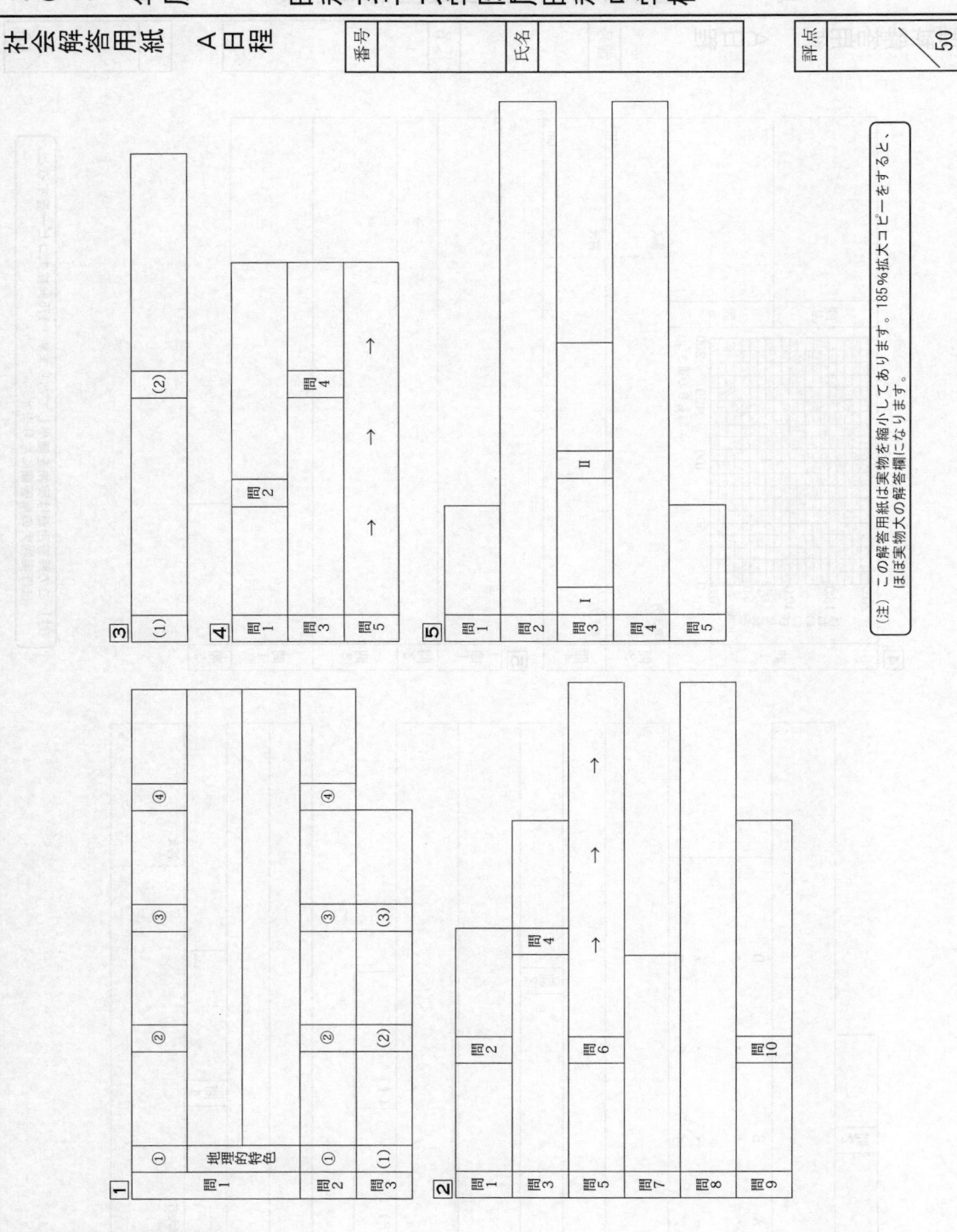

2021年度 昭和女子大学附属昭和中学校

理科解答用紙　A日程

番号	氏名	評点
		/50

1

問1		問2	
問3			
問4	A・・ア　B・・イ　C・・ウ　D・・エ		
問5			

2

問1		問2	
問3			
問4			
問5	(ア)	(イ)	

3

問1			
問2			
問3		問4	
問5	考え方	答え　%	

4

問1	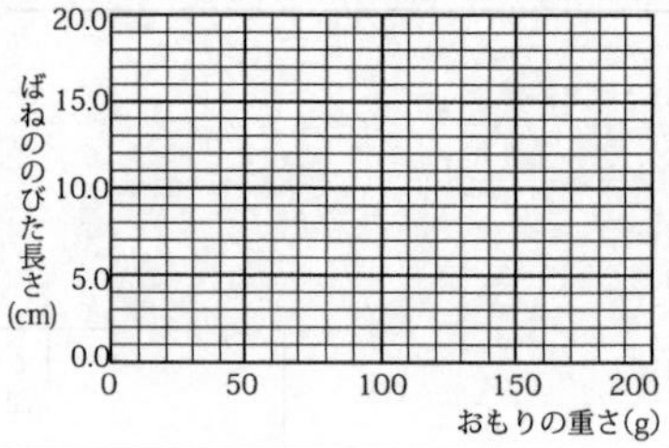	問2	
		問5	
問3	考え方	答え　cm^3	
問4	考え方	答え　cm	

5

問1	
問2	→　→　→　→
問3	
問4	
問5	

(注) この解答用紙は実物を縮小してあります。175%拡大コピーをすると、ほぼ実物大の解答欄になります。

〔理　科〕50点(学校配点)

1 各2点×5<問2, 問4は完答> 2 問1～問4 各2点×4 問5 各1点×2 3～5 各2点×15<5の問2は完答>

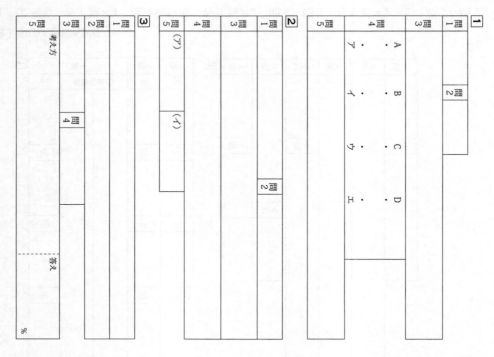

二〇二二年度　昭和女子大学附属昭和中学校

国語解答用紙　A日程

番号		氏名		評点	/100

一
問一　～
問二
問三
問四
問五　40字
問六
問七　ア　国　地名　イ　国　地名
問八

二
問一　40字
問二
問三
問四
問五
問六
問七
問八　100字

三
問一　①　②　③　④　⑤　⑥　⑦　⑧
問二　①　ア　イ　②　ア　イ　③　ア　イ　④　ア　イ
問三　①　②　③　④　⑤　⑥
問四　①　②　③　④　⑤　⑥

（注）この解答用紙は実物を縮小してあります。175％拡大コピーをすると、ほぼ実物大の解答欄になります。

〔国　語〕100点（学校配点）

一　問1　4点　問2　3点　問3　2点　問4　3点　問5　5点　問6，問7　各3点×5　問8　2点　二　問1　6点　問2　2点　問3　6点　問4～問7　各2点×4　問8　10点　三　問1～問3　各1点×22　問4　各2点×6

2020年度 昭和女子大学附属昭和中学校

算数解答用紙 A日程 No. 1

番号	氏名	評点
		/100

＊円周率は 3.14 とします。

1

① $\left(3\frac{1}{4}+0.6\div 3\right)\div 3-1=\square$

答

② $23\times 55+17\times 55-20\times 55=\square$

答

③ $\left\{1-\left(\square-\frac{1}{4}\right)\div\frac{2}{3}\right\}\times\frac{2}{3}=0.35$

答

④

答 %

⑤

答 m

⑥

答 点

⑦

答 円

⑧

答 ふくろ

2020年度　昭和女子大学附属昭和中学校

算数解答用紙　A日程　No. 2

2

①

答　1, 1, 2, 3, □, □, □

②

答　10番目の数 □

③

答　1番目 □　2番目 □

3

①

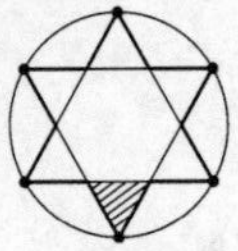

答　□ つ

②

答　□ cm^2

4

【体積】

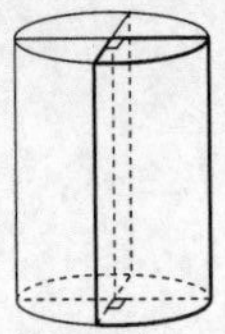

【図1】

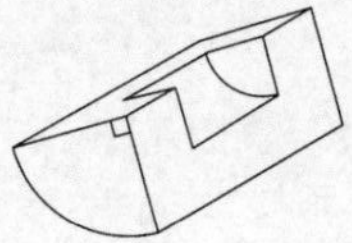

【図2】

答　□ cm^3

【表面積】

答　□ cm^2

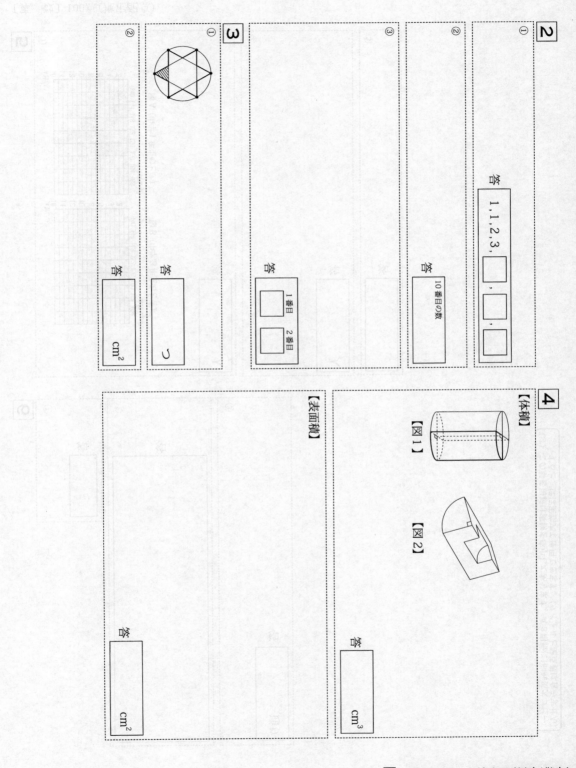

2020年度 昭和女子大学附属昭和中学校

算数解答用紙 A日程 No.3

6

①

答

②

答

③

答　　通り

(注) この解答用紙は実物を縮小してあります。A３用紙に164%拡大コピーすると、ほぼ実物大で使用できます。(タイトルと配点表は含みません)

5

①

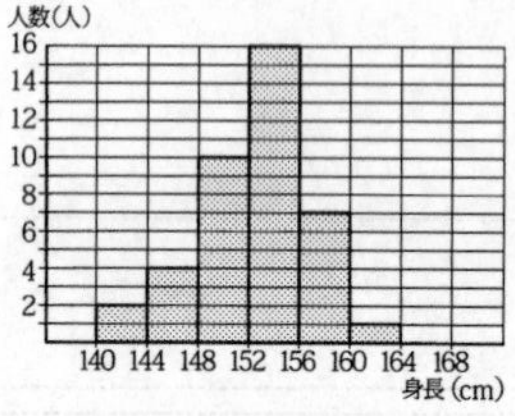

図A（中学１年生のとき）

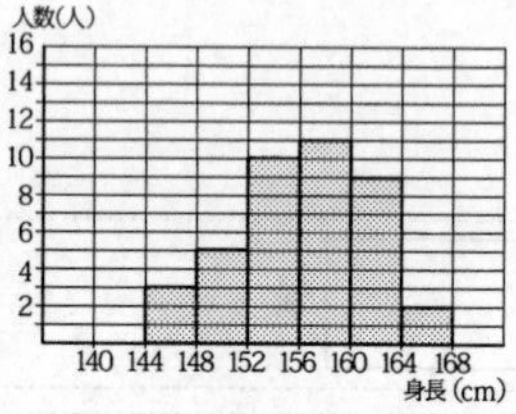

図B（中学３年生のとき）

答　　人

②

答　　人

③

答

〔算　数〕100点(推定配点)

1 各６点×８　2～6 各４点×13<2の①，③，5の③は完答>

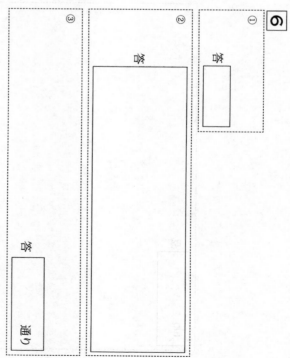

2020年度　昭和女子大学附属昭和中学校

社会解答用紙　A日程

番号		氏名		評点	/50

1

問1　秋田　岡山　問2

問3

問4　(1) 0-14歳　65歳以上　(2)　(3)

問5　(1)　(2)　(3)

2

問1　問2　問3

問4　問5　問6

問7　問8

問9　問10　問11

3

(1)　(2)

4

問1

問2　問3

問4

5

問1　問2

問3

問4　問5

（注）この解答用紙は実物を縮小してあります。A３用紙に167％拡大コピーすると、ほぼ実物大で使用できます。（タイトルと配点表は含みません）

〔社　会〕50点(推定配点)

1 各１点×11　2 問１　２点　問２　１点　問３，問４　各２点×２　問５　１点　問６～問８　各２点×３　問９　１点　問10，問11　各２点×２　3，4 各２点×６　5 問１　２点　問２　１点　問３　２点　問４　１点　問５　２点

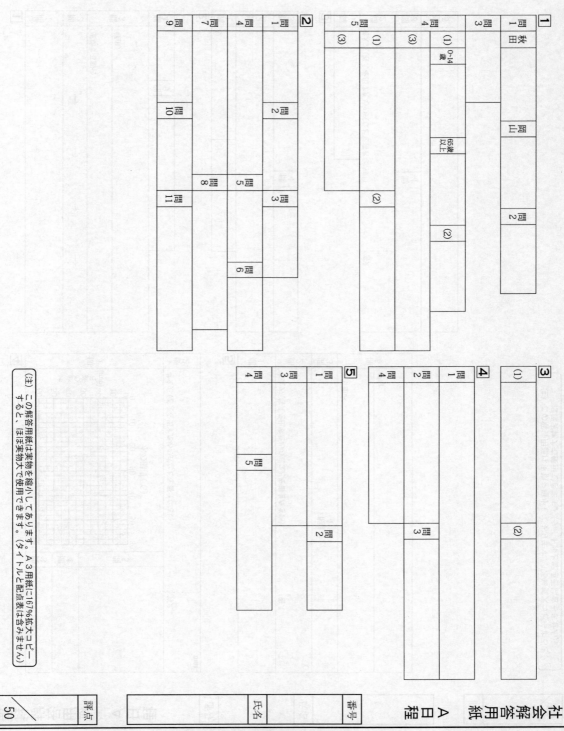

2020年度 昭和女子大学附属昭和中学校

理科解答用紙 A日程

番号		氏名		評点	/50

1

問1	
問2	→ → → →
問3	(成功する割合) (理由)
問4	
問5	

2

問1	① ②
問2	
問3	
問4	

3

問1	
問2	考え方(答えを出すための式などを書きなさい) 答え %
問3	
問4	
問5	

4

問1	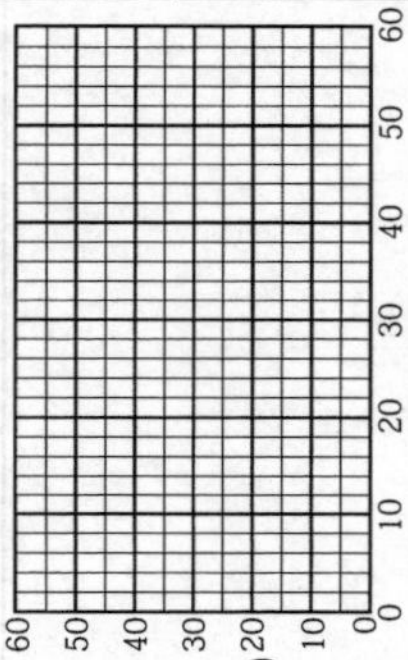
問2	考え方(答えを出すための式などを書きなさい) 答え mm
問3	
問4	
問5	

5

問1	
問2	考え方(答えを出すための式などを書きなさい) 答え ℃
問3	
問4	
問5	取り組み 理由

(注) この解答用紙は実物を縮小してあります。175%拡大コピーすると、ほぼ実物大で使用できます。(タイトルと配点表は含みません)

〔理　科〕50点(推定配点)

1　問1，問2　各2点×2＜問2は完答＞　問3　成功する割合…2点，理由…1点　問4，問5　各2点×2　2　問1　各1点×2　問2，問3　各2点×2　問4　各1点×2　3，4　各2点×10　5　問1～問3　各2点×3　問4　各1点×2　問5　取り組み…2点，理由…1点

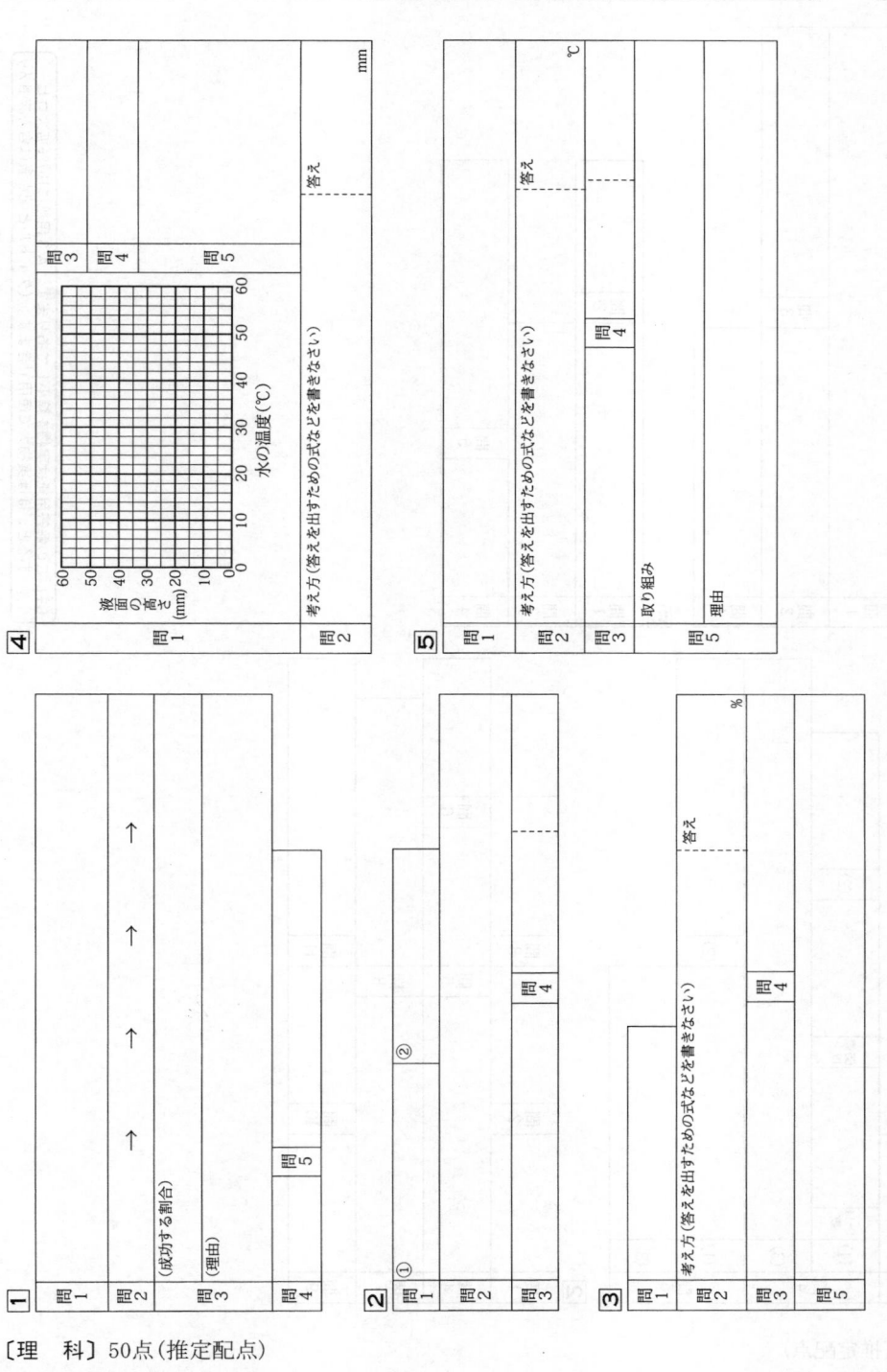

二〇二〇年度　昭和女子大学附属昭和中学校

国語解答用紙　A日程

番号 ｜ 氏名 ｜ 評点 ／100

一

問一

問二

問三・・

問四（60字）

問五（35字）

問六

問七 ①　②

問八 ア　イ　ウ　エ　オ

二

問一 ①　②　③

問二

問三

問四

問五

問六（40字）

問七

問八（100字）

三

問一 ①　②　③　④　⑤　⑥　⑦　⑧

問二 ① ア イ　② ア イ　③ ア イ　④ ア イ

問三 ① →　② →　③ →　④ →　⑤ →　⑥ →

問四 ①　②　③　④　⑤　⑥

（注）この解答用紙は実物を縮小してあります。182％拡大コピーすると、ほぼ実物大で使用できます。（タイトルと配点表は含みません）

〔国　語〕100点（学校配点）

一 問1　2点　問2～問5　各3点×5　問6～問8　各2点×9　二 問1，問2　各2点×4　問3　3点　問4　2点　問5，問6　各3点×2　問7　2点　問8　10点　三 問1，問2　各1点×16　問3　ぬき出し・正しい言葉…各1点×6＜各々完答＞，正しい意味…各1点×6　問4　各1点×6

2019年度 昭和女子大学附属昭和中学校

算数解答用紙 A日程 No.1

番号

氏名

評点 /100

*円周率は3.14とします。

1

① $1+\frac{1}{2}\div\left(\frac{1}{3}-\frac{1}{4}\right)\times\frac{1}{5}=$ □

答

② $72\times125-8\times75\div3\times5=$ □

答

③ $80\div\left(2\times□\div5+3\times4\right)=5$

答

④

答 km

⑤

答 通り

⑥

答 L

⑦

答 円

⑧

答 回転

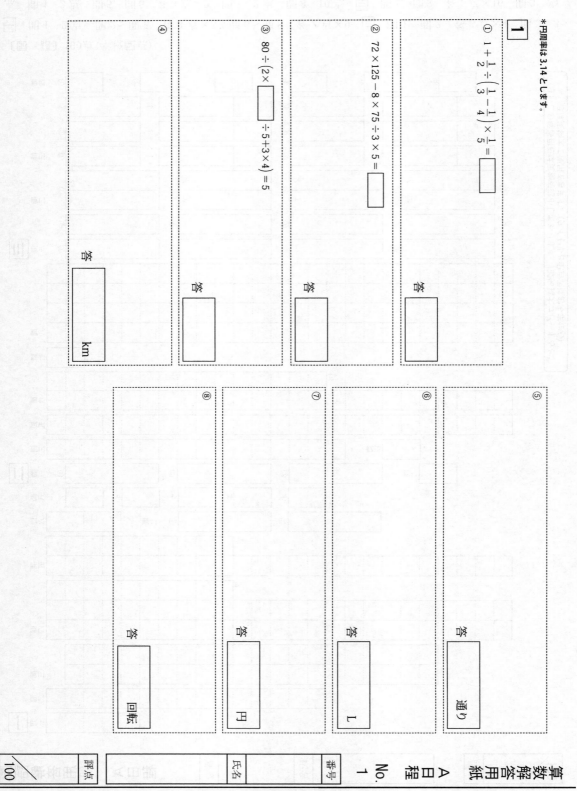

2019年度 昭和女子大学附属昭和中学校

算数解答用紙 A日程 No. 2

2

① 2○3＝2×2×2＝8　3△2＝3＋3＝6

○の意味

答

△の意味

答

② 5○3＝

答

③ $\left(\frac{1}{2}\right)$△4＝

答

④ (3○3) △3＝

答

3

答　　組

4

①

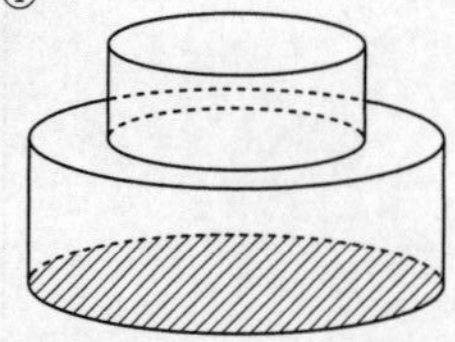

答　　cm^3

②

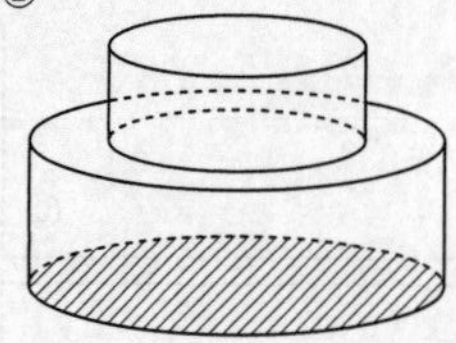

答　　cm^2

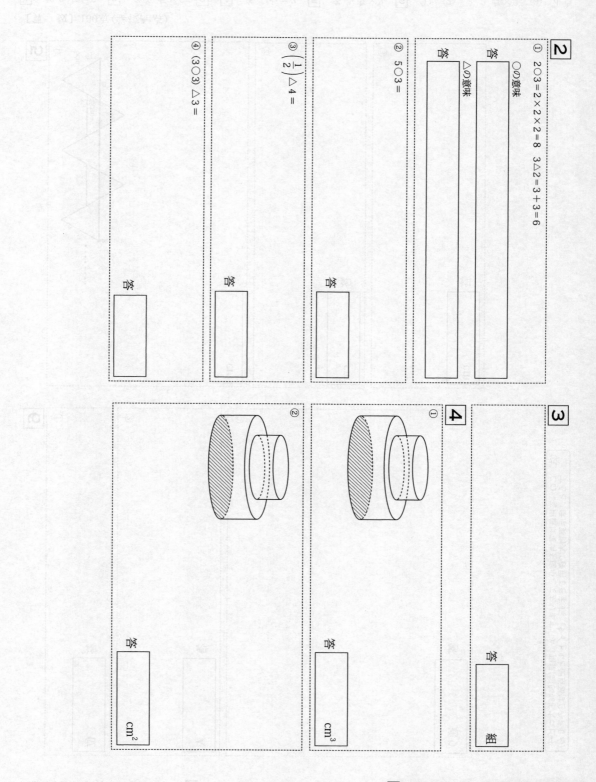

2019年度 昭和女子大学附属昭和中学校

算数解答用紙 A日程 No.3

5

①

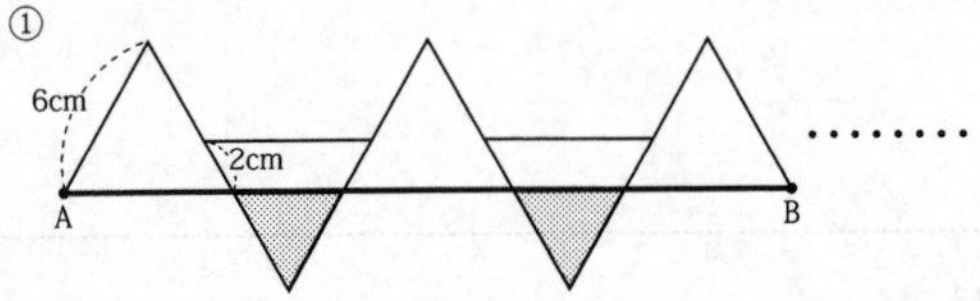

答 cm

②

答 cm

③

答 cm

6

①

答 位

②

答 人

③

答 通り

(注) この解答用紙は実物を縮小してあります。A３用紙に164%拡大コピーすると、ほぼ実物大で使用できます。(タイトルと配点表は含みません)

〔算 数〕100点(学校配点)

1 各6点×8 2 各3点×5 3, 4 各5点×3 5 各4点×3 6 ①, ② 各3点×2 ③ 4点

2019年度 社会解答用紙 A日程

昭和女子大学附属昭和中学校

番号　　氏名　　評点　／50

1
問1 (1) (2) (3) (4)
問2 (1) 諸島 (2) (3)
問3
問4 選んだ番号（　　）

2
問1 時代　問2
問3　問4　問5
問6 → → →　問7
問8　問9

3
① ②

4
問1　問2　問3
問4　問5
問6

5
問1　問2
問3
問4 A B

〔社　会〕50点(学校配点)

1 問1 (1), (2) 各1点×3 (3), (4) 各2点×2 問2 (1) 1点 (2) 2点 (3) 1点 問3, 問4 各2点×2 2 問1, 問2 各2点×2 問3, 問4 各1点×2 問5～問8 各2点×4<問6は完答> 問9 1点 3 各2点×2 4 問1～問3 各1点×3 問4, 問5 各2点×2 問6 1点 5 問1, 問2 各1点×2 問3, 問4 各2点×3

2019年度 理科解答用紙 A日程

昭和女子大学附属昭和中学校

番号　　氏名　　評点　／50

1
問1　問2
問3
問4　問5
問6

2
問1　問2

3
問1
問2 答え 理由
問3　問4 答え 理由
問5 考え方（答を出すための式などを書きなさい）　答

4
問1
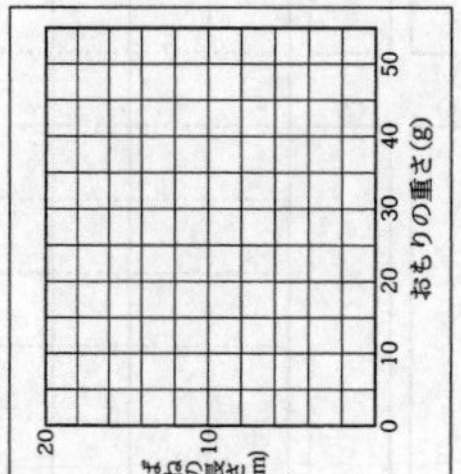

問2 ① ②
問3
問4

5
問1 考え方（答を出すための式などを書きなさい）　答
問2
問3
問4　問5

〔理　科〕50点(学校配点)

1 問1～問3 各2点×3<問2は完答> 問4, 問5 各1点×2 問6 2点 2～5 各2点×20<3の問2, 問4, 5の問5は完答>

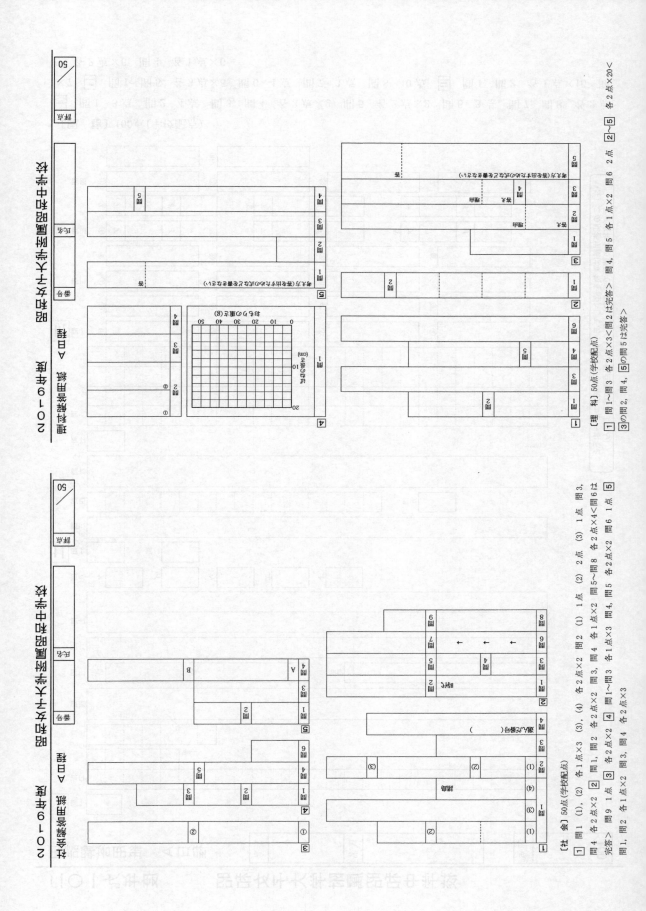

二〇一九年度　昭和女子大学附属昭和中学校

国語解答用紙　A日程

番号　　氏名　　評点 /100

一

問一

問二　30字

問三

問四

問五　忠敏　至時

問六

問七

問八　ア　イ　ウ　エ　オ

二

問一　問二

問三

問四　問五

問六

問七

問八　100字

三

問一　①　②　③　④　⑤　⑥　⑦　⑧

問二　①　②　③　④　⑤　⑥　⑦　⑧

問三　①ア イ　②ア イ　③ア イ　④ア イ　⑤ア イ　⑥ア イ

問四　①　②　③　④　⑤　⑥

（注）この解答用紙は実物を縮小してあります。175%拡大コピーすると、ほぼ実物大で使用できます。（タイトルと配点表は含みません）

〔国　語〕100点（学校配点）

一　問1　3点　問2　4点　問3，問4　各3点×2　問5　各2点×2　問6　3点　問7，問8　各2点×7　二　問1～問5　各3点×5　問6　4点　問7　3点　問8　10点　三　問1，問2　各1点×16　問3　各2点×6　問4　各1点×6

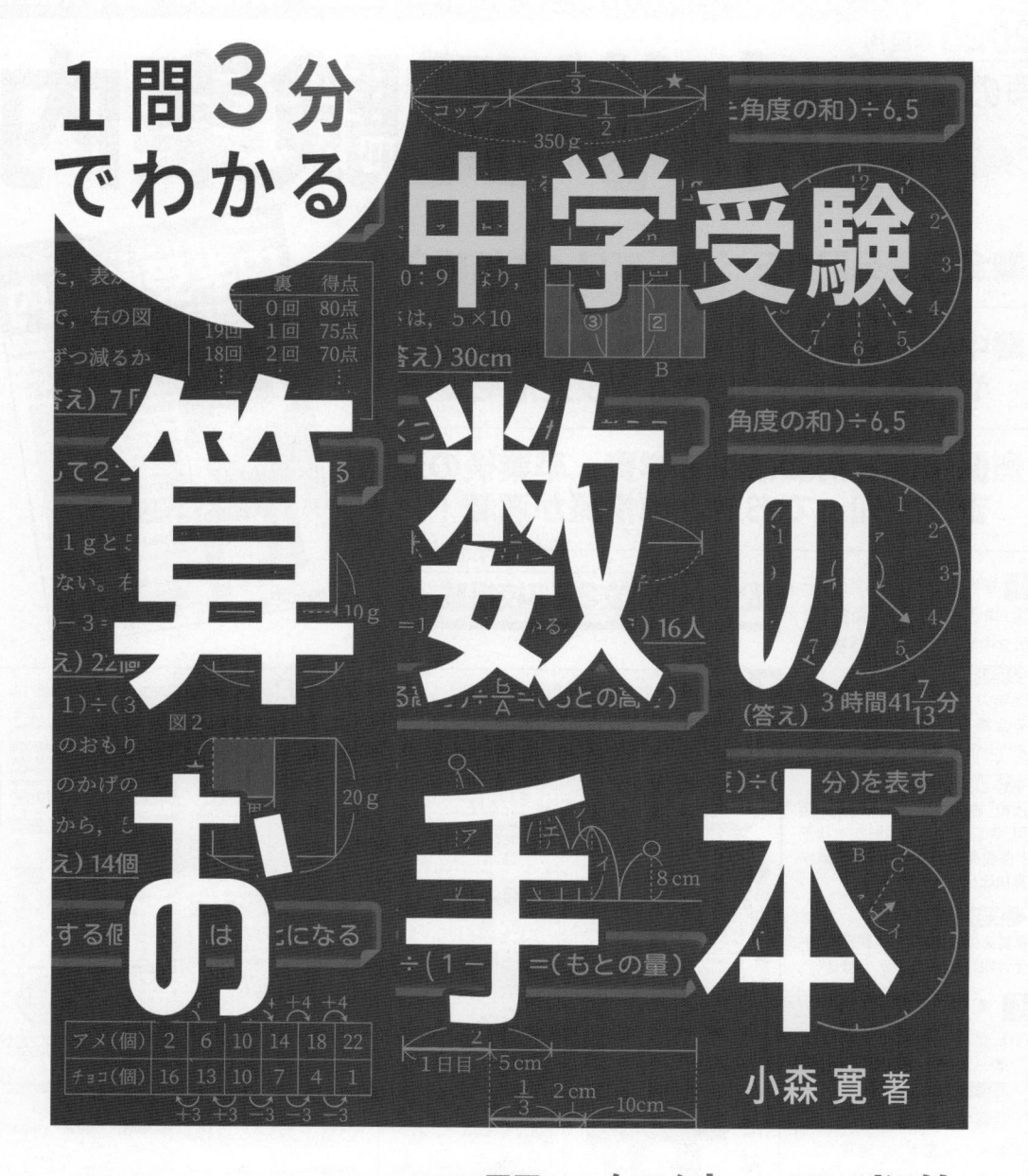

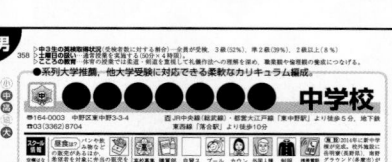

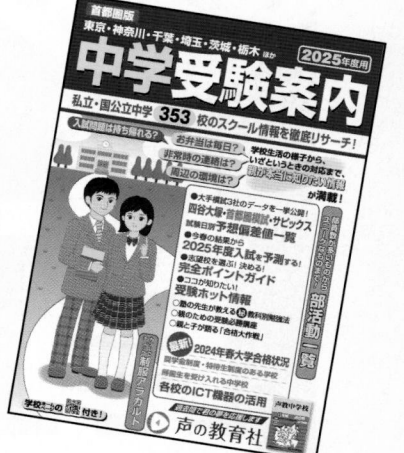

中学後見返し